A New Teaching Method of Mathematics for K~6

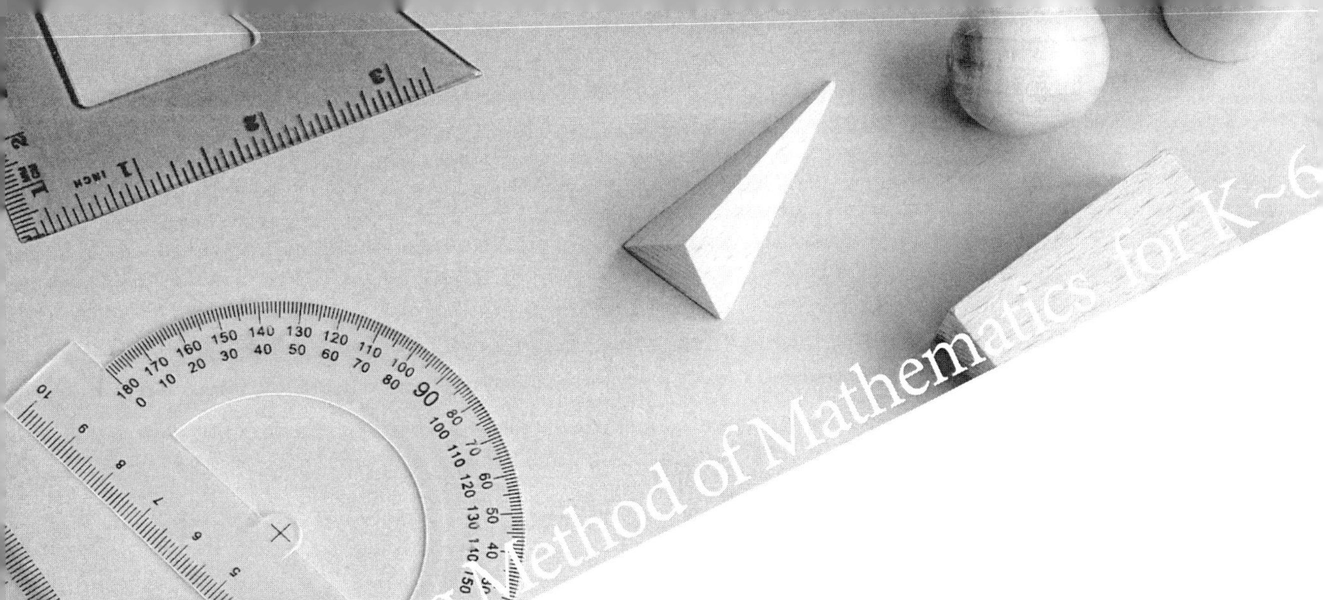

교사와 학부모를 위한

# 유치원과 초등학교 수학지도법 신서

김용태 · 양후기 지음

KYOWOO

# PREFACE

현대의 수학교육이론의 중심에는 아동의 심리를 이해하고 그에 따른 수학 교수-학습법을 구현하는 수학학습심리학과 역사 발생적 원리를 근간으로 개념의 본질을 지도하자는 점진적 수학화 이론이 있다. 수학학습심리학은 자연주의 철학자 루소의 영향을 받은 페스탈로찌가 수학교육에서 직관적 사고를 중시하였으며, 아동의 세계에는 아동 나름대로의 논리가 있음을 발견하여, 이런 직관적 논리를 명제적 논리로 발전시키는 길을 예비하자는 주장에서 비롯되었다고 할 수 있다. 그 후 20세기 초의 페리, 무어와 클라인이 전개한 수학교육개혁 운동이 기폭제가 되어, 비고츠키의 근접발달이론과 피아제의 평생 동안의 연구주제였던 아동의 사고과정 분석의 산물인 구성주의 및 지적 성장 4단계 등의 이론을 이어 받아 스켐프가 수학학습심리학을 정립하였다. 한편, 과학적 탐구 방법과 자연스런 교수 방법을 결합시킨 것으로 이해되는 발생적 방법을 크게 진작시킨 이는 16세기 영국의 철학자 베이컨(Bacon)이며, 수학 특히 기하학의 발생적인 교재 구성에서 개척자적인 역할을 한 사람은 17~18세기 불란서의 수학교사 아놀드(Arnauld)와 끌레로(Clairaut)이었다. 아놀드의 '새 기하학 원론'은 시각적인 사물을 참조하는 접근방법을 통하여 개념과 정리의 재배열을 시도한 발생적 방법에 의해, 끌레로의 '기하학의 원론'은 수학의 역사적 발달을 내용과 학습 활동의 조직에 이용한 역사 발생적 방법에 의해 구성이 시도된 첫 번째의 수학 교과서이다. 끌레로에 의하면, 역사 발생적 원리는 수학은 완성된 생산품으로서가 아니라 역사적 발생과정 곧, '수학화' 과정을 되밟게 함으로써 바르게 이해되고 적용될 수 있다는 생각을 바탕으로 한 것이다. 이러한 역사 발생적 원리의 인식론적 바탕은 개체발생이 계통발생을 단축된 형태로 반복한다는 생물학적 원리 곧, 다윈주의자인 해켈(Haeckel)이 제기한 '재현의 원리'이다. 곧, 개인의 수학적 사고의 발달은 수학이 역사 자체를 따른다는 것으로 오늘날 역사 발생적 원리는 여러 학자들에 의하여 여러 가지로 형식화되어 옹호되고 있다. 또한 프로이덴탈(Freudenthal)이 제안한 '안내된 재발명' 방법은 수학이 역사적 발달 과정의 통찰에 의해서 획득된 지식이 점진적으로 형식화되면서 보다 고도의 기능과 통찰이 획득되어 간 과정이며, 수학 교육학의 주요 문제의 하나는 그러한 '점진적인 형식화 과정'을 수학 교육에 이용하는 방법에 관한 연구라고 말하고 있다. 어떤 내용을 역사 발생적으로 지도한다는 것은 그 내용이 발생된 순서대로 교재가 구성되어야 한다는 뜻이 아니라 수학이 훌륭한 교사의 지도 아래 어떻게 발생되는가를 역사에서 미루어 찾고 그러한 방법에 따라서 지도하고자 하는 것이다. 발명가의 발자국을 따라가는 것이 아니라 실제의 발명 과정보다 개선되고 잘 인도된 과정을 따라야 한다는 것

# PREFACE

으로 교사는 학생을 인도할 뿐 아니라, 어떻게 재발견이 일어나는 지를 보여주고 학생을 위하여 스스로 재발견하는 과정을 보여주어야 한다는 것이다.

이 책은 위에서 열거한 현대의 수학교육의 흐름에 맞춰, 수학학습심리학에 분류한 전조작기와 구체적 조작기 연령의 아동에게 수학을 지도하는 교사와 어머니를 돕기 위하여 다음과 같은 방향으로 집필하였다.

첫째, 아동의 사고과정의 수준에 따른 수학개념의 지도법을 안내한다.

둘째, 아동으로 하여금 수학개념의 본질을 이해하고 활용하도록 각 개념의 역사발생과 그에 따른 점진적 수학화의 지도법을 안내한다.

셋째, 아동이 이해할 수 있도록 가급적 직관적이며 교구를 활용하는 지도법을 안내한다.

수학의 모든 개념은 학년별 또는 영역별로 명확하게 분리되거나 독립적인 것이 아니라 서로 긴밀하게 연관되어 있다. 그러나 지도하는 교사와 어머니의 편의를 위하여 현재 우리나라 교육과정에서 분류한 영역별로 이 책을 구성하였으며 각 장의 내용을 지도할 때 참고가 되도록 현행 우리나라 교육과정 상의 적용 학년을 적어 놓았다. 특히, 수와 연산 영역의 I 장은 유치원과 초등학교 1학년을 위한 내용으로  아동으로 하여금 자연스럽게 수 개념을 획득하고 연산 알고리즘을 터득하도록 시각화 이미지를 활용하여 지도하는 방법을 수록하였다. 많은 참고문헌과 논문을 참조하였으나 저자들의 무지로 인한 오류 또는 오타가 있을 때마다 독자 제현들의 채찍을 기다린다.

저자 일동

CONTENTS

# 제1부 ▌ 수와 연산 영역

CONTENTS

# 제3부 ▌ 측정 영역



# 제4부 ▌ 규칙성과 문제해결 영역

CONTENTS

# 제5부 ▌ 자료와 가능성 영역

# 제 1 부

# 수와 연산 영역

제 0 장

# 이항연산

- 이항연산이란 항이 둘 있는 계산 방법
- +, -, ×, ÷ : 가장 기본적인 이항연산 → 사칙연산
- 연산 기호의 유래

|  |  |
|---|---|
| +,<br>-<br>덧셈,뺄셈 | 덧셈, 뺄셈의 기호는 고대 그리스 시대에 '넘치는, 부족한'을 뜻하는 문자로 표현하였고, 현대와 같은 덧셈기호 '+'는 14세기에 프랑스의 수학자 오레스미(Nicole Oresme, 1320-1325)가 처음 사용하였으며, 1489년 독일의 수학자 비트만(Johannes Widmann 1460–1498)이 그의 논문에서 '+, −' 기호를 사용하여 널리 쓰이게 되었다. 비트만은 이 두 기호를 더하기, 빼기의 의미뿐만 아니라 '그리고'와 '분리'의 의미로도 사용하였다. |
| ×<br>곱셈 | 1631년, 영국의 수학자 오트레드(Oughtred,W.;1574~1660)가 성안드레 십자가(St.Andrew's Cross) ×를 곱셈 기호로 처음 사용하였다고 한다. 그러나 기호×는 미지수를 나타내는 문자 x와 유사하여 잘 사용되지 않다가 19세기 후반에 이르러 널리 사용되었다. |
| ·<br>곱셈 | 이 기호는 라이프니츠(Leibniz,G.;1646~1716)가 1676년에 도입한 것으로 전해진다. 라이프니츠는 요한 베르누이에게 보낸 편지에서 기호×가 문자 x와 혼동되기 때문에 '·'을 선호한다고 한다. |
| ÷<br>나눗셈 | 1659년, 스위스의 수학자 란(Rahn,J.;1622~1676)이 처음 사용하였다고 한다. 나누기의 기호로 ÷가 정착되기 전에는 뺄셈의 기호로도 사용되었다고 한다. |
| −<br>분수 | 분수에서 분자와 분모를 구별해 주는 '−'는 아랍의 문필가 알하사르(Al-Hassar;12세기경)가 처음 사용한 것으로 전해진다. |
| =<br>등호 | 1557년, 영국의 수학자 레코드(Recorde,R.;1510~1558)가 '서로 같음'을 나타내기 위하여 사용하였던 기호로, 현재의 등호보다 길게 나타내었다. 레코드는 서로 평행인 두 직선에서 이 기호의 아이디어를 얻었다고 한다. |
| x<br>미지수 | 1637년, 프랑스의 수학자 데카르트(Descartes,R.;1596~1650)가 처음 사용하였다. x를 사용한 이유에 대해서는 당시 프랑스 인쇄소에 x활자가 여분으로 많았기 때문이라는 주장과 중세 시대에 미지수를 나타내던 아랍어 shei의 음역(音譯)인 xei의 첫 글자이기 때문이라는 주장이 있다. |
| √<br>제곱근 | 1637년, 프랑스의 수학자 데카르트(Descartes,R.;1596~1650)가 루돌프(Rudolff;1499~1545)의 제곱근 기호 √를 개량하여 처음 사용하였다. |

## 1 사칙연산의 지도 원칙

• 사칙연산은 다음과 같이 3단계를 거쳐 지도한다.
 아동주변에서 문제 상황을 경험
⇒ 경험한 내용을 교구로 나타내기
⇒ 기호화하기

제 I 장

# 시각화 이미지를 활용한 수와 연산 지도(K ~ 1 학년)

## 1 서론

우리나라의 7～8세 아동 즉, 유치원과 1학년 아동들의 수학의 첫걸음은 수세기와 한 자리 수 덧셈이다. 한자리수 덧셈의 관념은 한 자리 수 뺄셈 뿐 아니라 사칙연산 즉, 덧셈, 뺄셈, 나눗셈, 곱셈과 밀접한 관계가 있으며 나아가 대수학을 위한 첫걸음이 된다. 초등학교 수와 연산 영역 지도에서 중요한 성취목표로 삼아야 하는 것은 수와 연산의 의미를 심도 있게 이해하는 것이며 학생들로 하여금 풍부하고 다양한 수 감각을 견지하도록 하는 것이다. 수 감각이란 수에 대하여 직관적인 느낌과 수의 다양한 사용과 해석이라고 할 수 있으며, 초등학교 모든 수학 수업의 기초가 된다. 그러나 지금까지의 수와 연산 영역의 지도는 대부분 수의 읽기와 쓰기 그리고 기계적이고 수동적인 지필 알고리즘 중심으로 이루어져왔다. 현재 우리나라 아동들이 한 자릿수 더하기 한 자리 수계산 능력의 편차는 매우 심하다. 물론 수 개념에 대한 선천적인 부분도 무시할 수 없으나 평균적으로 실제 우리나라 저학년들이 가장 어려워하는 것이 연산이라는 것이다(김은경, 1999). 이는 저학년 때부터 사칙연산의 원리보다는 반복된 훈련을 통해 식상해하고 두뇌를 단순화시키기 때문에 수학에 대한 흥미나 태도, 자신감이 매우 낮다.

초등학교 수학 교육의 중요한 목표 중 한 가지는 학생들이 실생활에서 접하게 되는 수학적 사고를 기반으로 한 문제를 스스로 해결할 수 있도록 보탬이 되는데 있다. 실생활 속에 접목된 수학적 문제를 풀기 위해서는 수학의 가장 기초가 되는 수 개념과 연산과정을 근본적으로 이해하고 활용할 수 있어야 한다.

따라서 수학 교육에 있어 수와 연산에 대한 개념은 별도의 것으로 분리하여 다룰 성질의 것이라기보다는 상호 유기적인 관계를 고려해 다루어야 하며 앞으로의 수학 학습에서 보다 더 중요한 부분은 앞서 이야기한 단순한 알고리즘의 암기나 하나의 정답을 찾는 것이 아니라 문제 안에 내포된 수학 개념의 의미를 면밀히 이해하는 것이며, 학생들로 하여금 풍부하고 다양한 수 감각을 체득하도록 하는 것이다. NCTM(2000)에서는 앞으로의 수학 교육과정의 질적 측면을 평가하는 기준으로서 수 감각의 발달을 포함시켜야 한다고 권하고 있으며, 초등학교 수학의 중요한 목표로 수 감각의 발달을 우선적으로 꼽고 있다. 또 박영배(1999)에 의하면 1998년에 발표된 일본의 새 수학 교육과정 개

정의 쟁점 중 "수량과 도형에 관한 수적 감각을 넓고 풍부하게 한다."와 "수나 계산의 의미에 대한 심도 있는 이해와 여러 가지 계산 방식에 관하여 사고하는 것을 중요시 한다."라는 내용이 있음을 알 수 있다. 뿐만 아니라 박영배(1999)이 우리나라의 제 7차 수학과 교육과정 중 '수와 연산' 영역의 개정에 대한 전반적인 내용을 정리한 연구결과를 살펴보면 "제 7차 교육과정에서는 학생들의 수 감각을 발달시키기 위한 교수법을 강조하였다."와 "암산을 강조하고 있으며 계산기 및 컴퓨터 등의 기기 활용 방안 개발에 힘쓰고 있다."라는 내용을 찾아볼 수 있다(소연이, 2000). 이러한 예들은 모두 수학 교육과정에서 수감각의 발달을 무엇보다 강조하고 있다는 것을 반증한다. 따라서 초등 저학년의 창의적이고 효과적인 수업을 위해 수학 교육의 철학에 근거하여 시각화 이미지를 통한 수업의 프로그램을 제시하고 수 감각의 발달을 위한 효과적인 지도 방안을 모색하기로 한다.

## 2 시각화 이미지

시각화 이미지란 어떤 개념을 그림으로 표현한 화면을 눈으로 본 후 생성되는 잔상을 뜻하는 것으로, 현대에서는 컴퓨터 그래픽, 영화, 프레젠테이션 디자인, 통계 데이터 등의 교육용 기법에 활용되고 있다. 수학에서의 시각화 이미지는 수학적 개념을 도형으로 표현한 그림을 통하여 그 개념과 도형의 잔상을 동일한 것으로 기억하는 것으로 볼 수 있다. 수와 연산을 도형과 접목시킨 최초의 수학자는 고대 그리스의 피타고라스학파로 볼 수 있다(Boyer, 1968). 피타고라스학파는 1, 3, 6, 10, 15, … 등의 수열을 그 수만큼의 점으로 다음 그림과 같이 표현하고 이러한 점의 모형을 형상수(삼각수)라고 칭하였으며, 추상적인 수를 점으로 시각화시켜 수열을 도형으로 이미지화한 것이다.

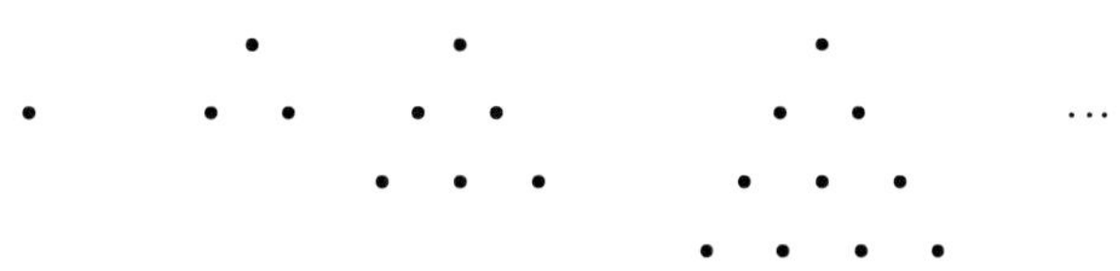

[삼각수]

그 후, 인류 최초의 수학책인 유클리드 원론의 5-9장까지의 수론에서는 모든 수를 막대의 길이로 표현하여 수에 관한 이론을 직관적으로 이해할 수 있도록 하였다. 또한 아랍의 대표적인 수학자인 알콰리즈미는 도형을 이용하여 이차방정식의 근의 공식을 설명하는 소위 '기하대수학'을 발전시켰으며 이러한 모두가 추상적인 수학의 내용을 시각화한 이미지로 변환하여 이해하도록 하는 기법이라 하겠다. 초등 학교수학은 범자연수개념에 대한 기초적인 학습으로부터 비롯되며, 자연수와 그 계산은 초등 학교수학의 중점적인 부분을 차지하고 있다 . 우리나라 수학과 교육과정 역시 '수와 연산' 영역의 비중이 많은 부분을 차지하고 있는데, 특히 초등학교 1학년의 경우 그 비중이 무려 78%에 이른다고 한다(이승길, 2004). 자연수에 대한 학습과정은 이후 정수, 유리수, 무리수 등의 고차원적인 수 학습으로 연결되면서 심화, 확장된다. 그러므로 초기에 수에 대한 기초적인 개념을 어떤 방식으로 형성하고 발전시켜 도약하는지 앞으로 경험할 학교수학 전반적인 과정과 연관되어 중요한 의미를 내포한다고 할 수 있다. 또한 이는 초기 수 개념 형성에 문제가 생기면 이후 수학 학습과정에도 문제가 발생할 가능성이 매우 높음을 시사한다.

전윤희(2007)은 수학학습부진의 요인과 특징으로 수 개념의 부족을 예시로 들고 있다. 그가 제시한 수학 학습부진아들의 특징은 다음의 여섯 가지이다.

첫째, 수를 암기하는 것은 잘 할 수 있지만 수에 대한 직관적인 이해도가 현저히 떨어진다. 즉, 그들은 수 감각이 매우 약하다. 둘째, 일정한 패턴과 수학적 관계를 지각하는데 빈번히 실패한다. 셋째, 수를 이해하는데 많은 부분의 에너지를 쏟기 때문에 문제를 해결할 에너지가 남아 있지 않다. 그래서 수학학습부진아들은 빈번하게 잘못 읽고, 잘못 쓰며, 수를 세는데 어려움을 경험하고 그 일이 지속적이지 못한다. 넷째, 수나 어휘, 문제해결 과정, 혹은 이전에 학습한 자료를 기억하는데 어려움이 있다. 다섯째, 서술형 문제는 수, 언어, 연산이라는 상징적 요소들로 이루어져 있기 때문에 특히 어려우며 수학학습부진아들은 문제해석과정에서 사고의 방향을 잃곤 한다. 여섯째, 수학학습부진아들은 계속 반복적으로 같은 문제를 풀거나 오직 한 가지 문제해결방법만을 이용한다.

전윤희(2007)이 주장한 내용을 살펴보면, 수학학습부진아들은 수에 대한 직관적인 이해, 수를 읽고 쓰는 능력, 수 세기 등 기본적인 수 개념 형성에 많은 문제가 있다는 것을 알 수 있다. 하지만 대개의 초등학교 교사들은 수학 학습부진아를 지도하는 과정에서 수의 개념보다는 연산 영역의 반복 학습에 몰두한다. 이러한 학습은 어떤 수학학습 부진아에게는 효과적인 영향을 미쳐 학습 능력의 향상으로 이어지지만, 일부는 그렇지 못하고 고학년이 될수록 부진의 정도는 갈수록 심각해지게 된다. 이것은 부진의 원인에 따라

각기 다른 교수적 처방이 행해져야 한다는 사실과 피상적으로 연산 역량이 부족한 것으로 나타난 아동이라도 실제로는 더 기초적인 능력의 결핍으로 인해 연산능력에 문제가 초래될 수도 있다는 사실을 의미한다.

지금까지 수 개념 지도와 연관된 선행 연구인 소연이(2000), 이승길(2004) 등은 주로 수 개념을 향상시키는 방안에 관한 연구로서 꾸준히 있어왔는데 이는 수에 대한 개념이 수학학습에서 기초, 기본이 되는 중요한 개념임은 누구나 알고 있는 사실에 기인한다.

수 감각은 수에 대한 능숙도나 유연성, 즉 수가 의미하는 바가 무엇이며, 암산을 자연스럽게 수행할 수 있는 능력으로 정의(Kim, 2013)되며, 수 개념과 연산 능력을 짐작할 수 있는 요인이다.

또한 수 감각은 조기 수학 교육에서 무엇보다 강조해야 할 중요한 요소이며, 특히 수학 학습장애 및 학습장애 위험군에 해당하는 학생에게는 이러한 초기 수학 교수가 필수 불가결한 요소이다.

NCTM(2000)에서는 수 감각 개발을 위해 교수 내용 계획 시 반영해야 하는 내용 요소 및 목표 중 한 가지가 연산의 의미와 연산간의 관계 이해하기로서 그림이나 구체물과 같은 표현들을 직접 만들고 적극적으로 활동함으로써 학생들은 연산 사이의 관계성에 대한 감각을 체득하거나 어떠한 연산을 선택할 것인지 주체적으로 결정할 수 있어야 한다는 것이다. 이를 위해 다양한 문제 상황에서 동일한 연산방법을 적용할 수 있다는 것을 인지하고, 연산들이 서로 어떻게 연관되어 있는지를 알아야 하고, 예측되는 어떤 결과에 대한 아이디어를 사고하도록 돕는다. 이를 위해서는 아이들이 수의 크기와 양적 개념을 직관적으로 아는 것이 중요하다.

피아제는 아동의 수에 대한 개념이나 수학적 개념은 단지 가르침에 의해 습득되는 것이 아니고 자연스럽고 독창적으로 발달된다고 보고 있다. 수 도입 이전에 수량보존개념이 습득되어져야 하는데 이는 6~7세쯤 되어야 가능하다. 이때 교사는 관심과 흥미, 욕구를 유발시킬 수 있는 환경을 마련해 주어야 한다. 수 보전개념은 논리적 사고력의 중요한 형태로서 다른 인지 활동을 위해 핵심적인 역할을 한다.

6세에 이르면 수의 보존개념, 수의 불변성 단계에 도달하여 두 집합이 동치(두 집합의 원소의 개수가 같다)임을 발견하게 된다. 어릴수록 1대1 대응 관계보다는 원소를 배열한 길이나 공간에 기반을 둔 수 기초 개념을 습득하게 된다. 이때는 길이나 공간에 대한 지각이 셈수나 세는 것보다 더 중요한 것으로 생각한다. 즉 6세 이후에 수의 보전개념이 형성되어 집합의 배열에 관계없이 다음의 예와 같이 원소의 수가 같으면 동치임을 알게 된다(김용태, 2013).

## 2.1. 집합론의 이론에 의한 수세기

### 1) 셈수의 누적모델

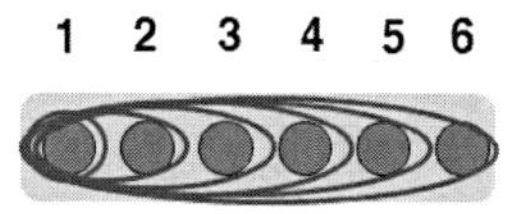


### 2) 기본 덧셈 모델

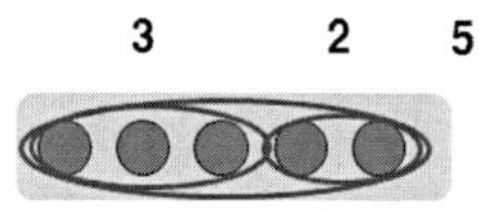


## 2.2. 셈수에 의한 수세기

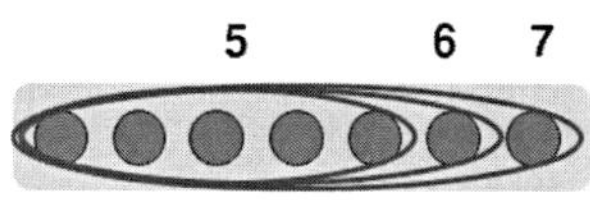


아동들은 오감을 통해서 정보를 받아들이는데 이 중에서 시각효과는 가장 예민하고 두드러진다. 그래서 이를 이용하면 한 자릿수 더하기 한 자릿수를 받아들이는데 있어 재미와 흥미를 이끌 수 있으며 이에 따라 익히는 속도도 빨라진다.

위와 같은 이론적 배경을 바탕으로 수 개념 향상에 매개체로 활용할 구체물을 제시함과 동시에 수를 시각화 이미지화하여 아동들의 풍부한 상상력을 돕고 자연스럽게 셈을 깨우치게 할 수 있도록 하였다.

# 3 시각화 이미지를 이용한 수 개념과 연산 지도 방법

## 3.1. 수의 시각화

일반적 상황에서 추상적인 수인 3의 크기와 양을 알도록 지도하기 위해서는 다음과 같이 여러 가지 구체물을 제시하는 것이 일반적이다.

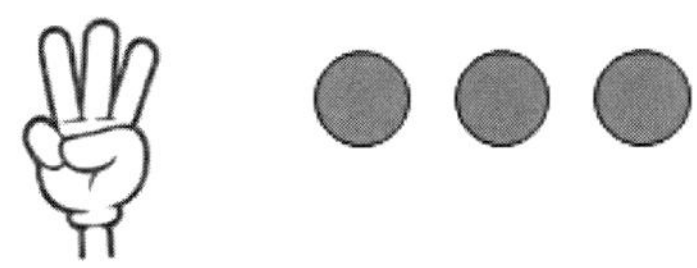

[다양한 수모델]

그 다음, 추상적인 수와 구체물 사이에 반구체물 성격의 모양(시각화이미지)을 더하여 아동들에게 시각 효과를 극대화한다.

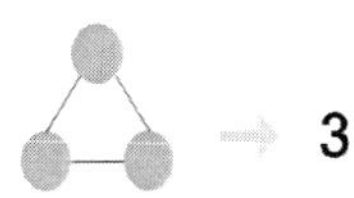


[수와 모델간의 시각화]

이와 같이 1부터 5까지의 수를 시각화이미지 형식으로 나타내면 다음 그림과 같다.

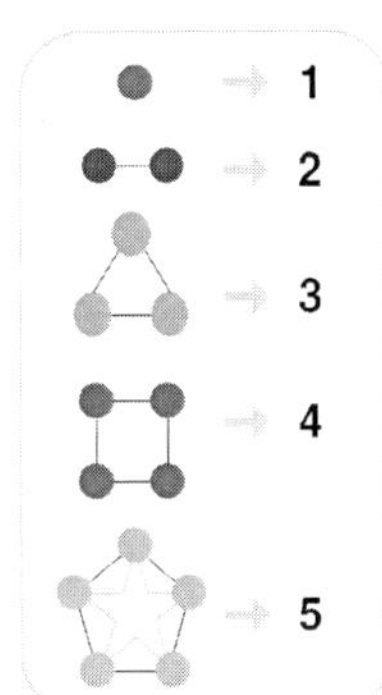


[5 종류의 시각화 이미지]

이 5종류의 반구체물(시각화 이미지)로 수 결합을 시도하면 단순하게 입출력되어질 수 개념이 효과적이면서도 다양하고 창의적으로 아동들 스스로 조합하고 분해가 가능하도록 지도 할 수 있다. 아래의 그림은 숫자 6을 위의 반구체물인 시각화이미지를 이용하여 여러 가지 방법으로 나타낸 것이다.

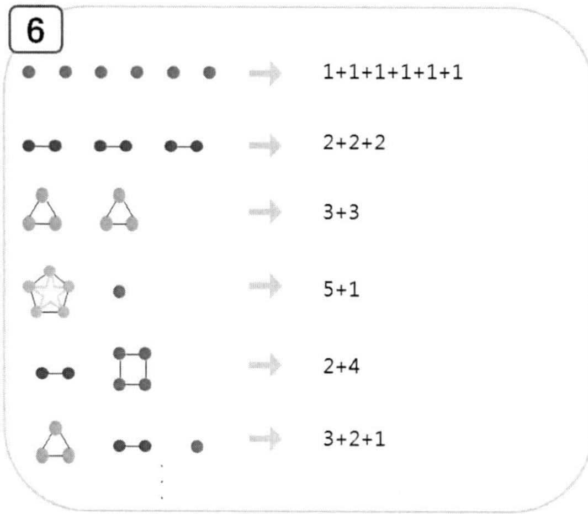


[수 6의 다양한 시각화 이미지]

## 3.2. 5종류의 시각화 연산

연산에서 가장 기본이 되는 부분은 한 자릿수 덧셈이다. 한 자릿수 덧셈만 자유자재로 해결할 수 있다면 더 큰 수의 덧셈은 물론 뺄셈과 곱셈 나눗셈까지 확장시킬 수 있다. 이에 생각하는 힘을 길러줄 수 있는 밑바탕을 위해 만들어 진 원리가 5종류시각화이다.

<table>
<tr><th colspan="6">5종류시각화 할 연산종류</th></tr>
<tr><th colspan="2">1종</th><th colspan="2">2종</th><th colspan="2">3종</th></tr>
<tr><td colspan="2">1+1=2</td><td colspan="2">4+1=5</td><td colspan="2">5+1=6</td></tr>
<tr><td colspan="2">2+2=4</td><td colspan="2">3+2=5</td><td colspan="2">5+2=7</td></tr>
<tr><td colspan="2">3+3=6</td><td colspan="2" rowspan="3"></td><td colspan="2">5+3=8</td></tr>
<tr><td colspan="2">4+4=8</td><td colspan="2">5+4=9</td></tr>
<tr><td colspan="2">5+5=10</td><td colspan="2">5+5=10</td></tr>
<tr><th colspan="3">4종</th><th colspan="3">5종</th></tr>
<tr><td colspan="3">6+6=12</td><td colspan="3">9+1=10</td></tr>
<tr><td colspan="3">7+7=14</td><td colspan="3">8+2=10</td></tr>
<tr><td colspan="3">8+8=16</td><td colspan="3">7+3=10</td></tr>
<tr><td colspan="3">9+9=18</td><td colspan="3">6+4=10</td></tr>
<tr><td colspan="3">10+10=20</td><td colspan="3">5+5=10</td></tr>
</table>

[5 종류의 시각화 연산]

먼저 5종류의 시각화 연산에서 1종(5개), 2종(2개), 3종(4개)의 시각화 할 연산 11가지로 셈(기본셈)을 익힌 후, 11개의 기본연산을 서로 조립하여 새로운 연산을 만드는 연습을 4종(1종+3종)시각화, 5종(2종+3종)시각화를 통해 상상력을 키울 수 있다.

5종류시각화에서는 한 자릿수 덧셈을 5종류의 시각화 연산과 같이 5가지 종류 20개의 연산으로 구분하여 숫자와 구체물, 시각화이미지까지 결합하여 시각화이미지와 수를 동시에 머릿속에 그리면서 다양한 방법으로 수를 분해하고 결합하는 학습을 가능하게 해 준다. 그리고 Bruner(1960)의 교수-학습방법인 EIS 이론에 따라, 눈으로 보고 만질 수 있는 구체물의 조작과정과 그 과정을 눈으로 보면서 만들어 지는 시각화이미지와 추상적인 숫자를 대응시키는 훈련을 통하여 가급적이면 세 가지가 동시에 진행되도록 지도한다(Freudenthal, 1983).

## 1) 1종 시각화(동수 모으기)

1종의 5가지 연산의 시각화 이미지를 통한 이해의 단계이다.

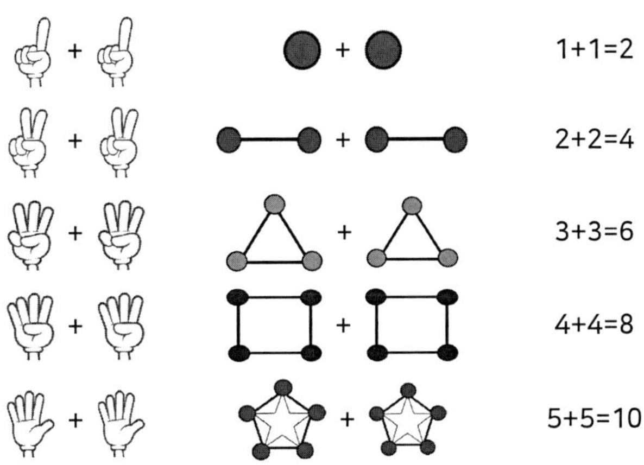


[1종 시각화]

먼저 1부터10까지 순서수를 세면서 똑같은 수의 기본 덧셈인 1+1=2, 2+2=4, 3+3=6, 4+4=8, 5+5=10 등을 먼저 손가락과 같은 구체물과 이미지를 제시한다.

## 2) 2종 시각화(5만들기)

5가 되는 연산의 방법을 시각화 이미지로 익히는 방법이다.

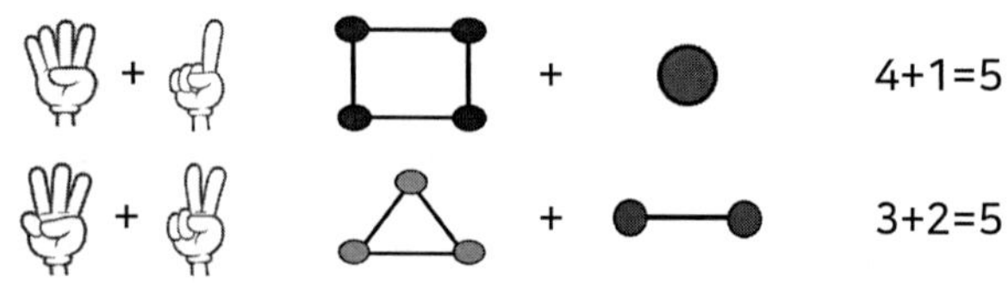


[2종 시각화]

### 3) 3종 시각화(5보다 큰 수 만들기)

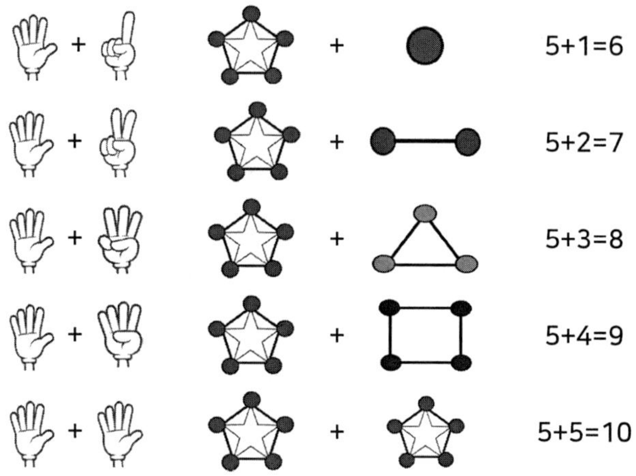


[3종 시각화]

구체물과 시각화 이미지로 5라는 기준을 정해놓은 후 5에서 1, 2, 3, 4씩 늘어나면 6, 7, 8, 9 가 된다는 것을 익히게 한다.

1종, 2종, 3종의 시각화(11종류의 연산)까지가 (한 자릿수)+(한 자릿수)를 하는 기본 중의 기본이다. 이후 4종의 시각화(6부터 10까지 동수 합)와 5종의 시각화(10 만들기)는 이 11개 연산을 조립하여 완성하고 이후 다른 형태의 (한 자릿수)+(한 자릿수)까지도 11개 연산으로 조립하며 셈을 익힌다.

### 4) 4종 시각화(5보다 큰 동수 모으기)

4종은 1종과 3종의 결합으로 만들어진다.

| | |
|---|---|
| 6+6=12 | 5+1+1+5 |
| 7+7=14 | 5+2+2+5 |
| 8+8=16 | 5+3+3+5 |
| 9+9=18 | 5+4+4+5 |
| 10+10=20 | 5+5+5+5 |

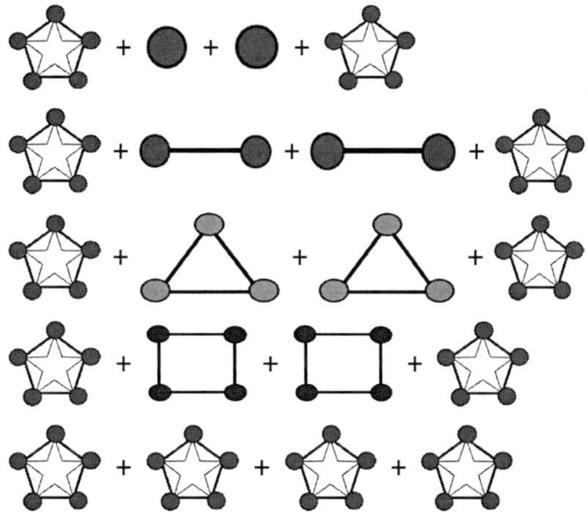

[4종 시각화]

6을 5와 1로 가르는 것은 3종에서 하였으며, 가른 후 1+1을 하는 것과 5+5를 하는 것은 1종에 해당된다. 이와 같게 7을 5와 2로 가르는 것은 3종, 가른 후 2+2와 5+5는 1종에 해단된다. 6+6이나 7+7은 아이들이 어려움을 겪는 셈이지만 이미지를 떠올리면서 전체를 사진 찍듯 기억을 하면 쉽게 해결할 수 있다.

## 5) 5종 시각화(10만들기)

5종은 앞의 2종과 3종의 결합으로 이루어진다.

| | |
|---|---|
| 9+1=10 | 5+4+1 |
| 8+2=10 | 5+3+2 |
| 7+3=10 | 5+2+3 |
| 6+4=10 | 5+1+4 |

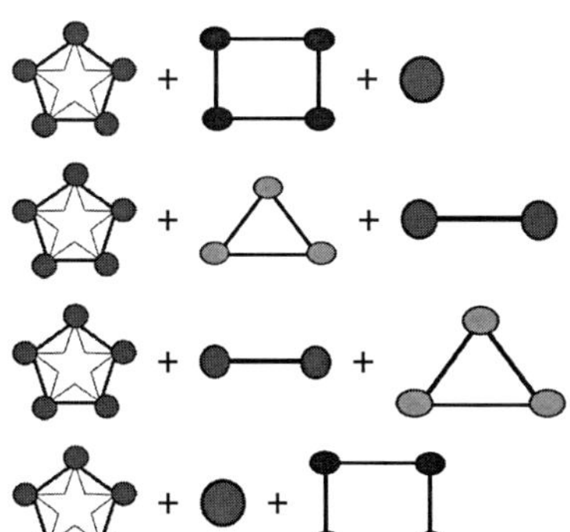

[5종 시각화]

앞서 강조했던 5 두 개가 10이라는 사실은 쉬우면서도 매우 중요하다. 학생들에게 8이라는 수를 제시하면서 '얼마를 더하면 10이 될까?'라는 질문은 수에 대한 감각이 있는 아동은 쉬울 수도 있으나 그렇지 않는 학생들은 어려움을 겪게 된다. 8을 3종의 시각화에서 실시한 5와 3의 시각화로 떠올리고, 또 3을 5로 만들기 위해 2종의 시각화를 떠올리면 2를 쉽게 떠올릴 수 있을 것이다.

## 4 시각화 이미지 학습도구

### 4.1. 시각화 주사위

주사위를 시각화의 학습도구로 이용할 수 있다. 5를 나타낸 주사위의 전개도와 1~4를 나타낸 주사위의 전개도, 그리고 이 두 종류의 2종류의 주사위 전개도와 그를 이용하여 만든 주사위를 나타낸 그림이다.

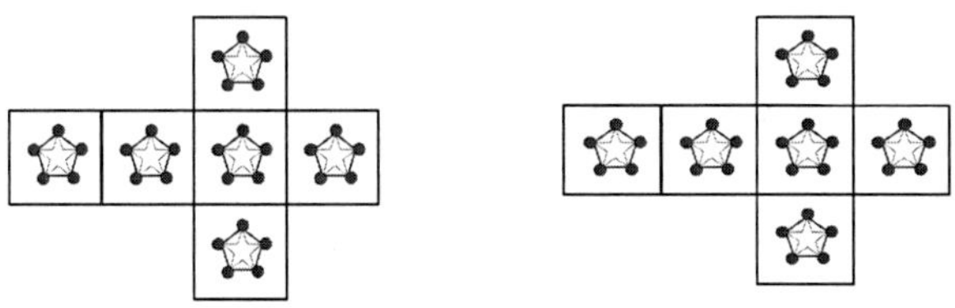

[5주사위]

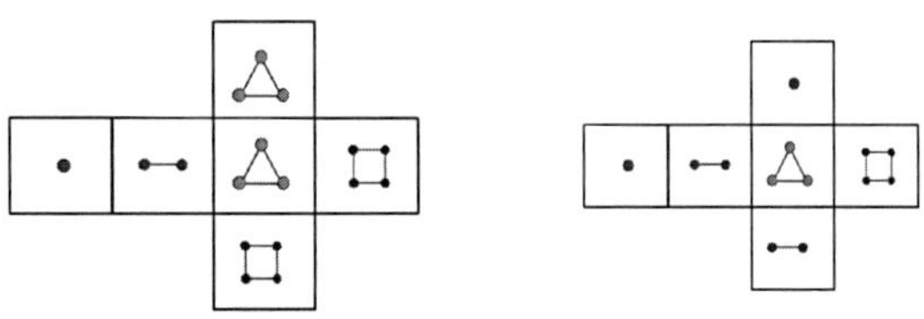

[1~4 주사위]

[두 종류의 주사위]

5주사위는 6면모두 5만나오는 주사위, 1~4주사위는 6면에 1,2,3,4만 나오는 주사위.

## 4.2. 시각화 카드

카드 역시 시각화 자료로 활용할 수 있다. 아래 그림과 같이 앞면은 그림으로 뒷면은 숫자로 나타내어 시각화 자료로 활용할 수 있다.

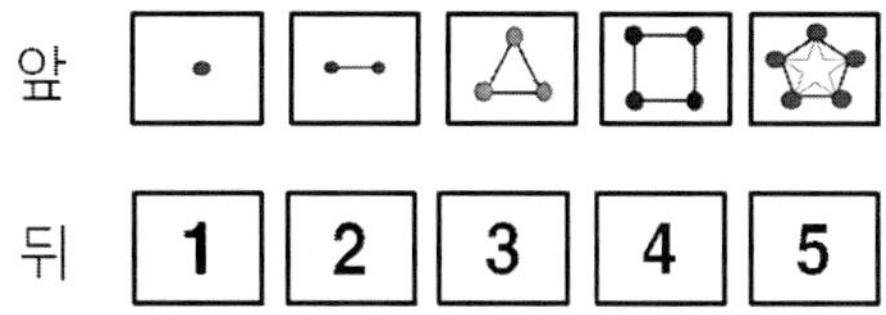

[시각화 카드]

# 5 시각화 이미지 지도 방법

이절에서는 5가지 종류의 시각화 이미지의 지도 과정과 전략을 소개한다.

## 5.1. 1종 시각화 : 동수 모으기

### 1) 지도 과정

1종의 시각화를 지도함에 있어 다음 순서에 따라 학생들이 차례로 익힐 수 있게 한다.

가) (1종-1) 1+1=2

나) (1종-2) 2+2=4

다) (1종-3) 3+3=6

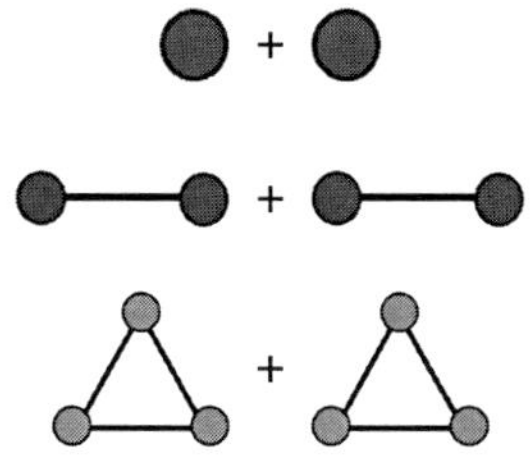

라) (1종-4) 4+4=8 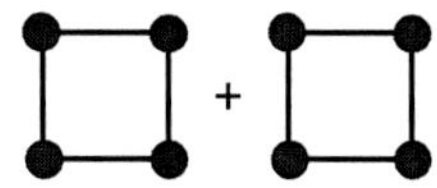

마) (1종-5) 5+5=10 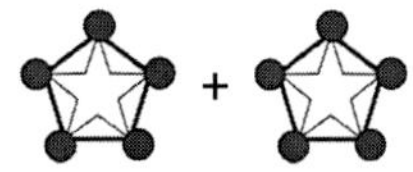

[1종 시각화 지도 순서]

**1종 시각화 지도 전략**

a. 순서 수를 익힌다.(1에서10까지)

b. 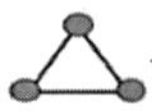는 3이고 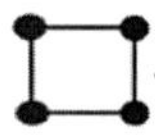-는 4임을 직관적으로 읽는 연습을 한다.

c. 덧셈을 읽는다.

d. 수의 앞 수와 뒤 수를 읽는다.

e. 같은 수 더하기를 익힌다.

f. 5 두 개(즉 5+5)는 10이라는 사실을 강조한다.

## 2) 지도 방법

### 가) 1종-1 시각화 이미지 지도 방법

1종의 시각화 이미지를 지도하는 방법은 아래와 같다. 이를 활용하여 연산 수업을 실시한다.

| (1-1) | 1+1=2 | ● + ● | 활동 |
|---|---|---|---|
| ① | 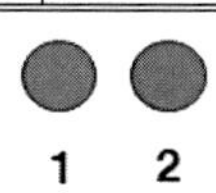 | | 일 이 라고 순서대로 센다. |
| ② | 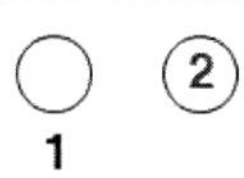 | | 일 이 라고 읽는다. |
| ③ | 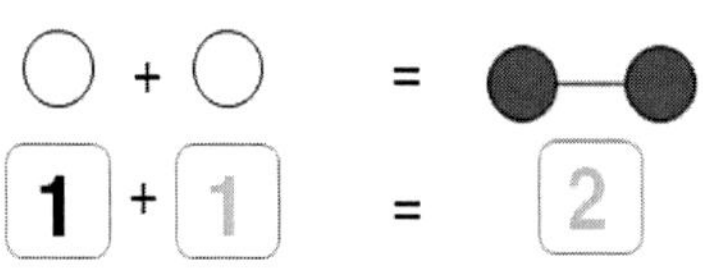 | | 일 더하기 일은 이 라고 읽는다. |

| ④ | 이때 2보다 1작은 수는? 2보다 1큰 수는?<br>의 질문을 한다. |
|---|---|
| 활용 교구 예시 | 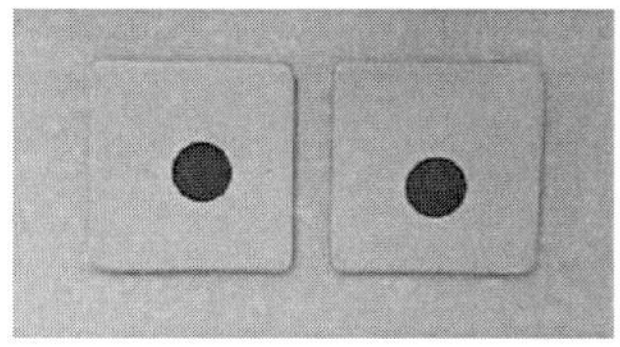 |

## 나) 1종-2 시각화 이미지 지도 방법

1종-2 시각화 이미지 지도과정은 다음과 같다.

| (1-2) | 2+2=4 | 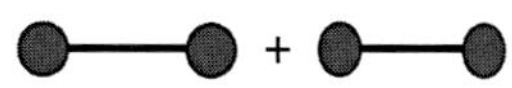 | 활 동 |
|---|---|---|---|
| ① | 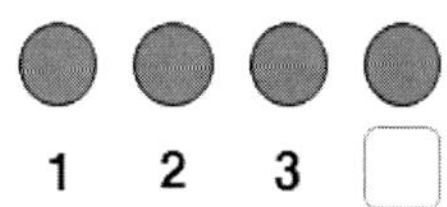 | | 일 이 삼 사 라고 순서대로 센다. |
| ② |  | | 이 삼사라고 읽는다 |
| ③ | 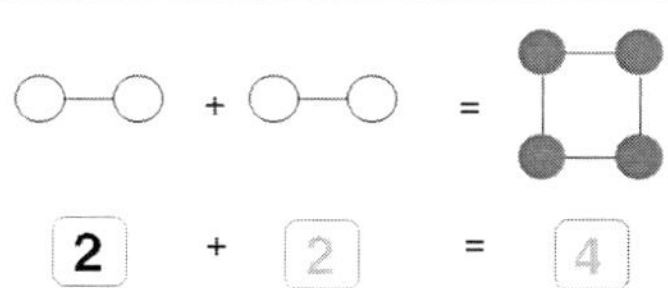 | | 이 더하기 이는 사 라고 읽는다. |
| ④ | 이때 4보다 1작은 수는? 4보다 1큰 수는?<br>의 질문을 한다. | | |
| 활용교구 예시 | 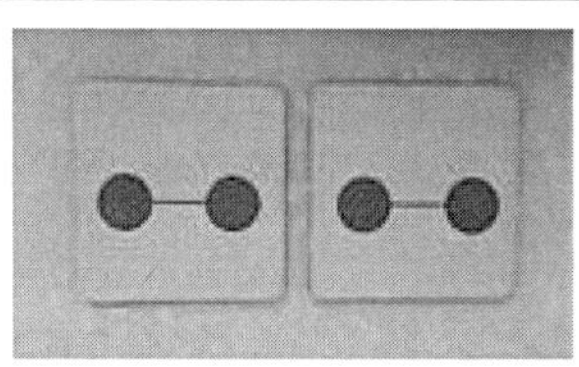 | | |

## 다) 1종-3 시각화 이미지 지도 방법

2종-3 시각화 이미지 지도과정은다음과 같다.

| (1-3) | 3+3=6 | 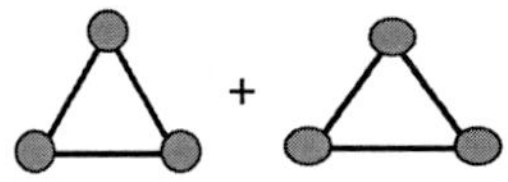 | 활　동 |
|---|---|---|---|
| ① | 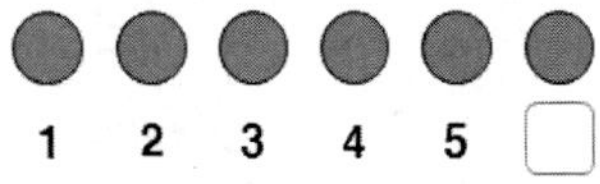 | | 일 이 삼 사 오 육 이라고 순서대로 센다. |
| ② | 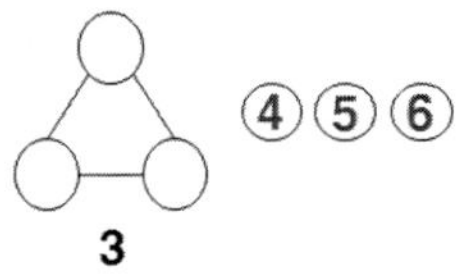 | | 삼 사오육이라고 읽는다. |
| ③ | 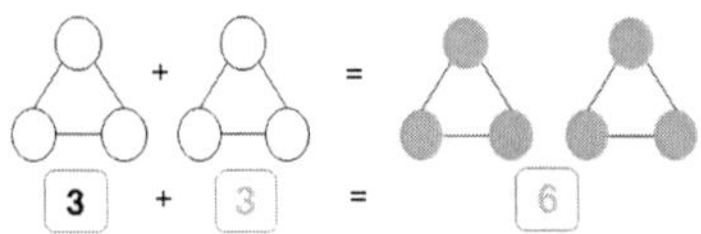 | | 삼 더하기 삼은 육 이라고 읽는다. |
| ④ | 이때 6보다 1작은 수는? 6보다 1큰 수는?<br>의 질문을 한다. | | |
| 활용<br>교구 예시 | 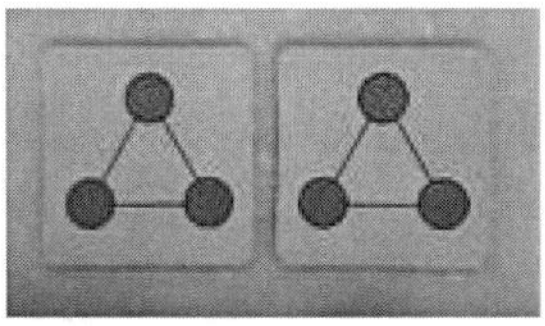 | | |

## 라) 1종-4 시각화 이미지 지도 방법

1종-4 시각화 이미지 지도과정은 다음과 같다.

| (1-4) | 4+4=8 | 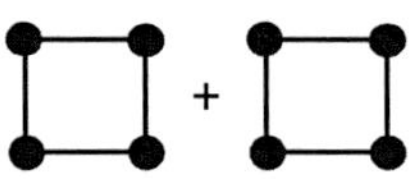 | 활　동 |
|---|---|---|---|
| ① | 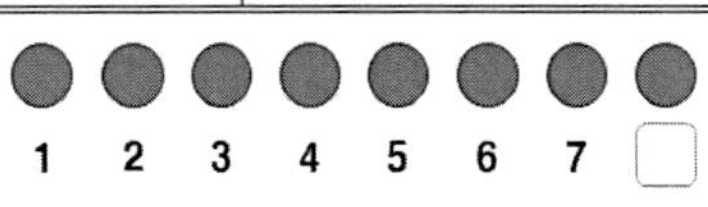 | | 일 이 삼 사 오 육 칠 팔 이라고 순서대로 센다. |
| ② | 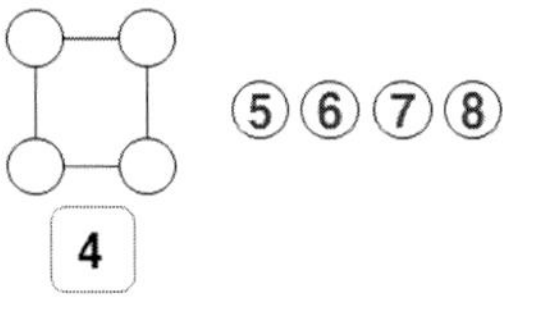 | | 사 오육칠팔이라고 읽는다. |

| | | |
|---|---|---|
| ③ | 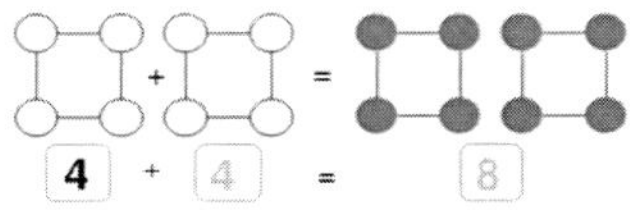 | 사 더하기 사는 팔 이라고 읽는다. |
| ④ | 이때 8보다 1작은 수는? 8보다 1큰 수는?<br>의 질문을 한다. | |
| 활용<br>교구 예시 | 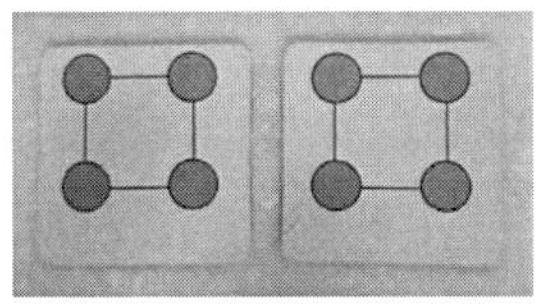 | |

## 마) 1종-5 시각화 이미지 지도 방법

1-5시각화 이미지 지도과정은 다음과 같다.

| (1종-5) | 5+5=10 | 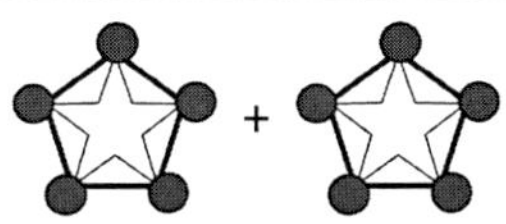 | 활 동 |
|---|---|---|---|
| ① | 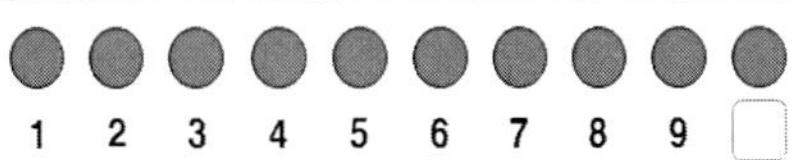 | | 일 이 삼 사 오 육 칠 팔 구 십<br>이라고 순서대로 센다. |
| ② |  | | 오 육칠팔구십이라고 읽는다. |
| ③ | 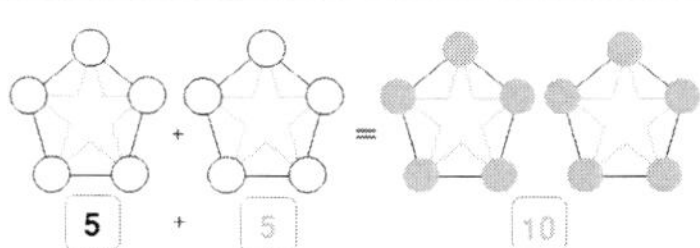 | | 오 더하기 오는 십 이라고 읽는다. |
| ④ | 이때 10보다 1작은 수는? 10보다 1큰 수는?<br>의 질문을 한다. | | |
| 활용<br>교구 예시 | 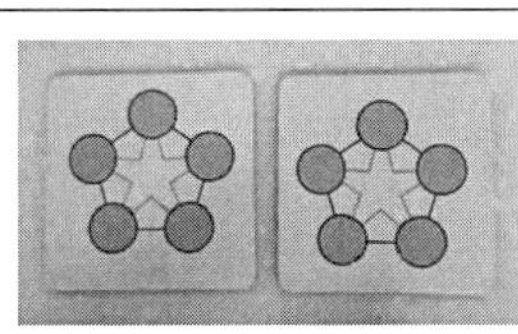 | | |

## 5.2. 2종 시각화 : 5 만들기

### 1) 지도 순서

| 가).(2종-1) | 4+1=5 | 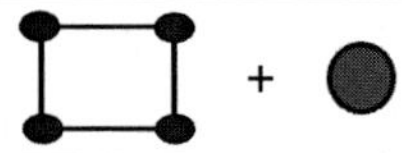 |
|---|---|---|

| 나).(2종-2) | 3+2=5 | 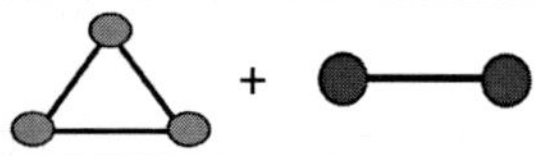 |
|---|---|---|

**2종 시각화 이미지 지도 전략**

a. 순서수를 익힌다(1에서5까지).

b. 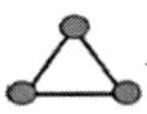는 3, 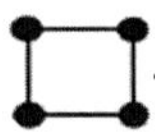-는 4임을 직관적으로 읽는 연습을 한다.

c. 덧셈을 읽는다.

d. 수의 앞, 뒤 수를 익힌다.

e. 5 만들기는 한 자릿수 더하기에서 두 가지 있다는 것을 강조한다.

### 2) 지도 방법

#### 가) 2종-1 시각화 이미지 지도 방법

| (2-1) | 4+1=5 | 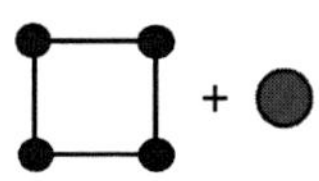 | 활 동 |
|---|---|---|---|
| ① | 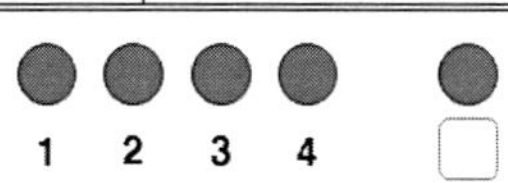 | | 일 이 삼 사 오 라고 순서대로 센다. |
| ② | 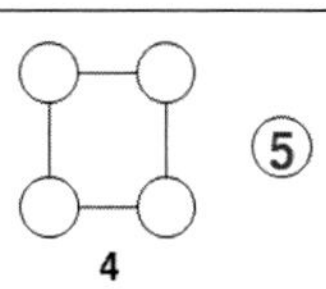 | | 사 오라고 읽는다. |

| | | |
|---|---|---|
| ③ | 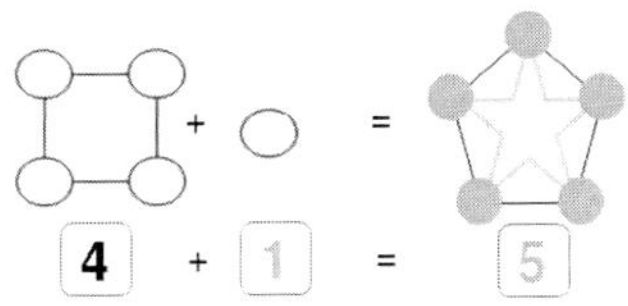 | 사 더하기 일은 오 이라고 읽는다. |
| ④ | 이때 5보다 1작은 수는? 5보다 1큰 수는?<br>의 질문을 한다. | |
| 활용<br>교구 예시 | 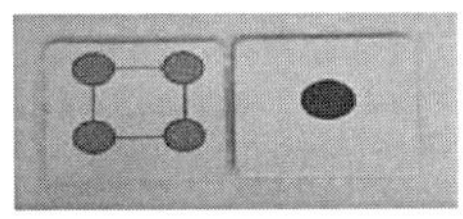 | |

## 나) 2종-2 시각화 지도 방법

| (2-2) | 3+2=5 | 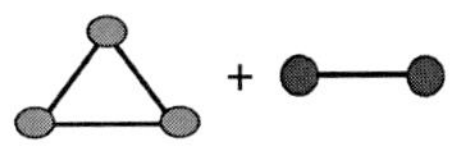 | 활 동 |
|---|---|---|---|
| ① | 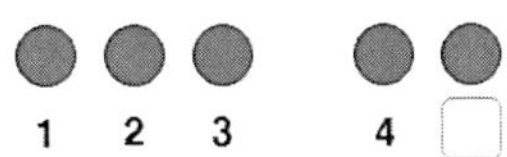 | | 일 이 삼 사 오 라고 순서대로 센다. |
| ② | 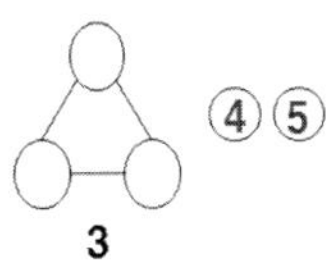 | | 삼 사오라고 읽는다. |
| ③ | 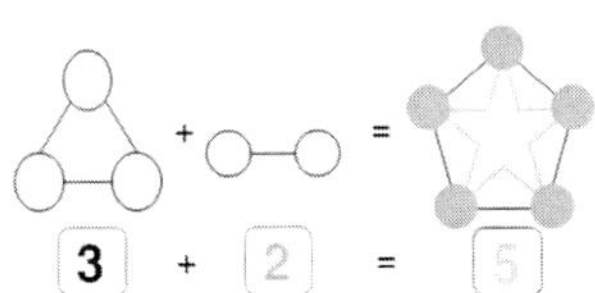 | | 삼 더하기 이는 오 이라고 읽는다. |
| ④ | 이때 5보다 1작은 수는? 5보다 1큰 수는?<br>의 질문을 한다. | | |
| 활용<br>교구 예시 | 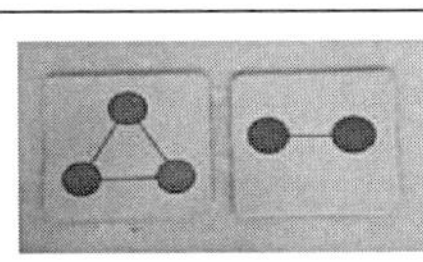 | | |

## 5.3. 3종 시각화 : 5보다 큰 수

### 1) 지도 순서

| | | |
|---|---|---|
| 가).(3종-1) | 5+1=6 | 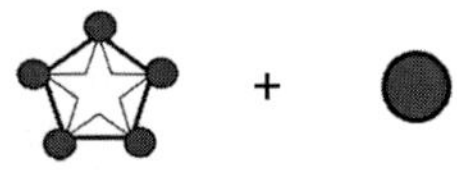 |
| 나).(3종-2) | 5+2=7 |  |
| 다).(3종-3) | 5+3=8 | 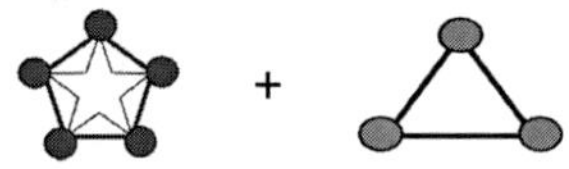 |
| 라).(3종-4) | 5+4=9 |  |

**3종 시각화 교수전략**

a. 5주사위와 1, 4주사위를 던지면서 5를 한꺼번에 읽고 나머지는 순서수로 센다.
b. 두 주사위로 더해서 합을 말한다.
c. 이 방법은 나중에 5보다 큰 두수를 더하는 데 중요한 역할을 한다.
d. 10 만들기에서도 중요한 역할을 한다.

### 2) 지도방법

#### 가) 3종-1 시각화 이미지 지도 방법

| (3-1) | 5+1=6 | 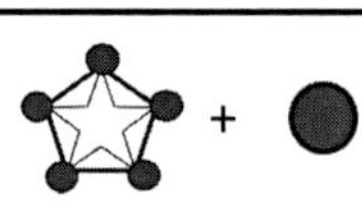 | 활 동 |
|---|---|---|---|
| ① | 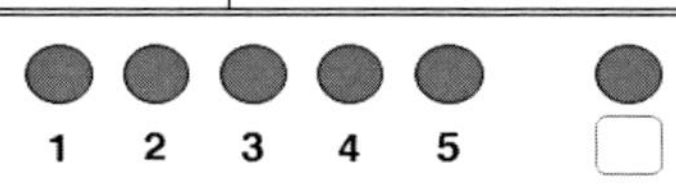 | | 일 이 삼 사 오 육 이라고 순서대로 센다. |
| ② | 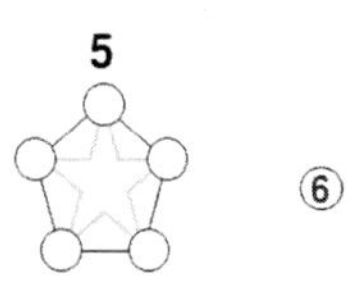 | | 오 육이라고 읽는다. |

| | | |
|---|---|---|
| ③ | 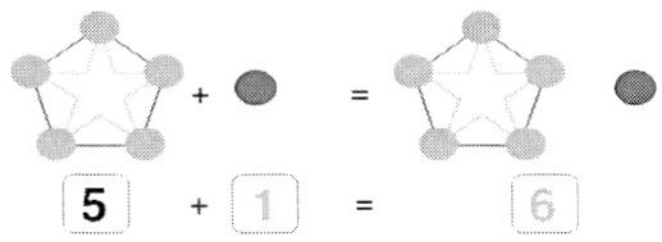 | 오 더하기 일는 육 이라고 읽는다. |
| ④ | 이때 5보다 1작은 수는? 5보다 1큰 수는?<br>의 질문을 한다. | |
| 활용<br>교구 예시 | 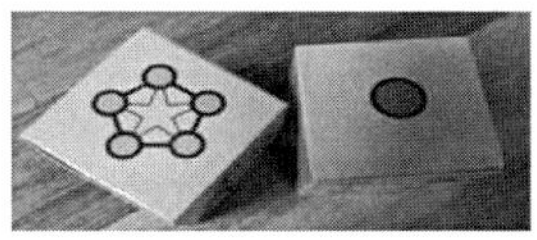 | |

## 나) 3종-2 시각화 이미지 지도 방법

| (3-2) | 5+2=7 | 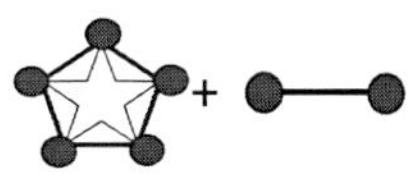 | 활 동 |
|---|---|---|---|
| ① | 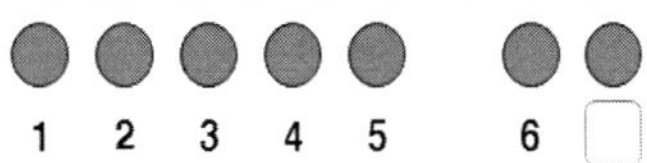 | | 일 이 삼 사 오 육 칠 이라고<br>순서대로 센다. |
| ② | 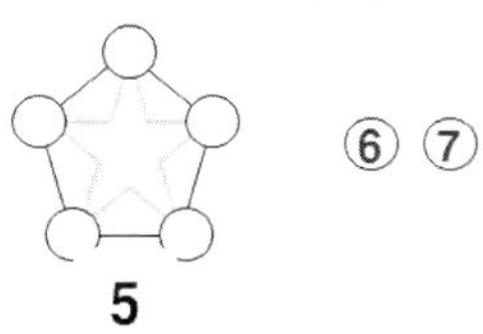 | | 오 육칠이라고 읽는다. |
| ③ | 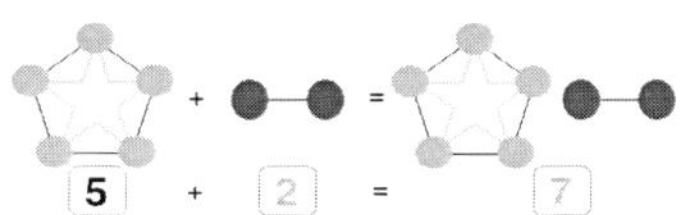 | | 오 더하기 이는 칠 이라고 읽는다. |
| ④ | 이때 7보다 1작은 수는? 7보다 1큰 수는?<br>의 질문을 한다. | | |
| 활용<br>교구 예시 | 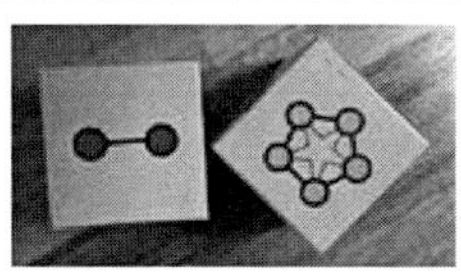 | | |

## 다) 3종-3 시각화 이미지 지도 방법

| (3-3) | 5+3=8 | 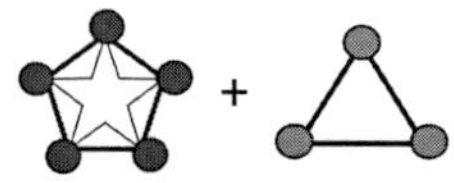 | 활 동 |
|---|---|---|---|
| ① | 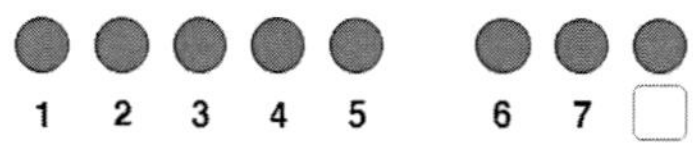 | | 일 이 삼 사 오 육 칠 팔 이라고 순서대로 센다. |
| ② | 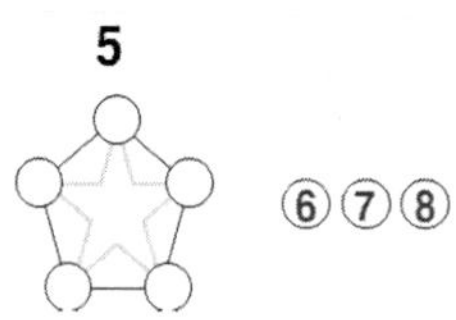 | | 오 육칠팔이라고 읽는다. |
| ③ | 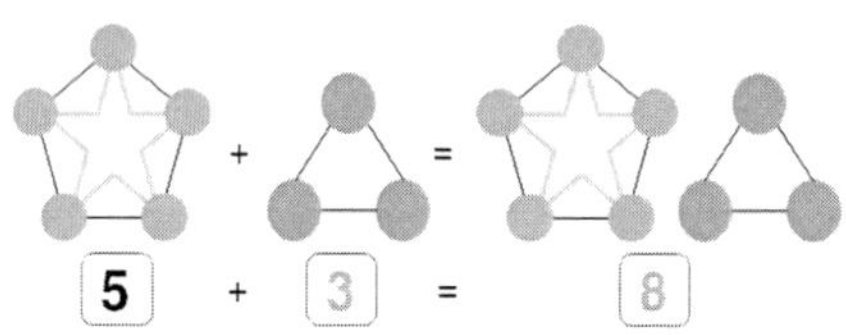 | | 오 더하기 삼은 팔 이라고 읽는다. |
| ④ | 이때 8보다 1작은 수는? 8보다 1큰 수는?<br>의 질문을 한다. | | |
| 활용<br>교구 예시 | 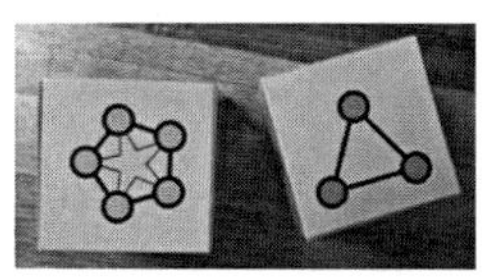 | | |

## 라) 3종-4 시각화 이미지 지도 방법

| (3-4) | 5+4=9 | 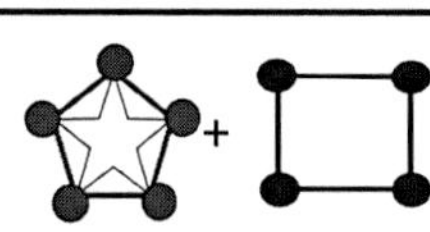 | 활 동 |
|---|---|---|---|
| ① | 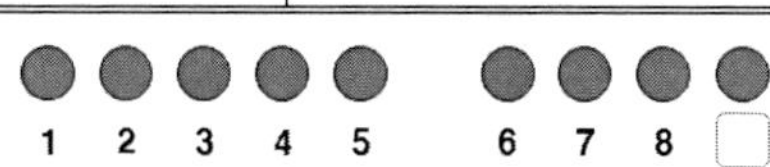 | | 일 이 삼 사 오 육 칠 팔 구 라고 순서대로 센다. |
| ② | 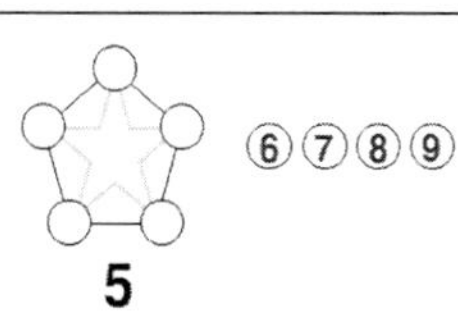 | | 오 육칠팔구라고 읽는다. |

| | | |
|---|---|---|
| ③ | 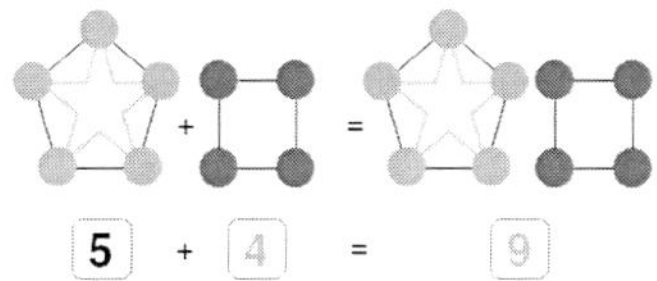 | 오 더하기 사는 구 라고 읽는다. |
| ④ | 이때 9보다 1작은 수는? 9보다 1큰 수는? 의 질문을 한다. | |
| 활용 교구 예시 | 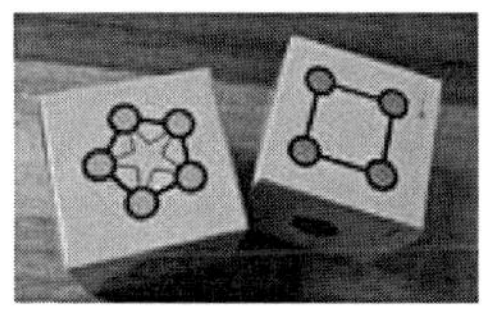 | |

※ 1종, 2종, 3종 시각화 11개 셈까지가 (한 자릿수) + (한 자릿수)의 기본구조이고 이후 이 11개 셈을 조립하여 새로운 셈을 만든다. 이후 4종 시각화 (5보다 큰 동수 모으기), 5종 시각화(10 만들기)가 11개 기본구조로 조립하는 연습을 해보는 단계이다.

## 5.4. 4종 시각화 : 5보다 큰 동수 모으기

### 1) 지도 순서

| | | |
|---|---|---|
| 가)(4종-1) | 6+6=12 | 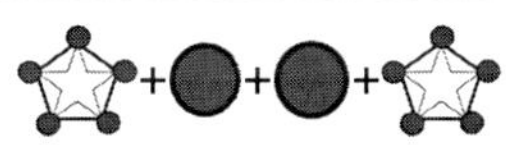 |
| 나)(4종-2) | 7+7=14 | 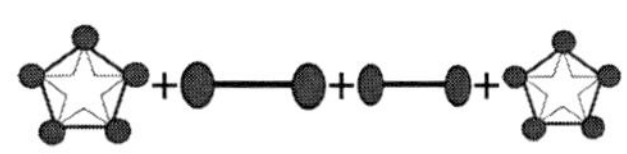 |
| 다)(4종-3) | 8+8=16 | 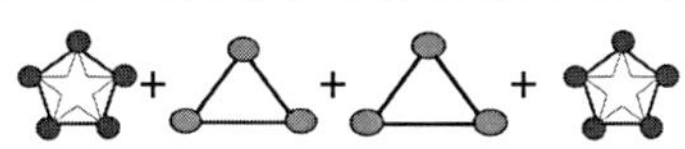 |
| 다)(4종-3) | 8+8=16 | 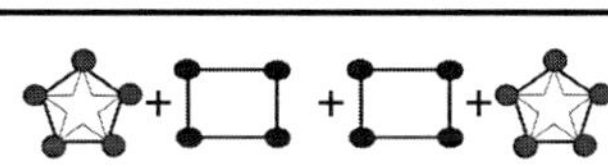 |
| 라)(4종-4) | 9+9=18 | 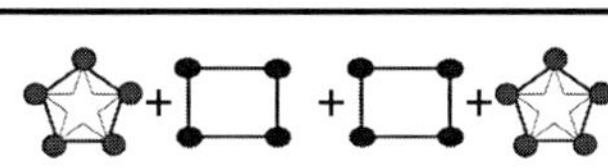 |
| 마)(4종-5) | 10+10=20 | 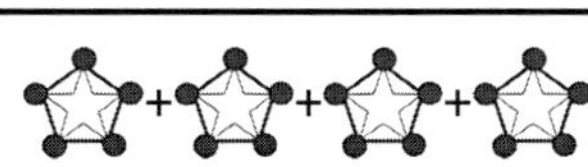 |

**4종 시각화 교수전략**

a. 5주사위2개와 1, 4 주사위2개를 이용하여 5와 1, 5와 1이 보이게 하면서 어떻게 더하면 좋을까? 질문을 한다.
b. 6을 6으로 고정시키지 말고 5+1로, 7을 7로 고정시키지 말고 5+2로...보는 연습을 한다.
c. 6+6=5+1+1+5로 보면서 5+5는10, 1+1은2 해서 12라고 말한다.
d. 이 4종 시각화는 3종(5+1)과 1종(1+1)을 조립한 결과임을 강조한다.
e. 10+10은 20임을 강조한다.

## 2) 지도 방법

### 가) 4종-1 시각화 이미지 지도 방법

| (4종-1) | 6+6=12 | 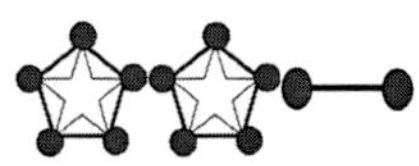 | 활 동 |
|---|---|---|---|
| ① | 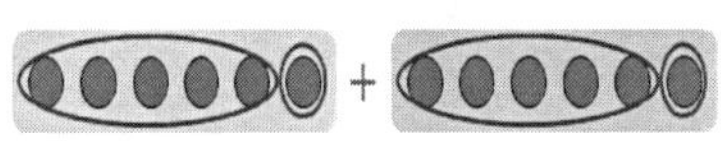 | | 육은 오일<br>육은 오일 이라고 읽는다 |
| ② | 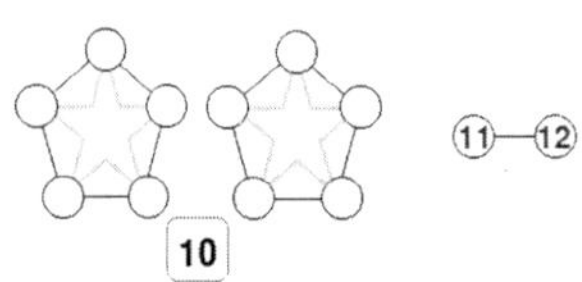 | | 십, 십일, 십이 라고 읽는다. |
| ③ | 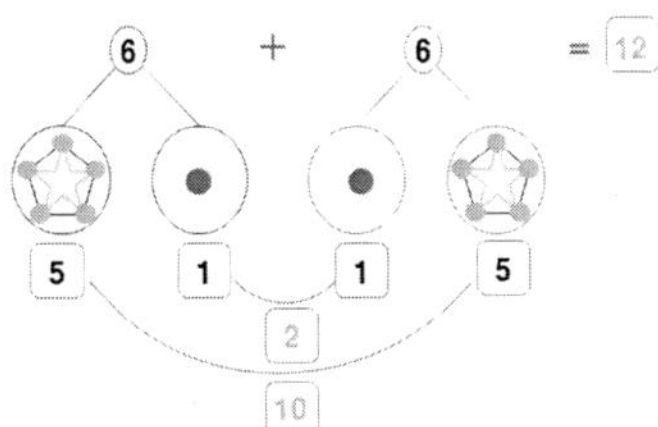 | | 6을 5와 1로 분해하여 같은 수끼리 모아 12를 만들어본다.<br><br>육 더하기 육은 오일오일 십이라고 읽는다 |
| ④ | 이때 12보다 1작은수는? 12보다 1큰수는?<br>의 질문을 한다. | | |
| 활용<br>교구 예시 | 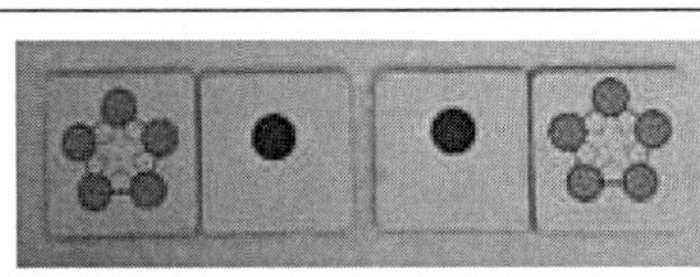 | | |

## 나) 4종-2 시각화 이미지 지도 방법

| (4-2) | 7+7=14 | 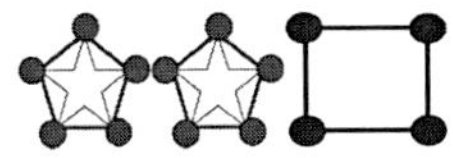 | 활 동 |
|---|---|---|---|
| ① | 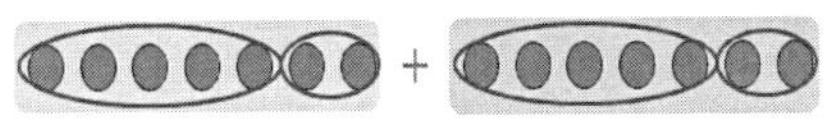 | | 칠은 오이<br>칠은 오이 라고 읽는다 |
| ② | 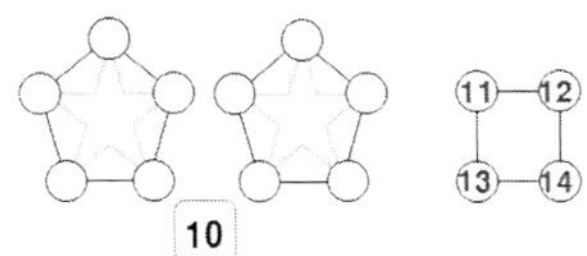 | | 십, 십일, 십이, 십삼,<br>십사라고 읽는다. |
| ③ | 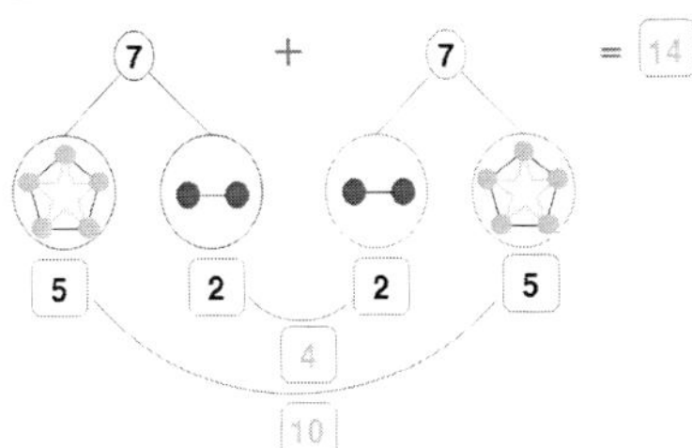 | | 7을 5와 2로 분해하여 같은 수끼리 모아 14를 만들어본다.<br><br>칠 더하기 칠은 오이오이 십사라고 읽는다 |
| ④ | 이때 14보다 1작은 수는? 14보다 1큰 수는?<br>의 질문을 한다. | | |
| 활용<br>교구 예시 | 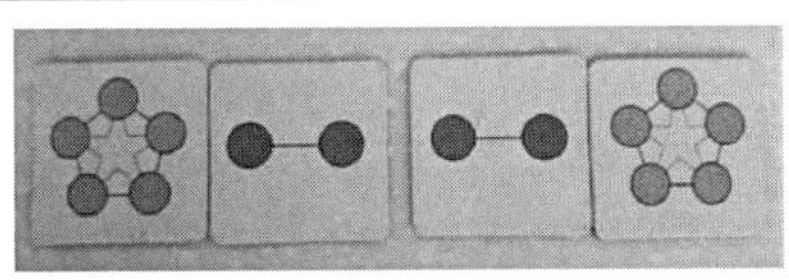 | | |

## 다) 4종-3 시각화 이미지 지도 방법

| (4종-3) | 8+8=16 | 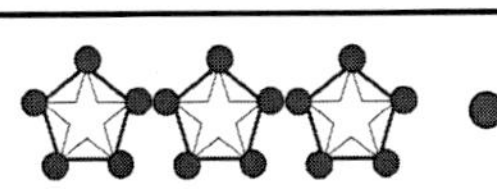 | 활 동 |
|---|---|---|---|
| ① | 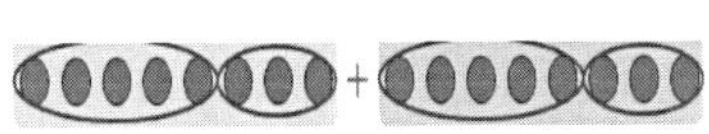 | | 팔은 오삼<br>팔은 오삼 이라고읽는다 |
| ② | 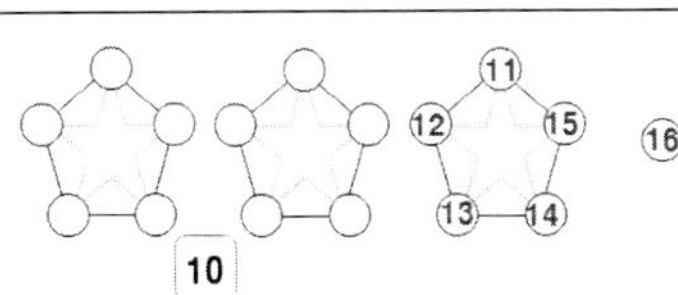 | | 십일,십이,십삼,십사,십오,십육<br>이라고 읽는다. |

| | | |
|---|---|---|
| ③ | 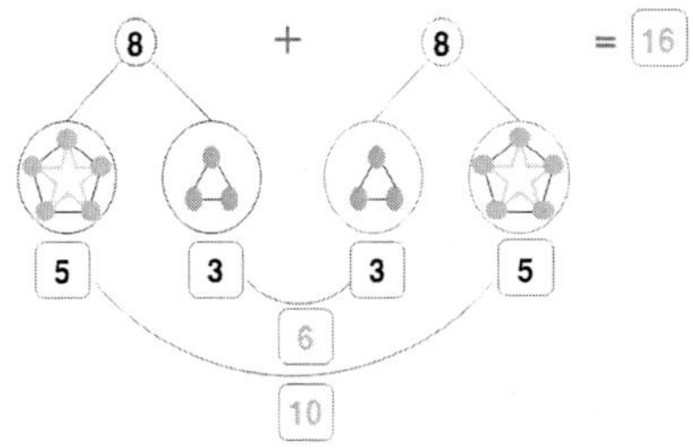 | 8을 5와 3으로 분해하여 같은 수끼리 모아 16을 만들어본다.<br><br>팔 더하기 팔은 오삼오삼 십육이라고 읽는다 |
| ④ | 이때 16보다 1작은수는? 16보다 1큰수는?<br>의 질문을 한다. | |
| 활용<br>교구 예시 | 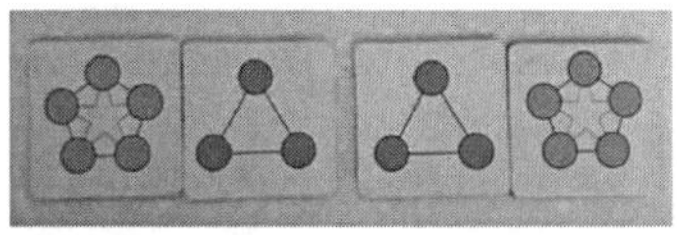 | |

## 라) 4종-4 시각화 이미지 지도 방법

| (4종-4) | 9+9=18 | 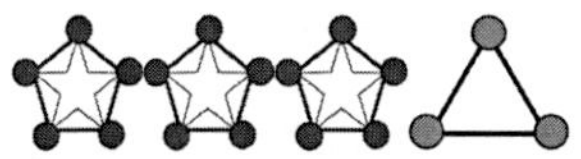 | 활 동 |
|---|---|---|---|
| ① | 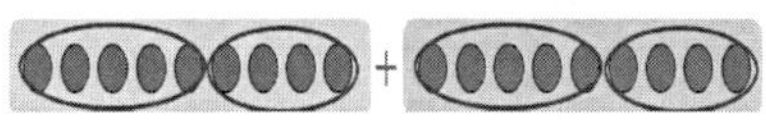 | | 구는 오사<br>구는 오사 라고읽는다 |
| ② | 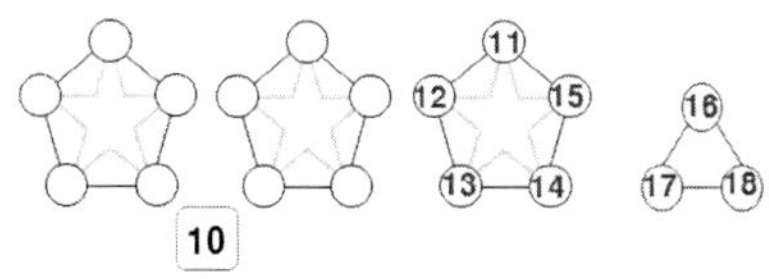 | | 십,<br>십일,십이,십삼,십사,십오,십육,<br>십칠,십팔 이라고 읽는다. |
| ③ | 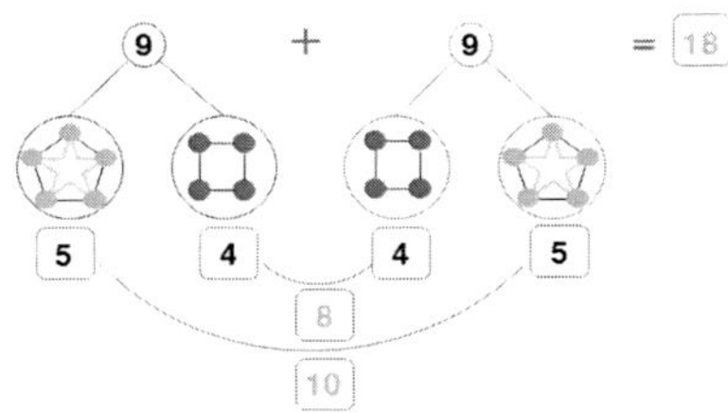 | | 9를 5와 4로 분해하여 같은 수끼리 모아 18을 만들어본다.<br><br>구 더하기 구는 오사오사 십팔 이라고 읽는다 |
| ④ | 이때 18보다 1작은수는? 18보다 1큰수는?<br>의 질문을 한다. | | |
| 활용<br>교구 예시 | 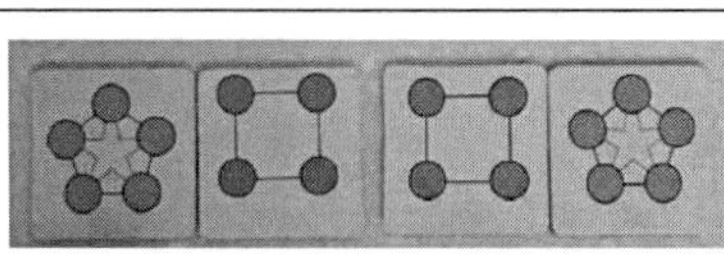 | | |

## 마) 4종-5 시각화 이미지 지도 방법

| (4종-5) | 10+10=20 | 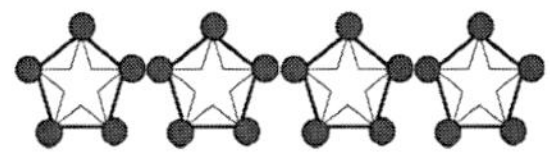 | 활 동 |
|---|---|---|---|
| ① | 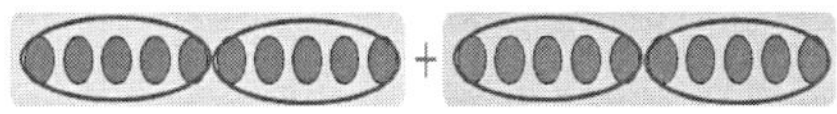 | | 십은 오오<br>십은 오오 라고읽는다 |
| ② | 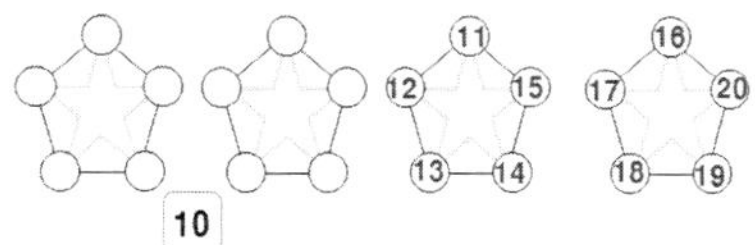 | | 십,<br>십일,십이,십삼,십사,십오,십육,<br>십칠,십팔,십구,이십 이라고<br>읽는다. |
| ③ | 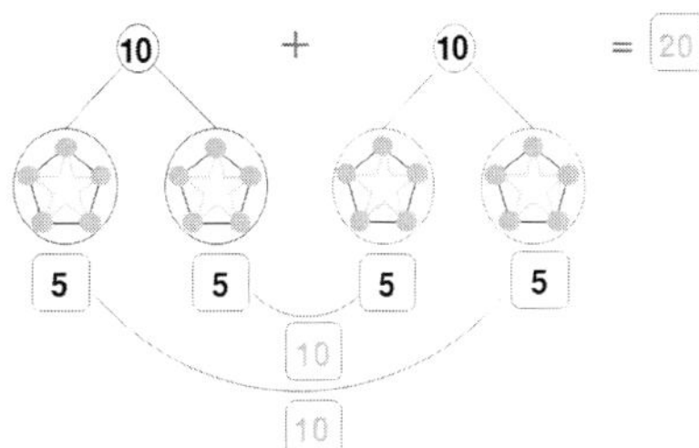 | | 10을 5와 5로 분해하여 같은 수끼리 모아 20을 만들어본다.<br><br>십 더하기 십은 오오 오오 이십 이라고 읽는다 |
| ④ | 이때 20보다 1작은수는? 20보다 1큰수는?<br>의 질문을 한다. | | |
| 활용<br>교구 예시 | 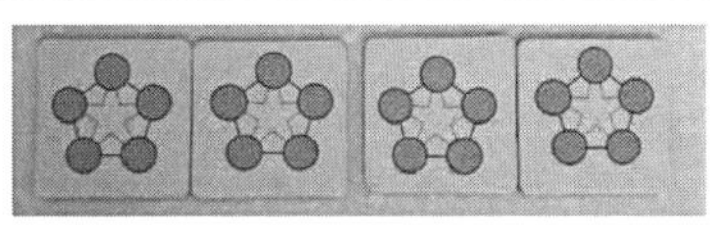 | | |

## 5.5. 5종 시각화 : 10 만들기

### 1) 지도 순서

| 가).<br>(5종-1) | 9+1=10 | 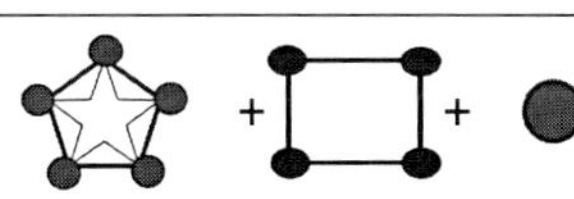 |
|---|---|---|

| 나).<br>(5종-2) | 8+2=10 | 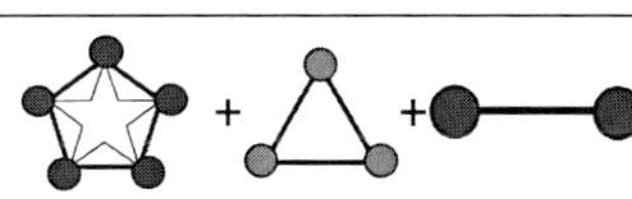 |
|---|---|---|

| 다).<br>(5종-3) | 7+3=10 | 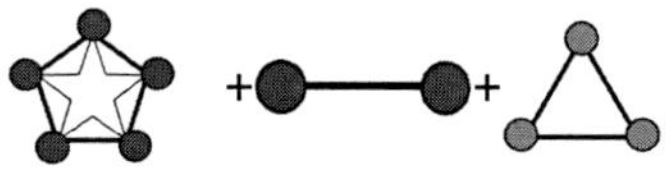 |
|---|---|---|
| 라).<br>(5종-4) | 6+4=10 | 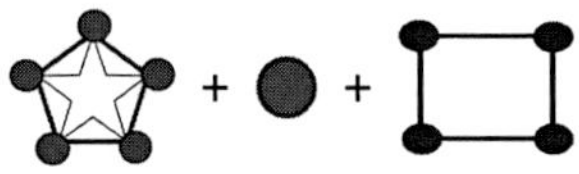 |

**5종 시각화 이미지 지도 전략**

a. 10은 5가 두개라고 강조한다.
b. 5주사위 한 개와 1,4주사위 한 개를 던진 다음 5가 두 개가 되려면? 의 질문을 한다.
c. 이 5종 시각화는 3종과 2종을 조립한 결과임을 강조한다.

## 2) 지도 방법

### 가) 5종-1 시각화 이미지 지도 방법

| (5종-1) | 9+1=10 | 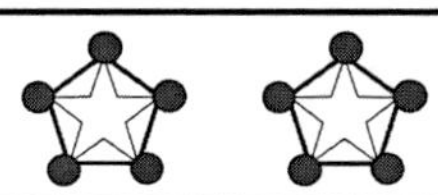 | 활 동 |
|---|---|---|---|
| ① |  | | 일 이 삼 사 오 육 칠 팔 구 십이라고 순서대로 센다. |
| ② | 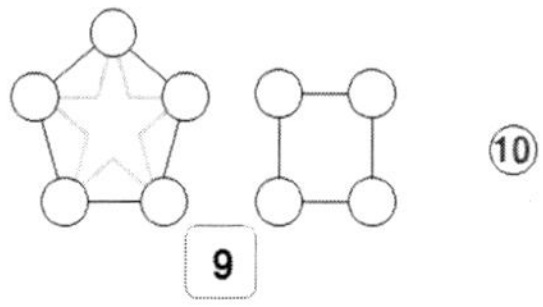 | | 구, 십이라고 읽는다. |
| ③ | 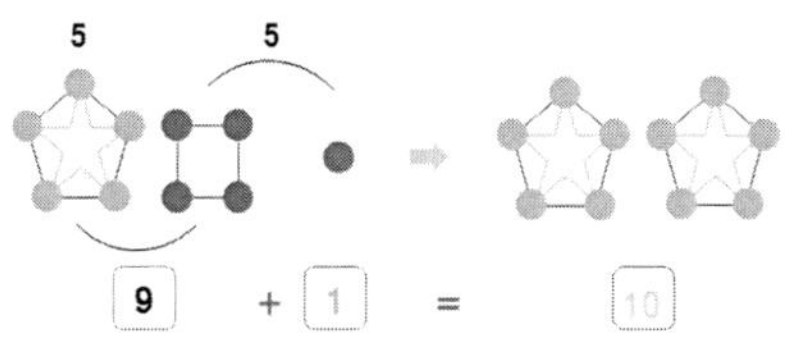 | | 9를 5와 4로 가른 후 10은 5가 두 개를 강조하면서 부족한 수 1을 채운다.<br>구 더하기 일은 십이라고 읽는다 |
| ④ | 10보다1큰수는? 1작은수는? 의 질문을 한다. | | |
| 활용<br>교구 예시 | 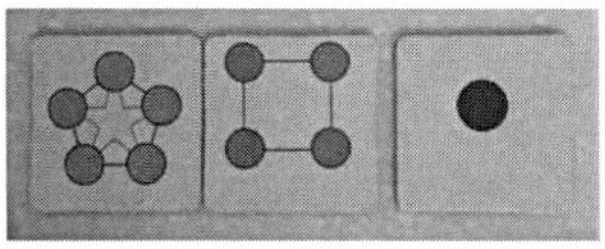 | | |

## 나) 5종-2 시각화 이미지 지도 방법

| (5종-2) | 8+2=10 | 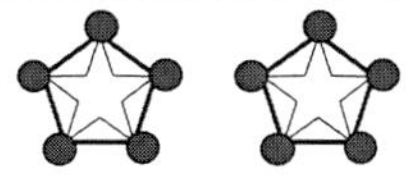 | 활 동 |
|---|---|---|---|
| ① |  | | 일 이 삼 사 오 육 칠 팔 구 십 이라고 순서대로 센다. |
| ② | 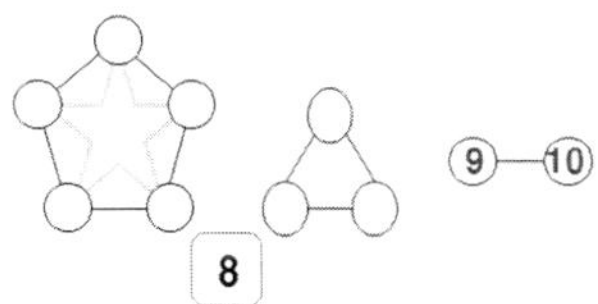 | | 팔, 구십이라고 읽는다. |
| ③ | 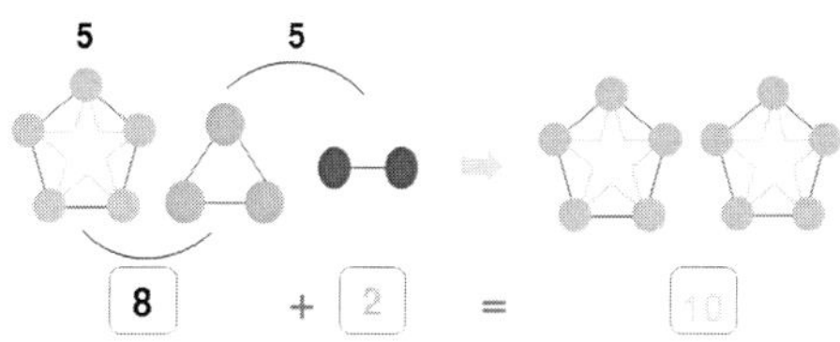 | | 8를 5와 3로 가른 후 10은 5가 두 개를 강조하면서 부족한 수 2을 채운다.<br><br>팔 더하기 이는 십이라고 읽는다 |
| ④ | 10보다 2큰 수는? 2작은 수는?의 질문을 한다. | | |
| 활용 교구 예시 | 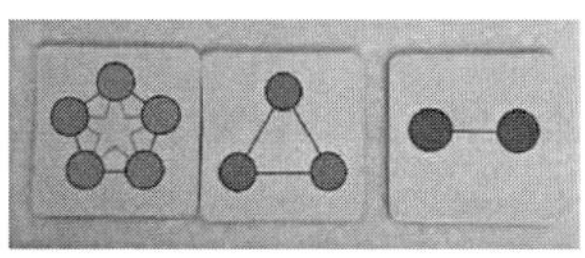 | | |

## 다) 5종-3 시각화 이미지 지도 방법

| (5종-3) | 7+3=10 | 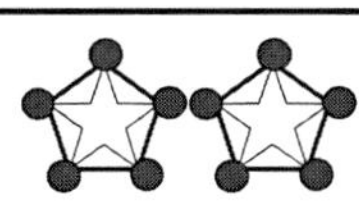 | 활 동 |
|---|---|---|---|
| ① |  | | 일 이 삼 사 오 육 칠 팔 구 십 이라고 순서대로 센다. |
| ② | 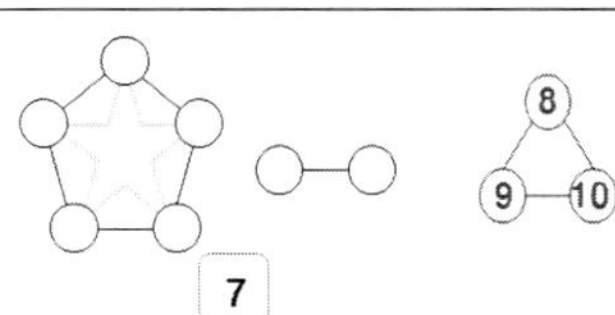 | | 칠, 팔구십이라고 읽는다. |

| | | |
|---|---|---|
| ③ | 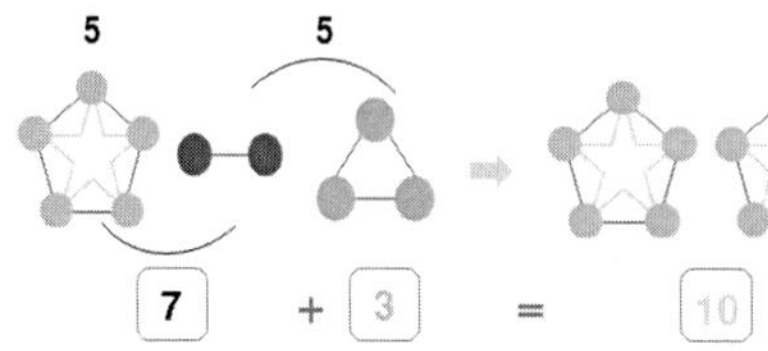 | 7를 5와 2로 가른 후 10은 5가 두 개를 강조하면서 부족한 수 3을 채운다. 칠 더하기 삼은 십이라고 읽는다 |
| ④ | 10보다3큰수는? 3작은수는?의 질문을 한다. | |
| 활용 교구 예시 | 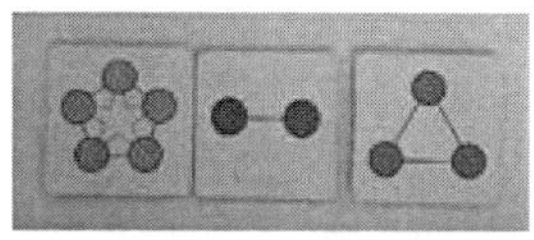 | |

## 라) 5종-4 시각화 이미지 지도 방법

| (5종-4) | 6+4=10 | 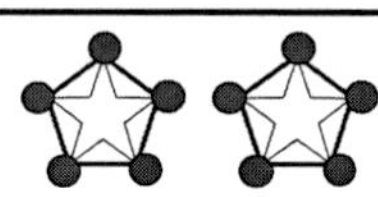 | 활 동 |
|---|---|---|---|
| ① |  | | 일 이 삼 사 오 육 칠 팔 구 십 이라고 순서대로 센다. |
| ② | 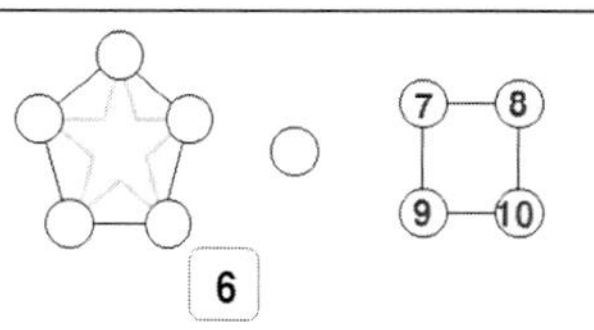 | | 육 칠팔구십이라고 읽는다. |
| ③ | 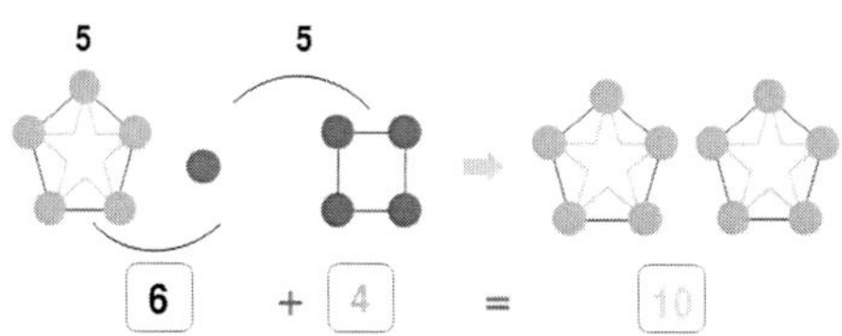 | | 6를 5와 1로 가른 후 10은 5가 두 개를 강조하면서 부족한 수 4을 채운다.<br>육 더하기 사는 십이라고 읽는다 |
| ④ | 10보다 4큰 수는? 10보다 4작은 수는?의 질문을 한다. | | |
| 활용 교구 예시 | 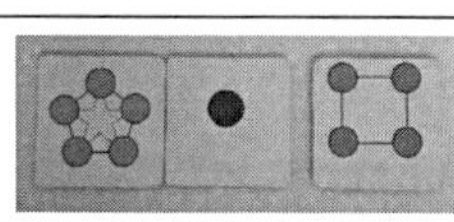 | | |

# 6 시각화 이미지 지도의 실제

로마자 ( Ⅰ, Ⅱ, Ⅲ...)와 한자( 一,二,三...)에 비하면 인도아라비아숫자(1,2,3,...)는 추상적인 특성이 강하다. 따라서 아동들은 인도 아라비아 숫자를 수와 직관적으로 동일시하기가 쉽지 않으므로 인도아라비아수를 시각화이미지화 하였다. 이 결과로 아동들의 풍부한 상상력을 통해 수를 고정시키지 않고 여러 형태로 보는 방법을 익힌다. 다음은 시각화이미지를 활용한 학습법의 예이다.

## 6.1. 수를 시각화 이미지로 결합하기

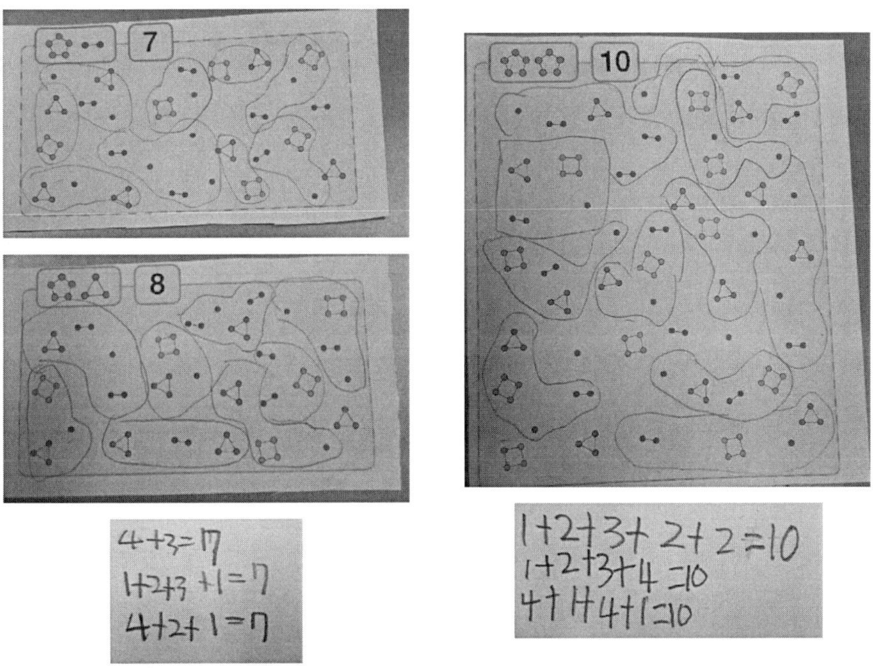


[7, 8, 10 구하기]

위와 같이 자유롭게 수들을 찾아보고 식으로 옮기게 하여 분해 조립을 주어진 조건에 맞게 다양한 형태로 표현한다.

학습 순서

① 이미지가 임의로 인쇄된 학습지를 나누어 준다.
② 수를 정해주고 그 수에 따라 이미지를 찾아 결합하도록 유도한다.
③ 다양한 결합 결과에 따라서 수식을 적게 한다.

예) 4+3=7, 1+2+3+1=7, 4+2+1=7 ...

3+2+1+2=8, 4+3+1=8, 2+1+3+2=8 ...

1+2+3+2+2=10, 1+2+3+4=10, 4+1+4+1=10 ...

## 6.2. 시각화 이미지를 이용한 수의 다양한 표현

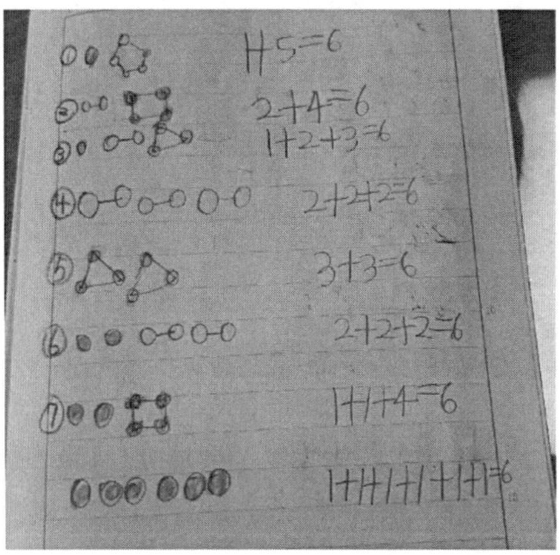

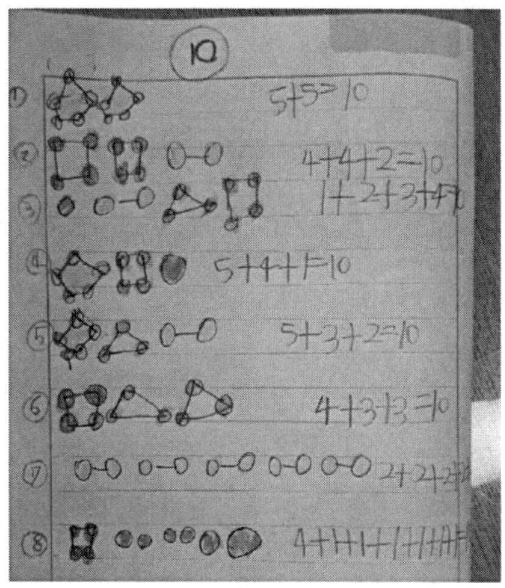

[시각화 이미지를 이용하여 6, 10 만들기]

학습 순서

① 특정 수를 정하여 준다(6 또는 10).
② 수에 해당하는 다양한 형태의 이미지를 그리게 한다.
③ 시각화 이미지를 수식으로 표현한다.

## 6.3. 시각화 이미지카드를 활용한 수 만들기

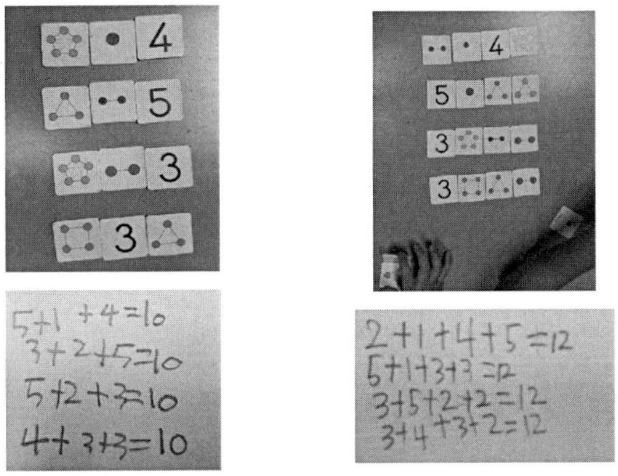


왼 쪽 : 카드3개로 10만들기, 수 카드1개 포함
오른쪽 : 카드4개로 12만들기, 수 카드1개 포함

**학습 과정**

① 특정 수(10만들기,12만들기)를 정하여 주고 규칙을 설명한다.
② 수 카드 1개를 포함하여 다양한 형태로 카드를 결합(10만들기는 카드3개,12만들기는 카드4개) 하여 활동을 시행한다.
③ 미션을 완수하여 늘어놓은 카드를 수식으로 표현하도록 한다.

## 6.4. 시각화 이미지 카드를 활용한 한주먹 덧셈

수를 이해하는 유연성과 대체능력이 향상된다. 시각화카드를 한 움큼 주면서 전부 얼마일까? 하는 문제이다. 처음에는 순서로 더하다가 점점 5단위로 묶어서 세는 유연성을 발견할 수 있다.

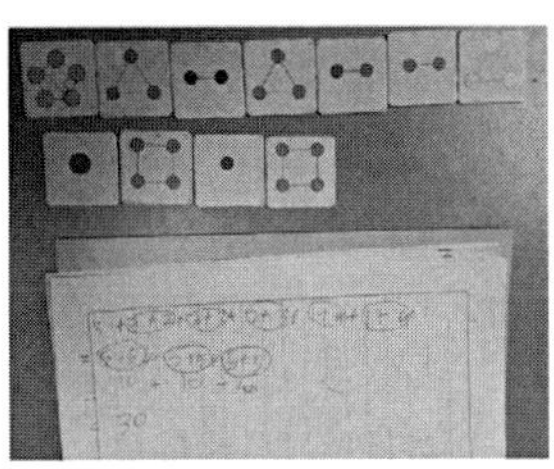

[한주먹 카드세기]

학습 과정

① 바구니에 수 카드를 임으로 담아두고 최대한 많은 카드를 가지고 오도록 유도한다.
② 카드를 늘어놓아 어떤 카드가 있는지 확인해 보도록 하고 더해보도록 한다.
③ 아이가 만일 순서대로 더하고자 한다면 처음에는 그대로 더하도록 둔다.
④ 이후 5만들기를 활용하여 수를 더하도록 유도한다.
⑤ 수식으로 표현한다.

### 6.5. 이미지 도장을 활용한 10만들기

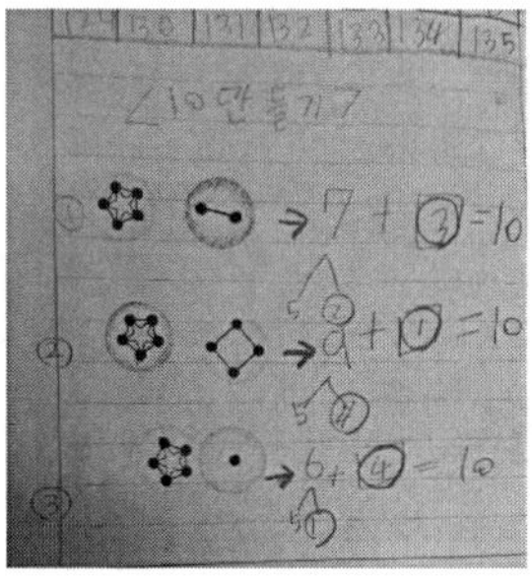

[10만들기]

학습 과정

① 공책에 5를 먼저 찍어두고 1부터 4까지 임의의  5옆에 찍도록 한다.
② 10은 5를 두개 만들기에 필요한 수를 구하여 수식으로 적는다.

## 7 시각화 이미지 지도 효과

### 7.1. 시각화된 이미지로 익히기 때문에 습득속도가 매우 빠르다.

수를 시각화이미지로 결합하기는 주어진 수의 양을 여러 이미지로 결합하면서 수와 그 크기를 자연스럽게 익히면서 수식의 다양한 형태를 표현하면서 집중하고 재미있어한다.

### 7.2. 수를 분해하고 조립하는 능력이 뛰어나게 된다.

한 개의 수를 2+1+4+5=12를 3+9=12, 7+5=12, 8+4=12과 같이 다양한 방법으로 재생산 하며 자신들의 다양한 표현을 즐긴다.

### 7.3. 손가락셈(구체물)에서 자연스럽게 숫자만으로 연산을 한다.

수와 시각화이미지가 순간 결합되어 수의 크기가 자연스럽게 머릿속에서 떠오른다.

### 7.4. 아이들이 배경지식을 이용하여 생각을 스스로 끌어내어 표현력이 높아진다.

한 주먹 카드 세기를 통하여, 처음에는 카드 전체를 하나씩 무작위로 더하다가 점점 4+1=5, 3+2=5를 활용하여 5씩 묶어서 셈하기 시작 한다.

### 7.5. 다양한 생각을 즐기는 아동으로 변한다.

예) 7+6=13이 되는 과정

4종에서 6+6=12 보다 1이 크기 때문에 13이 된다.

7+7=14보다 1이 작기 때문에 13이 된다.

5종에서 7하면 3이 떠오르기 때문에 7+3+3=13이 된다.

3종에서 7+6=5+2+1+5=13이 된다.

이렇게 간단한 한 자릿수 덧셈에서 다양한 생각을 이끌어 낼 수 있는 아이는 더 복잡한 문제를 해결할 때 무한한 사고를 확장할 수 있게 된다.

### 7.6. 1종 시각화

1종(1+1, 2+2, 3+3, 4+4, 5+5)은 동수 가르기, 동수 모으기를 익히는 과정이다. 이러한 과정을 이용하여 구구단, 곱셈, 나눗셈을 지도할 수 있다.

예를 들어, 3×2는 3을 두 번 더한 것(3+3=6),

3×4는 3×2를 두 번 더한 것(3+3+3+3=6+6=12),

3×8는 3×4를 두 번 더한 것이며 이러한 과정을 통하여

3×8=3+3+3+3+3+3+3+3=6+6+6+6=12+12=24를 이해하도록 지도할 수 있다. 또한 3×5=?는 3×10=30의 반인 15를 즉각 떠올릴 수 있다.

## 7.7. 2종 시각화

2종 시각화에서 4+1=5, 3+2=5 의 시각화를 통하여 수를 가르고 모으는 방법을 쉽게 이해할 수 있다.

## 7.8. 3종 시각화

3종 시각화에서 5+1, 5+2, 5+3, 5+4 개념이 숙달되면, 곱셈 구구에서 3×6은 3×5(3×10의 반)에 3×1을 더하는 것이므로 3×6=3×(5+1), 3×7은 3×5(3×10의 반)에 3×2을 더하는 것이므로 3×7=3×(5+2)으로 생각하도록 유도할 수 있다.

## 7.9. 4종 시각화

4종 시각화는 5보다 큰 수를 2배하는 것 즉, 6+6, 7+7, 8+8, 9+9, 10+10의 계산을 돕는 방법으로서 1종과 3종을 결합하여 계산하는 방법이다. 예를 들어, 6+6 은 6을 6으로 고정시키지 않고 3+3=6, 5+1=6 으로 생각하도록 하여 4종의 시각화를 지도할 때, 다양한 방법으로 덧셈을 할 수 있는 힘이 길러진다. 또한 6+6 계산과정은 향후 6×2=12, 12÷2=6, 12÷6=2 등의 곱셈, 나눗셈과 연계된다. 즉, 6+6=3+3+3+3의 개념으로 볼 때, 3×4=12, 12÷4=3, 12÷3=4 까지도 생각을 키울 수 있다.

## 7.10. 5종 시각화

5종 시각화에서 9+1, 8+2, 7+3, 6+4는 5+5와 같다 즉, 5 두 개의 덧셈과 같다는 사실로부터 10=9+1=5+4+1, 10=8+2=5+3+2이 되는 사실을 아동이 알게 됨으로서 아동으로 하여금 다양한 방법으로 수를 가르고 모으는 능력을 신장이 됨과 동시에, 이후 두 자리 덧셈이나 세 자리 덧셈도 매우 쉽고 흥미롭게 계산할 수 있도록 도울 수 있다.

## 8 5종류 시각화 연산의 확장 지도

시각화 연산은 다음과 같이 확장 할 수 있다.

<table>
<tr><th colspan="6">5종류시각화 연산확장</th></tr>
<tr><th colspan="2">1종</th><th colspan="2">2종</th><th colspan="2">3종</th></tr>
<tr><td colspan="2">10+10=20</td><td colspan="2">40+10=50</td><td colspan="2">50+10=60</td></tr>
<tr><td colspan="2">20+20=40</td><td colspan="2">30+20=50</td><td colspan="2">50+20=70</td></tr>
<tr><td colspan="2">30+30=60</td><td colspan="2" rowspan="3"></td><td colspan="2">50+30=80</td></tr>
<tr><td colspan="2">40+40=80</td><td colspan="2">50+40=90</td></tr>
<tr><td colspan="2">50+50=100</td><td colspan="2">50+50=100</td></tr>
<tr><th colspan="3">4종</th><th colspan="3">5종</th></tr>
<tr><td colspan="3">60+60=120</td><td colspan="3">90+10=100</td></tr>
<tr><td colspan="3">70+70=140</td><td colspan="3">80+20=100</td></tr>
<tr><td colspan="3">80+80=160</td><td colspan="3">70+30=100</td></tr>
<tr><td colspan="3">90+90=180</td><td colspan="3">60+40=100</td></tr>
<tr><td colspan="3">100+100=200</td><td colspan="3">50+50=100</td></tr>
</table>

5종류시각화 연산확장이 가능하다면 이후 여러 형태로 수를 스스로 조립하면서 다양한 형태의 연산을 익힐 수 있다.

<table>
<tr><th colspan="2">1종과 1종 결합</th></tr>
<tr><th>예시</th><th>해석</th></tr>
<tr><td>21+21=? → 20+20+1+1<br>43+43=? → 40+40+3+3<br>15+15=? → 10+10+5+5<br>34+34=? → 30+30+4+4</td><td>1+1,3+3,4+4... ← 1종<br>10+10,20+20,30+30... ← 1종확장</td></tr>
</table>

<table>
<tr><th colspan="2">1종과 2종 결합</th></tr>
<tr><th>예시</th><th>해석</th></tr>
<tr><td>34+31=? → 30+30+4+1</td><td>2+2, 5+5... ← 1종</td></tr>
<tr><td>43+42=? → 40+40+3+2</td><td>30+30, 40+40... ← 1종확장</td></tr>
<tr><td>22+32=? → 20+30+2+2</td><td>4+1, 3+2... ← 2종</td></tr>
<tr><td>45+15=? → 40+10+5+5</td><td>40+10, 20+30... ← 2종확장</td></tr>
</table>

| 1종과 3종 결합 | |
|---|---|
| 예시 | 해석 |
| 25+22=? → 20+20+5+2<br>54+34=? → 50+30+4+4<br>35+31=? → 30+30+1+5<br>51+41=? → 40+50+1+1 | 1+1, 4+4... ← 1종<br>20+20, 30+30... ← 1종확장<br>5+2, 5+1... ← 3종<br>50+30, 50+40... ← 3종확장 |

| 1종과 4종 결합 | |
|---|---|
| 예시 | 해석 |
| 63+63=? → 60+60+3+3<br>49+49=? → 40+40+9+9<br>75+75=? → 70+70+5+5<br>18+18=? → 10+10+8+8 | 3+3, 5+5... ← 1종<br>10+10, 40+40... ← 1종확장<br>8+8, 9+9... ← 4종<br>60+60, 70+70... ← 4종확장 |

| 1종과 5종 결합 | |
|---|---|
| 예시 | 해석 |
| 29+21=? → 20+20+1+9<br>81+21=? → 80+20+1+1<br>47+43=? → 40+40+7+3<br>63+43=? → 60+40+3+3 | 1+1, 3+3... ← 1종<br>20+20, 40+40... ← 1종확장<br>9+1, 7+3... ← 5종<br>80+20, 60+40... ← 5종확장 |

| 2종과 2종 결합 | |
|---|---|
| 예시 | 해석 |
| 32+23=? → 30+20+2+3<br>41+14=? → 40+10+1+4<br>24+31=? → 20+30+4+1<br>12+43=? → 10+40+2+3 | 1+4,2+3... ← 2종<br>40+10,30+20... ← 2종확장 |

| 2종과 3종 결합 | |
|---|---|
| 예시 | 해석 |
| 35+21=? → 30+20+5+1<br>45+14=? → 40+10+5+4<br>53+32=? → 50+30+3+2<br>54+21=? → 50+20+4+1 | 3+2, 4+1... ← 2종<br>30+20, 40+10... ← 2종확장<br>5+1, 5+4... ← 3종<br>50+30, 50+20... ← 3종확장 |

| 2종과 4종 결합 | |
|---|---|
| 예시 | 해석 |
| 37+27=? → 30+20+7+7 | 1+4, 3+2... ← 2종 |
| 61+64=? → 60+60+1+4 | 30+20, 40+10... ← 2종확장 |
| 49+19=? → 40+10+9+9 | 7+7, 9+9... ← 4종 |
| 83+82=? → 80+80+3+2 | 60+60, 80+80... ← 4종확장 |

| 2종과 5종 결합 | |
|---|---|
| 예시 | 해석 |
| 73+32=? → 70+30+3+2 | 3+2, 4+1... ← 2종 |
| 41+19=? → 40+10+1+9 | 20+30, 40+10... ← 2종확장 |
| 44+61=? → 40+60+4+1 | 1+9, 8+2... ← 5종 |
| 28+32=? → 20+30+8+2 | 70+30, 40+60... ← 5종확장 |

| 3종과 3종 결합 | |
|---|---|
| 예시 | 해석 |
| 51+35=? → 50+30+1+5<br>45+52=? → 40+50+5+2<br>53+15=? → 50+10+3+5<br>25+54=? → 20+50+5+4 | 1+5, 5+2, 3+5, 5+4,... ← 3종<br>50+10, 50+20, 50+30, 50+40...<br>← 3종확장 |

| 3종과 4종 결합 | |
|---|---|
| 예시 | 해석 |
| 63+65=? → 60+60+3+5 | 3+5, 5+1... ← 3종 |
| 49+59=? → 40+50+9+9 | 40+50, 20+50... ← 3종확장 |
| 75+71=? → 70+70+5+1 | 8+8, 9+9... ← 4종 |
| 28+58=? → 20+50+8+8 | 60+60, 70+70... ← 4종확장 |

| 3종과 5종 결합 | |
|---|---|
| 예시 | 해석 |
| 95+13=? → 90+10+5+3 | 5+3, 5+1... ← 3종 |
| 52+48=? → 50+40+2+8 | 50+40, 50+20... ← 3종확장 |
| 35+71=? → 30+70+5+1 | 2+8, 6+4... ← 5종 |
| 56+24=? → 50+20+6+4 | 90+10, 30+70... ← 5종확장 |

| 4종과 4종 결합 | |
|---|---|
| 예시 | 해석 |
| 67+67=? → 60+60+7+7<br>89+89=? → 80+80+9+9<br>78+78=? → 70+70+8+8<br>96+96=? → 90+90+6+6 | 6+6, 7+7, 8+8, 9+9,... ← 4종<br>60+60, 70+70, 80+80, 90+90...<br>← 4종확장 |

| 4종과 5종 결합 | |
|---|---|
| 예시 | 해석 |
| 83+87=? → 80+80+3+7<br>49+69=? → 40+60+9+9<br>71+79=? → 70+70+1+9<br>86+26=? → 80+20+6+6 | 9+9, 6+6... ← 4종<br>80+80, 70+70... ← 4종확장<br>1+9, 3+7... ← 5종<br>40+60, 80+20... ← 5종확장 |

| 5종과 5종 결합 | |
|---|---|
| 예시 | 해석 |
| 92+18=? → 90+10+2+8<br>31+79=? → 30+70+1+9<br>26+84=? → 20+80+6+4<br>67+43=? → 60+40+7+3 | 2+8, 1+9, 6+4, 7+3,... ← 5종<br>90+10, 30+70, 20+80, 60+40...<br>← 5종 확장 |

이와 같이 5종 시각화와 확장된 5종 시각화를 근거로 학생 스스로 수를 모으고 가르는(조립, 분해) 수업은 누군가 만들어 놓은 문제를 풀이 하는 수업을 했을 때보다 스스로 문제를 만들 수 있다는 능동적 자세나 자신감, 나아가서 문제를 즐기고 그 안에서 학생들의 다양한 사고를 이끌어내는데 도움이 된다.

제 Ⅱ 장

# 0과 자연수의 사칙연산(1 ~ 3 학년)

이 장에서는 0과 자연수의 본질을 알아본 다음, 0과 자연수의 기본적인 사칙연산의 지도법을 논의하기로 한다.

## 1 자연수

### 1.1. 자연수의 발생

원시 인류들은 사물의 개수를, 동굴 벽에 나뭇가지로 선을 긋거나 동물 뼈에 선을 긋는 방법과 신체의 부분(손가락, 발가락, 몸) 등을 사람이나 사물 등의 온전한 개체와 일대일 대응을 시켜가면서 세기 시작하였다.

**① 선 긋기**(tallying)

원시동굴의 벽에는 수렵도 등의 벽화와 더불어 막대기로 선을 그어놓은 자국(//////⋯)을 볼 수 있다. 즉, 그들은 사물 한 개에 선 한 개를 일대일 대응시켰던 것이다. 후에 한자문화권에서는 '正'자를 사용하여 개수를 세었다. 오늘날에도 선거 때에 개표과정에서 선 긋기를 사용하는 모습을 볼 수 있다.

**② 신체부분셈법**

신체를 이용하여 셈을 하는 방법은 다양하며, 대표적인 방법은 손가락과 발가락을 이용하는 것이다. 또한 현재에도 원시생활을 그대로 영위하고 있는 남태평양에 있는 파푸아 뉴기니아 섬의 옥삽민(Oksapmin)부족은 신체를 이용하여 셈을 한다. 이들은 27진법을 사용하며, 표현 방식은 다음과 같다.

| 신체 | (왼)<br>엄지 | (왼)<br>검지 | (왼)<br>중지 | (왼)<br>약지 | (왼)<br>소지 | (왼)<br>손목 | (왼)<br>하박 | (왼)<br>팔꿈치 | (왼)<br>상박 |
|---|---|---|---|---|---|---|---|---|---|
| 숫자 | 1 | 2 | 3 | 4 | 5 | 6 | 7 | 8 | 9 |
| 신체 | (왼)<br>어깨 | (왼)<br>목 | (왼)<br>귀 | (왼)<br>눈 | 이마 | (오른)<br>눈 | (오른)<br>귀 | (오른)<br>목 | (오른)<br>어깨 |
| 숫자 | 10 | 11 | 12 | 13 | 14 | 15 | 16 | 17 | 18 |

| 신체 | (오른) 상박 | (오른) 팔꿈치 | (오른) 하박 | (오른) 손목 | (오른) 소지 | (오른) 약지 | (오른) 중지 | (오른) 검지 | (오른) 엄지 |
|---|---|---|---|---|---|---|---|---|---|
| 숫자 | 19 | 20 | 21 | 22 | 23 | 24 | 25 | 26 | 27 |

그런데 이 두 가지 방법은 교육을 받지 않은 자연 상태에서 인간이 습득하여 사용했기 때문에 독일의 수학자 크로네커(L. Kronecker, 1823～1891)는 '자연수는 신이 인간에게 준 선물'이고 나머지 수는 인간이 필요에 의해서 만든 수라고 하였다.

## 1.2. 자연수의 뜻

위에서 알아 본 바와 같이, 자연수는 온전한 개체를 세는 수이며, 여러 개의 온전한 개체를 하나의 수에 대응시키는 집합수이다. 따라서 '그 개체가 무엇인가'라는 구체적인 현상은 무시하고 각각의 개체(단위)가 몇 번 있는가를 표현하는 수를 자연수라 한다. 즉, 자연수는 '단위의 몇 배' 라는 추상적인 개념이다. 자연수는 온전한 개체를 세는 셈(counting)수, 건물의 층수, 서열 등를 나타내는 수 순서수, 집합의 원소의 개수를 나타내는 집합수, 수를 신성시 했던 수비주의의 관념이다.

## 1.3. 자연수의 본질

자연수의 4가지 관념 중에서 본질은 자연수의 발생 상태에 나타난 셈수이다.

## 1.4. 자연수의 성격

자연수는 기수적 성격과 순서수적 성격의 두 가지가 있다.

### ① 기수

자연수는 사람 7명, 연필 7자루, 노트 7권 등과 같이 양의 크기를 나타내는 데 사용된다. 이것을 계량수 또는 기수(cardinal number)라고 한다.

### ② 서수

자연수는 어떤 집단에서, 첫 번째, 두 번째, 세 번째, … 등과 같이 순서를 나타내기 위해서도 사용된다. 이것을 순서수(ordinal number)라고 한다.

## 1.5. 수비주의(number mysticism)

고대의 수론은 메소포타미아와 고대 이집트인들에 의해서 발전되었으나, 그에 관한 이론을 정립한 사람은 피타고라스학파이다. 그들은 '만물은 (자연)수이다'라는 신념을 가지고 수를 신비로운 대상으로 여겨, 자연수에 다음과 같은 의미를 부여하고 있었다.

| 1 : 이성, 2 : 남자, 3 : 여자, 4 : 정의, 5 : 결혼 등 |
|---|

### ① 게마트리아(Gematria) 방식

고대 그레코로만(Greco-Roman)시대[1]에는 자연수에 온갖 세상의 의미를 부여하고, 알파벳에 수를 대응시켜서 모든 문장을 수열로 표현하였다. 즉, 글자를 숫자로 바꾸고, 글자에 대응하는 수를 더해서 단어 또는 문장을 수로 해석하는 방법으로서, 게마트리아(Gematria) 방식에 의하면 히브리어(중동지방의 언어)인 א, ב, ג, … 또는 헬라어(그리스어)인 $\alpha$, $\beta$, $\gamma$, $\delta$, … 또는 라틴어(영어)의 알파벳문자 A, B, C, D… 에 각각 아래의 표와 같이 자연수 1, 2, 3, 4, … 을 부여해 문자와 단어를 수치화하여 어떤 의미를 찾아보는 것을 말한다. 즉, 한 낱말을 구성하는 문자들의 수를 모두 더하여 다른 낱말의 수와 같게 된다면 그 두 낱말은 상호 관련이 있으며, 이를 통해 그 낱말들의 숨겨진 의미를 알 수 있다는 방법론이다. 당시 로마 시민권이 있는 사람들은 우리나라의 주민등록번호와 같은 게마트리아 방식에 따른 고유번호를 가지고 있었다고 한다.

| 수 | 발음 | 히브리문자 | 그리스문자 | 영문자 |
|---|---|---|---|---|
| 1 | *Aleph* | א | $\alpha$ | A |
| 2 | *Bet* | ב | $\beta$ | B |
| 3 | *Gimel* | ג | $\gamma$ | C |
| 4 | *Daled* | ד | $\delta$ | D |
| 5 | *Heh* | ה | $\epsilon$ | E |
| 6 | *Vav* | ו | $\zeta$ | F |
| 7 | *Zayin* | ז | $\eta$ | G |

1) B.C. 332- A.D. 395 까지를 말하며, 고대 그리스의 문화가 로마제국의 군사력에 힘입어 전 세계로 확장하던 시대이다. 레스링 경기방식에 자유형과 그레코로만형이 있으며, 그레코로만형은 그 시대의 그리스군과 로마군들의 씨름방식이다.

| 수 | 발음 | 히브리문자 | 그리스문자 | 영문자 |
|---|---|---|---|---|
| 8 | *Het* | ח | $\theta$ | H |
| 9 | *Tet* | ט | $\iota$ | I |
| 10 | *Yud* | י | $\kappa$ | J |
| 20 | *Kaf* | כ | $\lambda$ | K |
| 30 | *Lamed* | ל | $\mu$ | L |
| 40 | *Mem* | מ | $\nu$ | M |
| 50 | *Nun* | נ | $\xi$ | N |
| 60 | *Samech* | ס | $o$ | O |
| 70 | *Ayin* | ע | $\pi$ | P |
| 80 | *Peh* | פ | $\rho$ | Q |
| 90 | *Tzady* | צ | $\sigma$ | R |
| 100 | *Koof* | ק | $\tau$ | S |
| 200 | *Reish* | ר | $\upsilon$ | T |
| 300 | *Shin* | ש | $\phi$ | U |
| 400 | *Taf* | ת | $\chi$ | V |
| 500 | *Kaf* | ך | $\psi$ | W |
| 600 | *Mem* | ם | $\omega$ | X |
| 700 | *Nun* | ן | | Y |
| 800 | *Peh* | ף | | Z |
| 900 | *Tzady* | ץ | | |

대표적인 예) 666 : 짐승의 수(number of beast) 또는 로마황제 네로(Nero) 또는 교황 레오 10세(Leo X) 등.

## 1.6. 자연수의 지도

자연수의 본질이 셈수이므로 단위의 첨가로 지도해야 한다.

예) 3의 지도 : 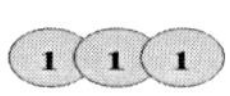

## 1.7. 수모형

십진법으로서의 자연수와 그들의 사칙연산을 지도하는 데에 가장 적절한 교구는 수모형(base ten blocks)이다. 수모형은 다음과 같이 4가지의 블록으로 구성되어 있다.

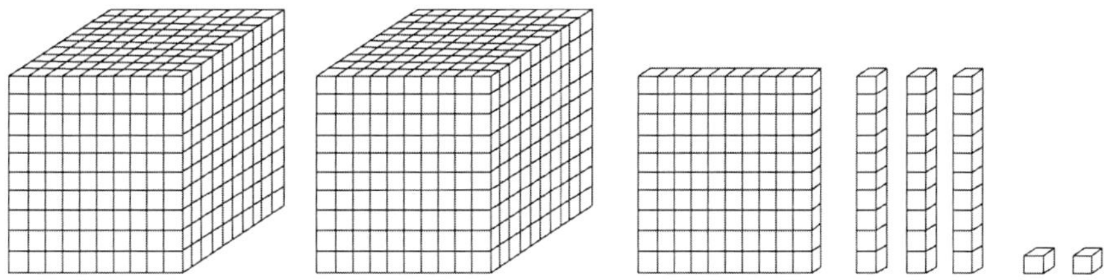


## 1.8. 자연수에 관한 Piaget의 연구

학습은 인지발달과 보존개념의 발달수준에 따라 학습이 있을 때 일반화의 가치가 있고 전이효과가 있으며 파지력이 생긴다고 한다. 보존개념은 어릴수록 형태나 위치 등과 같은 지각적 속성에 주로 의존하고 나이가 많아질수록 수량, 무게, 체적 등과 같은 추상적 개념에 의존한다.

**① Piaget의 수 보존개념**

수의 도입이전에 수량보존개념이 형성되어야 하는데 이는 6-7세쯤 되어야 가능하다. 이때 교사는 관심, 흥미, 욕구를 일으킬 수 있는 환경을 조성해 주어야 한다. 수 보존개념의 이해는 논리적 사고력의 중요한 형태로 다른 인지활동을 위해 핵심적인 역할을 한다. 아동이 한 집합의 원소의 수를 세고 원소의 숫자를 짝지을 수 있다고 해서 수 개념이 형성되었다고 할 수 없다.

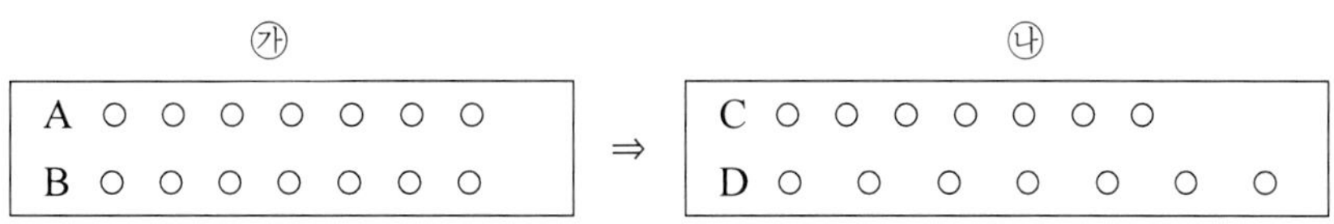


㉮를 보고 A와 B의 구슬의 개수가 같다는 한 학생이 ㉯를 보고 C와 D의 원소가 다르다고 한다면 그 학생은 수의 보존개념이 형성되지 않는 학생이다.

**② Piaget의 셈수의 세 가지 수준**

수학에서 대소 관계는 중요한 개념이다. 수 도입 이전에 '똑같다', '더 많다', '더 적다'등은 아동에게 제공되는 첫 질문이다.

• 기계적 암기인 셈 수

첫 번째 수준은 하나, 둘, 셋, … 차례대로 셀 수 있다고 말하는 단계로, 수사와 사물을 연결시키지 못하고 세는 것만 집착하여 의미 없이 세는 수준을 말한다. 아동은 기계적인 암기에 의해서 셈수를 말하게 된다.

• 합리적인 셈 수

두 번째 수준은 직관적으로 1대1대응 혹은 짝짓기는 할 수 있지만 구체물-수사-숫자 사이의 관계를 파악하여 수의 동치 개념을 형성하지 못하고 구체물과 수사를 1대 1대응을 시키면서 세는 단계이다. 구체물의 배열이나 공간에 따라 정확하게 셀 수 없는 단계로 완전한 이론은 갖지 못하고 부분적인 논리로서 시행착오에 의해 문제를 해결해간다.

• 영구적 동치인 셈 수

세 번째 수준으로 수의 보존성 또는 불변성에 대한 논리를 바탕으로 셈 수를 논리적으로 조작할 수 있는 단계이다. 이때부터 보존문제에 있어서 지각적인 판단에 의존하지 않고 인지적, 논리적 사고에 의해 결정을 내리게 된다. 수의 보존성은 7세에 가능하지만 명석한 아동은 5세에 형성된다고 본다.

**③ Piaget의 수의 합성과 분해의 3가지 수준**

"사탕 8개를 어제는 4개 오후에 4개를 먹었고, 오늘은 오전에 1개 오후에 7개를 먹었다"는 문제를 제시하고 이틀 동안 먹은 사탕의 개수가 같은지를 조사하였다.

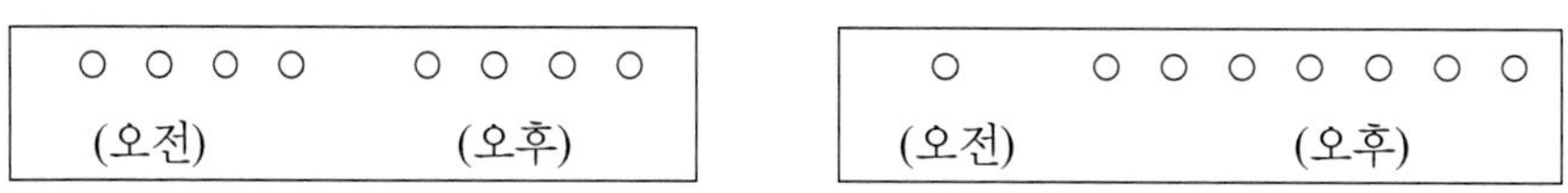


(어제) (오늘)

• 1수준 - 오늘 더 많이 먹었다(6.5세~7세 아동) 수준으로 두 집합을 동시에 생각할 수 없고 그들 중 많은 것에만 관심을 가지는 단계

• 2수준 - 1대1 대응 또는 기계적인 셈을 이해하는 수준으로 시행착오에 의한 직관적인 셈을 할 수 있는 단계, 분명히 이해하고 답을 하는 단계는 아님.

• 3수준 - 구체물의 조작 없이 4+4와 1+7은 같다고 즉각 대답하는 단계로 7세부터 가능

## 1.9. 숫자

수는 추상적인 개념이며, 그 개념을 기호로 나타낸 것을 숫자라고 한다. 숫자는 각 나라마다 독창적으로 만들어 사용해 왔으며, 그 중 현재 세계적으로 가장 많이 쓰이는 숫자는 로마 숫자와 인도-아라비아 숫자 이다.

### ① 인도-아라비아(Hindu-Arabic) 숫자(십진법)

숫자 1, 2, 3, 4, 5, 6, 7, 8, 9, 0 은 인도인들이 만들었으며, 아라비아 상인들이 유럽에 전파하여 유럽인들이 아라비아숫자라고 이름을 붙였으나 현대에는 인도-아라비아(Hindu-Arabic)숫자 라고 부른다.

### ② 로마숫자 (5진법)

규칙 : 오른쪽에 숫자를 덧붙이면 더한다는 의미이며 왼쪽에 숫자를 덧붙이면 뺀다는 의미입니다. 1~3, 6~8은 오른쪽에 덧붙여서 표기하고 4와 9는 큰 숫자의 왼쪽에 덧붙여서 표기하며, 기호는 7개를 사용한다.

| 1 = I | 5 = V | 10 =X | 50 = L | 100 = C | 500 = D | 1000 = M |
|---|---|---|---|---|---|---|

### ③ 로마숫자와 인도-아라비아 숫자의 비교

| 인도-아라비아 숫자 | 1 | 2 | 3 | 4 | 5 | 6 | 7 | 8 | 9 | 10 |
|---|---|---|---|---|---|---|---|---|---|---|
| 로마숫자 | | | | Ⅳ | Ⅴ | | | | | X |
| 인도-아라비아 숫자 | 11 | 12 | 13 | 14 | 19 | 20 | 40 | 50 | 60 | 90 |
| 로마숫자 | | | | | XIX | XX | | L | LX | |
| 인도-아라비아 숫자 | 400 | 600 | 900 | 1000 | 2000 | | | | | |
| 로마숫자 | | | | | | | | | | |

**참고**

아래의 예를 보면 사칙연산을 할 때, 인도-아라비아 숫자와 로마숫자의 차이점을 알 수 있다.

```
    XXX IV        34
×   XX VⅢ     ×   28
──────────    ──────
```

#### ④ 우리나라의 숫자

우리나라, 중국, 일본에서는 중국인이 만든 아래의 숫자를 사용하였다.

一 二 三 四 五 六 七 八 九 十 ⋯.

## 2 0(영)

### 2.1. 0의 발생

① 0은 인도에서 처음으로 사용한 수로 처음에 점·으로써 나타냈고, 계산판에서 빈자리를 표시로 0을 고안했다. 그러나 이것은 그리스 시대에는 수로 인정하지 않았다. 영을 최초로 인정한 사람은 인도의 브라마굽타(Brahmagupta, 598?)이다. 현재 사용하고 있는 0의 정확한 기록은 서기 876년 인도에서 쓰인 것이 처음이다.

② 0을 도입하게 되어 인도-아라비아 (Hindu-Arabic) 숫자 체계는 십진법으로 완성되었다. 그리고 당시에 유럽에서 사용하던 5진법으로 구성된 로마숫자보다 월등하게 계산속도가 빨랐기 때문에 인도-아라비아숫자를 이용하기 위하여 학교교육에서 모든 나라가 십진법을 택하게 되었다.

③ 0은 0이외의 모든 수로 나누어지고 몫은 언제나 0자신이다. 0 이외의 모든 수는 0으로 나눌 수가 없고(불능), 0을 0으로 나누는 것은 무의미하다. 즉 0은 다음과 같은 성질이 있다.

- 양의 크기가 없는 공집합을 나타내는 0
- 수의 자리 잡기를 나타내는 0
- 수직선상에서 기준 점을 나타내는 0

0은 수의 자리 잡기를 나타낸다. 따라서 자리 잡기와 관계없는 모든 수의 왼쪽 앞의 0은 의미가 없으므로 0030은 30으로 적는다.

### 2.2. 10진법의 사용

로마제국이 유럽을 제패한 이후로 유럽에서는 로마숫자를 사용하고 있었다. 그 후, 비단길을 따라 동서양을 오가며 장사하던 아라비아 상인들이 유럽에 들여온 인도-아라비아숫자의 편리함과 빠른 계산속도로 인하여 인도-아라비아숫자를 사용하게 되었으며, 1585년에 스테빈(S. Stevin, 1548~1620) 등이 십진법으로 소수(decimal fraction)를 고안한 후, 1799년에는 프랑스과학원에서 십진법으로 구성된 표준 척관법인 미터법을 제정하여 세계의 모든 국가에서 십진법과 미터법을 사용하게 되었다. 그러한 이유로 자연수 셈은 원시시대의 '하나씩 세가는 (counting)셈법'에서 문화인의 '십진셈법(decimal system)'으로 자리를 잡았다.

- 10진수 : 사회적 약속으로서의 자연수이다.
- 0이 도입된 이후에 3×0 과 $\frac{3}{0}$, $\frac{0}{0}$ 등의 의미를 이해하는 문제가 발생

## 2.3. 10진법의 지도

지금도 남녀노소를 막론하고 사물의 개수를 세는 방법은 하나씩 차례로 세는 것이다. 그러나 인도-아라비아 숫자를 이용한 십진법 계산이 속도가 제일 빠르며 세계 공통의 척관법 역시 십진법으로 구성된 미터법을 사용하고 있으므로 십진법으로 수를 세는 방법을 지도하고 있다. 그런데 아래와 같이 수 세기를 하는 아동은 십진법을 알지 못하는 상태이며, 괄호 속의 수를 '이십 십, 이십 십일'로 읽을 것이다.

| 25, 26, 27, 28, 29, (210), (211), ⋯ |
|---|

- 1학년 아동에게는 동화책에 등장하는 난쟁이와 거인, 마법 등을 소재로 일의 자리와 십의 자리의 개념을 도입한다.
  - 난쟁이 열 명이 모이면 마법이 걸려서 거인이 된다.
  - 난쟁이는 난쟁이 나라에서만 살아야 하며 거인은 거인 나라에서만 살아야만 하는 이유를 설명해준다.
  - 난장이 9명이 살고 있는 곳에 난장이 1명이 놀러 와서 난쟁이가 열 명이 되면 거인으로 "펑" 소리와 함께 변하여 그 거인은 거인나라로 가서 살아야 한다.

| 거인 나라 | 난쟁이 나라 |
| --- | --- |
|  |  |

⇨

| 거인 나라 | 난쟁이 나라 |
| --- | --- |
|  |  |

이 사실은 다음과 같다.

| 거인 | 난쟁이 |
| --- | --- |
| 1 명 |  |

지금까지 이야기를 수모형으로 표현해 봅시다.

| 십 | 일 |
|---|---|
| | 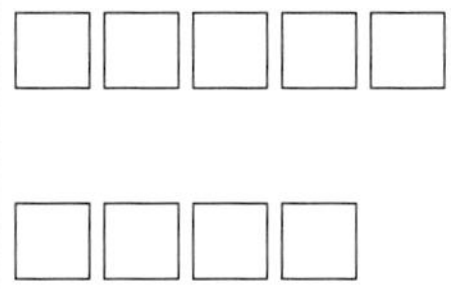 |

⇨

| 십 | 일 |
|---|---|
|  | |

⇨

| 십 | 일 |
|---|---|
| 1 | 0 |

• 약속하기

| 9보다 1 큰 수는 10 으로 적고 십이라고 읽는다. |
|---|

## 3 10 이하가 되는 덧셈

[수사자 2마리, 암사자 3마리 그림]
질문 : 사자는 모두 몇 마리인가요?
아동의 답 : 수사자 2마리, 암사자 3마리입니다.

**• 수학적 사실**

1. 덧셈과 뺄셈은 같은 단위끼리만 행한다.
2. 사칙연산에서 등호의 의미
   2+3=5에서 등호 "="의 의미는 2+3 이면 5이다. 즉, 2+3 ⇒ 5 라는 함의를 뜻한다.

**• 오류 또는 인식론적 장애**

모양 또는 색깔이 다른 것끼리는 덧셈을 하지 않는다. 크기가 다른 것끼리는 덧셈을 하지 않는다.

1. 아동에게 질문을 할 때에는 암사자와 수사자를 포함하여 모두 사자로 생각할 수 있는 질문을 고려해야 한다.
   예를 들면,
   수사자 2마리, 암사자 3마리가 있습니다. 그러면 사자는 모두 몇 마리인가요?
   빨간 장미 2 송이와 검은 장미 3송이가 있지요? 그러면 장미꽃은 모두 몇 송이인가요?
2. 똑 같은 크기의 물방울을 두 개 합하면 물방울이 한 개가 되므로 1+1=1 이다.
3. 2+3=5입니다. 그러면 5-2=3 또는 5-3=2를 알 수 있습니다.
   그러나 "5= ?"라는 질문은 두 수를 더해서 5를 만들라는 의미이다.
   따라서 5=0+5, 1+4, 2+3, 3+2, 4+1, 5+0 모두가 답이 된다.

• 위의 사실을 조작교구(퀴즈네어 색막대)를 사용하여 표현하면 다음과 같다.

※ 2+3=5

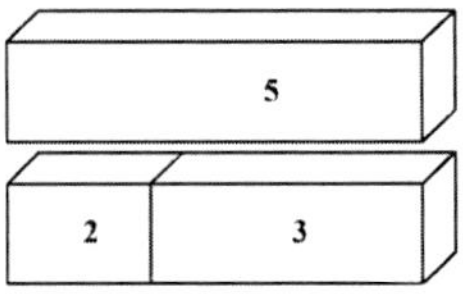

※ 5-3=2 등 등.

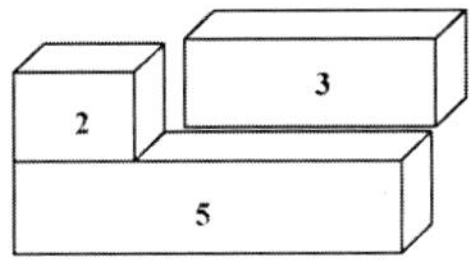

※ 5=2+3 등 등.

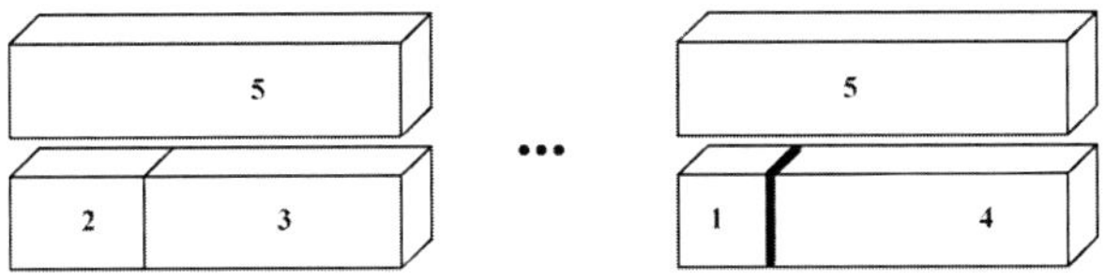

## 4 10 만들기(10의 보수 알기)

질문 : 낱개가 9개 있습니다. 낱개가 한 개 더 모이면 몇 개인가요?
아동의 답 : 열 개입니다.
질문 : 이 사실을 식으로 적어보시오.
아동의 답 : 9+1=10
질문 : 백 원짜리 동전이 7 개 있습니다. 모두 얼마인가요?
아동의 답 : 칠백 원입니다.
질문 : 백 원짜리 동전이 8 개 있습니다. 모두 얼마인가요?
아동의 답 : 팔백 원입니다.
질문 : 백 원짜리 동전이 9 개 있습니다. 모두 얼마인가요?
아동의 답 : 구백 원입니다.
질문 : 백 원짜리 동전이 열 개 있습니다. 모두 얼마인가요?
아동의 답 : 천원입니다.
질문 : 천 원짜리 종이돈이 한 장 있습니다. 얼마인가요?
아동의 답 : 천원입니다.
질문 : 백 원짜리 동전 열개와 천 원짜리 종이돈 한 장은 같습니까?
아동의 답 : 예 또는 아니오.
질문 : 예 또는 아니오로 답한 이유를 설명해보시오.

### 4.1. 퀴즈네어 색막대를 이용하여 10 만들기

먼저 퀴즈네어 색막대 중에서 10 막대를 놓는다

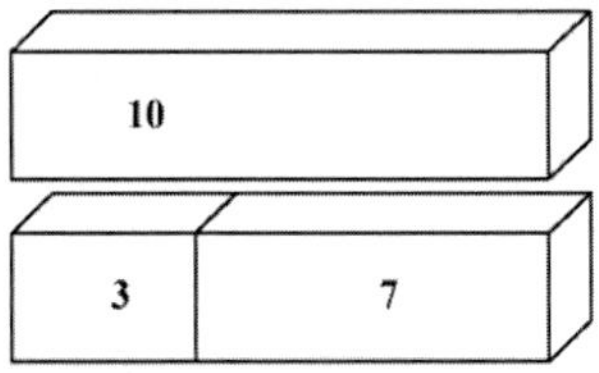


그 다음에는 두 개의 퀴즈네어 색막대를 이어 붙여서 10막대와 크기가 같아지도록 한다.

그러면 두 막대의 길이를 더하면 언제나 10이 된다.

**• 퀴즈네어 색 막대**

벨기에의 초등학교 교사인 퀴즈네어가 고안한 퀴즈네어(Georges Cuisenaire, 1891-1976) 색 막대는 아래 그림과 같이, 크기와 색이 각각 다른 직육면체 모양으로 구성되어 있으며, 재질은 나무, 또는 플라스틱이 있다. 각 퀴즈네어 색 막대의 크기는 밑면이 1㎠로 같고 높이가 1~10㎝ 인 10개의 색막대로 구성되어 있으며, 막대의 길이에 따라 서로 다른 색이 칠해져 있다. 즉, 높이가 1㎝인 막대부터 흰색, 빨간색, 연두색, 보라색, 노란색, 초록색, 검정색, 갈색, 파란색, 주황색으로 이루어져 있으며, 퀴즈네어 막대 한 세트는 주황, 파랑, 갈색, 검정, 녹색, 노랑 4개, 보라 6개, 연두 10개, 빨강 12개, 흰색 22개로 구성되어 있다. 아래 그림은 퀴즈네어 막대의 길이를 구별하기 위하여 평면상에 나타낸 그림이다.

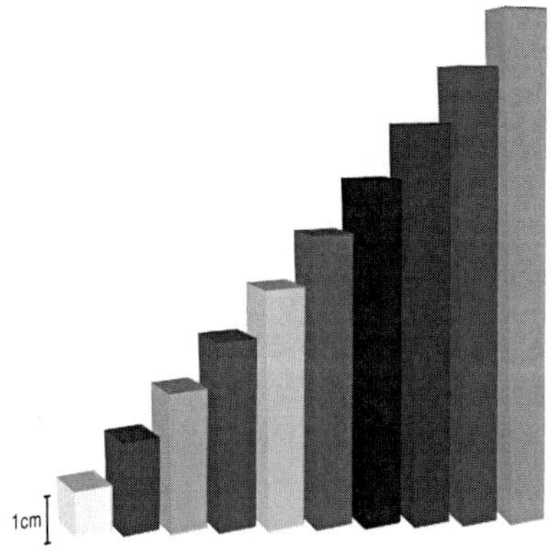

### 1) 퀴즈네어 막대 활용이 가능한 학습 내용

분수의 연산지도의 알고리즘 형성은 연산의 계산 원리 이해와 일련의 규칙성과 절차의 파악이 구체물 조작활동을 통해 학생 스스로 지식의 정리와 조합으로 연결될 때 가능하다고 볼 때, 퀴즈네어 막대의 활용은 학생들에게 수학적 개념을 발달시키고 수학적인 사고와 추론의 기회를 제공하여 수학학습에 대한 흥미와 공간 지각능력을 향상시키는데 많은 도움이 된다. 이처럼 퀴즈네어 색 막대는 수학과 모든 영역에 적용되나, 특히 다양한 조작 교구 중 퀴즈네어 색 막대로 활용했을 때 효과가 있는 영역별 학습 주제를 정리하였다.

| 학습 내용 | 영역 | 해당 학년 |
|---|---|---|
| 자연수의 덧셈과 뺄셈, 수 개념지도(수 가르기와 모으기) | 수와 연산 | 1~2학년 |
| 긴 것과 짧은 것 비교하기, 막대를 이용해 주어진 공간 채우기 | 측정 | 1~2학년 |
| 곱셈의 기초(묶어세기), 곱셈구구 | 수와 연산 | 2학년 |
| 길이재기 및 어림하기, 쌓기나무 | 측정, 도형 | 2학년 |
| 자연수의 곱셈과 나눗셈, 분수로 나타내기 | 수와 연산 | 3학년 |
| 규칙 찾기 | 규칙성과 함수 | 1~3학년 |
| 동치분수 찾기, 동분모 분수의 덧셈과 뺄셈 | 수와 연산 | 4학년 |
| 분수의 크기 비교, 분수의 곱셈과 나눗셈, 약분과 통분<br>이분모 분수의 덧셈과 뺄셈, 분수의 곱셈 | 수와 연산 | 5학년 |
| 선대칭 도형 익히기 | 도형 | 5학년 |
| 직사각형, 정사각형 넓이 구하기 | 측정 | 5학년 |
| 평균의 이해와 구하기, 확률의 이해 | 확률과 통계 | 5~6학년 |
| 직육면체의 부피 구하기, 비와 비율 | 측정, 규칙성과 함수 | 6학년 |

## 5 10보다 큰 수가 되는 덧셈

질문 : 낱개가 7개 있습니다. 낱개가 5개 더 모이면 몇 개인가요?
질문 : 이 사실을 덧셈식으로 적어보시오.
아동의 답 : 7+5= ????, 십이 넘어요.

## 5.1. 오류 또는 인식론적 장애

- 1이 열 개가 되면 십이 한 개가 되는 사실을 모른다.
  십진법의 원리를 알지 못한다.

## 5.2. 지도법

자연수의 연산은 전 세계적으로 십진법으로 지도하고 있다. 따라서 일이 열 개 모이면 십이 되며, 일 열 개와 십 한 개는 다른 것이다.

**① 덧셈**

철수는 덧셈을 다음과 같이 하고 있다.

7+5는 7 다음 다섯 번째 있는 칸(* 표)이 답이다.

| 1 | 2 | 3 | 4 | 5 | 6 | 7 | 8 | 9 | | | * | | | |
|---|---|---|---|---|---|---|---|---|---|---|---|---|---|---|

- 그런데 이 덧셈법은 하나씩 일일이 세어야 답을 얻을 수 있다.
- 철수는 이 방법보다 좀 더 쉬운 덧셈법을 알고 싶었다.

* 아동이 경험한다는 것은 아동의 일상생활에서 직접 경험하는 것과 동화를 읽고 기억하는 것과 같은 간접경험 또는 아동 각자 특유의 상상력을 동원하는 것 모두를 뜻한다. 덧셈 지도에서, 아동이 읽었거나 들은 경험이 있는 내용을 이용하여, 1학년 아동에게는 동화책에 등장하는 난쟁이와 거인, 마법 등을 소재로 일의 자리와 십의 자리의 개념을 도입한다.

- 난쟁이 열 명이 모이면 마법이 걸려서 거인이 된다. 또한 난쟁이는 난쟁이 나라에서만 살아야 하며 거인은 거인 나라에서만 살아야만 하는 이유를 설명해준다.
- 난장이 7명이 살고 있는 곳에 난장이 5명이 놀러오게 되면 난쟁이 열 명은 거인으로 "펑" 소리와 함께 변하여 그 거인은 거인나라로 가고 남은 난장이 2명은 난쟁이 나라에서 살게 된다.

| 거인 나라 | 난쟁이 나라 |
|---|---|
| |  |

⇨

| 거인 나라 | 난쟁이 나라 |
|---|---|
|  |  |

• 거인나라와 난쟁이나라에는 각각 몇 명이 있나요?

 - 거인 1명과 난쟁이 2명이 있습니다.

| 거인 | 난쟁이 |
|---|---|
| 1 명 | 2 명 |

• 지금까지 이야기를 수모형으로 표현해 봅시다.

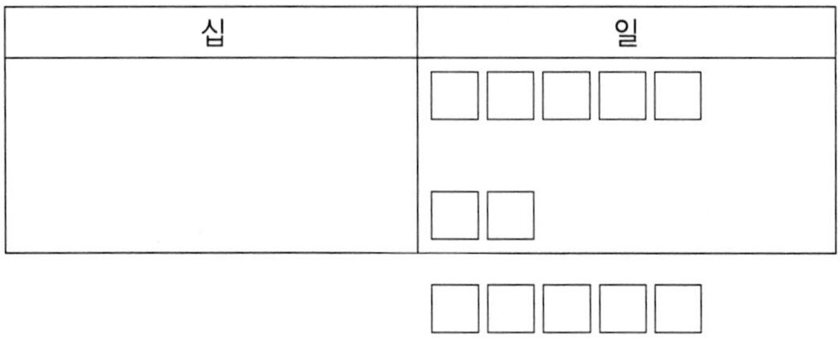


⇨

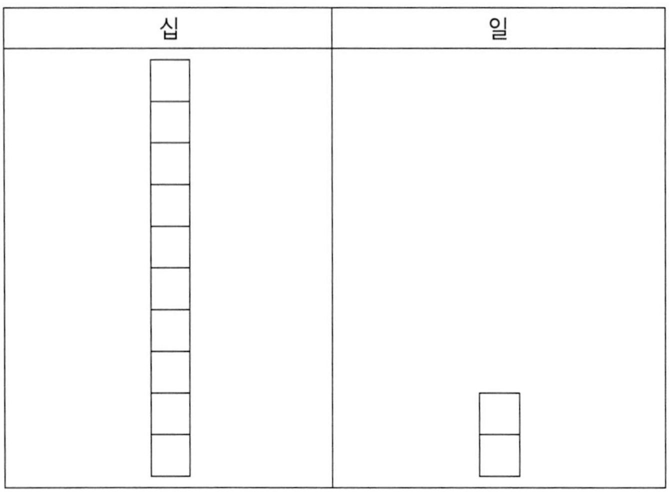


⇨

| 십 | 일 |
|---|---|
| 1 | 2 |

• 약속하기

> 7+5=12 라고 쓰고,
> 7+5는 12 라고 읽는다.

⇒ 수모형을 이용하여 아래와 같이 두 가지 방법으로 계산한다.

- 7+5=(7+3)+2

  =10+2

  =12

  (□□□□□□□ □□□) □□

- 7+5=2+(5+5)

  =2+10

  =12

  □□ (□□□□□ □□□□□)

## 6 받아 내림이 있는 뺄셈

질문 : 12-7= ?

아동의 답 : 15입니다. 왜냐하면 2에서 7을 뺄 수 없으므로 7에서 2를 뺐습니다.

$$\begin{array}{r} 12 \\ -\ \ 7 \\ \hline 15 \end{array}$$

### 6.1. 오류 또는 인식론적 장애

문제가 숫자로 주어졌기 때문에 학생 임의로 기호조작을 한다.

십진법의 원리를 모른다.

### 6.2. 아동의 경험을 이용한 지도법

난쟁이들은 마법에 걸려있어서 명이 모이면 거인으로 변한다고 하였다.

- 거인 한명과 난쟁이 두 명이 살고 있는데, 임금님이 난쟁이 7명을 데려오라고 하셨다.
- 그런데 난쟁이는 2명뿐이다. 고민이다.

| 거인 나라 | 난쟁이 나라 |
|---|---|
|  |  |

| 거인 | 난쟁이 |
|---|---|
| 1 명 | 2 명 |

• 아하! 거인을 마법에서 풀려나오게 하면 난쟁이가 10명으로 바뀌겠지!

• 거인이 마법에서 '펑'하고 풀리자 난쟁이가 12명이 되었다.

| 거인 나라 | 난쟁이 나라 |
|---|---|
|  |  |

• 난쟁이들이 다시 마법에 걸리기 전에 7명을 데리고 임금님에게 갔다.

• 결국 난쟁이 5명이 남았다.

| 거인 나라 | 난쟁이 나라 |
|---|---|
| |  |

• 지금까지 이야기를 수모형으로 표현해 봅시다.

| 십 | 일 |
|---|---|
|  |  |

| 십 | 일 |
|---|---|
| 1 | 2 |

⇨

| 십 | 일 |
|---|---|
| |  |

□□□ (□□□□□□□)

⇨

| 십 | 일 |
|---|---|
| | □□□□□ |

| 십 | 일 |
|---|---|
| | 5 |

• 기호화

$$12 - 7 = 5$$

⇒ 수모형을 이용하여 아래와 같이 두 가지 방법으로 계산한다.

• 감가법

12-7=(10-7)+2

=3+2

=5

(□□□□□□□)  □□□  □□

• 감감법

12-7=(12-2)-5

=10-5

=5

□□□□□  (□□□□□)  (□□)

## 6.3. 숫자 카드를 이용한 지도법

- 다음과 같은 고대 중국 상인들의 아이디어를 이용한다.
  - 이익 = 검정 글자로 ⇒ 흑자

• 손해 = 붉은 글자로 ⇒ 적자

- 따라서 검정 글자와 붉은 글자가 같은 수이면 이익과 손해가 같으므로 0이 된다.

• 감가법

12-5=

| 12 | **5** |
|---|---|

⇒

| 10 | **5** | 2 |
|---|---|---|

10-5+2=

⇒

| 5 | 5 | **5** | 2 |
|---|---|---|---|

5+5-5+2=

⇒

| 5 | 2 |
|---|---|

5+2=

⇒

| 7 |
|---|

12-5=7.

• 감감법

12-5=

| 12 | **5** |
|---|---|

⇒

| 10 | 2 | **2** | **3** |
|---|---|---|---|

10+2-2-3=

⇒

| 10 | **3** |
|---|---|

10-3=

⇒

| 7 | 3 | **3** |
|---|---|---|

7+3-3=

⇒

| 7 |
|---|

12-5=7.

## 7 받아 내림이 있는 두 자리 수끼리의 뺄셈

### 7.1. 숫자 카드를 이용한 지도법

- 32-15= ?

| 32 | **15** |
|---|---|

<세로 셈법>

$$\begin{array}{r} 32 \\ -\ 15 \\ \hline \end{array}$$

⇒

[10] [10] [10] [2] **[10]** **[5]**

⇒

[10] [10] **[10]** [10] [2] **[5]**

( 십 자리 : 나중에 계산 ) ( 일자리 : 먼저 계산 )

| 십자리 | 일자리 |
|---|---|
| 20-10 | 10+2 |
| 2 | 12 |
| - 1 | 5 |

⇒ 일자리 계산 방법

[5] [5] [2] **[5]**

12-5=5+5+2-5

⇒

[5] [5] **[5]** [2]

12-5=5+5-5+2

⇒

[5] [2]

12-5=5+2

⇒

[7]

12-5=7

| 십자리 | 일자리 |
|---|---|
| 20-10 | 10+2 |
| 2 | 12 |
| - 1 | 5 |
| | 7 |

⇒ 십 자리 계산 방법

| 10 | 10 | **10** |
|---|---|---|

20-10=

⇒

| 10 |
|---|

10

⇒ 일자리와 십 자리의 뺄셈 결과는

| 10 | 7 |
|---|---|

이다.

즉, 십 자리에는 10 한 개, 일자리에는 7이 남는다.

⇒ 위의 과정을 정리해 보면

| 십자리 수 | 일자리 수 | |
|---|---|---|
| 20-10 | 10+2 | 이므로 |
| 2 | 12 | |
| - 1 | 5 | |
| 1 | 7 | |

즉, 32-15=17.

## 7.2. 점 카드를 이용한 지도법

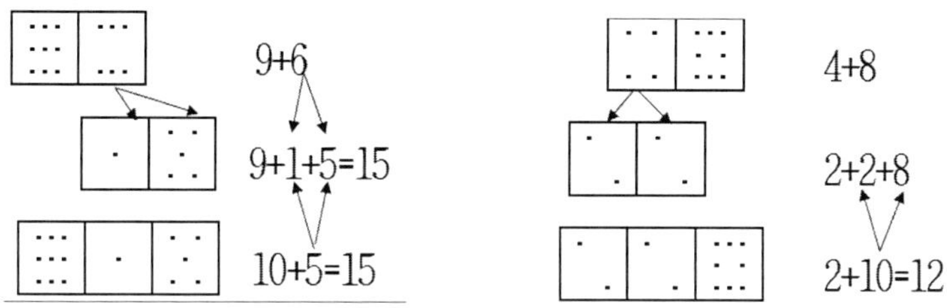


# 8 곱셈

## 8.1. 곱셈의 본질

두 수의 곱셈의 본질은 동수누가(同數累加 : 같은 수를 반복해서 더해가는 일)이다.

※ 동수누가를 도형으로 나타내면 직사각형(의 넓이)과 같다.

| 두 수의 곱 = 직사각형의 모양 또는 넓이 |
|---|

## 8.2. 곱셈 구구의 지도

곱셈구구의 지도는 먼저 동수누가로 지도한다.

### 8.2.1. 동수 누가

• $5 \times 4 = 5 + 5 + 5 + 5$, 즉 " □×4"는 "□를 4번 더한다."로 지도한다.

즉, 5×4는 다음과 같이 5를 4번 쌓아놓은 결과로 지도한다.

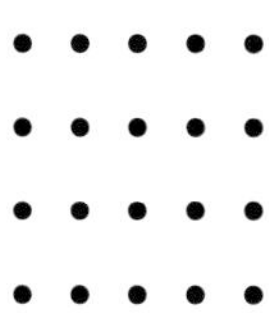

• 규칙성(형식불역의 원리)으로 지도한다.

$5 \times 1 = 5$

$5 \times 2 = 10$

$5 \times 3 = 15$

$5 \times 4 = 20$

⋮

즉, 곱하는 수가 1씩 커질 때 마다 곱한 결과는 5씩 커지는 사실을 지도한다.

### 8.2.2. "두 수의 곱셈은 (직)사각형의 모양" 지도

두 수의 곱셈을 직관적으로 지도하기 위해서 교과서 또는 익힘책에 제시된 물건들의 배열된 삽화를 보면서 아동으로 하여금 삽화가 모두 (직)사각형의 모양이 된다는 사실을 알도록 지도한다.

예) $5 \times 4 = 20$을 점으로 찍으면 다음과 같이 (직)사각형 모양이 된다.

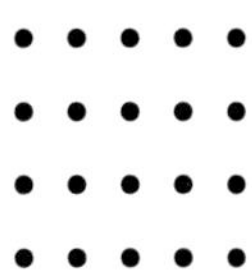

### 8.2.3. "주먹구구"로 지도

• $7 \times 8 = 56$을 다음과 같이 손가락을 이용하여 지도한다.

한 손으로 7을 세고, 다른 손으로 8을 세면 아래 그림과 같이 세워진 손가락 개수의 합은 2+3=5, 접힌 손가락 개수의 곱은 2×3=6이다.

따라서 8×7=56이다.

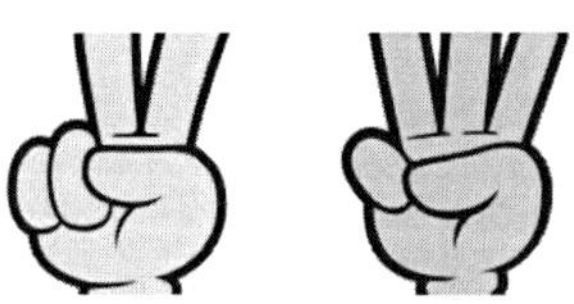

| | 왼손( 8 ) | 오른손( 7 ) | 계산 방법 |
|---|---|---|---|
| 편 손가락의 개수 | 3개 | 2개 | 3+2 =5 (십의자리) |
| 쥔 손가락의 개수 | 2개 | 3개 | 2×3=6 (일의 자리) |

### ① $7\times8$의 계산 과정

- 10-8=2, 10-7=3이다.
- $7\times8$의 일의 자리 수는 $3\times2=6$이고, 십의 자리 수는 $10-3-2=5$이다.
- 따라서 $7\times8=56$이다.

### ② 아이디어

$7\times8$을, 가로가 7이고 세로가 8인 직사각형의 넓이로 간주하였다.

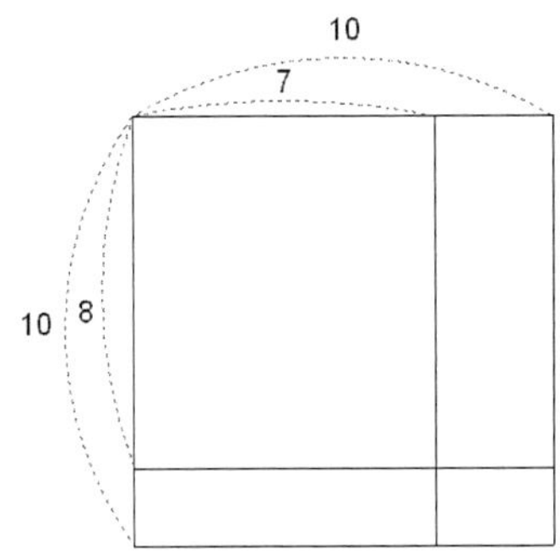


그리고 그들은 위의 그림과 같이, 한 변이 10인 정사각형 안에 가로가 7, 세로가 8인 직사각형을 그려서, 가로가 7이고 세로가 8인 직사각형의 넓이를, 한 변이 10인 정사각형 넓이에서 주변의 직사각형의 넓이를 빼내가는 방법으로 구하였다. 즉,

$$\begin{aligned} &7\times8 \\ =\ &10\times10 \\ &-3\times10 \\ &-2\times10 \\ &+3\times2. \end{aligned}$$

이 계산은 실제로 다음과 같은 분배법칙을 그대로 적용한 것이다.

$$\begin{aligned} 7\times8 &= (10-3)\times(10-2) \\ &= 10\times10-3\times10-2\times10+3\times2. \end{aligned}$$

※ 유의 사항

주먹구구는 모든 수의 구구단에 적용되지만, 6이상의 두 수의 곱셈을 할 때에 가장 유용하다. 즉, 작은 수끼리의 수를 곱할 때에는 오히려 설명하기가 불편하다. 이 방법은 구구단을 깜빡 잊었을 때 사용하도록 지도한다.

### 8.2.4. "곱셈의 교환법칙" 지도

두 수의 곱셈의 결과가 직사각형 모양이 된다는 사실을 이용하여 삽화 또는 물건들의 배열을 $90^o$ 회전하여 보여줌으로서 곱셈의 교환법칙을 이해하도록 한다.

## 8.3. 0과의 곱셈

### 8.3.1. 0의 발생

0은 인간이 주판을 사용하기 시작하면서 주판알이 없는 주판의 빈자리를 표현하기위해서 인도에서 만든 수이다. 그 이전에는 아무 것도 없는 상태는 "없다"라고 말로 표현하였다. 따라서 0은 아무 것도 없는 상태를 나타내는 수이다. 그런데 0을 수로 인정하면서부터 모든 사칙연산에서 0을 포함하여 계산해야 되었으며, 이로 인한 인식론적 장애가 사칙연산 곳곳에서 나타나게 되었다.

• **$0\times3$의 지도**

질문 : 엄마가 간식으로 과자를 접시에 3개 담아주셨습니다. 과자가 맛있어서 모두 먹었습니다. 접시에는 과자가 몇 개있습니까?

아동의 답 : 없습니다.

질문 : 아무것도 없는 것을 수로 나타내어 볼까요?

아동의 답 : 0입니다.

질문 : 비어 있는 접시가 3개 있습니다. 각각의 접시에는 과자가 몇 개씩 있습니까?

아동의 답 : 0개씩 있습니다.

질문 : 세 접시에 과자가 모두 몇 개있습니까?

아동의 답 : 0개 있습니다.

질문 : 이것을 식으로 나타내어 봅시다.

아동의 답 : $0+0+0=0$

질문 : 잘했어요. 그런데 $0+0+0$을 곱셈식으로 나타낼 수 있나요?

아동의 답 : 음. $2+2+2=2\times3$으로 나타내므로 $0+0+0=0\times3$일 것 같습니다.

질문 : 그러면 $0+0+0=0$을 곱셈식으로 나타내어 볼까요?

아동의 답 : $0\times3=0$입니다.

$0\times3=0+0+0=0$으로 지도한다. 또한 같은 방법으로 0과 여러 가지 자연수의 곱셈의 결과는 항상 0이 된다는 사실을 지도한다.

• $3\times0$ **의 지도**

곱셈 지도시에 사용했던 동수누가의 규칙성(형식불역의 원리)을 이용하여 다음과 같이 지도한다.

질문 : 구슬이 아래와 같이 3개씩 9줄 있습니다. 모두 몇 개인가요?

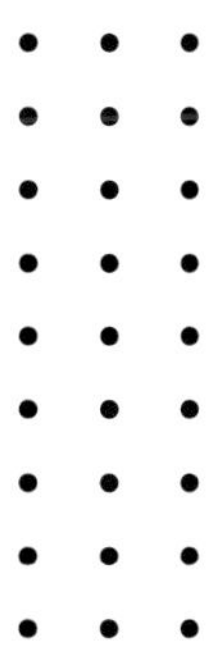

아동의 답 : $3\times9=27$개입니다

교사가 구슬 한줄(3개)를 없앤 다음 질문한다.

질문 : 구슬이 3개씩 8줄 있습니다. 모두 몇 개인가요?
아동의 답 : $3\times8=24$개입니다.

같은 방법으로 구슬을 한 줄씩 없애가면서 계속 질문한다.

질문 : 구슬이 3개씩 7줄 있습니다. 모두 몇 개인가요?
아동의 답 : $3\times7=21$개입니다.

⋮

질문 : 구슬이 3개씩 2줄 있습니다. 모두 몇 개인가요?
아동의 답 : $3\times2=6$개입니다.
질문 : 구슬이 3개씩 1줄 있습니다. 모두 몇 개인가요?
아동의 답 : $3\times1=3$개입니다.
질문 : 위의 과정을 식으로 적어볼까요?

아동의 답 :

⋮

$3\times5=15$

$3\times4=12$

$3\times3=9$

$3\times2=6$

$3\times1=3$입니다.

질문 : 위의 식에서 규칙성이 있나요?

아동의 답 : 글쎄요. 예, 있습니다.

질문 : 규칙성은 무엇입니까?

아동의 답 : 3을 곱한 횟수가 5,4,3,2,1 과 같이 1씩 줄어들 때마다 답은 3씩 줄어듭니다.

마지막으로 남아 있는 구슬 한 줄을 없애면서 질문한다.

질문 : 그러면 $3\times0$은 무엇일까요?

아동의 답 : $3\times1=3$이고 $3\times0$은 $3\times1=3$보다 곱한 횟수가 1이 작으므로 $3\times0=0$일 것 같습니다.

즉,

⋮

$3\times5=15$

$3\times4=12$

$3\times3=9$

$3\times2=6$

$3\times1=3$

$3\times0=0$.

같은 방법으로, 구구단의 4단, 5단 등을 이용하여 $4\times0=0$, $5\times0=0$, …을 지도한다.

• **$0\times0$의 지도**

※ 교사는 빈 그릇(접시) 3개를 늘어놓고 다음과 같이 질문한다.

질문 : 비어 있는 접시가 3개 있습니다. 각각의 접시에는 과자가 몇 개씩 있습니까?
아동의 답 : 0개씩 있습니다.
질문 : 세 접시에 과자가 모두 몇 개있습니까?
아동의 답 : 없습니다. 아니, 0개 있습니다.
질문 : 이 사실을 식으로 나타내어볼까요?
아동의 답 : $0+0+0=0\times3=0$입니다.

※ 접시(그릇)을 한 개씩 치워가면서 다음과 같이 질문한다.

질문 : 비어 있는 접시가 2개 있습니다. 각각의 접시에는 과자가 몇 개씩 있습니까?
아동의 답 : 0개씩 있습니다.
질문 : 두 접시에 과자가 모두 몇 개있습니까?
아동의 답 : 없습니다. 아니, 0개 있습니다.
질문 : 비어 있는 접시가 1개 있습니다. 접시에는 과자가 몇 개 있습니까?
아동의 답 : 0개 있습니다.
질문 : 이 사실을 식으로 나타내어볼까요?
아동의 답 : $0=0\times1=0$입니다.
질문 : 접시를 모두 치웠습니다. 과자가 몇 개있나요?
아동의 답 : 없습니다. 아니, 0개 있습니다.
질문 : 식으로 나타내어볼까요?
아동의 답 : $0\times0=0$.

## 8.4. (두 자리 수) × (한 자리 수)

### 8.4.1. (두 자리 수)×(한 자리 수)의 이해

두 자리 수와 한 자리 수의 곱셈 역시 직사각형의 넓이가 본질이며 분배법칙으로 지도하는 것이 수학적 방법이다. 그러나 직사각형의 넓이는 5학년에서 처음으로 도입이 되며 분배법칙은 구체적 조작기 연령의 아동에게는 지도할 수 없다. 따라서 3학년 아동에게는 교구(수모형 또는 모눈종이 등)를 활용하여 두 수를 곱하면 직사각형이 되며 곱하는 방법은 분배법칙이 된다는 '심상'을 형성시키면 된다.

### 8.4.2. (두 자리 수)×(한 자리 수)의 지도 방안

• 14×2**의 지도-받아 올림이 없는 곱셈**

구구단을 아동들은 곱셈은 동수누가로 배웠다. 즉, (어떤 수)×2란 어떤 수를 2번 더하는 것으로 배웠다. 따라서 14×2 역시 수모형 또는 모눈종이를 활용하여 14를 두 번 더하는 것으로 지도한다.

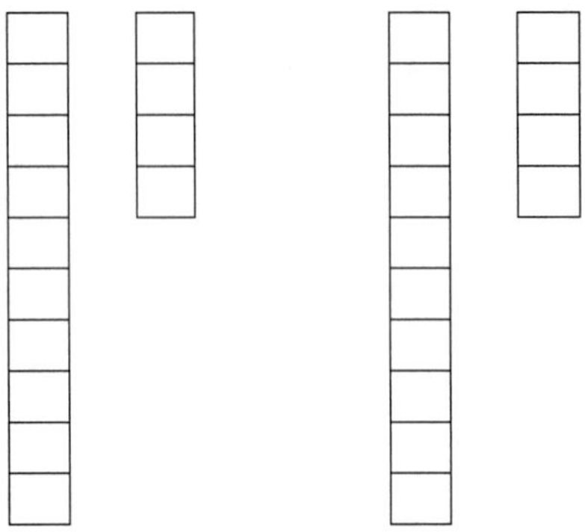

⇒

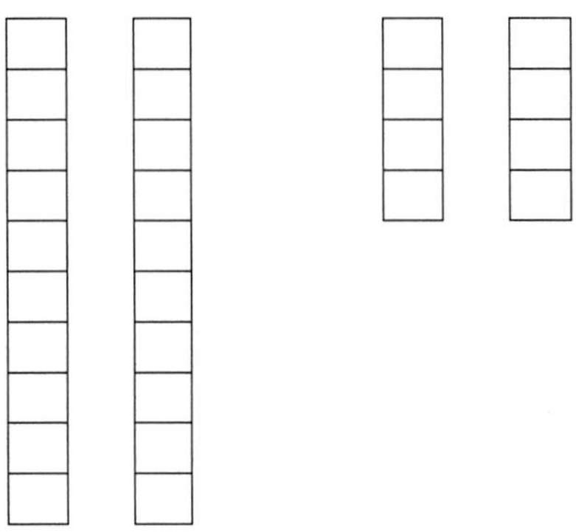

즉, 14×2는 10이 두 번 , 4도 두 번이므로

| 십 | 일 |
|---|---|
| 1×**2** | 4×**2** |
| 2 | 8 |

14×2=28.

<세로셈>

$$
\begin{array}{ccc}
 & 1 & 4 \\
\times & & 2 \\
\hline
 & 2 & 8
\end{array}
$$

• **32×3의 지도**

위와 같은 방법으로, 수모형을 이용하여

| 십 | 일 |
|---|---|
| 3×**3**<br>9 | 2×**3**<br>6 |

32×3=96.

<세로셈>

$$
\begin{array}{ccc}
 & 3 & 2 \\
\times & & 3 \\
\hline
 & 9 & 6
\end{array}
$$

• **20×3의 지도**

위와 같은 방법으로, 수모형을 이용하여

| 십 | 일 |
|---|---|
| 2×**3**<br>6 | 0×**3**<br>0 |

20×3=60.

<세로셈>

$$
\begin{array}{ccc}
 & 2 & 0 \\
\times & & 3 \\
\hline
 & 6 & 0
\end{array}
$$

이와 같이 먼저, 받아 올림이 없는 곱셈을 통하여 아동에게 곱셈의 분배법칙의 심상을 제공한다.

**• 23×4의 지도-받아 올림이 있는 곱셈**

받아 올림이 있는 곱셈 지도의 주안점은 조작교구(수모형)가 움직이는 모양을 그대로 수의 계산과정으로 옮기도록 하는 데에 있다.

23×4=23+23+23+23이므로, 수모형으로 놓아보면 다음과 같다.

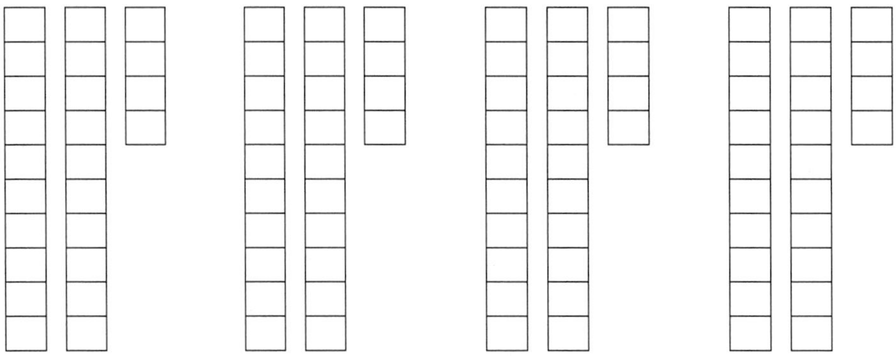

위의 수모형에서 먼저, 낱개모형을 모두 합하면

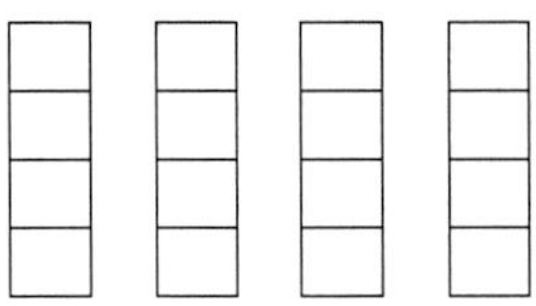

이다. 이것은 3×4를 나타낸 것이며 낱개다 12개 이므로 결국 십모형 1개와 낱개 2개와 같다. 즉,

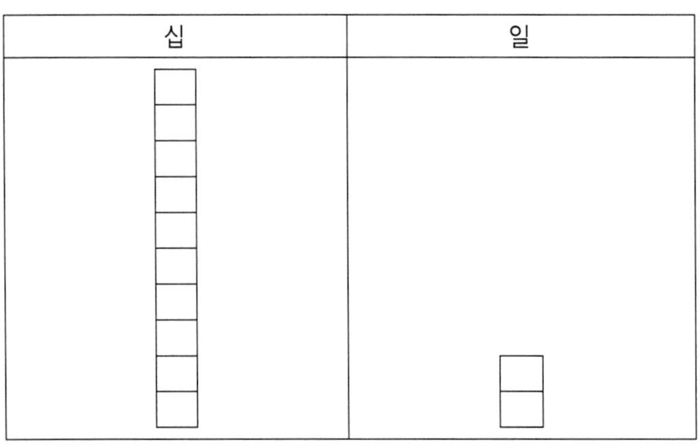


이다.

그 다음에, 십모형을 모두 합하면 20이 4번 모인 것이므로 20×4=80이 된다.

| 십 | 일 |
|---|---|
| 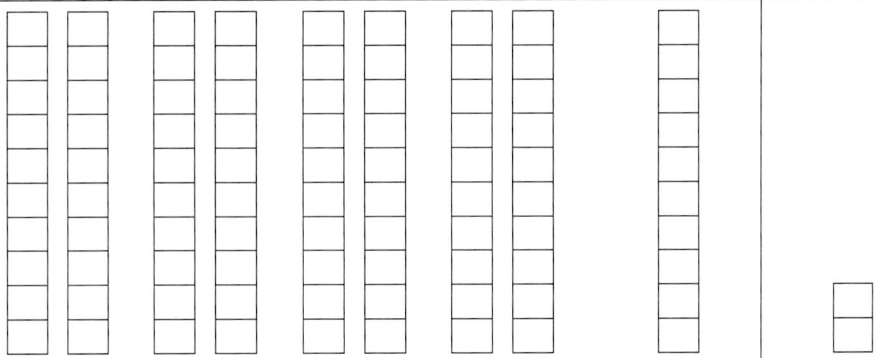 | |
| 2×4 1 | 2 |

따라서 23×4는 20×4=80과 3×4=12를 더하여 92가 된다. 즉,

| 십 | 일 |
|---|---|
| 2×4+1 | |
| 9 | 2 |

위의 과정을 보면서 아래와 같이 세로셈을 지도한다.

<세로셈>

$$\begin{array}{rr} 2 & 3 \\ \times & 4 \\ \hline 1 & 2 \\ 8 & \\ \hline 9 & 2 \end{array}$$

또는

$$\begin{array}{rr} 1 & \\ 2 & 3 \\ \times & 4 \\ \hline 9 & 2 \end{array}$$

또는

| 백 | 십 | 일 |
|---|---|---|
| | 2 | 3 |
| × | | 4 |
| | 1 | 2 |
| | 8 | 0 |
| | 9 | 2 |

• 43×6의 **지도**

위와 같이 수모형을 이용하여

| 백 | 십 | 일 |
|---|---|---|
| 2 | 4+1<br><br>5 | 8 |

<세로셈>

| | | |
|---|---|---|
| | 4 | 3 |
| × | | 6 |
| | 1 | 8 |
| 2 | 4 | |
| 2 | 5 | 2 |

또는

| | | |
|---|---|---|
| | 1 | |
| | 4 | 3 |
| × | | 6 |
| 2 | 5 | 8 |

또는

| | 백 | 십 | 일 |
|---|---|---|---|
| | | 4 | 3 |
| × | | | 6 |
| | | 1 | 8 |
| | 2 | 4 | 0 |
| | 2 | 5 | 8 |

### 8.4.3. (두 자리 수)×(두 자리 수)의 지도 방안

이러한 곱셈 역시 수모형 또는 모눈종이를 활용하여 지도할 수 있다.

• **12×13의 지도**

12×13은 12를 13번 더한 것이므로, 수모형을 이용하여 아래와 같이, 십 모형 1개와 낱개 2개를 13층으로 쌓아놓은 것과 같음을 알도록 지도한다.

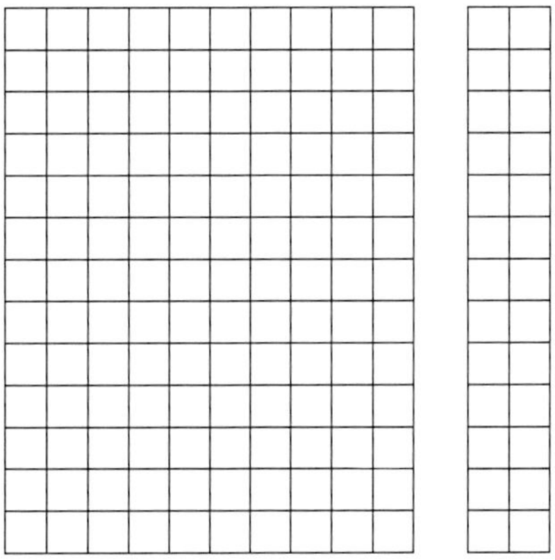

그 다음에, 낱개 백 개를 백 모형으로 바꾸고, 낱개 열 개를 십 모형으로 바꾸면 아래와 같아진다.

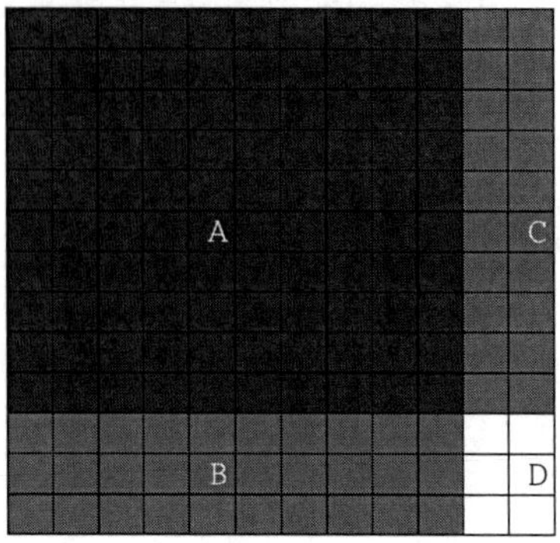


이 모양을 다시 위와 같이 A, B, C, D 네 조각으로 떼어 놓으면, 12×13 은 결국 아래와 같게 된다. 이 사실을 이용하여 12×13 의 세로셈 방법을 지도한다.

$$
\begin{array}{rll}
 & 12 & \\
\times & 13 & \\
\hline
 & 6 & (2\times 3) \quad - \text{D} \\
 & 20 & (2\times 10) \quad - \text{C} \\
 & 30 & (10\times 3) \quad - \text{B} \\
 & 100 & (10\times 10) \quad - \text{A} \\
\hline
 & 156 &
\end{array}
$$

**참고**

이것은 분배법칙

$$12\times 13 = (10+2)\times(10+3)=(2\times 3)+(2\times 10)+(10\times 3)+(10\times 10)$$

을 수모형을 이용하여 그림으로 설명한 것이다

• **26×34의 지도**

두 자리 큰 수끼리의 곱셈은 수모형보다는 큰 모눈종이를 이용하여 지도하면 좋다. 즉, 26×34는 23개를 34층으로 쌓아올린 것이다. 그러므로 모눈종이에 가로 23칸, 세로 34칸인 직사각형을 그리게 한 다음, 수모형을 이용하여 모눈종이 위에 백 모형, 십 모형, 낱개를 올려놓아 꽉 채워보도록 한다.

그 다음에, 아래와 같이 모눈종이에 색을 칠하거나 또는 백 모형, 십 모형 낱개를 올려놓고 보면서 네 번 곱하여 더한다는 사실을 지도한다.

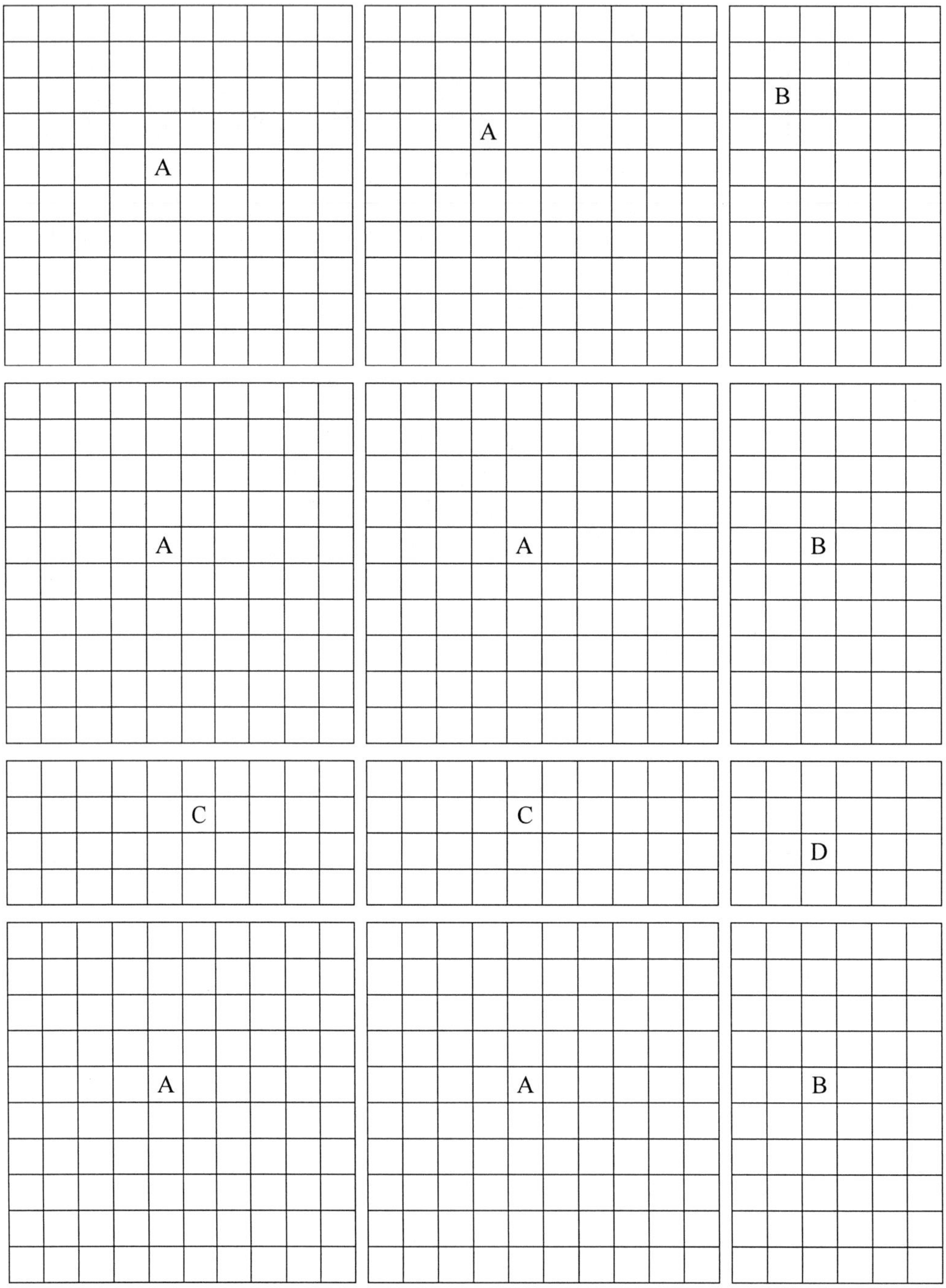

$$
\begin{array}{rrcl}
 & 26 & & \\
\times & 34 & & \\
\hline
 & 24 & (6\times4) & \text{- D} \\
 & 80 & (4\times10) & \text{- C} \\
 & 180 & (30\times6) & \text{- B} \\
 & 600 & (20\times30) & \text{- A} \\
\hline
 & 884 & &
\end{array}
$$

임을 지도한다.

# 9 나눗셈

## 9.1. 나눗셈의 본질

나눗셈의 본질은 뺄셈이다. 즉 동수누감이다.

- 6÷2란 6에서 2를 계속 빼서 0이 되는 횟수이다. 즉, 6-2-2-2=0이므로 6÷2=3이다.

**참고 | 사칙연산의 관계**

$$
\begin{array}{ccc}
a+b=c & \xleftrightarrow{\text{역연산}} & c-b=a \\
\text{동수누가}\downarrow & & \downarrow\text{동수누감} \\
2\times3=2+2+2=6 & \xleftrightarrow[\text{역연산}]{} & 6\div2 \Rightarrow (6-2-2-2=0) \Rightarrow 3
\end{array}
$$

## 9.2. 나눗셈의 이해

0과 자연수의 나눗셈의 뜻을 다음과 같이 세 가지로 이해할 수 있다.

### 9.2.1. 포함제

위에서 언급한바와 같이, 12÷3을 12-3-3-3-3=0 이므로 '12속에는 3이 4번 포함되어 있다'라고 이해하는 것이다. 즉, '12속에는 3이 몇 번 들어있는가?'라고 이해하는 것이다.

000 000 000 000 : (4번)

--- --- --- --- ---

### 9.2.2. 등분제

12÷3을 '12개를 3명에게 똑같이 나누어주면 각각 몇 개씩 갖게 되는가?'라고 이해하는 것이다.

0000 ⋮ 0000 ⋮ 0000 : 4(개씩)

### 9.2.3. 곱셈의 역연산

12÷3을 '3에 어떤 수를 곱하면 12가 되는가?'로 이해하는 것이다. 즉, 12÷3=( ? )을 3×( ? )=12으로 이해하는 것이다.

## 9.3. 나눗셈의 지도

나눗셈의 의미를 이해한 다음에는, 곱셈과 마찬가지로 세로셈으로 계산하는 방법(알고리즘)을 지도한다.

### 9.3.1. 작은 수끼리의 나눗셈

작은 수인 자연수끼리의 나눗셈에서는 등분제 또는 포함제의 맥락으로 퀴즈네어 색막대를 이용하여 지도한다.

• 6÷2=( ) : 등분제로 지도하는 방법

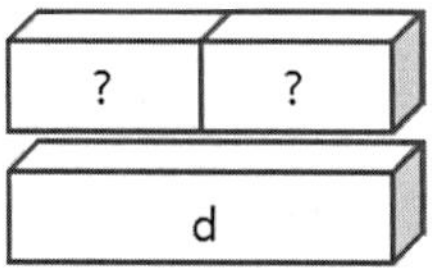

<어떤 색깔의 막대 2개로 열차를 만들면 녹색 막대와 길이가 같을까?>

답: 연두색 막대(3)

• 6÷2=(    ) : 포함제로 지도하는 방법

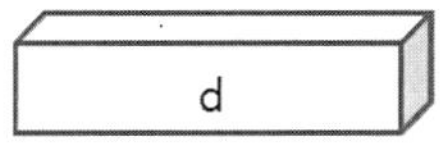


<빨간 막대(2) 몇 개로 열차를 만들면 녹색 막대와 길이가 같을까?>

답: 3(개)

## 9.3.2. 90 이하의 피젯수, 나머지 있음

피젯수가 큰 수인 나눗셈은 등분제의 맥락에서 수모형을 이용하는 것이 직관적이다.

• 58÷3=?

58개를 세 사람에게 똑같이 나누어 주기로 인지시킨다. 아래의 나눗셈판위에서 조작 활동을 보면서 그 과정을 세로셈으로 기호화한다.

| | 십모형 | 낱개 | 나머지 |
|---|---|---|---|
| 답 | □ | ●●●●●<br>●●● | ● |
| 3명 | □□□□□ | ●●●●●<br>●●● | |
| | □□ | ●●●●●<br>●●● | |
| | ●●●●● ●●●●●<br>●●●●● ●●●●● | ●●●●●<br>●●● | |
| | | | |

〈나눗셈판〉

```
      19 ... 1
    ------
3 )  58
   - 30
    ------
     28
    - 27
    ------
      1
```

<왼쪽의 나눗셈 판에서 다음과 같은 활동을 하면서 그 과정을 오른쪽에 세로셈으로 표기한다.>

• 십 모형 5개와 낱개 9개를 세 사람에게 똑같이 나누어 준다(등분제).
• 십 모형을 세 사람에게 한 개씩 나누어주면, 십 모형이 세 개가 없어지고 십 모형 2개와 낱개 9개가 남는다.

• 십 모형 2개를 낱개 20개와 바꾼다. 그러면 낱개 29개만 남는다.
• 낱개 29개를 세 명에게 9개씩 나누어 주면, 낱개 2개가 남는다.
• 나눗셈 판에서 수모형이 움직이는 대로 오른쪽에 숫자를 적는다.
• 나눗셈 판을 사용하여 세 자릿수 나누기 두 자릿수를 계산한다.

이와 비슷한 문제를 여러 번 시행한 후에 수모형의 도움 없이 세로셈을 할 수 있도록 한다.

제 Ⅲ 장

# 약수와 배수(5~6 학년)

이 절에서는 약수, 공약수, 최대공약수, 배수, 공배수, 최소공배수와 약수와 배수의 관계를 지도하는 방안을 논의한다.

## 1 약수

약수를 도입할 때에는 퀴즈네어 색막대를 이용하여 다음과 같이 지도한다.

### 1.1. 약수 구하기(활용시기 및 학년 : 5학년 1학기)

#### 1.1.1. 작은 수의 약수 구하기

• 12의 약수 구하기

12가 되도록 막대를 놓고, 같은 색 막대로 12를 채울 수 있는 막대들을 모두 찾는다.

| (10)주황 | (2)빨강 |
|---|---|

| (6)녹색 | (6)녹색 |
|---|---|

| (4)보라 | (4)보라 | (4)보라 |
|---|---|---|

| (3)연두 | (3)연두 | (3)연두 | (3)연두 |
|---|---|---|---|

| (2)빨강 | (2)빨강 | (2)빨강 | (2)빨강 | (2)빨강 | (2)빨강 |
|---|---|---|---|---|---|

| 흰 | 흰 | 흰 | 흰 | 흰 | 흰 | 흰 | 흰 | 흰 | 흰 | 흰 | 흰 |
|---|---|---|---|---|---|---|---|---|---|---|---|

| 주황 | 빨강 |
|---|---|

따라서 12의 약수는 1, 2, 3, 4, 6, 12 임을 알 수 있다.

※ 5막대 또는 7막대 등은 계속 이어붙이면 12가 될 수가 없음을 확인하면서 5 또는 7 등은 12의 약수가 아니라는 사실을 이해시킨다.

### 1.1.2. 큰 수의 약수 구하기

작은 수의 약수는 위와 같이 구할 수 있으나, 큰 수의 약수를 모두 구하는 일은 쉽지 않을 수 있다. 이제 모든 수의 약수를 빠짐없이 구할 수 있는 방법을 알아보기로 한다.

- **72의 약수 구하기**

$72 = 8 \times 9 = 2 \times 2 \times 2 \times 3 \times 3$이다. 따라서 72의 약수는 2와 3을 여러 번 곱해 가면 모두 만들 수 있다. 72의 약수를 빠짐없이 구하려면 다음과 같이 표를 그리는 방법을 사용하면 좋다.

| × | 1 | 3 | 9 |
|---|---|---|---|
| 1 | 1 | 3 | 9 |
| 2 | 2 | 6 | 18 |
| 4 | 4 | 12 | 36 |
| 8 | 8 | 24 | 72 |

즉, 72의 약수는 1, 2, 3, 4, 6, 8, 9, 12, 18, 24, 36, 72 모두 12개이다.

- **36의 약수 구하기**

$36 = 4 \times 9 = 2 \times 2 \times 3 \times 3$이므로 36의 약수는 아래와 같이 모두 9개이다.

| × | 1 | 3 | 9 |
|---|---|---|---|
| 1 | 1 | 3 | 9 |
| 2 | 2 | 6 | 18 |
| 4 | 4 | 12 | 36 |

즉, 36의 약수는 1, 2, 3, 4, 6, 9, 12, 18, 36 등 9개이다.

## 1.2. 공약수 구하기

두 개의 수가 있을 때, 두 수 모두에게 약수가 되는 수를 (그 두 수의)공약수라고 한다.

### 1.2.1. 퀴즈네어 색막대 이용

위에서 작은 수의 약수를 구할 때와 마찬가지로 퀴즈네어 색막대를 이용한다.

• **12와 18의 공약수 구하기**

- 퀴즈네어 색 막대를 이용하여 위와 같이 12와 18을 만들고, 같은 색 막대로 12와 18을 채울 수 있는 막대들을 모두 찾는다.
- 그 막대들 중에서 같은 막대를 모은다.
- 또는 12와 18을 만들고, 같은 색 막대로 12와 18을 동시에 채울 수 있는 막대들을 모두 찾는다.

### 1.2.2. 소인수분해 이용

두 수를 소인수분해 한 다음, 같은(공통) 인수를 최대한 찾는다. 이때 1은 모든 수의 약수이므로, 공약수에는 항상 1이 포함된다.

- $12 = 2 \times 2 \times 3$, $18 = 2 \times 3 \times 3$임을 알게 한다.

12와 18에 같은 인수는 2, 3, $2 \times 3$이므로, 12와 18의 공약수는 1, 2, 3, 6이다.

### 1.2.3. 최대공약수 구하기

최대공약수란 위에서 공약수 중에서 가장 큰 수를 말한다. 최대공약수를 구하는 방법은 소인수분해를 이용하는 방법과 유클리드 호제법이 있다.

• **소인수분해 방법**

- 12와 18의 최대공약수

$12 = 2 \times 2 \times 3$, $18 = 2 \times 3 \times 3$임을 알게 한다.

이때, 12와 18의 인수 중에서 가장 큰 공통인 인수는 $2 \times 3=6$이고 따라서 12와 18의 최대공약수는 6.

• **유클리드 호제법**

유크리트 원론에 나타나는 호제법은 당시의 그리스 수학들의 관념인 '나눗셈 = 동수누감, 수 = 막대의 길이'라는 점을 이용하고, 우리는 그 아이디어를 직관적인 방법으로 접근할 수 있는 방법으로 지도하기로 한다.

유클리드 호제법의 아이디어는 다음과 같다.

예를 들면 6과 4의 최대공약수를 구해보자.

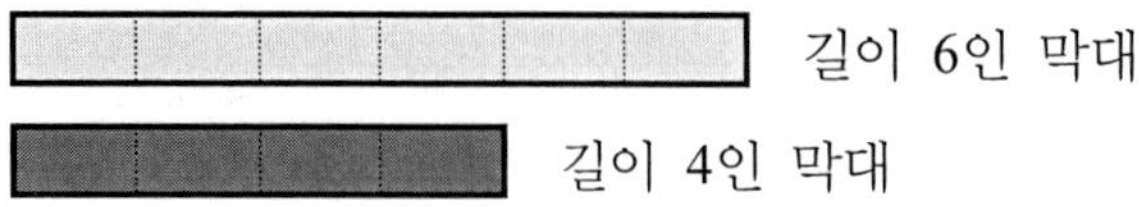


길이 6인 막대와 길이 4인 막대에는 두 막대 모두를 빈틈없이 채울 수 있는 가장 큰 길이(최대공약수)의 막대가 있다.

긴 막대(6) 위에 짧은 막대(4)를 올릴 수 있는 덮는다.

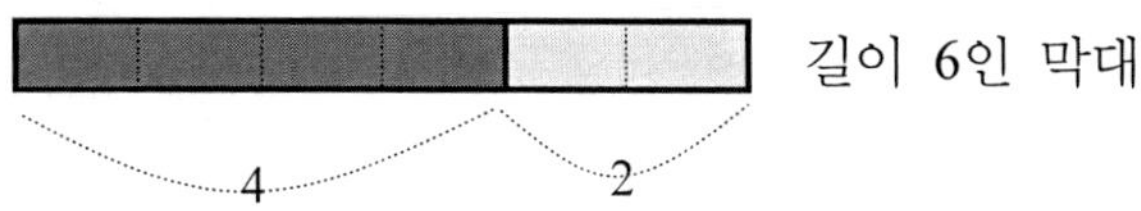


이 때 긴 막대(6)는 짧은 막대(4)와 짧은 막대로 덮지 못한 나머지 2로 나누어진다.

그리고 6과 4의 최대공약수 막대는 6과 4를 동시에 완전히 덮기 때문에 2를 완전히 덮어야 된다. 즉, 6과 4의 최대공약수 막대는 4와 2를 동시에 완전히 덮기 때문에 4와 2의 최대공약수 막대도 된다. 그러므로 6과 4의 최대공약수는 4와 2의 최대공약수와 같다.

위의 ① 문제를 풀어보면

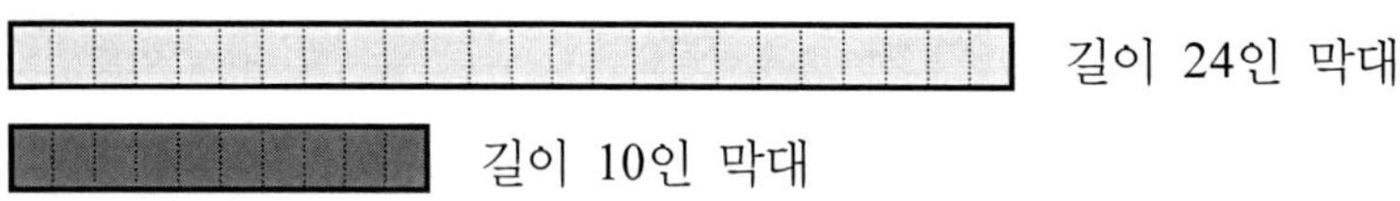


길이 24인 막대와 길이 10인 막대에 두 막대 모두를 빈틈없이 채울 수 있는 최대공약수 막대가 있다.

긴 막대(24) 위에 짧은 막대(10)를 올릴 수 있는 덮는다.

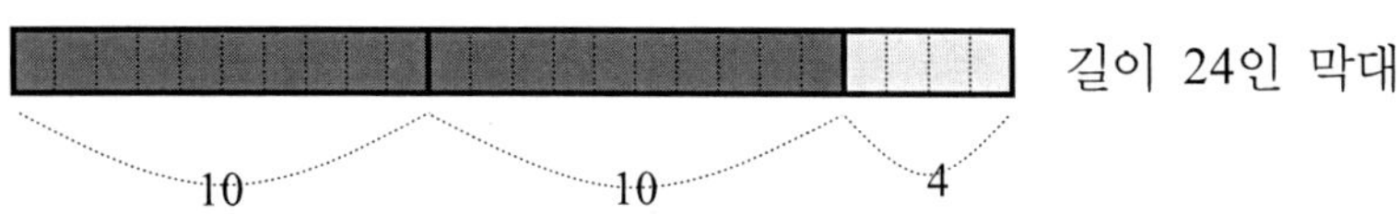


이 때 긴 막대(24)는 짧은 막대(10)2개와 짧은 막대로 덮지 못한 나머지 4로 나누어진다.

그리고 24와 10의 최대공약수 막대는 24와 10을 완전히 덮기 때문에 4를 완전히 덮어야 된다. 그러므로 24와 10의 최대공약수는 10과 4의 최대공약수와 같다.

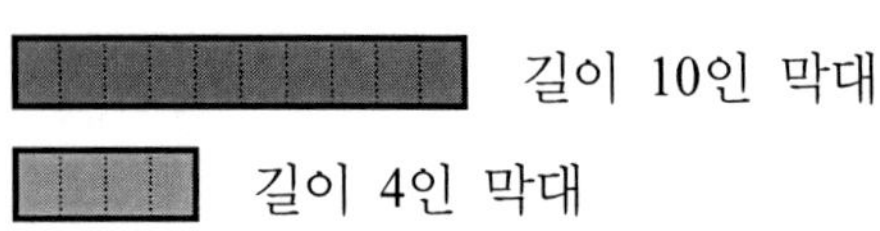

길이 10인 막대와 길이 4인 막대에 두 막대 모두를 빈틈없이 채울 수 있는 최대공약수 막대가 있다.

긴 막대(10) 위에 짧은 막대(4)를 올릴 수 있는 덮는다.

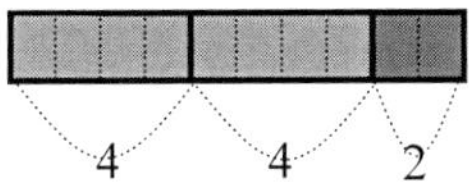


길이 10인 막대

이 때 긴 막대(10)는 짧은 막대 4(2개)과 짧은 막대로 덮지 못한 나머지 2로 나누어진다.

그리고 10과 4의 최대공약수 막대는 10과 4를 완전히 덮기 때문에 2를 완전히 덮어야 된다. 그러므로 10과 4의 최대공약수는 4와 2의 최대공약수와 같다.

24와 10의 최대공약수는 4와 2의 최대공약수인 2이다.

- 32와 20의 공약수 구하기

32-20

⇒ 20-12

⇒ 20-8

⇒ 8-4

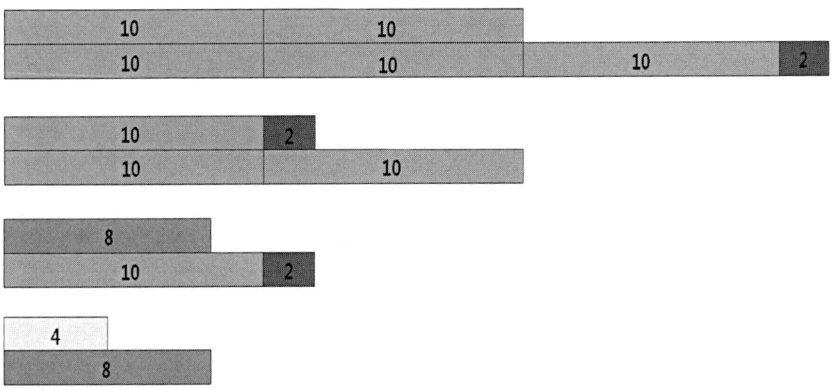


- **'직사각형을 이용한' 유클리드 호제법**

'두 수의 곱은 직사각형의 넓이' 라는 사실을 이용하면, 유클리드 호제법은 다음과 같이 된다.

가로 32, 세로 20인 직사각형의 내부를 최대 크기의 정사각형으로 계속 나누어 갈 때, 그 중 크기가 가장 작은 정사각형의 한 변의 길이가 최대공약수이다.

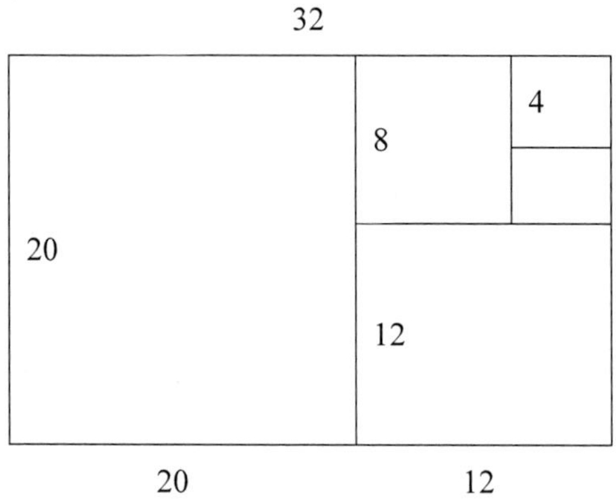


# 2 배수

배수를 도입할 때에는 퀴즈네어 색막대를 이용하여 다음과 같이 지도한다.

## 2.1. 배수 구하기(활용시기 및 학년 : 5학년 1학기)

### 2.1.1. 작은 수의 배수 구하기

아동에게 수를 막대(의 길이)로 생각하도록 하여 어떤 수의 배수란 그 막대를 여러번 계속 이어붙인 것으로 이해하도록 지도한다.

• **2의 배수**

2 막대를 계속 이어 붙여가는 것이 2의 배수이다.

예를 들어, 2 막대를 아래 그림과 같이 3번 이어 붙이면 6이 되고, 이것은 $2+2+2=2\times3=6$을 나타내는 것이다.

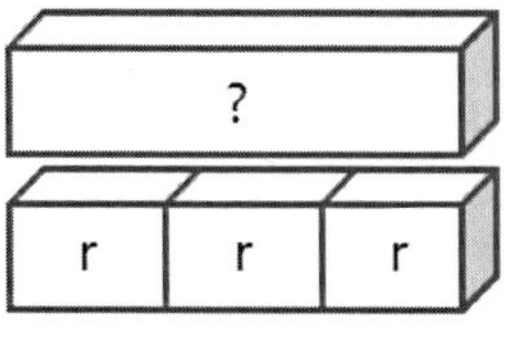


따라서 2 막대를 계속 붙여갈 때의 길이인 2, 4, 6, 8, 10,⋯ 모두가 2의 배수이다.

• 5의 배수

5 막대를 계속 이어 붙여갈 때, 그 막대의 길이는 모두 5의 배수가 된다. 즉, 5, 10, 15, 20, …가 5의 배수이다.

## 2.2. 공배수 구하기

공약수와 마찬가지로, 두 개의 수가 있을 때, 두 수 모두에게 배수가 되는 수를 (그 두 수의)공배수라고 한다.

### 2.2.1. 퀴즈네어 색막대 이용

• 2와 3의 공배수

아래 그림과 같이 2막대와 3막대를 계속 붙여가면서 길이가 같아질 때마다 2와 3의 공배수가 된다.

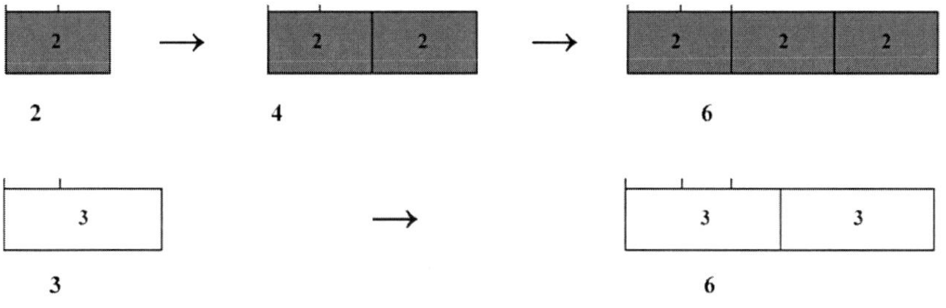


즉, 6, 12, 18,… 모두가 2와 3의 공배수이다.

### 2.2.2. 최소공배수 구하기

○ 활용시기 및 학년 : 5학년 1학기
○ 목표 : 퀴즈네어 막대를 이용하여 두 수의 최소공배수를 구할 수 있다.

• 2와 3의 최소공배수

위 그림에서, 2막대와 3막대를 계속 붙여가면서 '처음으로' 길이가 같아지는 6이 2와 3의 최소공배수이다.

• **2와 5의 최소공배수**

흰 막대를 1로 하였을 때, 2에 해당하는 빨간 막대와 5에 해당하는 노란 막대를 각각 나란히 늘어놓아 맞추어 모았을 때 '처음으로' 길이가 같아질 때의 흰 막대의 수를 센다.

<table>
<tr><td colspan="2">빨강</td><td colspan="2">빨강</td><td colspan="2">빨강</td><td colspan="2">빨강</td><td colspan="2">빨강</td></tr>
<tr><td colspan="5">노랑</td><td colspan="5">노랑</td></tr>
<tr><td>흰</td><td>흰</td><td>흰</td><td>흰</td><td>흰</td><td>흰</td><td>흰</td><td>흰</td><td>흰</td><td>흰</td></tr>
</table>

〈그림〉 퀴즈네어 막대로 최소공배수 구하기

즉, 2와 5의 최소공배수는 흰 막대가 10개일 때이므로 10이다.

## 2.3. 배수와 약수의 관계

$3 \times 4 = 12$이고 $4 \times 3 = 12$이다. 따라서 3과 4는 12의 약수이고, 거꾸로 12는 3과 4의 배수이다. 즉, 두 수를 곱해서 얻는 수는 그 두 수의 배수이고, 그 두수는 얻는 수의 약수이다.

• **배수와 약수**

9를 3으로 나누면 나머지가 0이다. 즉, 9는 3으로 나누어떨어진다. 이때 9는 3의 배수이고, 3은 9의 약수라고 부른다.

또는 □×△=⊠일 때, ⊠는 □과 △의 배수이고, 거꾸로 □과 △는 ⊠의 약수이다.

## 2.4. 배수 판정법

이 절에서는 어떤 큰 수를 작은 수의 배수가 되는지를 나눗셈을 하지 않고 쉽게 알아내는 방법을 알아보기로 한다.

### 2.4.1. 2, 4, 5, 8의 배수 알아보기

• **2의 배수**

끝(일)자리 수가 2의 배수(짝수)이면 그 수는 2의 배수이다.

(예) $23456 = 2345 \times 10 + 6$이다. 그런데 10이 2의 배수이므로 $23450 = 2345 \times 10$도 2의 배수이다. 또한 6도 2의 배수이므로 23456은 2의 배수이다.

• **5의 배수**

끝(일)자리 수가 5의 배수(짝수)이면 그 수는 5의 배수이다.

(예) $23456 = 2345 \times 10 + 6$이다. 그런데 10이 5의 배수이므로 $23450 = 2345 \times 10$도 5의 배수이다. 그러나 6이 5의 배수가 아니므로 23456은 5의 배수가 아니다.

• **4의 배수**

끝 두 자리 수가 4의 배수이면 그 수는 4의 배수이다.

(예) $23456 = 234 \times 100 + 56$이다. 그런데 100이 4의 배수이므로 $23450 = 234 \times 100$도 4의 배수이다. 또한 끝 두 자리 수인 56도 4의 배수이므로 23456은 4의 배수이다.

• **8의 배수**

끝 세 자리 수가 8의 배수이면 그 수는 8의 배수이다.

(예) $23456 = 23 \times 1000 + 456$이다. 그런데 1000이 8의 배수이므로 $23450 = 23 \times 1000$도 8의 배수이다. 또한 끝 세 자리 수인 456도 8의 배수이므로 23456은 8의 배수이다.

### 2.4.2. 3, 9의 배수 알아보기

(예) $23457=2\times10000+3\times1000+4\times100+5\times10+7$
$=2\times(9999+1)+3\times(999+1)+4\times(99+1)+5\times(9+1)+7$
$=\{2\times9999+3\times999+4\times99+5\times9\}+(2+3+4+5+7)$
$=\{$3 또는 9 배수$\}+(2+3+4+5+7)$.

$2+3+4+5+7=21$이다. 그런데 21은 3의 배수이지만 9의 배수는 아니다.
따라서 23457은 3의 배수이고 9의 배수는 아니다.

• **어떤 수가 3 또는 9의 배수인가를 알아보는 방법**

그 수의 각 자릿수의 합이 3 또는 9의 배수이면, 그 수는 3 또는 9의 배수이다.

### 2.4.3. 11의 배수 알아보기

(예) $23457=2\times10000+3\times1000+4\times100+5\times10+7$
$=2\times(9999+1)+3\times(1001-1)+4\times(99+1)+5\times(11-1)+7$
$=\{2\times9999+3\times1001+4\times99+5\times11\}+(2-3+4-5+7)$
$=\{$11의 배수$\}+(2-3+4-5+7)$.

그런데 2-3+4-5+7=5이므로 5는 11의 배수가 아니다. 따라서 23457도 11의 배수가 아니다.

**• 어떤 수가 11의 배수인가를 알아보는 방법**

그 수의 (일자리 수)-(십 자리 수)+(백 자리 수)-(천 자리 수)+(만 자리 수)를 계산한 결과가 11의 배수이면, 그 수는 11의 배수이다.

제 Ⅳ 장

# 분수, 소수의 사칙연산(3~6 학년)

## ① 분수

### 1.1. 분수의 본질

#### 1.1.1. 분수의 역사발생

원시시대부터 인류는 어떤 물건의 길이나 무게 등을 측정할 때, 신체의 일부분을 단위로 사용하였다. 그런데 그 물건의 길이나 무게가 주어진 단위의 정수배로 측정되지 않는 경우에는 더 작은 단위를 새로 정하여 사용하게 되면서 자연수를 포함하는 수의 확장이 필요하게 되었다. 따라서 분수는 4대 문명의 발상지에서 모두 사용되었지만 문헌에 나타나 있는 것은 고대 이집트의 린드 파피루스(Rhind Mathematical Papirus)에 쐐기문자로 기록된 단위 분수($\frac{2}{3}$를 포함)가 최초의 분수이다. 화폐가 없던 청동기시대(B.C. 3000년경)에 물물교환을 하면서 물건의 값을 나타내기 위해서 분수가 사용되었다. 즉, 자연수끼리의 비(ratio)의 값을 나타내고자한 것이다. 또한 이집트인들은 모든 분수는 서로 다른 단위 분수 몇 개의 합으로 표현될 수 있다고 추정하였다. 예를 들면 $\frac{2}{5}$는 $\frac{1}{3}+\frac{1}{15}$로, $\frac{7}{29}$는 $\frac{1}{6}+\frac{1}{24}+\frac{1}{58}+\frac{1}{87}+\frac{1}{232}$로 표현된다. 그러나 이러한 추정을 뒷받침하는 당시의 기록은 발견되지 않았고, 1202년에 이르러 피보나치가 "0과 1 사이의 모든 분수는 서로 다른 단위분수의 합으로 표현될 수 있다" 라고 증명하였다. 고대 이집트에서는 피라미드의 기울기를 분수를 이용하여 결정하였기 때문에 사방의 기울기를 똑같게 피라미드를 축조할 수 있었다. 그 후에는 정수계수 일차방정식$ax=b, a\neq 0$의 해를 표현하기 위해서 오늘날과 같은 기호인 분수 $\frac{b}{a}$를 도입하였다.

#### 1.1.2. 고대 이집트의 단위분수

• **호루스 신화**

고대이집트의 신인 호루스는 죽음과 부활의신 오시리스와 최고의 여성신 이시스의 아들이며 사랑과 미의 여신인 하토르의 남편이다. 오시리스가 동생 세트의 질투로 죽임을 당하자 이시스가 주술로 오시리스를 부활시키고 호루스를 잉태하였다. 이시스는 지식과 달의 신 토트의 도움을 받아 세트로부터 멀리 피해 호루스를 낳고 길렀다. 호루스는 원래 매우 허약했으나 이시스의 지혜와 주문으로 강하게 자랄 수 있었다. 언제까지나 세트로부터 피해 호루스를 기를 수 없음을 깨달은 이시스는 꾀를 부려 태양신 라의 성질과 힘을 빌려 호루스를 키웠다. 결국 성년이 된 호루스는 아버지로부터 병법을 물려받고 토트의 도움을 얻어 원수인 세트를 죽여 복수를 하고 이집트의 왕이 되었다. 그러나 세트가 죽기 전에 호루스의 왼쪽 눈을 먹어버렸는데, 토트가 마법의 힘으로 왼쪽 눈을 다시 치유해주었다고 한다.

그리하여 토트의 마법으로 회복된 왼쪽 눈은 검은 빛을 띠며 치유와 달을 상징하게 되었고, 오른쪽 눈은 태양신 라의 성질로 인하여 태양을 상징하게 되었다. 또한 세트를 죽이고 이집트의 왕이 됨으로써, 호루스는 파라오와 왕권을 수호하는 상징이 되었다.

**• 호루스의 눈과 분수**

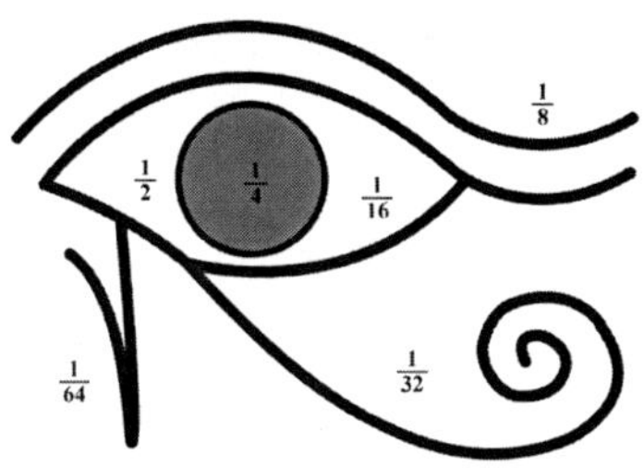


이집트 고왕국시대의 측량제도에서 이집트인들은 호루스의 눈 전체를 1로 하여 각 부분에 분수를 배치하였는데 1/2, 1/4, 1/8, 1/16, 1/32, 1/64을 모두 더하면 63/64이다. 부족한 1/64은 호루스의 눈을 치유해준 지식과 달의 신인 토트가 채워준다고 여겼다. 여기에서,

1/2은 후각을 상징한다.
1/4은 시각을 상징한다.
1/8은 생각을 상징한다.
1/16은 청각을 상징한다.
1/32은 미각을 상징한다.
1/64은 촉각을 상징한다.

이집트에서는 이렇게 믿는다고 한다. 이러한 이유로 고대 이집트인들은 모든 분수를 단위분수의 합으로 표현하였으며 그러한 분수계산을 가장 잘했던 사람은 수학자 아메스(Ah-mos 또는 Ahmes, B.C. 1680~B.C. 1620 경)이었다.

### 1.1.3. 분수의 뜻

분수라는 용어는 '조각으로 쪼개는 활동'을 의미하는 fractio라는 라틴 단어에서 유래된 말이다. 분수는 연속량인 용량, 길이, 무게, 면적이나 같은 크기의 부분의 개수로 측정의 기본 단위를 나눌 수 있는 양을 나타내거나, 이산량인 사물의 개수의 비를 나타내는 데에 사용된다.

**① 분수 나타내기**

분수를 나타내는 방법과 교구는 다양하다. 여기에서는 원과 퀴즈네어 색 막대로 분수를 나타내는 방법을 알아보기로 한다.

- $\frac{2}{3}$ 나타내기

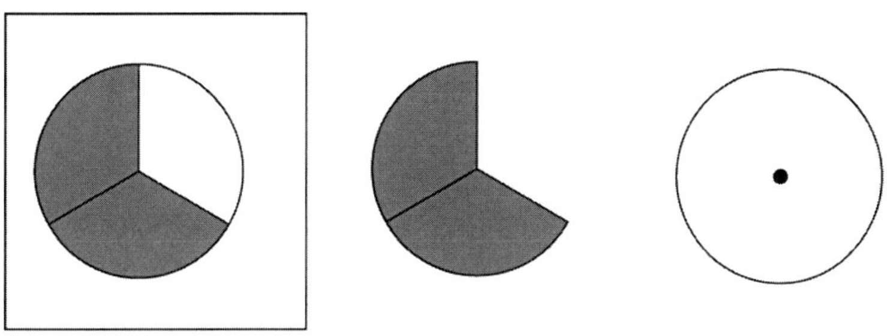

$\frac{2}{3}$ 1

〈그림〉 피자를 이용한 분수 나타내기

즉, $\frac{2}{3}$를 나타내는 양은 조각인 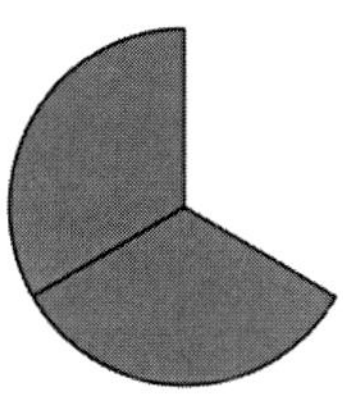 이며, 원래의 원 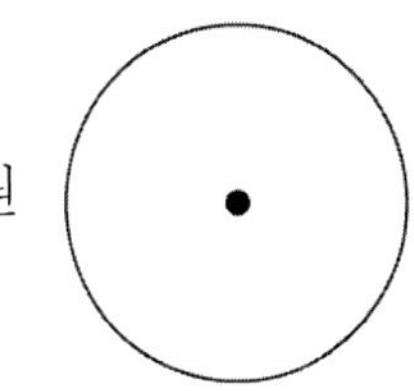 은 1이 되는 것이다.

- $\frac{3}{7}$ 나타내기

분수를 표현하기 위해서는 먼저 단위가 되는 막대를 정해야 한다. 즉, 빨간색 막대가 1이면 흰색 막대는 $\frac{1}{2}$이 되며, 검정색 막대가 1이면 보라색 막대는 $\frac{4}{7}$가 된다. 그러므로 $\frac{3}{7}$을 나타내기 위해서는 검정색 막대를 단위로 정하고 그 때 연두색 막대가 $\frac{3}{7}$이 된다.

연두색 $= \frac{3}{7}$

검정색 $= 1$

〈그림〉 퀴즈네어 막대로 $\frac{3}{7}$ 나타내기

즉, 원에서와 마찬가지로 $\frac{3}{7}$을 나타내는 양은 연두색 이며, 검정색 은 1이 된다.

### ② 분수의 본질

분수의 발생은 역사발생에 나타난 바와 같이 두 자연수 $a$,$b$의 비의 값 즉, $a : b = \frac{a}{b} : 1$ 이므로, 분수의 본질은 자연수의 비(比, ratio)의 값이다.

- 등분할의 분수, 몫의 분수, 전체 부분, 측정 도구로서의 작용소(operator)의 성질이 있다. 분수 $\frac{a}{b}$의 해석

  분수 $\frac{a}{b}$는 이산량과 연속량에 대하여 다음과 같이 해석할 수 있다.

- 이산량인 경우
  - 사과 $b$ 개중 $a$ 개
  - 길이가 $b$인 막대에 대한 길이에 대하여, $a$인 막대의 길이

- 연속량인 경우
  - 단위 정하기(예를 들면, 한 컵, 1m, 패턴블럭의 육각형의 넓이, 피자 한판)
  - 단위를 일정한 크기로 $b$개로 쪼개어짐을 이해하기

- $a$는 단위에 대한 부분의 개수임을 이해하기

• 이때 정수 $b$를 분수의 분모라 하며 명명자라는 뜻의 라틴어 denominare라는 말에서 유래되었다. 정수 $a$는 분자라 하며 '수'라는 뜻의 라틴어 numeros에서 유래되었다.

### ③ 분수의 정의

분수는 $b \neq 0$이 아니고 $\frac{a}{b}$로 표현되는 정수 $a$와 $b$의 순서쌍이다. 정수 $a$는 분수의 분자이고 정수 $b$는 분수의 분모라고 한다. 이 정의는 분자와 분모가 음수의 범위까지 허용됨을 나타낸다. 예를 들어 $\frac{-3}{-8}, \frac{-4}{-12}, \frac{31}{-4}, \cdots, \frac{0}{1}$과 같은 모두 분수이다. 임의의 정수 $m$을 분수 $\frac{m}{1}$으로 인식하고, 대개의 경우, 분모 1은 생략한다.

### ④ 분수의 모델

초등학교에서 활동적이고 시각적인 표현을 활용하여 분수개념을 설명하기 위해서는 색칠된 영역, 집합 모델, 분수 막대, 수직선 모델, 퀴즈네어 색막대를 활용한 표현 등이 있다.

• 색영역

선택된 도형은 1을 나타내고 같은 크기의 부분영역으로 세분된다. 부분 영역의 몇 부분을 색칠하면서 분수를 이해한다. 색영역 모델은 넓이 모델이라고도 한다.

• 분수 타일

분수의 기본 개념은 다양한 조작 자료를 통해 가장 잘 가르쳐진다. 이러한 것들은 교육지원 업체로부터 구입하거나 패턴을 인쇄하거나 분수카드 모음(cardstock)을 잘라서 만들 수 있다. 상업적으로 만든 조작 자료는 주로 2, 3, 4, 6, 8, 12의 분모로 다양하게 세분할 수 있는 정사각형, 원, 직사각형, 몇 가지의 다른 도형을 단위원으로 한 색칠된 플라스틱이 있다. 보통 이 도형은 OHP 프로젝터에 투영하기 위하여 반투명 플라스틱을 사용할 수 있다. 아래 활동에서, 분수 타일 세트를 만들어서 사용하면 된다.

### ⑤ 분수 개념의 다양한 지도방법

예를 들면, B 타일을 1로 잡으면 D 타일이 분수 $\frac{1}{2}$을 나타내는데 이는 2개의 D 타일과 1개의 B 타일을 비교를 통해 증명할 수 있다. 같은 방법으로 1개의 A 타일은 2를 나타내고 $\frac{2}{3}$는 2개의 E 타일이나 1개의 C 타일로 나타낼 수 있다.

• 집합모델

분수의 단위는 유한집합인 $U$이다. $U$의 원소의 개수를 $n(U)$로 나타낸다. $U$의 부분집합 $A$를 분수로 표현하면 $\frac{n(A)}{n(U)}$이다. 예를 들면, 사과 10개의 집합에 3개의 벌레 먹은 사과가 포함되어 있다. 따라서 우리는 사과의 $\frac{3}{10}$이 벌레 먹었다고 말할 수 있다. 분수의 집합모델은 확률에서 특히 유용하다는 것을 알 수 있을 것이다. 10개의 사과에서 사과를 무작위로 꺼내면 벌레 먹은 사과의 확률은 $\frac{3}{10}$이다. 집합모델은 이산모델이라고도 불린다.

• 수직선 모델

0과 1사이의 길이가 결정되면 수직선상에 모든 점과 정수가 대응된다. 0에서부터 1사이의 선분의 길이가 단위이며 또한 연속된 두 정수 점의 사이의 거리가 1이다. 그 수직선상에 각 단위를 2,3,4, …등으로 등분하여 분수를 표현한다.

### ⑥ 분수 개념의 지도시 유의점

분수의 관념은 위에서 설명한 바와 같이 다양하다. 그러나 모든 분수의 관념은 결국 비의 값으로 환원된다는 점을 아동에게 인지시키는 일이 중요하다. 그러한 몇 가지 예를 들기로 한다.

• $\frac{1}{2}$의 지도

레귤라 피자의 반, 라지 피자의 반, 책상의 반, 지구의 반, $1 \div 2$ 등을 분수로 표현하면 모두가 $\frac{1}{2}$이다. 그런데 그들 모두의 크기는 다르고 특히, $1 \div 2 = 0.5$이다. 그렇다면 $\frac{1}{2}$의 공통점은 무엇인가? 분수 $\frac{1}{2}$의 개념은 등분할의 분수, 몫의 분수, 전체 부분, 측정도구로서의 작용소의 뜻이 있으나 결국은 모든 경우가 비 $1:2$의 값으로 귀착된다.

## 2 분수의 사칙연산

이 절에서는 분수끼리의 덧셈, 뺄셈, 곱셈, 나눗셈의 지도법에 관하여 논의하기로 한다. 자연수의 사칙연산의 경우와 마찬가지로 분수의 사칙연산을 지도할 때에도 제일 먼저 할 일은 사칙연산의 의미를 아동들에게 인지시키는 일이다.

### 2.1. 동치분수(값 또는 크기가 같은 분수)

분모의 크기가 다른(이분모) 분수끼리의 덧셈과 분수끼리의 나눗셈을 할 때에는 동치분수를 이해하고 있어야 한다.

#### 2.1.1. 동치분수와 기약분수

모든 분수 $\frac{a}{b}$ $(b \neq 0)$에 대하여, $\frac{a}{b} = \frac{a \times n}{b \times n}$ 이다, 단 $n$ 은 0이 아닌 정수 이다. 이때 $\frac{a \times n}{b \times n}$ 꼴인 분수를 $\frac{a}{b}$와 동치인 분수라고 부르며, 동치분수는 공약수로 분자와 분모 모두를 나눔으로서 얻을 수 있다. 예를 들어 $\frac{35}{21}$의 분자와 분모에 공약수인 7로 각각을 나누면, $\frac{5}{3}$가 된다. 만일 두 분수 $\frac{3}{12}$, $\frac{2}{8}$가 동치분임을 알기 위해서는, 동치분수의 정의에 의하여 $\frac{3}{12} = \frac{24}{96}$이고 $\frac{2}{8} = \frac{24}{96}$인 것을 확인하면 된다. 일반적으로, 두 분수 $\frac{a}{b}$ $(b \neq 0)$와 $\frac{c}{d}$ $(d \neq 0)$를 통분하여 $\frac{ad}{bd}$ $(b, d \neq 0)$와 $\frac{bc}{bd}$ $(b, d \neq 0)$ 분자인 $ad$ 와 $bc$가 같다면 동치분수이다.

**① 동치 분수의 교차곱셈성질**

분수 $\frac{a}{b}$와 $\frac{c}{d}$는 $ad = bc$이면 동치이다. 거꾸로 $ad = bc$이면 $\frac{a}{b} = \frac{c}{d}$이다.

**② 기약분수**

분수의 분자와 분모를 가장 간단하게 또는 작은 수로 표현하는 방법으로, $a$와 $b$의 최대공약수가 1일 때 $\frac{a}{b}$를 기약분수라고 한다.

### 2.1.2. 동치분수의 지도 방법

동치분수를 지도하는 방법은 분할에 의한 방법과 확장에 의한 방법으로 크게 두 가지가 있다.

#### ① 분할에 의한 지도방법

• 띠(분수막대) 활용 방법

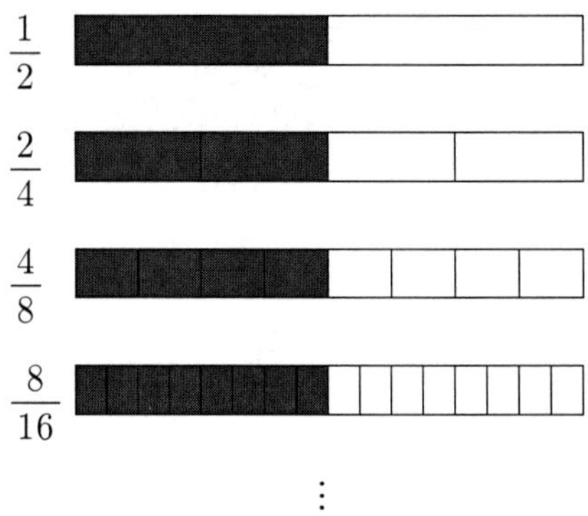

을 보면서 $\frac{1}{2}=\frac{2}{4}=\frac{4}{8}=\frac{8}{16}=\cdots$ 임을 알게 한 다음, 분모가 2배, 4배 커질 때마다 분자도 2배, 4배 커지면 크기가 같은 분수가 됨을 설명한다.

• 퀴즈네어 막대 활용 방법

주황색 막대(10)와 빨간 색 막대(2)을 합친 것을 단위(12)로 할 경우 $\frac{2}{3}$와 동치분수를 찾으면 다음 그림과 같이 구할 수 있다.

<table>
<tr><td colspan="5">주황</td><td>빨강</td><td>= 1</td></tr>
</table>

<table>
<tr><td colspan="8">갈색</td><td>$\frac{2}{3}$</td></tr>
<tr><td colspan="2">빨강</td><td colspan="2">빨강</td><td colspan="2">빨강</td><td colspan="2">빨강</td><td>$\frac{4}{6}$</td></tr>
<tr><td>흰색</td><td>흰색</td><td>흰색</td><td>흰색</td><td>흰색</td><td>흰색</td><td>흰색</td><td>흰색</td><td>$\frac{8}{12}$</td></tr>
</table>

• 12cm의 $\frac{2}{3}$는 갈색막대(8cm)의 길이이다.

• 12cm의 $\frac{2}{3}$는 빨간색 막대(2cm) 6개 중 4개 이므로, 12cm의 $\frac{4}{6}$와 같고,

• 12cm의 $\frac{2}{3}$는 흰색 막대(1cm) 12개중 8개이므로, 12cm의 $\frac{8}{12}$과 같다.

• 위의 사실에서 $\frac{2}{3}=\frac{4}{6}=\frac{8}{12}$임을 설명한다.

• $\frac{2}{3}=\frac{4}{6}=\frac{8}{12}$에서 분모가 2배, 4배 커질 때마다 분자도 2배, 4배 커지면 크기가 같은 분수가 됨을 설명한다.

#### ② 확장에 의한 지도 방법

퀴즈네어 색 막대를 사용하여 다음과 같이 $\frac{1}{2}$과 $\frac{1}{3}$의 동치분수를 구한다.

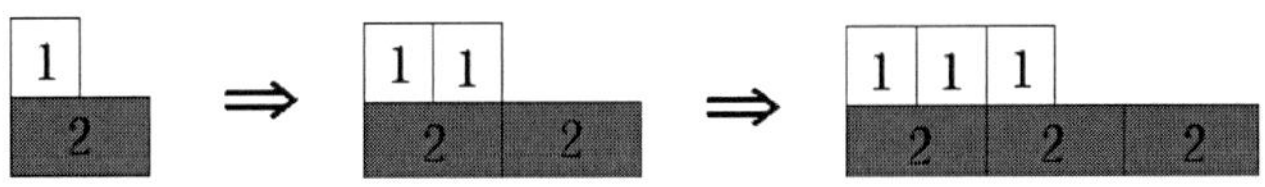


$$\frac{1}{2} = \frac{2}{4} = \frac{3}{6} = \cdots$$

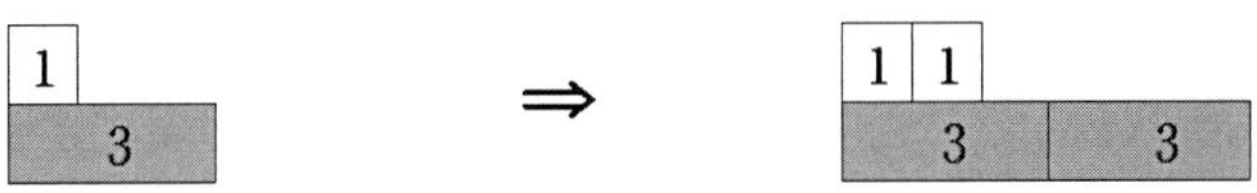


$$\frac{1}{3} = \frac{2}{6} = \cdots$$

• $\frac{1}{2}=\frac{2}{4}=\frac{3}{6}=\cdots$ 인 사실과 $\frac{1}{3}=\frac{2}{6}=\frac{3}{9}=\cdots$ 인 사실을 보면서 분모가 2배, 3배, 4배 커질 때마다 분자도 2배, 3배, 4배 커지면 크기가 같은 분수가 됨을 설명한다.

#### ③ 입체적인 지도 방법

• 띠를 활용하는 방법

아동들에게 가위와 2등분되어 있는 길이가 같은 띠를 10개씩 나누어 주고, 처음에는 띠 한 장의 중앙선을 자르게 하면서 $\frac{1}{2}$임을 설명한다.

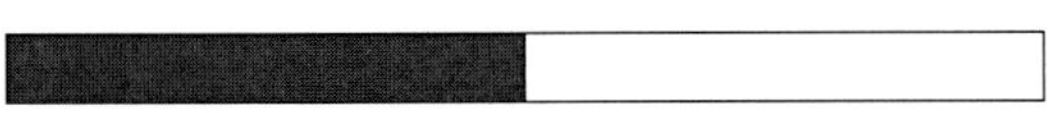

그 다음, 아동들에게 위와 같은 띠 두 장을 겹쳐서 중앙선을 자르게 하면서 $\frac{2}{4}$ 임을 설명한다.

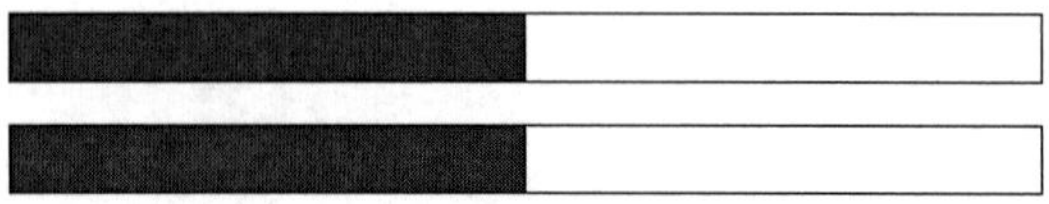

계속해서, 아동들에게 위와 같은 띠 세 장을 겹쳐서 중앙선을 자르게 하면서 $\frac{3}{6}$ 임을 설명한다.

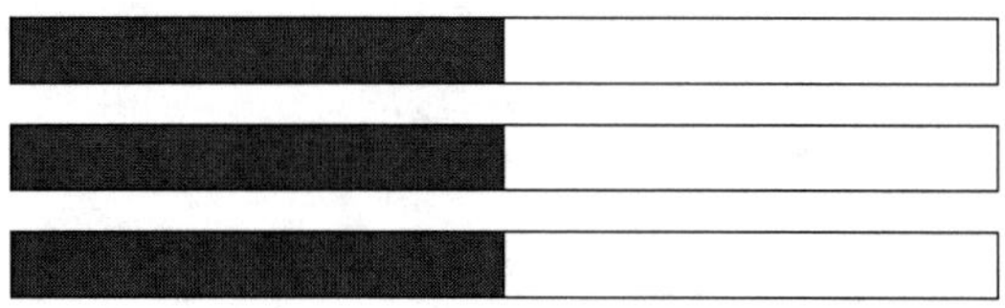

위의 세 번의 활동은 모두 $\frac{1}{2}$ 을 나타낸 것이다. 따라서 $\frac{1}{2}=\frac{2}{4}=\frac{3}{6}$ 임을 알도록 지도한다.

• 원(둥근 케이크)을 이용한 동치분수 지도

아동에게 3등분되어 있는 원(둥근 케이크)을 아래 그림과 같이 자르게 한 상태에서 $\frac{1}{4}=\frac{2}{8}=\frac{3}{12}$ 임을 설명한다.

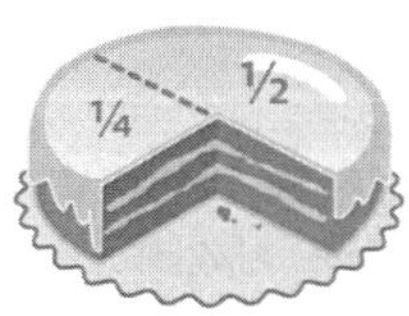


※ 평면위에서의 활동보다 3차원 공간에서의 활동이 더욱 효과적이다.

### ④ 크기가 같은 분수를 만드는 방법

위의 예에서 알아 본바와 같이 크기가 같은 분수를 만드는 방법은 분모 분자에 같은 수를 곱하는 것이다.

• $\frac{1}{2}=\frac{1\times\Delta}{2\times\Delta}$

## 2.2. 분수의 덧셈, 뺄셈

자연수의 경우와 마찬가지로 분수의 덧셈, 뺄셈도 단위가 같은 경우에만 계산할 수 있다.

### 2.2.1. 동분모끼리의 덧셈, 뺄셈

분모가 같은(동분모) 분수끼리의 덧셈은 분모는 그대로 두고 분자끼리만 더한다는 사실을 아동들이 알도록 지도한다.

**① 원 분수(피자)를 활용한 덧셈**

원 분수(피자)에서 $\frac{2}{3}$를 다음과 같이 지도하기로 하였다.

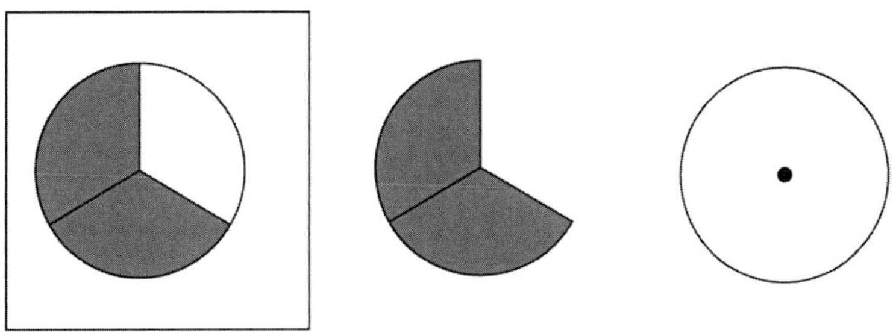

$\frac{2}{3}$ 1

즉, $\frac{2}{3}$를 나타내는 양은 조각인 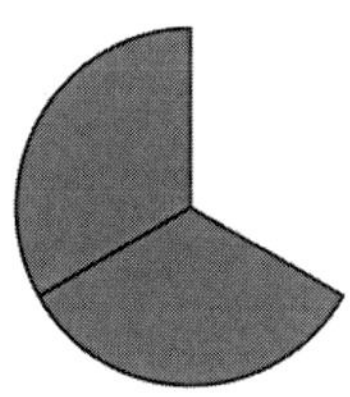 이며, 원래의 원 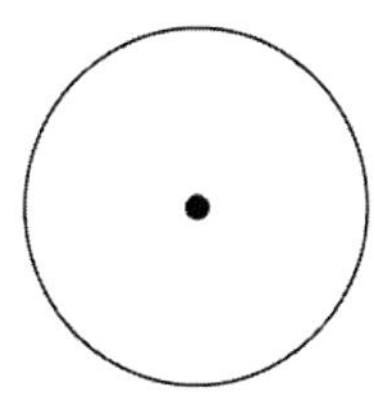 은 1이라고 지도하기로 하였다. 따라서 $\frac{1}{3}+\frac{1}{3}=?$ 의 지도 방법은 피자의 $\frac{1}{3}$조각 두 개를 더하는 것이다.

- $\frac{1}{3}+\frac{1}{3}=?$의 지도법

먼저 분수원(피자)에 $\frac{1}{3}$을 표현하면 다음과 같다.

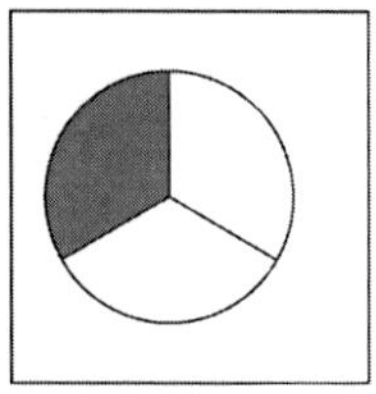

따라서 $\frac{1}{3}$를 나타내는 양은 조각인  이며, 원래의 원(피자 한판) 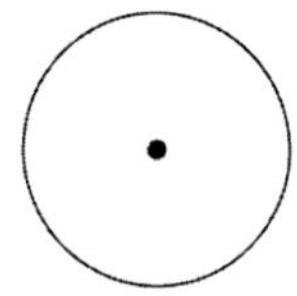

은 1이 된다. 따라서 $\frac{1}{3}+\frac{1}{3}=$ 은 두 조각을 더한  +  = 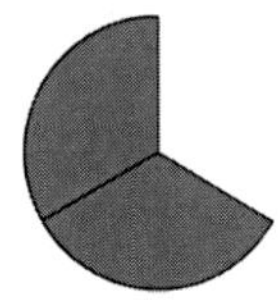

이다.

따라서 $\frac{1}{3}+\frac{1}{3}=\frac{1+1}{3}=\frac{2}{3}$이다.

즉, 동분모끼리의 덧셈은 분모는 그대로 두고 분자끼리 더하는 것이다.

## 2.2.2. 통분

분수는 수많은 진법으로 이루어져 있다.

• 1을 10번 더하면 10, 10을 10번 더하면 100, 100을 10번 더하면 1000, … 이므로 우리가 가장 많이 사용하는 자연수를 10진법 수라고 부른다. 그런데,

$\frac{1}{2}+\frac{1}{2}=1$, $\frac{1}{3}+\frac{1}{3}+\frac{1}{3}=1$, $\frac{1}{4}+\frac{1}{4}+\frac{1}{4}+\frac{1}{4}=1$, …,

$\frac{1}{10}+\frac{1}{10}+\frac{1}{10}+\frac{1}{10}+\frac{1}{10}+\frac{1}{10}+\frac{1}{10}+\frac{1}{10}+\frac{1}{10}+\frac{1}{10}=1$, … 이다. 따라서 분모가 2인 분수는 2진법 수이고, 분모가 3인 분수는 3진법, …, 분모가 10인 분수는 10진법 수라고 부른다.

• 통분

따라서 두 분수를 통분한다는 것은 두 분수의 진법을 같도록 한다는 뜻이다. 따라서 통분이란 두 분수를 같은 진법의 수로 바꾸는 일이다. 그러나 초등학교 아동들에게는

통분이란 "분모를 같도록 하는 일"이라고 지도하면 된다.

• 통분의 방법

통분이란 두 분모의 최소공배수를 구한 다음, 두 분수를 그 최소공배수를 공통분모로 하는 동치분수로 바꾸는 과정을 따르면 된다.

## 2.2.3. 이분모끼리의 덧셈

분모가 다른 분수(이 분모의 분수)끼리의 덧셈, 뺄셈은 두 분수를 분모가 같은 동치분수로 바꾸어 더하거나 빼도록 지도한다.

• $\frac{1}{2}+\frac{1}{3}$ 의 지도

2와 3의 최소공배수가 6임을 알도록 한 후, 다음과 같은 과정으로 $\frac{1}{2}$과 $\frac{1}{3}$을 통분하여 더한다.

• $\frac{1}{2}+\frac{1}{3}=$

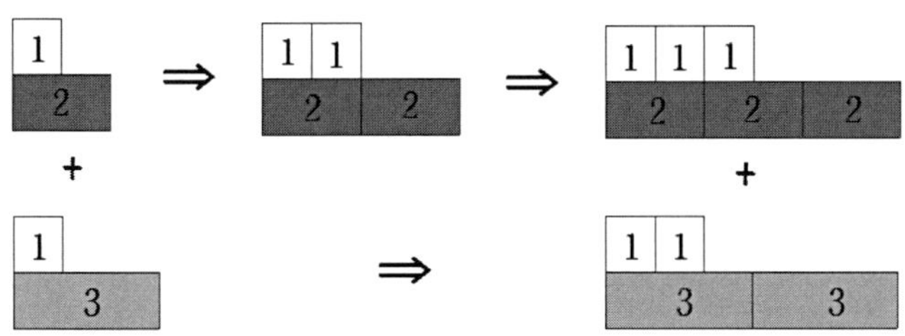


$\frac{1}{2}+\frac{1}{3}=$

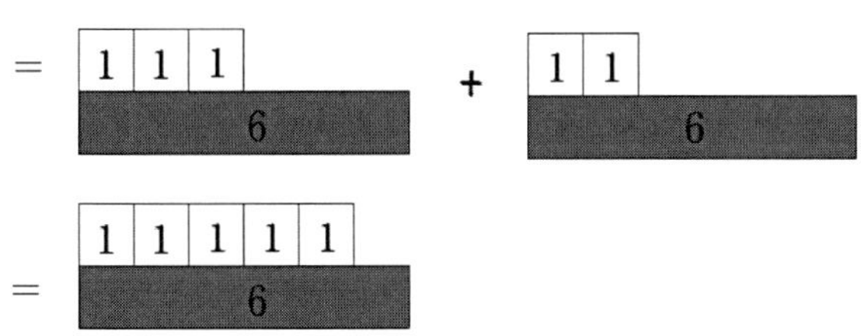


$=\frac{3}{6}+\frac{2}{6}$

$=\frac{5}{6}$

### 2.2.4. 이분모끼리의 뺄셈

• 이분모의 뺄셈은 통분하여 분자끼리 빼면 된다.

• $\frac{1}{3}-\frac{1}{4}$의 경우

<table>
<tr><td colspan="10">주황(10)</td><td colspan="2">빨강(2)</td></tr>
<tr><td colspan="3">연두(3)</td><td colspan="3">연두</td><td colspan="3">연두</td><td colspan="3">연두</td></tr>
<tr><td colspan="4">보라(4)</td><td colspan="4">보라</td><td colspan="4">보라</td></tr>
<tr><td>흰(1)</td><td>흰</td><td>흰</td><td>흰</td><td>흰</td><td>흰</td><td>흰</td><td>흰</td><td>흰</td><td>흰</td><td>흰</td><td>흰</td></tr>
</table>

연두 $\frac{1}{4}=\frac{3}{12}$

보라 $\frac{1}{3}=\frac{4}{12}$

$$\frac{1}{3}-\frac{1}{4}=\frac{4}{12}-\frac{3}{12}$$
$$=\frac{1}{12}$$

〈그림〉 분수의 덧셈

(보라= 흰색 4개) - (연두= 흰색 3개)= 1개의 흰색이므로 $\frac{1}{3}-\frac{1}{4}=\frac{4}{12}-\frac{3}{12}=\frac{1}{12}$임을 퀴즈네어 조작교구의 활동을 통하여 이분모 분수의 뺄셈에 대한 계산 원리를 발견할 수 있다.

## 2.3. 분수의 곱셈

분수의 곱셈은 역시 두 수의 곱이므로 '궁극적으로는' 자연수의 곱셈과 같이 직사각형의 넓이로 지도하는 것이 좋다.

> • 지도 순서
> (분수) × (자연수) ⇒ (자연수) × (분수) ⇒ (분수) × (분수) 의 순으로 지도한다.

### 2.3.1. (분수) × (자연수)의 의미

먼저 '× (자연수)'는 자연수끼리의 곱셈과 마찬가지로 동수누가의 의미임을 지도한다.

그 다음, 실생활 또는 구체물을 활용한 조작활동을 통하여 '무엇'의 몇 배를 경험하도록 한다.

• $\frac{1}{2} \times 6 = ?$

피자 한 판 또는 원을 1이라고 할 때, 피자의 반 조각 또는 반원은 $\frac{1}{2}$이 된다.

이제 아래 그림과 같이 피자의 반 조각 또는 반원을 6개 놓는다.

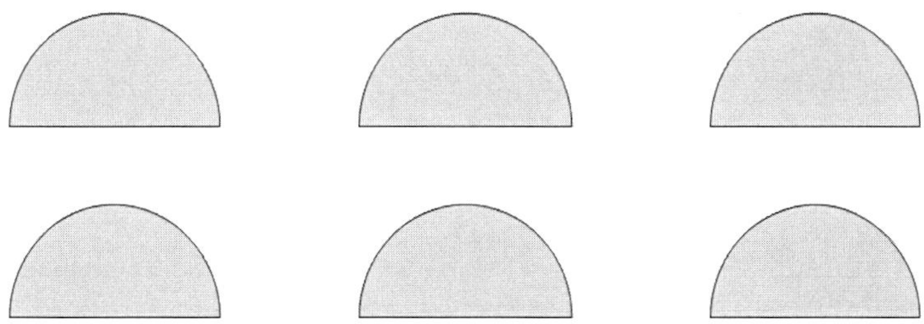

이것으로 피자 또는 원을 만들도록 한 다음, 몇 개 만들 수 있는가를 묻는다.
이러한 활동 결과를 식으로 나타내도록 한다.

식 : $\frac{1}{2}+\frac{1}{2}+\frac{1}{2}+\frac{1}{2}+\frac{1}{2}+\frac{1}{2}=\frac{1+1+1+1+1+1}{2}=\frac{1\times 6}{2}=\frac{6}{2}=3$이다.

그런데, 이것은 $\frac{1}{2}$을 6번 더한 것이므로 $\frac{1}{2}\times 6=\frac{1\times 6}{2}=\frac{6}{2}=3$이다.

• $\frac{1}{4} \times 8 = ?$

피자 한 판 또는 원을 1이라고 할 때, 피자의 $\frac{1}{4}$ 조각 또는 4분원은 $\frac{1}{4}$이 된다.

이제 아래 그림과 같이 피자의 $\frac{1}{4}$ 또는 4분원을 8개 놓는다.

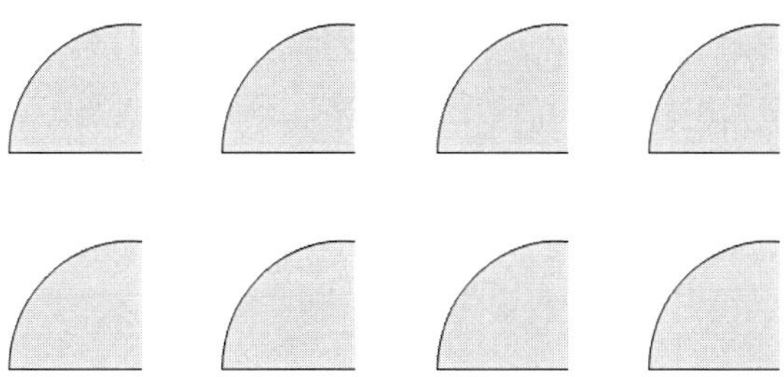

이것으로 피자 또는 원을 만들도록 한 다음, 몇 개 만들 수 있는가를 묻는다.
이러한 활동 결과를 식으로 나타내도록 한다.

식 : $\frac{1}{4}+\frac{1}{4}+\frac{1}{4}+\frac{1}{4}+\frac{1}{4}+\frac{1}{4}+\frac{1}{4}+\frac{1}{4}=\frac{1\times8}{4}=\frac{8}{4}=2$이다.

• $\frac{2}{3}\times6=?$

위와 마찬가지로 활동을 통하여 다음 사실을 알도록 한다.

$$\frac{2}{3}\times6=\frac{2}{3}+\frac{2}{3}+\frac{2}{3}+\frac{2}{3}+\frac{2}{3}+\frac{2}{3}=\frac{2+2+2+2+2+2}{3}=\frac{2\times6}{3}=\frac{12}{3}=4.$$

• $\frac{\triangle}{\triangle}\times\circ=\frac{\triangle\times\circ}{\triangle}$

$$\frac{7}{9}\times8=\frac{7\times8}{9}=\frac{56}{9}.$$

## 2.3.2. (자연수) × (분수)의 의미

'어떤 수에 분수를 곱한다'는 것이 의미하는 바를 먼저 아동에게 아려주는 것이 중요하다. 먼저 2학년에서 배운 곱셈(구구단 등)의 의미를 회상하면, 곱셈이란 동수누가의 의미이었다. 즉, $4\times3$은 4를 3번 더한다는 의미이다. 그런데 $12\times\frac{1}{3}$은 무슨 의미인가?

• 일상생활에서의 예

(문) 12$cm$의 끈이 있다. 이 끈의 $\frac{1}{3}$은 몇 $cm$인가? (답) $12\,cm\times\frac{1}{3}=4\,cm$

즉, "자연수×분수"에서 "×"의 의미는 "... 의"이다.

## 2.3.3. (분수) × (분수)의 의미와 곱셈 알고리즘

여기에서 "×"의 의미는 "... 의"임과 동시에, 자연수의 경우와 마찬가지로 가로와 세로가 각각 두 분수인 "직사각형의 넓이"가 되는 상황을 유도하여 지도한다.

• 일상생활에서의 예

"$\frac{5}{7}\times\frac{3}{4}=$ "의 지도법

이 곱셈의 의미는 "$\frac{5}{7}$의 $\frac{3}{4}$는 얼마인가?" 이면서 동시에, 가로가 $\frac{5}{7}$이고 세로가 $\frac{3}{4}$인 "직사각형의 넓이"를 구하라는 것이다. 이 두 의미를 살릴 수 있는 적당한 문제를 아동들이 일상생활에서 경험했거나 이해할 수 있는 문제로 변환시키는 방법으로 다음과 같은 예를 들 수 있다.

(문제) 우리 집의 주말농장에 밭이 있다. 오늘 아빠, 엄마와 함께 그 밭의 $\frac{5}{7}$만큼에 꽃을 심으려 한다. 그런데 동생이 꽃밭의 $\frac{3}{4}$에는 장미꽃을 심자고 하였다. 그러면 장미꽃밭은 밭 "전체의 몇 분의 몇"이 되겠는가?

[풀이] 먼저 위의 문제에 맞는 그림을 그려 색칠해보도록 한다.

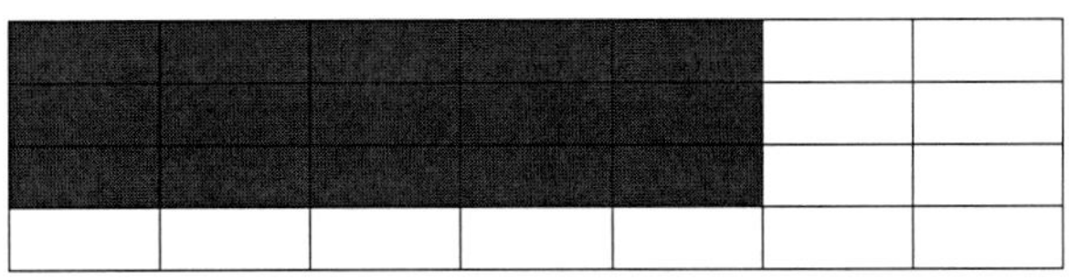

색칠한 부분이 장미꽃 밭이다. 따라서 장미꽃 밭은 밭 전체의 $\frac{15}{28}$이다.

그런데 장미꽃 밭은 밭 전체의 $\frac{5}{7}$의 $\frac{3}{4}$이다. 즉 $\frac{5}{7}\times\frac{3}{4}$이다.

따라서 $\frac{5}{7}\times\frac{3}{4}=\frac{15}{28}=\frac{5\times3}{7\times4}$이다. 즉 분수의 곱셈 $\frac{5}{7}\times\frac{3}{4}$은 분모끼리 곱인 $7\times4$가 분모가 되고, 분자끼리 곱인 $5\times3$이 분자가 된다.

• 곱셈 알고리즘

분수끼리의 곱셈은 분모끼리 곱한 값이 분모가 되고 분자끼리 곱한 값이 분자가 된다.

## 2.4. 분수의 나눗셈

분수의 나눗셈을 지도할 때 역시 나눗셈의 의미를 아동들이 이해하도록 도와야한다. 먼저 나눗셈은 세 가지 의미가 있음을 상기시킨다.

즉, $6\div2$ 등을 예로 들어, 나눗셈은 등분제, 포함제, 곱셈의 역연산으로 답을 구할 수 있음을 기억하도록 한 후, 다음의 세 단계를 거쳐서 '포함제'의 맥락으로 (분수)÷(분수)

를 지도한다.

### 2.4.1. (자연수)÷(분수)

피자(분수 원) 또는 퀴즈네어 색막대를 이용하여 포함제의 맥락으로 지도한다.

• $1 \div \frac{1}{3} =$

이 나눗셈의 뜻은 "1 속에 $\frac{1}{3}$이 몇 번 포함되는가?" 임을 아동들이 이해하도록 유도한다. 이를 지도하기 위하여 다음과 같이 피자를 이용한다.

피자의 $\frac{1}{3}$ 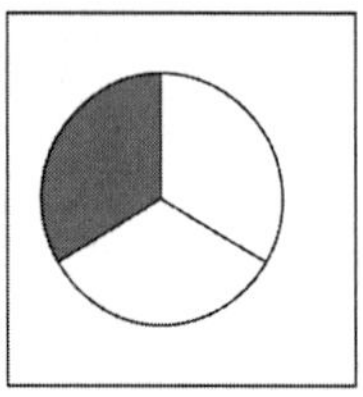 즉,  은 피자 한판 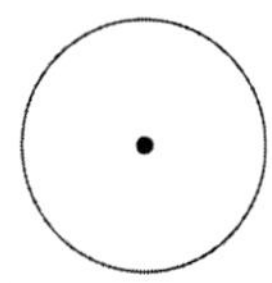 즉, 1에 몇 번 포함되는가? 3번 포함되므로 $1 \div \frac{1}{3}=3$ 인 사실을 지도한다.

같은 방법으로 $1 \div \frac{1}{4} = 4$, $1 \div \frac{1}{5} = 5$ 등을 지도한다.

- 이 사실을 퀴즈네어 막대를 이용하여 같은 방법으로 아래와 같이 지도한다.

퀴즈네어 막대로 $\frac{1}{3}$을 표현하면 다음과 같다.

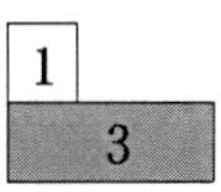


이때에는 흰색 막대가 $\frac{1}{3}$이고 연두색 막대가 1이다. 따라서 $1 \div \frac{1}{3}$는 연두색 막대 속에 흰색 막대가 몇 번 포함되는가를 묻는 문제이다. 3번 포함되므로 $1 \div \frac{1}{3}=3$ 인 사실을 지도한다.

• $2 \div \frac{2}{3} =$

이 나눗셈의 뜻은 "2 속에 $\frac{2}{3}$가 몇 번 포함되는가?" 임을 아동들이 이해하도록 유도한다. 이를 지도하기 위하여 다음과 같이 피자를 이용한다.

피자 한판의 $\frac{2}{3}$ 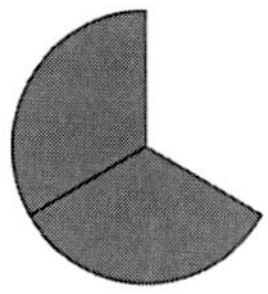 가 피자 2판 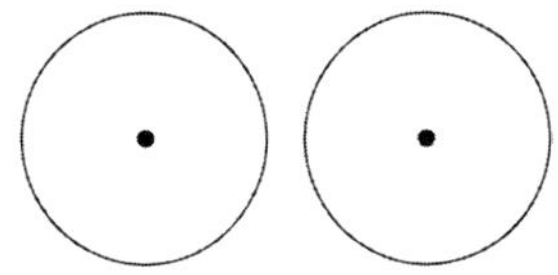 즉, 2에 몇 번 포함

되는가? 3번 포함되므로 $2 \div \frac{2}{3} = 3$ 이 되는 사실을 지도한다.

- 이 사실을 퀴즈네어 막대를 이용하여 같은 방법으로 아래와 같이 지도한다.

퀴즈네어 막대로 $\frac{2}{3}$를 표현하면 다음과 같다.

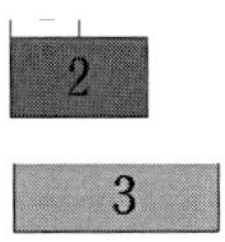


이때에는 빨강색 막대 

가 $\frac{2}{3}$이고 연두색 막대가 1이고, 따라서 연두색 막대 2개를 붙인 

가 2이다. 그러므로 $2 \div \frac{2}{3}$는 연두색 막대 2개 속에 빨강색 막대가 몇 번 포함되는가를 묻는 문제이다. 3번 포함되므로 $2 \div \frac{2}{3} = 3$ 인 사실을 지도한다.

## 2.4.2. 동분모 분수끼리의 나눗셈

- $\frac{5}{6} \div \frac{1}{6} =$

이 나눗셈 역시 포함제로 이해하도록 한다. 즉, $\frac{5}{6}$속에 $\frac{1}{6}$이 몇 번 포함되는가? 의 문제로 이해하도록 한다.

퀴즈네어 막대를 이용하여 $\frac{5}{6}$와 $\frac{1}{6}$을 표현하도록 한다.

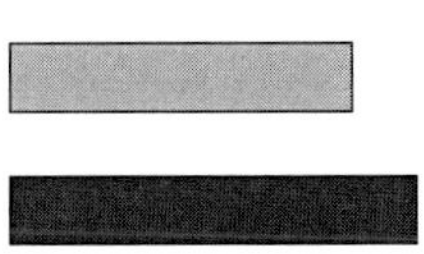

$\frac{5}{6}$

$\frac{1}{6}$

즉, $\frac{5}{6}$는 노랑 막대, $\frac{1}{6}$은 흰 막대, 1은 초록색 막대이다.

그러면 "$\frac{5}{6}$속에 $\frac{1}{6}$이 몇 번 포함되는가?" 는

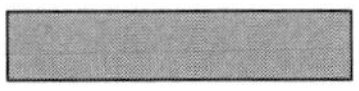 속에 이 몇 번 포함되는가? 라는 질문과 같으므로 결국 "$5 \div 1$ 은 얼마인가?" 와 같다.

즉, 분모가 같은 분수의 나눗셈은 분자끼리의 나눗셈과 같다.

• $\frac{4}{7} \div \frac{2}{7} =$

이 나눗셈 역시 포함제로 이해하도록 한다. 즉, $\frac{4}{7}$속에 $\frac{2}{7}$가 몇 번 포함되는가? 의 문제로 이해하도록 한다.

퀴즈네어 막대를 이용하여 $\frac{4}{7}$와 $\frac{2}{7}$를 표현하도록 한다.

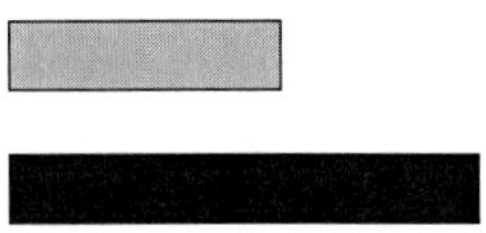

$\frac{4}{7}$

$\frac{2}{7}$

즉, $\frac{4}{7}$는 분홍 막대, $\frac{2}{7}$은 빨강 막대, 1은 검은색 막대이다.

그러면 "$\frac{4}{7}$속에 $\frac{2}{7}$가 몇 번 포함되는가?" 는

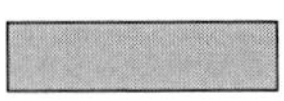 속에 이 몇 번 포함되는가? 라는 질문과 같으므로 결국 "$4 \div 2$ 는 얼마인가?" 와 같다.

즉, 분모가 같은 분수의 나눗셈은 분자끼리의 나눗셈과 같다.

### 2.4.3. 이분모 분수끼리의 나눗셈

분모가 다른 분수끼리의 나눗셈의 방법을 알게 되면 모든 분수의 나눗셈의 알고리즘을 알게 된다.

- $\frac{5}{7} \div \frac{3}{4} =$

위에서 분모가 같은 분수끼리의 나눗셈은 분자끼리 나누면 된다는 것을 알았다. 따라서 분모가 다른 분수의 나눗셈은 통분하여 분모를 같게 한 다음, 분자끼리 나누면 된다. 즉,

$$\frac{5}{7} \div \frac{3}{4} = \frac{20}{28} \div \frac{21}{28} = 20 \div 21 = \frac{20}{21} = \frac{5 \times 4}{7 \times 3} = \frac{5}{7} \times \frac{4}{3}.$$

따라서 $\frac{5}{7} \div \frac{3}{4}$은 $\frac{5}{7} \times \frac{4}{3}$과 같다. 즉 "$\div \frac{3}{4}$"은 "$\times \frac{4}{3}$"과 같다. 이런 과정을 통하여 "나누기 분수"는 "곱하기 분수의 역수"라고 알고리즘을 형성시키면 된다.

> **참고** "나누기(÷) 분수"는 "곱하기(×) 분수의 역수"가 되는 이유
>
> - $1 \div \frac{3}{4} = \frac{4}{4} \div \frac{3}{4} = 4 \div 3 = \frac{4}{3}$이다. 즉, $1 \div \frac{3}{4}$은 "$\frac{3}{4}$의 역수"인 $\frac{4}{3}$이 된다. 일반적으로 $1 \div$(분수)=(분수의 역수)가 된다.
>
> 따라서 $\frac{5}{7} \div \frac{3}{4} = \frac{5}{7} \times 1 \div \frac{3}{4} = \frac{5}{7} \times (1 \div \frac{3}{4}) = \frac{5}{7} \times \frac{4}{3}$이다.

### 2.4.4. 자연수 또는 분수의 나눗셈

지금까지 분수의 나눗셈의 결과를 이용하면 자연수 또는 분수의 나눗셈을 간편하게 할 수 있게 된다.

- $3 \div 2 = 3 \times \frac{1}{2} = \frac{3}{2}.$

- $2 \div \frac{2}{3} = 2 \times \frac{3}{2} = 3.$

- $\frac{3}{5} \div 7 = \frac{3}{5} \times \frac{1}{7} = \frac{3 \times 1}{5 \times 7} = \frac{3}{35}.$

# ③ 소수의 사칙연산

## 3.1. 소수의 역사발생

① 소수의 발생은 고대 중국에서 측정의 산물이며, 십진법으로 할, 푼, 리, 모 등을 사용하였다. 그러나 할, 푼, 리, 모 등으로 표현한 소수의 덧셈과 뺄셈은 가능하였으나 곱셈과 나눗셈을 용이하게 계산하는 방법은 발견하지 못하였다.

② 현대적인 의미에서의 소수의 발생

소수는 분수가 활용된 지 약 3000년이 지나서야 사용되기 시작했다. 소수는 1584년 네덜란드 수학자 스테빈(Stevin, 1548~1620)에 의해 처음으로 사용되었다. 그가 소수를 발표할 당시에는 자연수보다 작은 단위를 10진법으로 만들기 위해서 10진분수를 사용하여 4.321을 $4\times(\frac{1}{10})^0+3\times(\frac{1}{10})^1+2\times(\frac{1}{10})^2+1\times(\frac{1}{10})^3$로 표현하였여. 지수를 원수자로 치환하여 4⓪3①2②1③과 같이 현재와는 다른 모습으로 표현하였다. 자리를 표현하기 위해 점을 이용한 사람은 시계 제작자인 스위스의 뷔르기(Bürgi, 1522~1632)가 처음이었으며, 지금과 같은 소수점 방식을 이용한 사람은 존 네이피어(John Napier, 1550~1612)였다. 미터법이 완성되고 프랑스 문화가 독일에 전달되어 독일에서도 1809년 법령이 공포되면서 소수가 공식적으로 채용되게 되었다(Boyer, 1968). 즉, $\frac{1}{10}=0.1,\ \frac{1}{100}=0.01,\ \frac{1}{1000}=0.001,\cdots$ 등으로 표현하기로 한 것이다.

## 3.2. 소수의 본질

따라서 소수는 십진분수이고, 모든 실수(유리수와 무리수)를 표현하는 가장 실제적인 기호이다. 또한 분수도 소수로 표현할 수 있기 때문에, 소수는 이중표기(1=0.999…=1.000…)를 동일시한다면 실수를 표현하는 가장 실제적인 기호이다.

## 3.3. 수모형으로 소수 표현하기

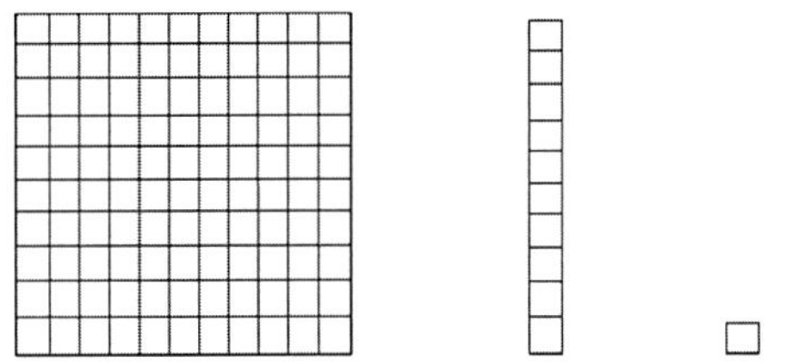

$1 \qquad \frac{1}{10} \qquad \frac{1}{100}$

백 모형　　　십 모형　　　낱개

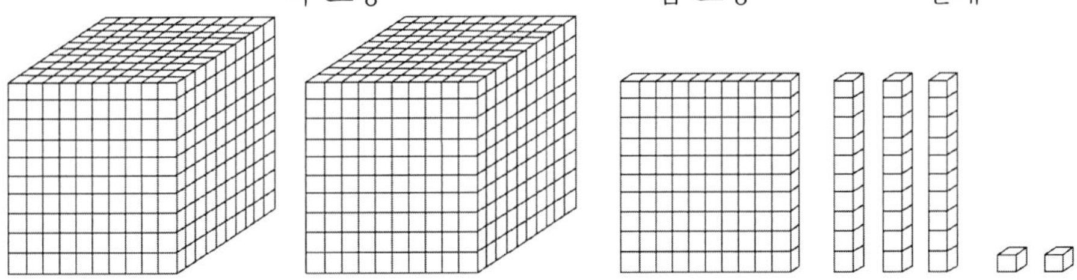

$2\times10 \quad + \quad 1 \quad + \quad 3\times\frac{1}{10} \ + 2\times\frac{1}{100}=21.32$

즉, 백 모형을 1이라고 약속하면, 천 모형은 10, 십 모형은 $\frac{1}{10}$을 나타내고, 낱개는 $\frac{1}{100}$을 나타낸다. 따라서 3개의 백 모형과 2개의 십 모형, 5개의 낱개를 이용하여 $3\cdot1 + 2\cdot\frac{1}{10} + 5\cdot\frac{1}{100} = 3 + \frac{2}{10} + \frac{5}{100} = \frac{325}{100}$으로 표현되고 간략한 표현으로 3.25를 사용하여 쓸 수 있다. 소수점은 정수부분으로부터 소수부분을 분리하는데 사용된다.

## 3.4. 소수의 덧셈, 뺄셈

소수는 본질이 십진분수이므로 소수의 덧셈, 뺄셈은 자연수의 덧셈, 뺄셈 방법과 동일하다.

소수의 덧셈은 자연수의 덧셈과 같은 방법으로 같은 자릿수끼리 더한다.

따라서 0.478+0.93=1.408,

$$\begin{array}{r} 1.36 \\ +\ 0.84 \\ \hline 2.20 \end{array} \qquad \begin{array}{r} 4.3 \\ +\ 0.26 \\ \hline 4.56 \end{array}$$

## 3.5. 소수의 곱셈

### ① 학습보조자료

수모형, 십진 모눈종이

### ② 자연수의 곱셈의 유추로 지도

• 모눈 한 칸의 길이가 0.1 로 약속

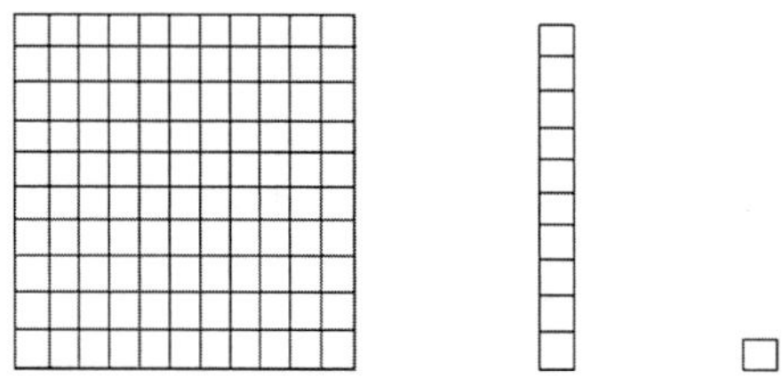

$1$ $\frac{1}{10}$ $\frac{1}{100}$

백 모형 십 모형 낱개

• 1.3 × 1.2 = ?

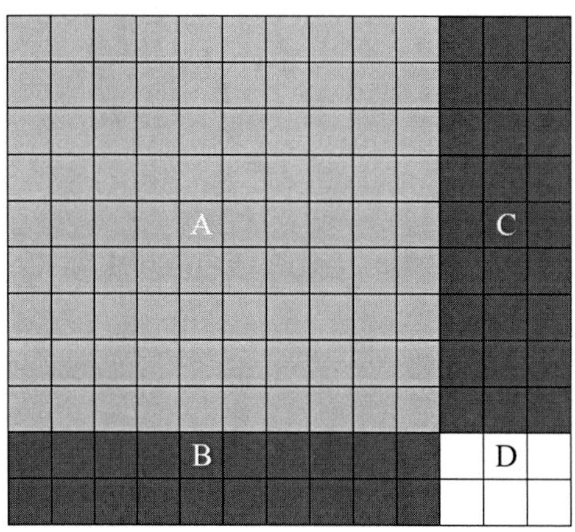


(대체 - 모눈종이)

```
        1.3
      × 1.2
   ──────────
       0.06 (0.2× 0.3) - D
       0.2  (0.2× 1)   - C
       0.3  (1× 0.3)   - B
       1    (1× 1)     - A
   ────────────────────────
       1.56
```

• 위의 과정은 1.3×1.2=(1+0.3)×(1+0.2) 를 분배법칙을 이용하여 계산하는 과정을 수 모형을 이용하여 그림으로 보여주는 장면이다.

• 소수점의 위치를 정하는 과정은 소수를 십진분수로 고친 다음, $1.3\times1.2=\frac{13}{10}\times\frac{12}{10}=\frac{13\times12}{100}$을 계산하게 하여 소수점을 없앤 자연수의 계산을 한 후, 분모의 0의 개수만큼 맨 오른쪽에서부터 이동하여 소수점을 찍도록 지도한다.

• 소수는 자연수와 마찬가지로 십진법으로 만들어 졌음을 설명한다.

③ **(소수=십진분수)로 지도**

• 소수의 본질은 십진분수(분모가 10, 100, 1000, ⋯ 인 분수, $\frac{1}{10}, \frac{1}{100}, \frac{1}{1000}, \cdots$) 임을 설명한다.

• $32.5 \times 2.74$ 의 지도

소수의 곱셈은 소수를 소수의 본질인 십진분수로 고쳐서 지도한다. 따라서

$$32.5 \times 2.74 = \frac{325}{10} \times \frac{274}{100} = \frac{325 \times 274}{10 \times 100}$$

이므로 $32.5 \times 2.74$의 계산은 먼저, 소수점을 무시한 자연수의 곱 $325 \times 274 = 89050$을 계산한 다음, 89050을 1000으로 나눈 몫인 89.050이 답이 된다.

즉, 소수의 곱셈은 소수를 십진분수로 고쳐서 자연수를 곱한 결과를 분모로 나눈 것이다. 따라서 소수의 곱셈을 세로 셈으로 할 때에는 소수의 소수점을 무시하여 자연수끼리의 계산과 같이 한 다음에, 소수점의 위치는 맨 오른쪽에서부터 세어서 정한다. 예를 들면,

$$\begin{array}{r} 2.49 \\ \times \quad 3 \\ \hline 7.47 \end{array} \qquad \begin{array}{r} 78.2 \\ \times \ 0.5 \\ \hline 39.10 \end{array} \qquad \begin{array}{r} 25.4 \\ \times \quad 7 \\ \hline 177.8 \end{array}$$

## 3.6. 소수의 나눗셈

• 소수의 본질은 십진분수(분모가 10, 100, 1000, ⋯ 인 분수, $\frac{1}{10}, \frac{1}{100}, \frac{1}{1000}, \cdots$) 임을 설명한다.

즉, $0.1 = \frac{1}{10}$, $0.01 = \frac{1}{100}$, $0.001 = \frac{1}{1000}$, ⋯

따라서 $2.3 = \frac{23}{10}$, $3.21 = \frac{321}{100}$ 등을 설명한다.

• 소수의 나눗셈은 두 소수를 십진분수로 고친 다음, 분수의 나눗셈 방법을 따라 계산한다.

즉, $4.8 \div 0.6 = \frac{48}{10} \div \frac{6}{10} = 48 \div 6 = 8.$

• 나머지가 있는 소수의 나눗셈은, 나머지를 올바르게 계산하여야 함을 유념해야한다.

즉, $5.87 \div 1.6 = \frac{587}{100} \div \frac{16}{10} = \frac{587}{100} \div \frac{160}{100} = 587 \div 160 = 3 \ldots 107$ 이 아니고, 몫은 3이고, 나머지는 $\frac{107}{100} = 1.07$ 임을 설명한다.

즉, 모든 소수의 나눗셈은 소수를 십진분수로 고쳐서 계산한다. 따라서

$4.8 \div 0.6 = \frac{48}{10} \div \frac{6}{10} = 8,\ 72 \div 0.3 = 72 \div \frac{3}{10} = 72 \times \frac{10}{3} = 240,$

$56 \div 0.08 = 56 \div \frac{8}{100} = 56 \times \frac{100}{8} = 700.$

• 세로셈

먼저, 답이 소수인 (자연수)÷(자연수)를 계산하는 방법을 알아보기로 한다.

예를 들어, "3 ÷ 4 = "는 나누어지는 수(피제수)인 3이 나누는 수(제수)인 4보다 작으므로 보통의 경우에는 몫이 0이고 나머지가 3이다.

$$4\overline{)\,3\,}\quad 0 \;\ldots\ldots\; 3$$

그러나 몫을 소수부분까지 계산할 때에는 작은 수를 큰 수로 나누어야 한다는 상식적으로 곤란함이 발생한다. 따라서 피제수가 제수보다 크도록 조정을 해야 한다. 그 방법은 다음과 같다.

$3 \div 4 = \frac{3}{4} = \frac{30 \times 0.1}{4}$ 로 생각하면 30개의 0.1 을 4명에게 나누어 주는 문제가 된다. 그러면 각각은 0.1을 몇 개씩 가지게 되므로, 몫은 영점 얼마가 된다.

$$4\overline{)\,3\,}\ (\text{몫 } 0) \quad = \quad 4\overline{)\,3 = 0.1 + 0.1 + 0.1 + \cdots + 0.1\,}\ (\text{몫 } 0)$$

0.1이 30개

즉, 4명에게 각각 7개의 0.1 즉, 0.7을 나누어 주고 두 개의 0.1이 남는다.

$$4\overline{)\,3 = 0.1+0.1+0.1+\cdots+0.1}^{\,0.7}$$
$$\quad -0.1-0.1-\cdots-0.1$$
$$0.1+0.1=0.2$$

$$= 4\overline{)\,0.2}^{\,0.7}$$

$$= 4\overline{)\,0.2 = 0.01+0.01+0.01+\cdots+0.01}^{\,0.7}$$
$$0.1\text{이 } 20\text{개}$$

$$= 4\overline{)\,0.2 = 0.01+0.01+0.01+\cdots+0.01}^{\,0.75}$$
$$-\,0.2 = -0.01-0.01-\cdots-0.01$$
$$0$$

0.1+0.1=0.2 이고 0.2는 20개의 0.01과 같으므로, 다시 20개의 0.01을 4명에게 나누어주는 것이므로 0.01을 각각 5개 즉, 0.05씩 나누어 가지면 된다. 따라서 $4\overline{)\,3}$ = 0.75 이다.

이 내용을 정리하면 다음과 같다.

$$4\overline{)\,3} \quad = \quad 4\overline{)\,3 = 0.1+0.1+0.1+\cdots+0.1}^{\,0.75}$$
$$-\,2.8$$
$$0.2 = 0.01+0.01+\cdots+0.01$$
$$-\,0.2$$
$$0$$

# 4 분수를 소수로, 소수를 분수로 고치기

## 4.1. 분수를 소수로 고치기

분수를 소수로 올바르게 고치기 위해서는, 그 분수의 십진 동치분수를 알아야하며 그 십진 동치분수를 소수로 바꾸는 방법을 알아야 한다.

### 4.1.1. 교구를 활용하여 분수를 소수로 바꾸기

**① 학습보조자료**

십진 모눈종이, 수모형

**② 수모형을 활용한 십진 동치분수 지도**

아동들에게 주어진 모눈종이 또는 수모형에 대하여 서로 동치인 분수와 소수를 표현하게 함으로서 소수의 의미를 알아보고 다음 사실을 상기시킨다.

- 십 모형을 1이라고 할 때, 낱개는 얼마인가? (답 : $\frac{1}{10}$)
- 백 모형을 1이라고 할 때, 십 모형은 얼마인가? (답 : $\frac{1}{10}$)
- 천 모형을 1이라고 할 때, 백 모형은 얼마인가? (답 : $\frac{1}{10}$)
- 따라서 $0.1=\frac{1}{10}=\frac{10}{100}=\frac{100}{1000}$ 이 되는 사실을 설명한다.
- 모눈종이서 단위(1)을 정하고 색칠해가면서 위의 내용을 확인시킨다.

**③ 모눈종이를 활용한 지도**

아동에게 모눈종이 위에 여러 가지 방법으로 색칠해진 부분을 소수와 분수로 나타내게 한다.

• 예

답 : $\frac{7}{10} = 0.7$

④ 분모가 10, 100, 1000 인 분수를 제시한 다음, 그들과 동치인 소수를 적도록 한다.

⑤ 분모가 2, 4, 5 인 분수를 소수로 바꾸는 방법을 설명한다.

• $\frac{1}{2}$은 $\frac{1}{10}$ 몇 개와 같은가?

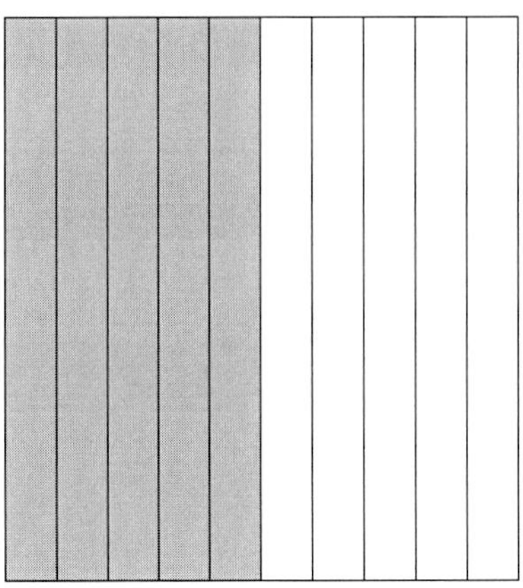

답 : $\frac{1}{2} = \frac{5}{10} = 0.5$

• $\frac{1}{2}$은 $\frac{1}{100}$ 몇 개와 같은가?

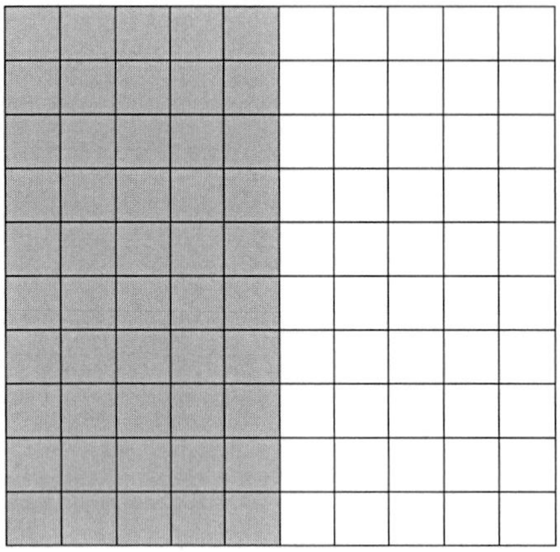

답 : $\frac{1}{2}=\frac{50}{100}=0.5$

• $\frac{1}{5}$은 $\frac{1}{10}$ 몇 개와 같은가?

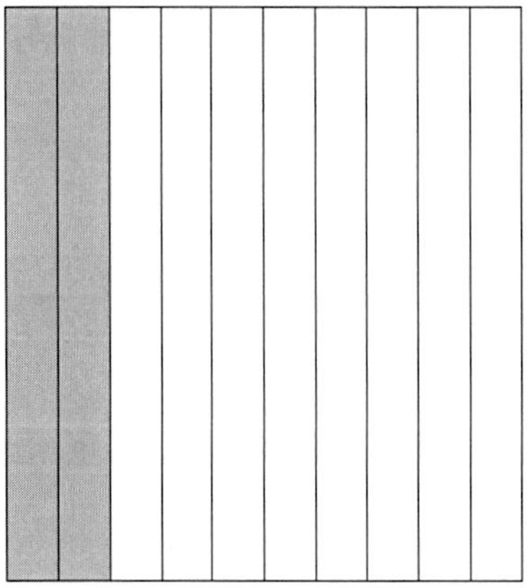

답 : $\frac{1}{5}=\frac{2}{10}=0.2$

• $\frac{1}{4}$은 $\frac{1}{100}$ 몇 개와 같은가?

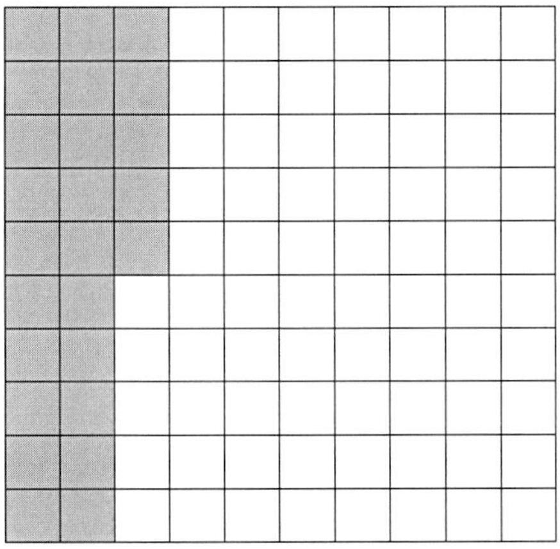

답 : $\frac{1}{4}=\frac{25}{100}=0.25$

### 4.1.2. 주어진 분수를 소수로 고치기

아동에게 모눈종이와 수모형을 사용하지 않고 분수를 소수로 고치는 방법을 생각해 보도록 한다.

예 : 주어진 분수를 10, 100, 1000을 분모로 가지는 분수로 동치분수로 고치도록 한다.
그 다음, 그에 해당하는 소수로 적도록 한다.

① 분모가 4, 5, 8인 분수를 제시하고 동치인 소수를 찾도록 한다.

• 분모가 4, 5, 8인 분수를 소수로 고칠 때에 생기는 규칙성을 찾도록 한다.

② 몫의 분수 맥락에서 분수를 소수로 고치는 방법을 설명한다.

$\frac{3}{4}=3\div4$ 이므로

$$\frac{3}{4} \quad = \quad 4\,\overset{0.75}{\overline{)\,3\quad}}$$

## 4.2. 소수를 분수로 고치기

소수는 십진분수이므로 소수를 원래의 분수로 고치면 된다.

### ① 소수를 십진분수로 나타내기

소수를 처음에 역속한대로 십진분수로 고치면 다음과 같다.

$$0.1 = \frac{1}{10},\ 0.01 = \frac{1}{100},\ 0.001 = \frac{1}{1000}, \cdots$$

- 2.345를 분수로 표현하기

$$\begin{aligned}2.345 &= 2 + 0.3 + 0.04 + 0.005 \\ &= 2 + \frac{3}{10} + \frac{4}{100} + \frac{5}{1000}\end{aligned}$$

이므로, 이를 통분하면

$$\frac{2000}{1000} + \frac{300}{1000} + \frac{40}{1000} + \frac{5}{1000}$$
$$= \frac{2345}{1000}$$

이 된다.

즉, $2.345 = \frac{2345}{1000}$.

또한, 필요하면 분수를 기약분수로 고치면 된다.

## 4.3. 소수와 분수의 크기 비교

소수와 분수의 크기를 비교할 경우에는, 소수를 십진분수로 고친 다음 분수와 통분하여 비교한다.

$0.6 = \frac{6}{10} = \frac{90}{150}$, $\frac{7}{15} = \frac{70}{150}$, 따라서 $0.6 > \frac{7}{15}$이다.

또는, $\frac{7}{15} = 15\,\overline{)\,7\,}$ (몫 $0.4666\cdots$). 따라서 $0.6 > \frac{7}{15} = 0.4666\cdots$이다.

제 V 장

# 비와 비례식(5~6 학년)

## 1 비와 비율

### 1.1. 비

어떤 양 $a$가 0이 아닌 양 $b$의 몇 배인가를 알아보는 관계를 $b$에 대한 $a$의 비(또는 $a$의 $b$에 대한 비) 라하고, $a:b$로 나타내며 '$a$ 대 $b$'라 읽는다. 이 때 $a$를 전항, $b$를 후항이라 한다.

- 비에서의 기준량은 항상 후항이다.

  (예) 축구 시합에서 두 골 대 세 골 ; 2:3. 이때 기준량은 3이다.

### 1.2. 비의 값

$a$를 $b$로 나눈 몫 $\frac{a}{b}$를 $a:b$의 비의 값이라 한다. 비의 값은 $b$를 기준량, $a$를 비교하는 양으로 할 때 $a$가 $b$의 몇 배인가를 나타낸다. 즉 $a:b=1:\frac{a}{b}=k(b\neq0)$의 비의 값은 $k$이다. 3:5의 비의 값은 $\frac{3}{5}$=0.6이다. 비의 값을 가능한 한 작은 자연수의 비로 고친 것을 '가장 작은 자연수의 비(기약형)'라고 한다. 비의 전항과 후항에 같은 수를 곱하거나 0이 아닌 수로 나누어도 비의 값은 같다.

### 1.3. 비율

어떤 양을 기준으로 비교하는 양이 몇 배인지를 나타내는 수를 비율이라 한다. 비율은 기준량을 1로 했을 때 비교하는 양의 크기를 나타내는 수이고, 기준량을 100으로 했을 때를 백분율이라고 한다.

**참고**

비의 값과 비율은 같은 수이다.

① 학생 수 1명과 공책 수 4권을 비교하기 위하여 비로 나타냅니다. 이것을 1:4라 쓰고 1 대 4라고 읽습니다. 1:4는 공책 수 4를 기준으로 하여 학생 수1을 비교한 것입니다. 이것을 4에 대한 1의 비 또는 1의 4에 대한 비라고 합니다. 또는 간단하게 1과 4의 비라고도 합니다.

② 남자 선생님 5명, 여자 선생님 20명이 있을 때, 남자선생님의 수를 여자선생님의 수를 기준으로 할 때, 5명을 비교하는 양, 20명을 기준량이라고 합니다. 기준량에 대한 비교하는 양의 크기 $\frac{(\text{비교하는양})}{(\text{기준량})}$을 비율이라고 합니다.

③ 기준량을 100으로 할 때 비교하는 양 80의 비율 $\frac{80}{100}=0.8$을 백분율이라고 합니다. 백분율 $\frac{80}{100}$을 %을 써서 80%라 나타내고, 80퍼센트라고 읽습니다.

④ 비율을 소수로 나타낼 때, 그 소수 첫째 자리를 할, 소수 둘째 자리를 푼, 소수 셋째 자리를 리라고 합니다. 8에 대한 5의 비율을 소수로 나타내면 0.625이고 할,푼,리로 나타내면 6할2푼5리라고 읽습니다.

(예) 비 1:4의 비율은 $\frac{1}{4}$이고, 백분율은 $\frac{1}{4}\times 100=25(\%)$이다.

## 2 비례식

### 2.1. 비례식의 정의

a의 b에 대한 비와 c의 d에 대한 비를 서로 같게 나타낸 식을 비례식이라 한다. 즉, $a:b=c:d$를 비례식이라 한다.

### 2.2. 내항, 외항

비례식 $a:b=c:d$에서, $a$와 $d$를 외항, $b$와 $c$를 내항이라 하고 $a:b=c:d$는 $a:b$의 비의 값과 $c:d$의 비의 값이 같다는 것이므로 다음과 같은 의미가 된다.

$$\frac{a}{b}=\frac{c}{d},\quad \frac{a\times d}{b\times d}=\frac{c\times b}{d\times b}$$

즉, 양변을 통분하면 분자끼리 같아지므로, $a\times d=c\times b$이다.

따라서 $a:b=c:d \Leftrightarrow a\times d=b\times c$. 즉, 비례식에서는

(외항끼리의 곱)=(내항끼리의 곱) 이 성립한다.

① 3 : 2 = 60 : 40과 같이, 비의 값이 같은 두 비를 등식으로 나타낸 식을 비례식이라고 합니다.

② 비 3 : 2에서 3과 2를 비의 항이라 하고, 앞에 있는 3을 전항, 뒤에 있는 2를 후항이라 합니다.

③ 비례식 3 : 2=60 : 40에서 바깥쪽에 있는 두 항 3과 40을 외항이라 하고, 안쪽에 있는 두 항 2와 60을 내항이라 합니다.

④ $\frac{a}{b}=\frac{c}{d}$ 이면 $\frac{a+b}{b}=\frac{c+d}{d}$이다.

### 2.3. 삼수법, 비례추론

고대 바빌로니아인들이 처음으로 비례식을 이용하여 모르는 수를 구하였다. 즉, 비례식 3:6=$x$:12가 참이라면, $6\times x=36$이므로 $x=6$이라고 계산하였다. 이와 같이 세 수를 알고 나머지 수를 구하는 방법을 삼수법이라 하고, 삼수법으로 모르는 수를 알아내는 방법을 비례추론이라고 한다.

## 3 연비와 비례배분

### 3.1. 연비

같은 종류의 양 $a, b, c$가 있을 때 세 양 사이의 관계 $a:b:c$를 연비라 한다.

#### ① 연비의 성질

$a:b=a':b',\ b:c=b':c',\cdots$이면 $a:b:c=a':b':c'=\cdots$이다.

두 연비 $a:b:c=a':b':c'$가 성립하면 $\frac{a}{a'}=\frac{b}{b'}=\frac{c}{c'}$(= 어떤 수 $k$)이고, 역도 성립한다.

**② 예 1: 비례식이 두 개인 경우**

$a:b=2:3$이고 $b:c=4:5$일 때, 연비 $a:b:c$를 구하시오.

(풀이) 연비에 관한 문제는 두 비에 공통으로 끼어있는 $b$를 기준으로 다음과 같은 단계로 연비를 계산한다.

- $b$에 대응하는 두 수인 3과 4의 최소공배수 12를 구한다.
- 두 비례식에서 $b$에 대응하는 수를 각각 12로 하는 비례식으로 고친다. 즉, $a:b=8:12$이고 $b:c=12:15$이다.
- 따라서 연비 $a:b:c=8:12:15$ 가 된다.

**③ 예 2: 비례식이 세 개인 경우**

$a:b=2:3$, $b:c=4:5$, $c:d=7:9$일 때, 연비 $a:b:c$를 구하시오.

(풀이) 먼저, 연비 $a:b=2:3$, $b:c=4:5$에서의 연비 $a:b:c=8:12:15$를 구한 다음, $a:b:c=8:12:15$와 $c:d=7:9$ 에 공통으로 끼어있는 $c$를 기준으로 다음과 같은 단계로 연비를 계산한다.

- 두 비례식에 공통으로 끼어 있는 $c$에 대응하는 두 수인 15와 7의 최소공배수 105를 구한다.
- 두 비례식에서 $c$에 대응하는 수를 각각 105로 하는 비례식으로 고친다. 즉, $a:b:c=8:12:15$에는 15 대신 $15\times7=105$, 12 대신 $12\times7=84$, 8 대신 $8\times7=56$ 으로 놓고 즉, $a:b:c=56:84:105$이고 $c:d=7:9$에는 7 대신 $7\times15=105$, 9 대신 $9\times15=135$으로 놓아 $c:d=105:135$로 놓으면
- 연비 $a:b:c:d=56:84:105:135$ 가 된다.

비례식이 더 많은 경우에도 같은 방법으로 연비를 구하면 된다.

### 3.2. 비례배분

어떤 양을 2개 이상으로 나누어서 그 각 부분의 비를 주어진 비와 같게 나누는 것을 비례배분이라고 한다.

**① 예**

7000원을 두 사람에게 4:3로 나누어 줄 때, 각각 얼마씩 갖게 될까?

(풀이) 비례배분 문제는 전체를 4:3으로 나누어야 하므로, 전체를 4+3=7로 간주한 다음 7중의 4만큼, 7중의 3만큼씩 나누면 된다. 즉, 전체 7000원을 $\frac{4}{4+3}$과 $\frac{3}{4+3}$만큼씩 나누는 것이다. 따라서 $7000 \times \frac{4}{7} = 4000$원, $7000 \times \frac{3}{7} = 3000$원 씩 가지면 된다.

제 VI 장

# 정비례와 반비례(6 학년)

## 1 문자의 사용

도형이나 수와 연산 등에서 사용하는 문자는 기호로서 계산의 대상이기도 하지만 수학적인 언어에 일반성, 유연성, 정확성을 부여하면서 다음과 같은 경우에 사용된다.

### 1.1. 미지수

미지수는 이미 그 값이 정해져있지만 아직 알지 못하는 값을 나타내는 기호로서, 보통 빈칸, 네모 칸, 물음표, 문자 $x$ 등을 사용해서 나타낸다.

### 1.2. 공식

사다리꼴의 넓이 공식, 수열의 규칙 등과 같이 복잡한 수학적 사실들을 문자를 사용해서 간단한 공식으로 나타낸다.

### 1.3. 변수

우리가 보통 변수(variable)라고 부르는 대상은 상수(constant)와 대비시킨 이름으로, 학생들에게 지도할 때에 교사와 학생 모두에게 다분히 오해의 소지가 많이 발생하기도 한다. 영어 단어에 'vary'는 변한다는 뜻을 가진다. 이것의 명사형인 'variance'를 동양에서 '변수'라고 부르고 있다. 이러한 이유로 변수는 '변하는 수', 상수는 '변하는 않는 수'라고 학생들에게 가르치고 있다. 그런데 수는 변하지 않는다. 따라서 '변하는 수' 라는 해석은 옳지 않다.

- 변수란, 어떤 수 또는 도형을 임의적으로 동시에 표현하는 다가명사로서, 미지수 또는 자리지기로서 사용되는 기호이다.
- 점 'ㄱ' 또는 'P', 삼각형 'ㄱㄴㄷ' 또는 'ABC', 원 'O' 등은 특정한 대상을 지적하지 않는 것이므로 변수로 볼 수 있다.

따라서 이 절에서는 동양권에서 variable을 한자로 번역한 변수의 본질과 특성을 알아보기로 한다.

### 1.3.1. 변수의 본질

변수의 본래의 의미는, '흘러가는 시간, 변하는 목적, 바뀌는 풍향, 곡면 S 위를 움직이는 점 P' 등과 같이 실제로 변하는(vary) 물리적, 사회적, 정신적, 수학적 대상이었다. 현재의 변수의 의미는 어떤 집합의 원소를 임의적으로 동시에 표현하는 다가명사로서, 자리지기로서 사용되는 기호이면서 다음과 같은 다양한 의미를 가진다.

- 상수도 변수처럼 사용할 때가 있다.
- 방정식이나 부등식을 명제함수로 간주한다면 미지수도 변수로 볼 수 있다.
- 방정식의 해에 대한 자리지기 역할을 한다.
- 점 P, 삼각형 ABC, 원 O, 함수 f 등은 특정한 대상을 지적하지 않는 것이므로 변수로 볼 수 있다.
- 집합표현에서 $\{x|\ p(x)\}$에서 x대신 다른 문자를 사용할 수 있으므로 이때의 x를 꼭두각시 변수라고 한다.
- 특정한 수나 연산대신 사용된다. 예를 들면 원주율 $\pi$, 허수 $i$, 수열의 합 $\Sigma$ 등이 있다.
- 변수는 $x \to 2$ 와같이 동적인 면과 $A \cap B = B \cap A$와 같이 정적인 면이 있다.
- 빈자리 □의 역할을 한다.
- 패턴을 일반화하는 도구로 사용된다.
- 계속 증가하거나 감소하는 것으로 가정되는 것이다.

그러나 모든 수학적 개념은 눈에 보이는 구체적인 것들을 제거하고 추상화한 공통속성이듯이, 위에서 열거한 변수의 다양한 의미와 변수를 감고 있는 장식인 '흘러가는, 변하는, 바뀌는, 움직이는'을 제거하면 다음과 같은 두 가지의 본질이 드러나게 된다.

■ 언어적 측면

변수란 특정한 자리에 끼워 넣을 수 있는 어떤 대상으로서의 '자리지기(placeholder)'이다.

■ 본질론적 측면

변수란 어떤 대상을 지칭하는 것이 아니라, 어떤 종류의 대상들을 불러내는 가상의 변화가능성이다.

### 1.3.2. 변수의 표층과 심층

스켐프(Skemp, 1987)는 수학에서 개념의 의미를 주고받는 의사소통 과정은 기호에 의한 표현 즉, 개념의 표층구조에서 이루어지지만, 궁극적으로 전달되는 것은 개념의 심층구조여야 한다고 말한다. 변수 개념의 의미가 다양하다는 것은 변수는 하나의 표층구조에 상응하는 하나의 심층구조를 갖는 단일 차원의 개념이 아니고, 자리지기라는 하나의 동일한 표층구조 하에 상이한 심층구조를 갖는 다차원적 개념이다.

■ 변수의 표층

자리지기 ⇒ 의미와 무관한 문자 ⇒ 임의의 대상

■ 변수의 심층

- 정적 변화 : 다가 이름(polyvalent name) ⇐ 불연속적인 변화
- 동적 변화 : 변하는 대상 ⇐ 연속적인 변화

### 1.3.3. 변수 개념의 심리적 구성 단계

변화를 내포하고 있는 문제 상황에서 학생들이 직접 면수를 구성해 나가는 과정을 다음과 같이 단계적으로 경험하도록 하여 변수의 사용, 표현, 의미에 대한 어려움을 완화시키도록 한다.

■ 1 단계 : 변하는 대상사이의 불변의 관계 포착

변수가 갖는 값에 관계없이 보존되는 관계를 알 수 있는 단계이다. 예를 들면, 덧셈 또는 곱셈의 교환법칙의 성립함 또는 임의의 수에 0을 곱하면 항상 0이 됨 등의 불변하는 관계를 이해하는 단계이다.

■ 2 단계 : 변하는 대상을 불변하는 문자로 고정

변하는 대상들 사이의 불변의 관계를 수학적으로 표현하기 위하여, 변하는 대상을 문자로 대체하여 심리적으로, 변하는 대상을 변하지 않는 것으로 고정될 때, 그

상황을 임의의 문자로 표현하여도 변하는 대상간의 불변의 관계가 보존된다는 것을 이해하는 단계로서 변수 개념의 핵심을 이루는 단계이다.

■ 3 단계 : 변수 기호의 임의성 이해
변하는 대상이 심리적으로 고정될 때, 그 대상이 임의의 문자로 표현되어도 변하는 대상간의 불변의 관계가 보존된다는 것을 이해하는 단계로서, 변수를 나타내고 있는 문자가 다른 문자로 치환되어도 불변의 관계는 변하지 않는다는 것을 이해하는 단계이다.

## 1.4. 변수의 지도법

초등학교 아동들의 인지수준은 실제경험과 관련된 추론을 할 수 있는 구체적 조작단계로서 변수개념에 대해서는 대입 등의 기본 조작을 할 수 있는 수준이다. 따라서 초등학교에서는 변수 개념에 대한 이미지를 생성하는 원천을 경험하면서 변수에 대한 심상을 형성하는 단계이고 변수에 개념의 형식적인 정의는 도입하지 않으나, 중학교에서 변수의 표현, 변수 개념의 형식적인 정의와 변수의 사용방식을 이해할 수 있는 중요한 원천이 되는 단계이다. 또한 초등학교에서는 1 수준인 시각적 수준에서 인식한, 변하는 실체에 대한 비형식적인 분석을 통하여 그 속에 포함된 내적질서와 성질을 파악하는 단계이다. 즉, 측정활동을 통하여 변하는 대상을 수치화, 계량화하면서 변화표 등의 도구를 활용하여 변하는 대상들 사이의 함수적 연관성을 파악하는 단계이다. 또한 언어-대수적 표현으로 함수적 연관성을 나타내는 공식을 받아들이는 시기이다. 변수의 인지 위계는 다음과 같다.

**① 어떤 수를 □로 표현하기**

모르는 수 또는 구하려는 하나의 수를 □로 표시하도록 지도하면서 문자를 도입할 필요성을 암시한다.

**② 언어-대수적으로 표현하기**

주어진 문제에 내재되어 있는 규칙에 대한 충분한 구체적인 예를 경험하여 규칙을 발견한 후, 발견한 규칙을 언어-대수적으로 표현하도록 지도한다.

예) (직사각형의 넓이)=(가로) × (세로).

### ③ 다가이름으로 표현하기

도형영역에서 점, 각, 선분, 가로, 세로, 높이, 변, 모서리, 원의 중심, 반지름, 지름 등의 기하학적 대상에 사용되는 다가명사(polyvalent name)를 교과서나 영상을 통하여 심리적으로 고정시켜 다룰 수 있도록 지도한다.

### ④ 변화성의 경험

측정영역에서, 수도꼭지에서 1분에 2L의 물이 흘러나온다면 2분에는? 과 같이, 정적인 양의 측정보다는 동적인 양의 측정 과정을 통하여 변수의 변화성을 인식하도록 지도한다.

### ⑤ 규칙이나 법칙을 기호로 표현하기

분수의 곱셈 규칙이나 덧셈, 곱셈의 교환법칙 등을 기호를 사용하여 표현하도록 유도하여 규칙이나 법칙을 일반화하는 방법을 지도한다.

예) □+△ = △+□.

### ⑥ 미지수를 문자로 표현하기

모르는 수를 표현한 □과 방정식의 미지수를 문자 $x$로 바꾸는 방법을 지도한다.

- 문자식은 수와 문자를 계산 기호, 관계기호 또는 괄호와 결합시켜서 수학적인 관계를 나타내는 식이다. 특히 대수학(수와 연산)은 이러한 문자의 조작이고, 수학의 다른 분야에서도 문자식은 수학의 언어로 학습하기위해서 꼭 필요한 것이다.

## 1.5. 문자와 식의 지도

고대 그리스 수학자들은 그 이전의 실용수학의 내용을 다음과 같은 관념으로 일반화, 추상화하였다.

- 변수= 막대의 길이
- 두 변수의 덧셈= 두 막대의 길이의 합
- 두 변수의 곱셈= 직사각형의 넓이
- 제곱= 정사각형의 넓이

물론, 이러한 관념이 음수와 허수를 인정할 수 없어서 수학의 발전에 걸림돌이 되기는 하였으나, 거꾸로 음수와 허수를 다루지 않는 단계의 학생에게는 그들의 관념을 따라서 지도하면 된다. 즉, 문자식의 지도는 다음과 같은 관념을 기초로 한다.

**① □의 의미 지도**

미지수를 포함하는 식에서 미지수는 빈칸, 네모 칸 □, 물음표, 문자 $x$으로 나타낸다. 2007개정교육과정의 6학년에서 문자 $x$ 사용을 하도록 하고 있다. 미지수를 포함하는 등식 □+3=6에서 □는 다음과 같은 두 가지의 의미를 가진다.

- □를 모르는 상수, 즉 미지수로 보는 것이다. 이때 이 등식은 방정식이 된다. 이때
- □는 역연산이나 등식의 성질을 이용하여 구한다.
- □에 여러 가지 수를 대입하는 경우, 즉 변수로 보는 것이다. 이 식의 □에 어떤 수를 넣느냐에 따라 등식은 참이냐 거짓 중의 하나가 된다. □나 △를 변수로 보는 것은 매우 중요한 의미를 가진다. 예를 들어,

  (속도) × (시간) = (거리)

  (단가) × (수량) = (가격)

  (가로) × (세로) = (직사각형의 넓이)

  등은 모두 □×△=○의 관계이다.

**② 식의 지도**

- 관계식 □×△=○에서, □와 △ 모두를 변수로 인식하면 이 식은 이변수함수가 된다.
- 관계식 □×△=○에서, 어느 하나를 일정하게 하면, 즉 □를 일정하게 하면 △와 ○는 비례관계가 되고, ○을 일정하게 하면 □와 △는 반비례관계가 된다.

현행 교육과정에서 두 가지 의미 중 모르는 상수로서 □를 지도하는데 초점을 두고 있다. 교육과정에 따르면 □의 의미에 대한 지도는 1학년과 2학년에서 다루어지고 있다.

- 1학년에서는 덧셈식과 뺄셈식에서 □의 의미를 이해하고 □가 들어있는 덧셈식과 뺄셈식을 만드는 것을 학습한다.
- 2학년에서는 어떤 수를 □로 나타내는 것을 학습하는 것으로 되어 있다. □의 의미 지도는 구체적인 상황에서 시작된다.
- 특히 아동에게 조작활동을 요구할 경우에는 빈칸, 네모 칸 □, 물음표, 문자 $x$ 대신 여러 종류의 막대를 사용하면 좋다.

## 1.6. 미지수 구하기

미지수를 포함하는 식을 □를 사용해서 나타내는 방법을 학습한 후 2-학년에서는 □를 구하는 방법을 지도한다.

### ① 덧셈식, 뺄셈식

□를 사용한 덧셈식과 뺄셈식은 등식의 성질을 이용한다. 활동으로는 등식을 양팔 저울로, 등호를 저울이 수평이 되는 상태로 전환하면 된다.

- 23 + □ = 28 ⇔ 28 - 23 = □
- □ + 12 = 25 ⇔ 25 - 12 = □
- □ - 450 = 50 ⇔ □ = 450 + 50
- 48 - □ = 23 ⇔ 48 - 23 = □

이 경우에도 <u>□ 대신 막대</u>를 놓고 움직이면서 생각하도록 지도한다.

### ② 곱셈식

- 곱하는 수가 미지항인 경우
  4×□ = 24는 퀴즈네어 막대로 24(10막대 2개와 4막대를 붙여서 표현한다)를 표현하고 4막대(보라색 막대)가 몇 번 채워지는지를 알아보도록 지도한다.
- 곱하는 수가 미지항인 경우
  □×3=15는 퀴즈네어 막대로 15(10막대와 5막대를 붙여서 만든다)를 표현하고 4막대(보라색 막대)가 몇 번 채워지는지를 알아본다.

## 1.7. 방정식

① □를 사용하여 나타낸 식□×3에서 □대신에 기호$X$를 써서 $X$×3으로 나타낼 수 있고, □, △, $X$와 같이 아직 알고 있지 못한 어떤 수를 미지수라고 한다.

② 식 500×$X$+1500=5000과 같이 등호(=)를 써서 나타낸 식을 등식이라고 한다.

③ 식 $X$+3=6과 같이 미지수의 값에 따라 참이 되기도 하고 거짓이 되기도 하는 등식을 방정식이라고 하며, 이때, 방정식을 참이 되게 하는 미지수의 값을 구하는 것을 방정식을 푼다고 한다.

# ② 정비례와 반비례

## 2.1. 정비례

두 양 $x$, $y$에서 $x$가 2배, 3배, 4배, ……로 변함에 따라, $y$도 2배, 3배, 4배, ……로 변하는 관계가 있으면 $y$는 $x$에 정비례한다고 한다.

① $y$가 $x$에 정비례할 때, $y=2\times x$, $y=3\times x$, ……와 같이 나타낼 수 있습니다.

② $y=3\times x$ 를 표로 나타내기

| $x$ | 1 | 2 | 3 | 4 |
|---|---|---|---|---|
| $y$ | 3 | 6 | 9 | 12 |

## 2.2. 반비례

두 양 $x$, $y$에서 $x$가 2배, 3배, 4배, ……로 변함에 따라, $y$는 $\frac{1}{2}$배, $\frac{1}{3}$배, $\frac{1}{4}$배, …로 변하는 관계가 있으면 $y$는 $x$에 반비례한다고 한다.

① $y$가 $x$에 반비례할 때, $x\times y=2$, $x\times y=3$, ……와 같이 나타낼 수 있다.

② 예 : 그림과 같이 두 개의 톱니바퀴가 연결되어 돌아가고 있다. 큰 톱니바퀴에는 50개의 톱니가 있고, 작은 톱니바퀴에는 20개의 톱니가 있다. 큰 톱니바퀴가 10바퀴 돌 때, 작은 톱니바퀴는 몇 바퀴를 돌겠는가?

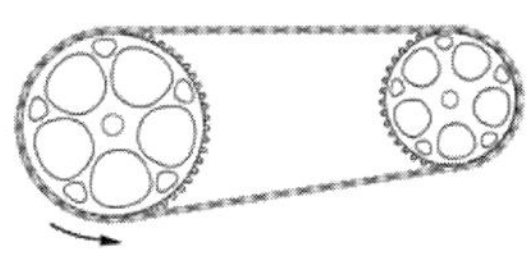

(풀이) 큰 바퀴의 톱니 수는 50, 작은 바퀴의 톱니 수는 $x$ 이다. 큰 바퀴가 2번 회전할 때, 작은 바퀴의 회전 수 $y$라고 하면, $y$와 $x$의 관계를 표로 만들어서 식으로 나타내면 다음과 같다. 큰 바퀴가 2번 회전하면 돌아간 톱니 수는 100이므로,

표 :

| $x$ | 1 | 2 | 4 | 5 |
|---|---|---|---|---|
| $y$ | 100 | 50 | 25 | 20 |

식 : $x\times y=100$ 또는 $50:x=y:2$.

- 정비례는 두 양이 같이 커지거나 작아지는 관계이다.
- 반비례는 한 양이 커지면 다른 양은 작아지는 관계임을 여러 가지 예를 들어 설명한다.

특히, 톱니바퀴 문제는 큰 톱니바퀴가 더 많이 돌겠다는 선입감이 작용할 수 있으므로 실물을 활용하여 지도하는 것이 좋다.

# 제 2 부

# 도형 영역

제 I 장

# 유클리드 원론

## 1 유클리드(Euclid, B.C. 330 ~ 257?)

유클리드는 플라톤의 제자로서, 플라톤의 사상을 가장 잘 나타낸 고대 그리스의 수학자로 탈레스, 피타고라스, 플라톤, 아리스토텔레스 등을 거쳐 발전되어온 고대 그리스의 기하학 지식 등 그 당시까지의 기하학과 수론을 체계적으로 정리하고 수학 내용을 집대성하여 <원론>(또는 <기하학 원론〉 )을 완성하였다. 이집트의 왕 프톨레마이오스의 초청으로 당대 최고의 학자들이 연구하였던 알렉산드리아(현재의 이집트 북쪽 지중해 연안의 도시)에서 활약하였다. 기하학의 창시자로 불리는 그는 그리스와 로마 시대를 통틀어 최고의 수학자이다. 고대 문명국가에서는 토지 측량의 필요성에서 도형의 성질에 대한 연구가 활발하였으며, 유클리드는 삼각형, 사각형, 원 등의 특징을 체계적으로 다루었다. <기하학 원론〉 은 역사상 가장 위대한 책으로 후대에 많은 영향을 끼치며 20세기까지 수학 교과서로 활용되었다. 그는 이 책에서 몇 개의 간단한 공리들로부터 수백 개의 복잡한 명제들을 연역적으로 추론하거나 논증을 통하여 증명하였다. 이러한 방식을 '논증기하학'이라 부르는데 유클리드의 독특한 접근 방식은 이후 기하학 연구에 절대적인 영향을 끼쳤다. 유클리드는 고대 그리스의 최대 중심지였던 알렉산드리아의 대학에서 학생들을 가르쳤다. 기하학 수업을 듣던 학생 중에는 프톨레마이오스 2세도 있었는데, 강의를 듣다가 어려움을 느낀 왕이 <기하학원론>을 좀 더 쉽게 배우는 길은 없는지 묻자 "전하! 기하학에는 왕을 위한 쉬운 길은 없습니다."라고 대답했다는 유명한 일화가 전해진다. 그런데 유클리드 원론은 작자미상이다. 유클리드는 ucli dis(기하의 열쇠)의 합성어로서 후세의 아랍수학자들이 붙여준 이름이다.

## 2 유클리드 원론(Euclid's Elements)

그의 <원론>은 역사상 처음으로 수학을 엄밀하고 논리적으로 정리하여 체계화한 수학책으로서 유럽에서는 19세기말까지 교과서 사용하였다. 이 책에는 5개의 공리와 5개의 공준만을 이용하여, 13장으로 이루어진 465개의 명제(정리)가 수록되어 있다. 유클리드 원론에 사용되는 몇 가지 용어를 설명하면 다음과 같다.

- 정의(Definition) : 용어에 대한 약속, 용어의 뜻을 명확하게 한 것.
- 공준(Postulate) : 기하학에서 누구나 의심하지 않고 받아들일 수 있는 고유한 약속, 기하학과 관련 있는 기본 명제.
- 공리(Common notion) : 모든 학문에서 당연히 성립하는 공통적인 진리, 일반적인 성격의 기본 명제.
- 명제(Proposition) : 참과 거짓을 구별할 수 있는 말이나 식을 말하고 정리는 그 명제 자체가 반드시 증명되어야 한다.
- 증명 : 어떤 명제가 참임을 밝혀내기 위해서 기본이 되는 성질이나 이미 옳다고 밝혀진 성질을 이용하여 가정에서 결론을 이끌어 내는 설명과정.

유클리드 원론의 개요는 다음과 같다.

유클리드 원론의 <제 1권>에는, 1쪽에 용어에 대한 뜻을 명확하게 하고자 23개의 정의(무정의용어)로 이 책을 시작하였으며, 그중 몇 개를 소개하면 다음과 같다.

- 점은 부분을 가지지 않는 것이다.
- 선은 폭이 없는 길이다.
- 선의 양끝은 점이다고 보충하고 선은 점으로 구성된다.
- 직선은 점으로 구성된다.
- 면은 폭과 길이만을 갖는 것이다.
- 한 직선위에 다른 직선을 세울 때, 만일 좌우의 인접한 두 각의 크기가 같으면 그 직선을 수직선이라고 한다.
- 원은 한 점에서 같은 거리에 있는 점으로 이루어진 평면도형이다.
- 동일 평면상에 있는 두 직선을 양쪽으로 끝없이 연장해도 만나지 않을 때, 이것을 평행선이라 한다.

이어서 다음의 기본 명제 5개를 공준이라 하였다.

(ⅰ) 공준(公準)

① 임의의 한 점에서 다른 한 점으로 직선을 그을 수 있다.
② 유한직선은 얼마든지 연장할 수 있다.
③ 임의의 점을 중심으로 주어진 반지름을 갖는 원을 그릴 수 있다.
④ 직각은 서로 같다.
⑤ 한 직선이 다른 두 개의 직선과 만나서 같은 쪽의 두 내각의 합이 2직각(180°) 보다 작은 쪽에서 만난다.

그리고 계속해서 5개의 공리가 있다.

(ⅱ) 공리(公理)

① 동일한 것과 같은 것은 각각 서로 같다.
② 같은 것에서 같은 것을 각각 더하여도 같다.
③ 같은 것에서 같은 것을 각각 빼도 나머지는 같다.
④ 서로 포개어지는 것은 같다.
⑤ 전체는 부분보다 크다.

공준은 기하학과 관련이 있는 기본명제이며, 공리는 직관적이고 일반적으로 누구든지 진리로서 인정하는 개념으로서 수학의 기본명제를 가리킨다. 그리스 시대에는 공준과 공리를 구별하였으나, 그 후에는 둘 다 '공리'로 부르고 있다. 또한 무한소, 극한, 합의 과정 등과 관련된 개념의 발전과 고등기하학(원이나 직선, 평면보다 곡선이나 곡면에 대한 기하학)의 발전이 있었다. 이 고등기하학은 오늘날까지 유명한 다음의 3대 작도 문제를 해결하기 위한 도전으로부터 연유되었다.

① 주어진 정육면체 부피의 두 배의 부피를 갖는 정육면체의 모서리 작도
② 임의의 각을 3등분 작도
③ 주어진 원과 동일한 면적을 갖는 정사각형 작도

이러한 도전 덕분에 새로운 수학의 발전과 창조가 이루어졌다.

그 다음에는, 무정의 용어, 공리, 공준만을 이용하여 48개의 명제 중 26개는 주로 삼각형의 성질과 3개의 합동정리, 27에서 32까지는 평행에 관한 이론, 삼각형의 내각의

합이 두 직각과 같다. 나머지는 평행사변형, 삼각형, 정사각형 등의 면적에 관한 것이다. 제 2권에서 제 13권까지, 역시 무정의 용어, 공리, 공준만을 이용하여 명제를 만들고 그를 증명하였다.

<제 2권>에는 14개의 명제만을 수록한 책으로 면적의 변환(컴퍼스와 자만을 이용한 작도법을 이용)과 피타고라스학파의 기하학적 대수의 내용에 관한 것이다.

<제 3권>에는 39개의 명제를 수록한 책으로 흔히 고등학교에서 나오는 원, 현, 호의 측정에 관한 정리의 내용에 관한 것이다.

<제 4권>에는 3, 4, 5, 6, 15변을 갖는 정다각형을 주어진 원에 자와 컴퍼스를 가지고 내접 또는 외접시키는 작도 문제를 다루었다.

<제 5권>에는 에우독소스의 비례이론에 관하여 해설한 내용이 있다.

<제 6권>에는 에우독소스의 비례론을 평면기하에 응용한 내용이 있다.

<제 7권>에는 유크리트 호제법인 두 개 이상의 정수의 최대공약수를 찾는 방법을 시작으로 해서 그 방법을 두 정수가 서로소인지, 아닌지를 알아내는데 이용하는 내용 등이 있다.

<제 8권>에는 연속비례와 그와 관련된 등비수열에 관한 내용이 있다.

<제 9권>의 대표적인 내용은, 명제 14-정수론의 기본정리 '1보다 큰 정수는 꼭 한 가지 방법으로 소인수들의 곱으로 표현될 수 있다.' 명제 35-등비수열의 n항까지의 합에 대한 공식, 명제-36완전수에 대한 공식이 있다.

<제 10권>에는, 어떤 주어진 선분에 관하여 같은 단위로 잴 수 없는(incommensurable, 통약 불가능한) 선분, 즉 무리수에 관한 내용이 있다.

<제 11권>에는, 공간에서 직선과 평면에 대한 정의와 공리가 있다.

<제 12권>에는 십진법을 이용한 부피에 관한 문제를 다루었다.

<제 13권>에는 하나의 구에 다섯 개의 정다면체를 내접시키는 작도문제가 있다.

제 Ⅱ 장

# 도형

## 1 평면도형(평면기하학)

유클리드의 원론의 기하학 내용은 모두 평평한 면(평면)위에 그린 도형의 성질을 다루고 있다. 아마도 그 당시에는 지구가 둥글지 않고 평평하다고 믿었기 때문인 것으로 추측된다. 만일 현대인처럼 지구가 둥글다고 생각했다면, 19세기에 이론이 정립된 지구본(공, 구, 지구)위에서의 도형의 성질을 연구하는 '구면기하학'이 먼저 태어났을지도 모른다.

### 1.1. 점(point)

- 점은 평면도형의 가장 기본적인 요소로서, 유클리드 원론 제 1권에는 '점은 부분을 가지지 않는 것이다.'라고 기술되어 있다.
- 중학교 교육과정에서는 점은 '모양과 크기가 없으며 다만 위치만을 나타내는 것'이라고 처음으로 정의하고 있다.

그러나 초등학교 교육과정에서는 점을 약속하지 않는다. 그 이유는 초등학교 아동에게 점을 그와 같이 약속을 하게 되면, 과연 점이란 있는(존재하는) 것인가? 라고 의문이 들 것이며 교사 역시 점을 구체적으로 설명하기가 쉽지 않기 때문이다. 그래서 직선의 '교점' 또는 도형의 '꼭짓점'을 지도할 때에 슬그머니 점을 도입하면 된다.

### 1.2. 직선

직선은 상태에 따라 다음과 같이 세 가지로 구분한다.

- 직선

  양쪽으로 끝없이 뻗어나가는 곧은 선
- 반직선

  한쪽은 끝이 있으며 반대쪽으로는 끝없이 뻗어나가는 곧은 선을 뜻하며, 주로 각을 표현할 때 쓰이는 곧은 선이다.

• 선분

양쪽 끝점이 있는 곧은 선

직선 AB

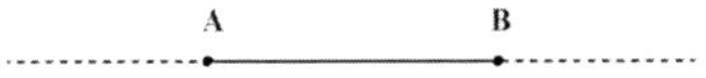

선분 AB

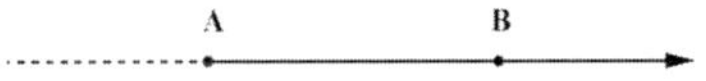

반직선 AB

☞ 직선이 아닌, 끊어지지 않고 이어진 모든 선을 곡선이라고 한다.

• 평면에서 직선의 위치 관계

① 서로 다른 세 직선이 서로 다른 점에서 각각 만난다면, 한 직선은 다른 두 직선을 '지난다.'고 한다.

② 평면에서 직선의 위치관계는 다음과 같다.

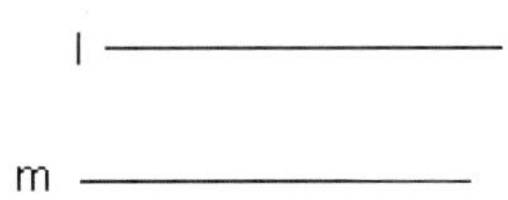

• 직선 l과 m은 평행하다.

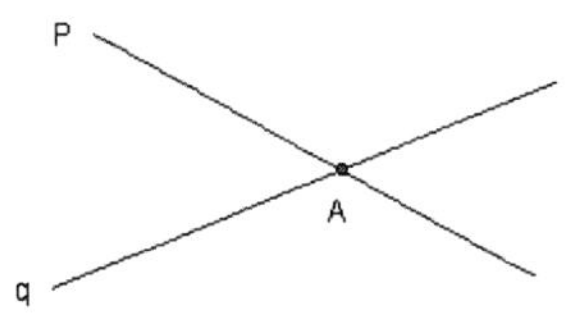

• 직선 p와 q는 점 A에서 만난다(교점이다).

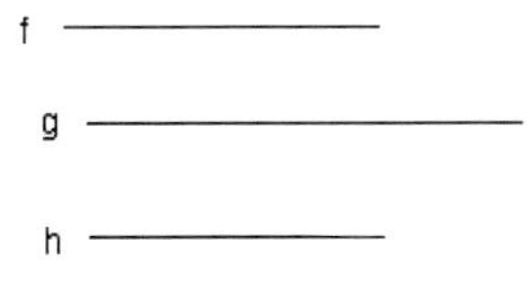

• 직선 f, g, h 는 평행하다.

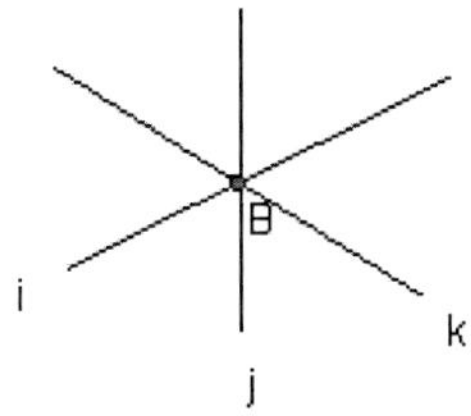

• 직선 i, j k 는 점 B에서 만나며 공통점(교점)을 갖는다.

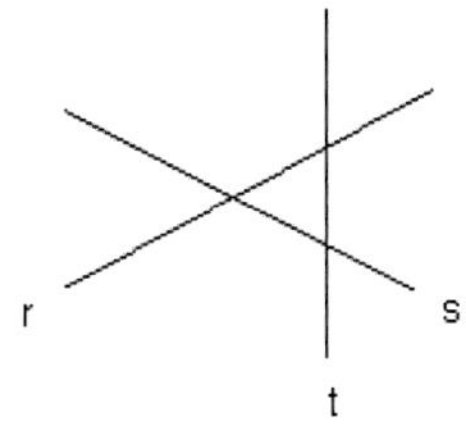

• 직선 t는 평행하는 직선 r과 s를 지난다.

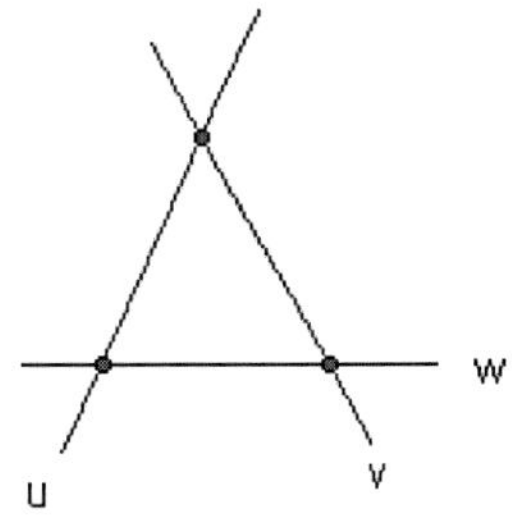

• 직선 u, v, w는 세 점에서 만난다.

## 1.3. 각(角, angle)

각은 동양과 서양에서 바라보는 관점이 다르다. 즉, 동양에서는 '뿔(角)처럼 생긴 도형으로 인식하였으며, 서양에서는 '방향(angle)'으로 인식하였다. 또한 심리학적으로는 학령 전 아동들은 가위, 부채, 시계, 타일, 비탈길, 언덕, 지붕, 연필 끝, 구부러진 막대, 기중기 등과 같은 일상적 상황에는 각 개념을 경험한다. 자신이 경험한 이러한 물리적 상황을 정신적으로 분류함으로써 각 개념이 생기게 되는데, 이것을 상황적 각 개념이라고 한다.

• 각의 역사발생

각의 관념은 천문학자들에 의해서이다. 천문학자들이 만드는 크기는 시간과 각의 크기이다. 천문학자는 동서를 가르는 수평축을 중심으로 망원경을 회전하여 별자리를 관찰한다. 이 천체관측용 자오의를 사용하여 간접적으로 지구의 회전각을 측정하고, 두 하성간의 각을 직접적으로 측정한다. 또 토지측량의 문제에서도, 방해물이 많은 들판에서 주로 측정되는 것은 각이고, 측량의 기본적인 수법으로 삼각측량법을 이용하였다.

### 1.3.1. 각의 정의

• 정적인 정의

'두 반직선에 의해 만들어진 점의 집합의 합집합' 또는 '두 반평면의 교집합'으로 정의한다. 즉, 비탈길, 언덕, 지붕의 기울기, 연필 끝 등과 같이 뾰쪽한 부분을 각이라고 생각한다. 이 사실을 수학적으로 정리하면 다음과 같다.

각의 두 변이 겹치지 않을 때, 그 각은 평면을 두 영역으로 나누고, 안 쪽 영역을 각의 내부, 바깥쪽 영역을 각의 외부라고 부른다. 특히, $\angle BAC$가 오직 점 $A$의 각인 경우에는 간단하게 $\angle A$라고 표기한다.

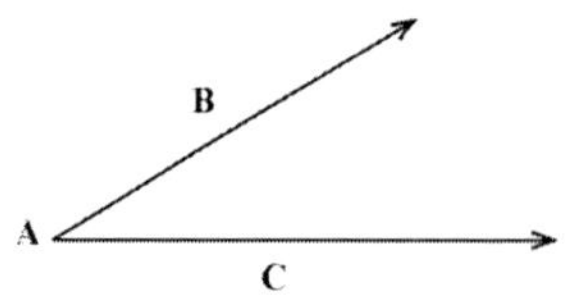


• 동적인 정의

'고정된 반직선의 둘레를 한 반직선이 회전한 결과'로 정의한다. 즉, 가위, 부채, 시계 바늘의 회전운동을 각이라고 생각하는 것이다.

## 1.3.2. 각의 지도 방법

위에서 알아 본바와 같이 각은 정적인 측면과 동적인 측면을 가지고 있다. 따라서 아동이 최초로 경험하는 각의 개념은 정적이고 또한 동적이어야 한다. 따라서 그들은 가능한 한 많은 문맥에서 반직선 쌍과 모서리를 작도하는 과정에서 정적인 각을 경험해야 하며, 시계바늘과 같이 회전하는 도구의 조작을 통하여 회전으로서의 각도 경험해야 한다. 이를 위하여 수업시간에는 아동들이 다양한 교구를 조작하는 기회를 갖도록 해야 한다.

- 시계 바늘을 이용한 각의 지도

| 1. 시계바늘 모양으로 잘라 코팅한 후 오리고, 할핀을 준비한다. | 2. 두 개의 시계 바늘을 겹쳐 놓고 송곳으로 구멍을 뚫는다. | 3. 뚫어진 구멍 사이로 할핀을 넣어 고정한다. | 4. 완성 |
|---|---|---|---|
| 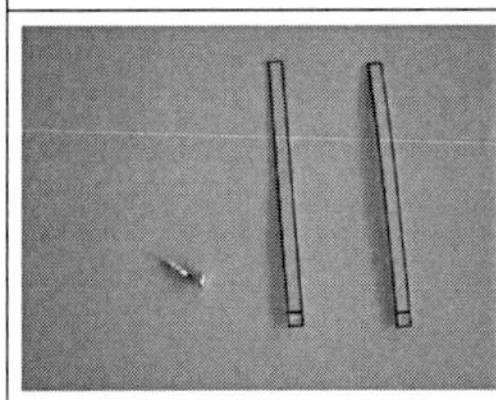 | 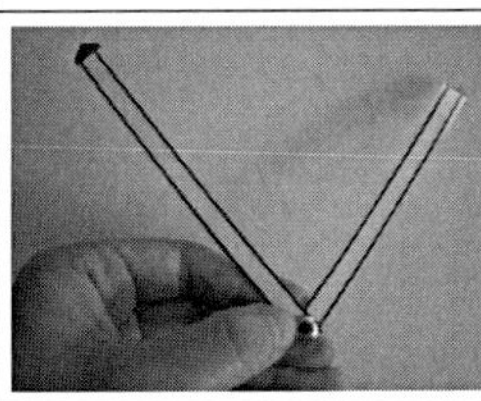 | 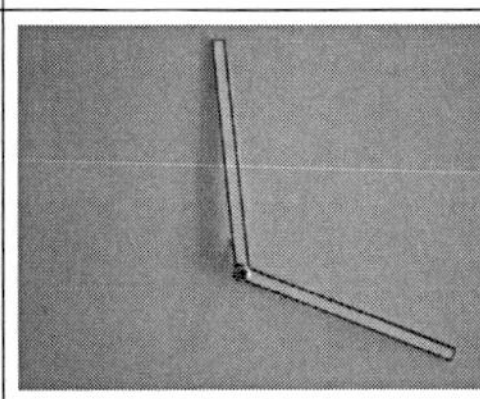 | 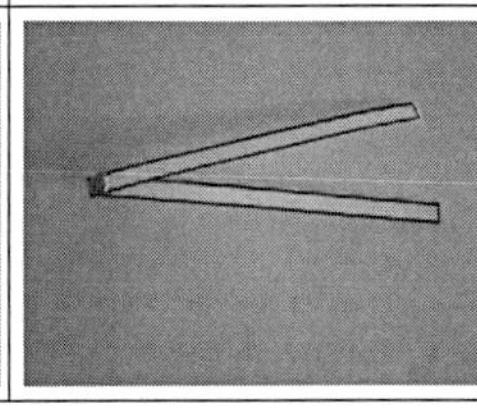 |

- 시계 바늘을 이용한 직각의 지도

| 1. 시계바늘 교구와 할핀을 준비한다. OHP에 4직각모양의 원판을 복사한 후 오린다. | 2. 4직각모양 원판의 중심에 구멍을 뚫어 할핀을 꽂는다. | 3. 직각모양 원판과 시계바늘 교구를 할핀으로 연결한다. | 4. 완성 |
|---|---|---|---|
| 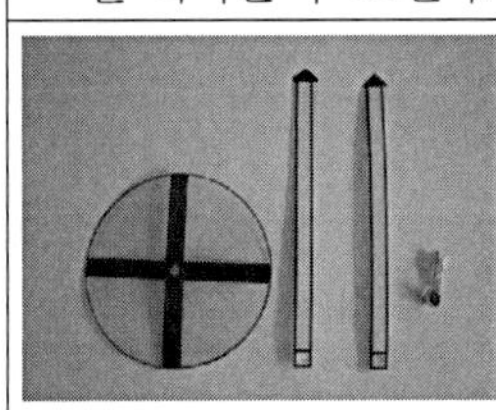 | 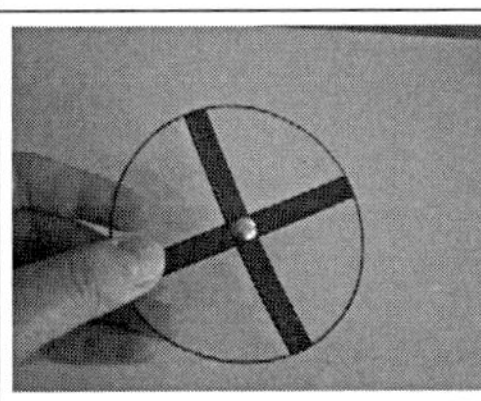 | 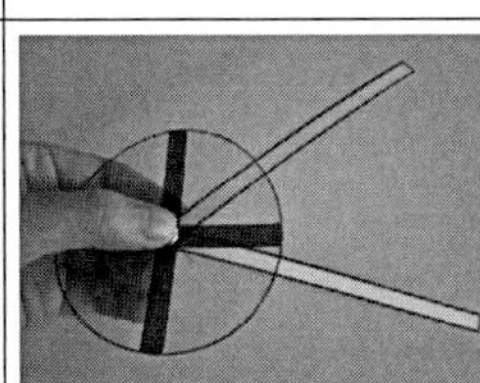 | 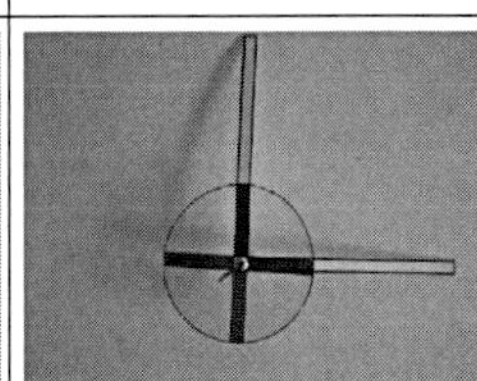 |

즉, 직각은 반의 반($\frac{1}{4}$)바퀴 회전으로 지도한다.

### 1.3.3. 각의 분류

① 유클리드 기하학에서는 직각을 정의하기에 앞서 수직의 의미를 제시하고 있다. 즉, 수직이란 똑바로 아래로 드리움을 뜻하며 수직이 되는 선을 수직선이라고 한다. 즉, 실에 추를 매달아 팽팽하게 늘어뜨려 지표면에 닿도록 함을 뜻한다. 유클리드는 직각, 둔각, 예각을 다음과 같이 정의했다. 한 직선에 다른 직선을 세웠을 때, 이웃한 각들이 크기가 서로 같으면 그 각을 직각이라 부른다. 이 때 세운 직선은 원래 직선과 수직이라 부르며, 둔각은 직각보다 큰 각이고 예각은 직각보다 작은 각이다.

② 프로클루스에 따르면 옛날 사람들은 수직선을 노몬(gnomon)의 선이라고 불렀다. 노몬은 직각으로 꺾여 있는 자(ㄱ 모양의 자)이며, 이것을 땅바닥에 놓으면 직각을 이루게 된다. 또한 도형의 높이를 잴 때 수직선을 이용하며, 직각을 기준으로 각들의 크기를 구별한다. 그렇지 않다면 각들은 서로 구별할 수 없다고 하였다.

③ 아리스토텔레스는 그의 저서 'Methphysica'에서 직각과 예각의 발생순서는 다음과 같다고 주장하였다. 즉, 예각은 직각의 부분이며, 직각은 예각들로 쪼갤 수 있으므로, 물리적인 대상으로서는 예각이 먼저이며, 형태로 보면 직각이 먼저라고 했다.

④ 180°를 평각, 90°를 직각이라고 하며, 0°에서 90°사이의 각은 예각이라고 하고, 90°에서 180°사이의 각은 둔각이라고 한다.

⑤ 각의 합동

두 각의 크기가 같을 때, 그 두 각은 합동이라고 하며, 기호로는 $\cong$으로 표기한다. 즉, $\angle P \cong \angle Q$와 같이 표기한다.

⑥ 수선

직각으로 만나는 두 직선 $l$ 과 $m$을 서로 '수선'이라 하고, 기호로는 $l \perp m$ 으로 표기한다.

### 1.3.4. 여러 가지 각의 성질

두 각의 크기를 합하여 $180^0$가 되는 경우에 두 각을 서로 '보각'이라고 부른다.

### ① 맞꼭지각

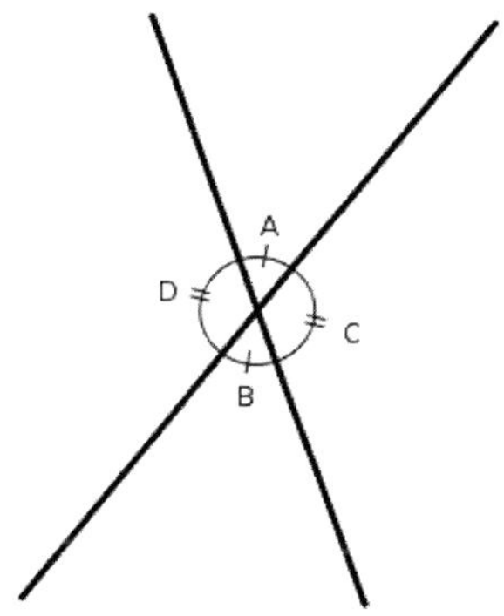


두 직선이 교차할 때 두 쌍의 맞꼭지각이 생긴다. 한 쌍은 각 A와 B로 구성되며, 다른 쌍은 각 C와 D로 구성된다.

기하학에서 맞꼭지각이란 교차하는 두 직선이 한 점에서 만날 때 생기는 한 쌍의 교각 중 서로 이웃하지 않는 것을 뜻한다.

**맞꼭지각 정리**

두 개의 직선이 한 점에서 만날 때 4개의 각이 형성되며, 서로 이웃하지 않는 각을 맞꼭지각이라고 부른다. 한 쌍의 인접한 각은 서로 보각이며, 한 쌍의 맞꼭지각은 서로 그 크기가 같아 합동을 이룬다.

(증명) 두 직선 AB와 CD의 교점을 O라 하면,

$\angle AOB$와 $\angle COD$는 평각이므로

$\angle AOC+\angle AOD=180°$ ……(1)

$\angle BOD+\angle AOD=180°$ ……(2)

(1), (2)에 의해서

$\angle AOC+\angle AOD=\angle BOD+\angle AOD$

$\therefore \angle AOC=\angle BOD$

### ② 동위각

두 직선 a, b에 다른 한 직선 c가 만나서 이루는 각을 [그림]과 같이 나타낼 때 $\alpha$와 $\alpha'$, $\beta$와 $\beta'$, $\delta$와 $\delta'$는 서로 <u>동위각</u>이라고 한다.

한 쌍의 동위각이 같을 때 최초의 두 직선은 평행하고, 최초의 두 직선이 평행하면 동위각은 모두 같다.

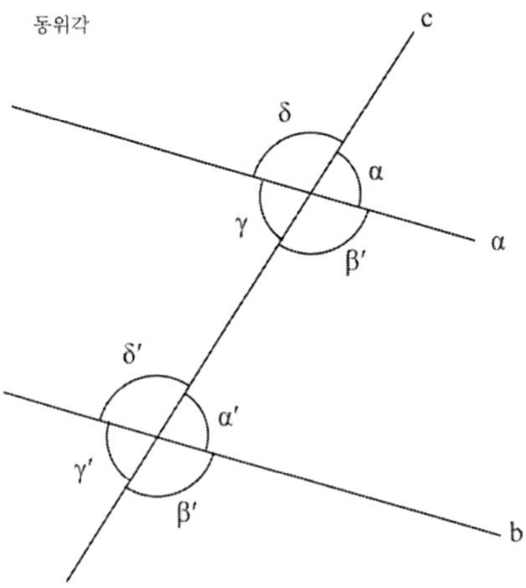


거꾸로 횡단선에 의해 잘려진 두 개의 동위각이 같다면 두 직선은 평행하다.

### ③ 엇각

아래 그림에 표시한 두 각을 엇각이라고 한다.

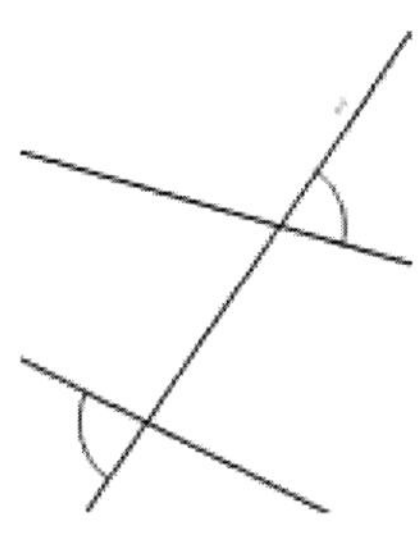

횡단선에 의해 나뉘어진 두 선이 만약 평행하다면 엇각도 같다.

거꾸로 횡단선에 의해 잘려진 두 개의 엇각이 같다면 두 직선은 평행하다.

### ④ 내각과 외각

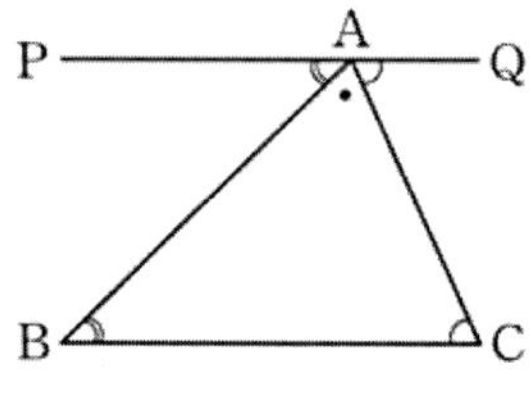


위의 그림에서 ∠B, ∠C 와 같이 삼각형의 안쪽의 각을 '내각'이라고 한다.

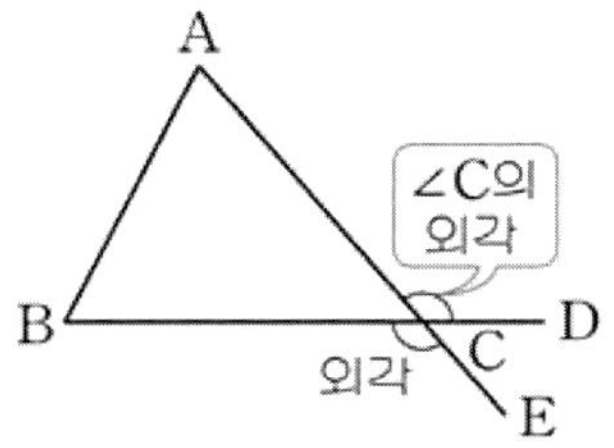


위의 그림과 같이 삼각형 ABC의 변 BC를 꼭지점 C쪽으로 연장하여 그 위에 점 D를 잡을 때, ∠ACD를 꼭지점 C에서의 '외각'이라고 한다.

⑤ **삼각형의 세 내각의 합**

- 종이로 만든 삼각형 ABC의 변 AC를 접어 삼각형의 높이 AD를 찾는다.
- 삼각형의 세 꼭짓점 A, B, C가 점 D에 모이도록 접는다.
- 삼각형이 직사각형으로 변하며, 오른쪽 그림과 같이 삼각형 ABC의 세 내각의 합은 평각(180°)이 되는 것을 알 수 있다.

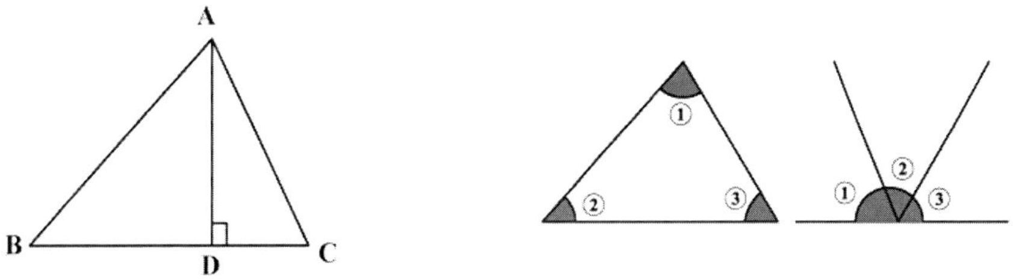


(이유) △ABC의 꼭짓점 A를 지나고 변BC에 평행한 직선 PQ를 긋는다. 그러면 ∠B=∠PAB, ∠C=∠QAC(엇각), 따라서

∠A+∠B+∠C

=∠A+∠PAB +∠QAC

=180°

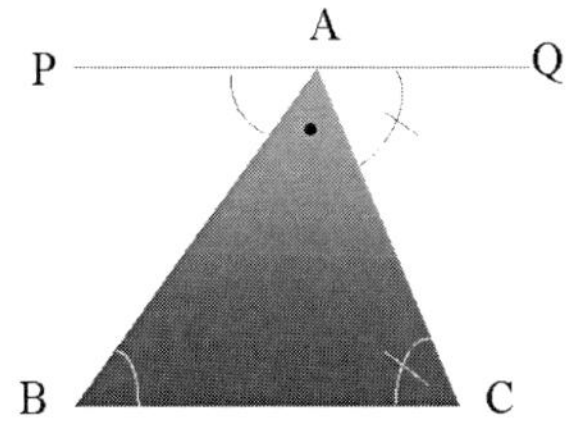

### ⑥ 볼록 다각형의 내각과 외각의 합>

• 볼록 다각형의 외각의 합

볼록 다각형의 외각의 합은 360°이다.

**(이유** 1) 아래 그림과 같이 다각형의 외각을 ∠1, ∠2, … 등으로 나타내기로 하고, 그 각의 크기(각도)를 각각 m(∠1), m(∠2), … 으로 나타내기로 한다. 그러면,

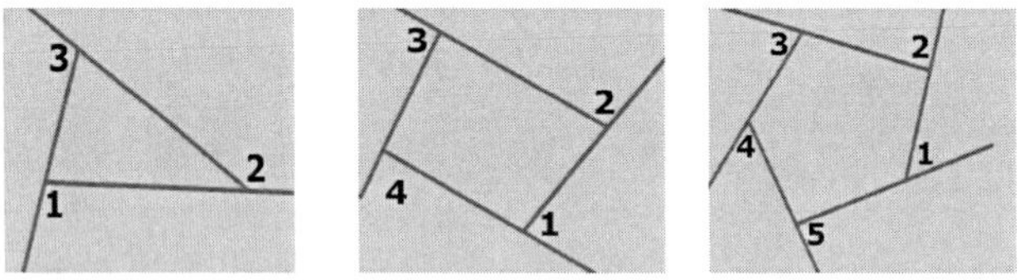


다각형을 따라서 한 바퀴 걸어보면, 다각형의 각 점에서 외각을 따라 돌아야 한다. 마지막 꼭짓점에서 처음의 방향을 따라서 가게 된다. 따라서 전체 회전은 360°이다. 만약 ∠1, ∠2, … , ∠n 을 외각이라고 하면, m(∠1) + m(∠2) + … +m(∠n) = 360°이다.

**(이유** 2) 종이에 다각형을 임의로 그려놓고 외각을 표시하여 잘라낸 후 그것을 모아보았더니 한 점에 모였다. 한 점의 둘레는 360 ° 이므로 외각의 합은 360 ° 이다.

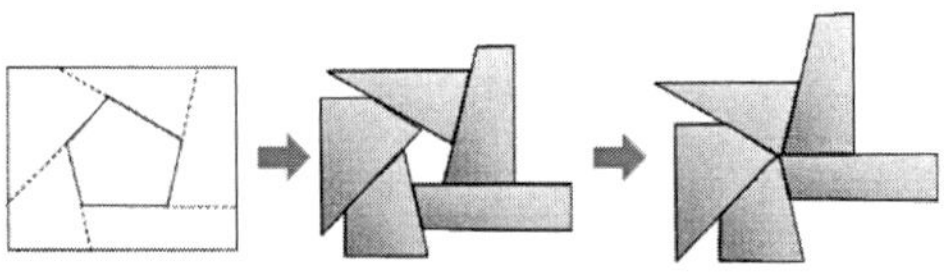

**(이유** 3) 원을 여러 개의 부채꼴로 자른 후, 부채꼴을 펼쳐서 내부에 다각형이 생기게 한다. 이때 부채꼴의 중심각들이 내부에 생긴 다각형의 외각이 되므로 외각의 합은 360 ° 이다.

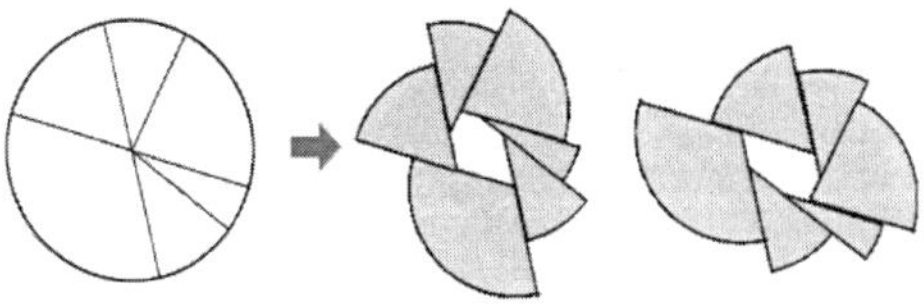

• 볼록 n-다각형의 내각의 합은 (n-2)×180°이다.

(이유 1) 다각형의 외각과 내각을 합하면 180°이라는 사실을 이용하여 이유를 설명하기로 한다. 외각 $\angle 1$, $\angle 2$, $\cdots$ , $\angle n$ 에 있는 내각을 각각 $\angle 1'$, $\angle 2'$, $\cdots$ , $\angle n'$ 로 나타내기로 하자. 그러면 $m(\angle 1')=180°-m(\angle 1')$, $m(\angle 2)=180°-m(\angle 2')$, $\cdots$, $m(\angle n)=180°- m(\angle n')$이 되므로,

$$m(\angle 1) + m(\angle 2) +\cdots + m(\angle n)$$
$$= n\times 180° - [m(\angle 1')+m(\angle 2')+\cdots+ m(\angle n')]$$
$$= n\times 180° - 360°$$
$$= (n-2)\times 180°$$ 이다.

(이유 2) 모든 다각형은 삼각형으로 분해 될 수 있다. 예를 들면 사각형은 한 개의 대각선에 의해서 두 개의 삼각형을 나누어지고, 오각형은 두 개의 대각성에 의해서 3개의 삼각형으로 나누어진다. 그런데 3각형의 내각의 합은 180°이므로 사각형의 내각의 합은 $180°\times 2$, 오각형의 내각의 합은 $180°\times 3$, 6각형의 내각의 합은 $180°\times 4$, $\cdots$ 이 된다. 즉, 볼록 n-다각형의 내각의 합은 $(n-2)\times 180°$이다.

**참고**

각은 도형이고 각도는 양이다. 그러나 보통 각과 각도를 혼용해서 사용한다.
예를 들면, '삼각형의 내각의 크기의 합은 180°이다'를 '삼각형의 내각의 합은 180°이다'라고 사용한다.

## 1.4. 삼각형

삼각형은 세 개의 선분으로 이루어진 닫힌 도형(단일폐곡선)이다. 따라서 삼각형은 변이 세 개, 각이 세 개다.

### 1.4.1. 삼각형의 합동

두 삼각형의 모양과 크기가 같을 때 두 삼각형을 완전하게 겹쳐진다. 이때 두 삼각형은 '합동'이라고 부른다.

**① 대응각, 대응변**

• 두 삼각형이 합동일 필요충분조건은 대응변과 대응각이 합동인 것이다.

- △ABC와 △PQR가 합동일 때, △ABC ≅ △ PQR 라고 적는다.
- 대응점은 A↔P, B↔Q, C↔R이다.
- 대응변은 합동이다. : AB ≅ PQ, BC ≅ QR, CA ≅ RP.
- 대응각은 합동이다. ∠A ≅ ∠P, ∠B ≅ ∠Q, ∠C ≅ ∠R.

### ② 합동 조건의 탐구

두 삼각형이 합동이 되는지를 알아보려면 세 개의 대응 선분의 길이와 세 개의 대응 각이 같아야 한다. 그러나 두 삼각형이 다음의 조건을 만족하면 나머지 조건도 따라서 만족하게 된다. 이것을 삼각형의 합동조건이라고 하고, 그 조건은 다음과 같이 네 가지가 있다.

- 변(Side)=S, 각(Angle)=A 로 표기한다.

두 삼각형이 합동이 되는지를 알아보려면 세 개의 대응 선분의 길이와 세 개의 대응 각이 같아야 한다. 그러나 두 삼각형이 다음의 조건을 만족하면 나머지 조건도 따라서 만족하게 된다. 이것을 삼각형의 합동조건이라고 하고, 그 조건은 다음과 같이 네 가지가 있다.

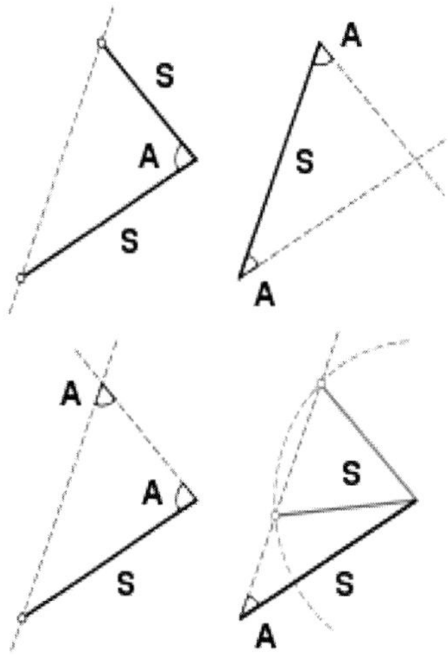


(a) **변-변-변(SSS) 합동**

※ 유클리드 기하학(원론)에서는 SSS 조건은 공리로 받아들여진다. 즉, SSS는 증명의 대상이 아니라 (직관적으로)참이다. 또한 나머지 합동조건을 만족하면 결국 SSS 조건을 만족하게 되므로 두 삼각형이 합동이 된다고 하고 있다.

• 작도 방법

△ABC의 세 변의 길이가 주어져있다. △ABC과 세 변의 길이가 같은 △PQR을 다음과 같은 단계로 작도한다.

- 1단계 : 컴퍼스를 이용하여 선분 AB와 길이가 같은 선분 PQ를 그린다.
- 2단계 : 점 Q를 중심으로 선분 BC를 반지름으로 하는 원을 그린다.
- 3단계 : 점 P를 중심으로 선분 AC를 반지름으로 하는 원을 그려서 2단계에서 그린 원과의 교점을 R로 놓아라.
- 4단계 : 선분 PR과 RQ를 그린다.

위의 활동에서 알아낸 점은 다음과 같다.

• 두 삼각형의 세 대응변끼리 합동이면 두 삼각형은 합동이다.

• SSS 조건 활용하기

어떤 사각형 ABCD의 마주보는 변 AB=DC와 AD=BC이다. 그러면 사각형 ABCD가 평행사변형이다.

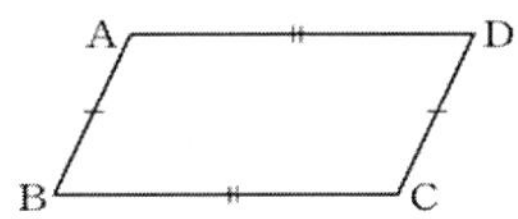


**(이유)** 기하학에서 많은 문제가 보조선이나 보조 호를 그으면 해결될 수 있다. 보조선으로 대각선 AC를 그어 보자. AC가 그 자체로 합동이기 때문에 우리는 △ABC≅△CDA가 SSS 조건에 의해 합동임을 알 수 있다. 따라서 각 ∠BAC와 ∠DCA에 대응하는 각은 합동이므로, 내각의 정리에 의해 AB∥ DC이다. 같은 방법으로, ∠BCA = ∠DAC이므로 AD∥ BC이다. 따라서 사각형 ABCD는 평행사변형이다.

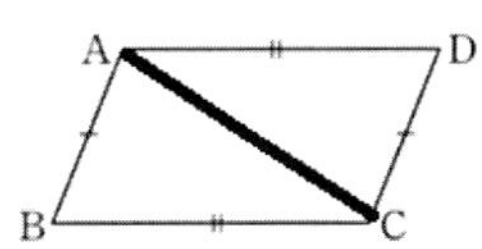


• SSS 조건을 활용하여 '각 옮기기'

주어진 각 ∠D에 합동이면서 점 Q를 중심으로 하는 각을 그린다.

- 1단계 : 직선자를 사용하여 반직선 QY를 그려라.

- 2단계 : D와 Q를 중심으로 하는 같은 반지름을 갖는 호를 그려라. ; E와 F를 주어진 각의 변과 만나는 변이라고 하자. 점 R을 QY와 만나는 곳에 찍어라.
- 3단계 : 점 E에 컴퍼스의 점을 놓고 F를 따라 호를 그려라. S를 잡기 위해 점 R을 중심으로 하는 같은 반지름을 갖는 호를 그려라.
- 4단계 : S를 지나는 반지름 Q를 직선 자를 이용해서 그려라.

그러면 ∠Q ≅ ∠ D이 된다.

(이유) 작도 과정에서 DE=QR, DF=QS, EF=RS임을 알 수 있다. 따라서 SSS 정리에 의해 △DEF ≅ △ QRS 이다. 따라서 대응각 ∠D와 ∠Q는 합동이다.

• 삼각 부등식

삼각형의 어떤 두 변의 길이의 합은 다른 한 변의 길이보다 크다.

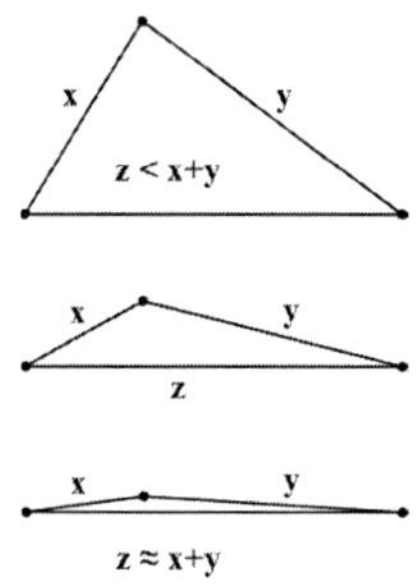


• 삼각 부등식의 활용

어떤 4개의 마을이 공동으로, 모든 마을에 전기를 공급할 발전소를 세우려고 한다. 전선의 비용을 최소화하기 위해 발전소에서 4마을까지의 거리의 합이 가장 작게 되도록 발전소의 위치를 선정해야한다. 기술자들은 어떤 지점 E에 발전소를 세울 것을 권했다. 한 수학자는 4 마을이 아래와 같이 볼록 사각형을 만들고 있는 것을 알고 발전소를 사각형의 대각선이 서로 교차하는 지점 M에 지어야 한다고 권했다. E 보다 M이 더 좋은 위치인 이유는 무엇인가?

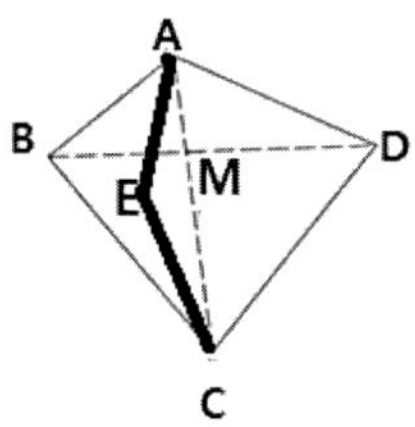

(이유) 4마을의 위치 A, B, C, D를 이어 사각형 ABCD를 만든다. △ACE에 적용된 삼각형 부등식은 EA+EC>AC이다. M은 대각선 AC위에 있기 때문에 AC=MA+MC임을 알 수 있다. 따라서

$$EA + EC > MA + MC\text{이다.}$$

이 때, △BDE에 삼각 부등식을 적용한다면 다음과 같은 부등식을 얻을 수 있다.

$$EB + ED > MB + MD.$$

두 부등식을 더하면

$$EA + EC + EB + ED > MA + MC + MB + MD.$$

따라서 지점 M에서 4마을까지의 거리의 합이, 사각형 ABCD 내부의 다른 지점에서의 4마을까지의 거리의 합보다 작다는 것을 알 수 있다.

(b) 변-각-변(SAS) 합동

• 작도 방법

△ABC의 두 변 AB와 AC, 두 변 사이의 각 ∠A가 주어졌을 때 △ABC와 합동인 △PQR을 작도해 보기로 한다.

- 1단계 : SSS 조건을 활용하여 '각 옮기기'를 이용하여 각∠A와 합동인 각을 점 P에서 작도한다.
- 2단계 : 길이가 각각 AB와 AC인 각 ∠P의 변을 따라 선분 PQ와 PR를 그린다.
- 3단계 : 선분 QR을 그려서 △PQR을 완성한다. 이것은 △PQR의 크기와 모양을 결정하는 유일한 과정이다. 따라서 △PQR ≅ △ABC이다.

위에서 설명한 과정은 △ABC의 변-(사이)각-변, 즉 세 부분만으로 △PQR의 크기와 모양을 결정할 수 있다. 위의 활동에서 알아낸 점은 다음과 같다.

• 한 삼각형에서 두 변과 사이 각이 또 다른 삼각형의 두 변과 끼인각과 합동이라면 두 삼각형은 합동이다. 즉, 두 변과 끼인각이 같으면 나머지 한 변도 같아진다는 것이다.

• SAS 조건의 활용

(a) 두 선분 AB와 CD가 공통 중점 M에서 만난다. AD와 BC는 서로 평행하고 길이가 같다.

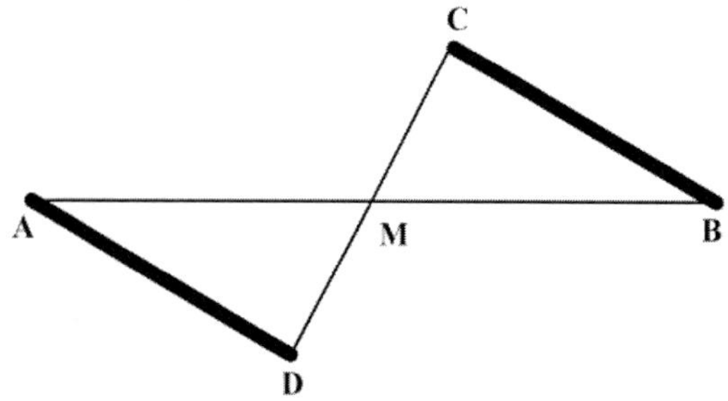


**(이유)** M은 AB의 중점이다. 따라서 AM=BM이다. 선분 AM와 BM위에 1개 점으로 이루어진 표시를 각각 해두었다. CM=M이고 선분 CM과 DM 위에 더블 마크를 해 두었다. 또한 교차하는 선분으로 인해 생기는 M의 두 꼭지각의 합동을 표시하기 위해 단일선의 호를 그렸다. SAS 조건에 의해서 △AMD ≅ △ BMC이다. 따라서 대응변 AD와 BC가 합동이기 때문에 AD=BC이다. 또한 ∠A ≅ ∠B이므로 엇각 정리에 의해 AD와 BC는 서로 평행이다.

(b) 이등변 삼각형에서 마주보는 변과 마주보는 각은 합동이다.

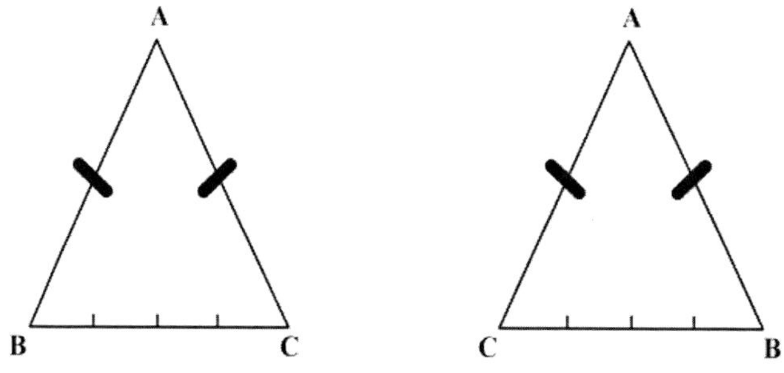


**(이유)** △ABC가 AB=AC인 이등변 삼각형이라고 하자. △ABC의 꼭짓점 A를 누르고 $180^o$ 회전 시켜 놓은 △ACB에서, AB ≅ AC, AC ≅ AB이고 ∠A ≅ ∠A이므로 SAS 합동조건에 의하여 △ABC ≅ △ACB임을 알 수 있다. 따라서 대응각 ∠B ≅ ∠C이다.

[주의] 이등변삼각형을 도입할 때에는 위의 그림과 같이 꼭 두 변의 길이만 같아야 한다고 강조하지 않는 것이 좋다. 그렇게 강조하면 아동들은 정삼각형은 이등변삼각형이 아니라고 생각할 수 있기 때문이다.

### (c) 각-변-각(ASA) 합동

• 작도 방법

△ABC의 한 변과 양 끝 각이 주어져 있다. △ABC와 합동인 △PQR을 작도하는 방법은 다음과 같다.

- 1단계 : ∠P≅∠A를 작도한다.
- 2단계 : PQ=AB가 되도록 ∠P의 변에 점 Q를 찍고, 선분 PQ를 그린다.
- 3단계 : 선분 PQ를 기선으로, 점 Q에서 ∠B와 합동인 각을 그린다. ∠P의 다른 변의 연장선과 ∠Q의 연장선과의 교점을 R이라 하면, △PQR ≅ △ ABC이 된다.

즉, 한 변의 길이와 양 끝각이 같으면 나머지 두 변의 길이도 같아진다는 것이다.

### (d) 각-각-변(AAS) 합동

ASA 합동에서의 변은 두 각에 의해 둘러싸인 한 변을 나타낸다. 그러나 만약 한 삼각형의 임의의 두 각이 다른 삼각형의 두 각과 합동이라면 대응각의 모든 세 쌍이 합동이다. 이것은 삼각형의 세 각의 합은 180°이고 따라서 세 번째 각은 다른 두 각에 의해 유일하게 결정된다는 것을 의미한다. 이것은 각 - 각 - 변 조건이라고 하고 간단하게 AAS라고 한다.

• 각-각-변 (AAS) 합동

삼각형의 두 각과 한 변이 각각 다른 삼각형의 두 각과 포함되지 않은 대응변과 합동이라면 두 삼각형은 합동이다.

• 탈레스의 정리

고대 그리스의 수학자 탈레스(Thales, B.C. 640∼546)는 '지름이 AC인 반원에 내접하는 모든 삼각형 ABC는 원주 위의 점 B에서 직각이 된다.' 라고 하였다. 그 이유를 알아보기로 한다.

**(이유)** 반지름 OB를 그으면, △ACB는 두 이등변 삼각형 △AOB와 △COB로 나누어진다. 그러면 이등변 삼각형의 성질에 의해서 △AOB의 두 밑각의 크기(x)는 같으며, △COB의 두 밑각의 크기(y)도 같다. △ABC의 내 각의 합이 180°이므로 x+y+(x+y)=180°가 된다. 그러므로 ∠B의 크기는 x+y=90°이다.

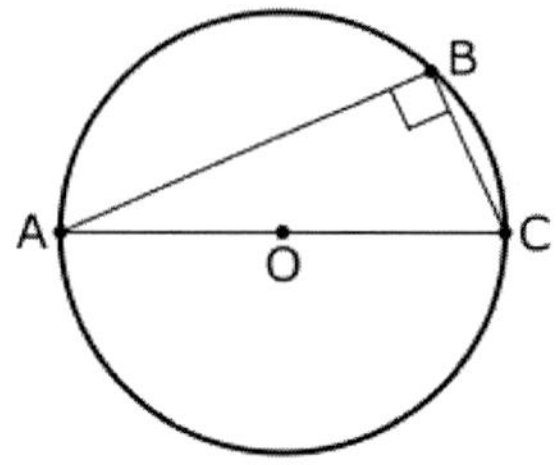


# 1.5. 사각형

## 1.5.1. 사각형의 성질

1) **사각형의 정의**

네 개의 선분(변)으로 이루어진 단일 폐곡선

2) **사각형의 종류**

① 사다리꼴

한 쌍의 마주보는 변이 평행한 사각형

② 평행사변형

두 쌍의 대변이 평행한 사각형

- 마주보는 변의 길이와 마주보는 각의 크기가 같다.
- 두 쌍의 평행인 변으로 구성되어 있다.
- 두 개의 대각선은 서로 다른 것을 이등분한다.
- 도형의 중심에 대한 점대칭 도형이다.

[주의] 평행사변형을 처음 도입할 때 피사의 사탑처럼 비스듬한 도형을 보여주는 것이 보편적이다. 그런 이유로 직사각형이나 정사각형은 평행사변형이 아니라는 선입관이 아동들에게 강렬하게 작용할 수 있다. 따라서 아래 그림과 같은 자석 블록, 아일렛 펀치(심), 할핀 등을 이용하여 사각형을 만들면 네 변의 움직임이 변화 가능하므로 평행사변형의 변환 과정을 통하여 직사각형과 정사각형도 평행사변형임을 지도하면 좋겠다.

③ 직사각형

마주보는 변의 길이가 같고 4각 모두 직각인 사각형

- 평행인 변이 두 쌍이다.

• 두 개의 대각선은 서로 같고 다른 것을 이등분한다.
• 도형의 중심에 대한 점대칭 도형이다.
• 선대칭도형이다.
• 1개의 대각선으로 접을 때는 두 개의 합동인 직각삼각형이 만들어진다.
• 2개의 대각선으로 접을 때는 대각선은 서로 이등분된다.
• 대칭축이 2개 있는 선대칭도형이다.
• 대각선의 교점을 중심으로 점대칭 도형이다.

④ 마름모

마주보는 변의 길이가 같고 마주 보는 각의 크기가 같은 직사각형

• 평행인 변이 두 쌍이다.
• 두 개의 대각선은 서로 같고 다른 것을 수직 이등분한다.
• 도형의 중심에 대한 점대칭 도형이다.
• 대각선을 대칭축으로 하는 선대칭도형이다.

⑤ 정사각형

4변의 길이가 같고 4각의 크기는 모두 직각인 사각형

• 평행인 변이 두 쌍이다.
  따라서 정사각형은 직사각형인 동시에 마름모인 사각형이다.
• 두 개의 대각선의 길이는 같으며, 서로 수직 이등분한다.
• 도형의 중심에 대한 점대칭인 도형이다.
• 대각선, 수평축, 수직축을 대칭축으로 하는 선대칭도형이다.
• 사각형의 성질의 비교표

| | 평행사변형 | 직사각형 | 마름모꼴 | 정사각형 |
|---|---|---|---|---|
| 각의 크기 | 맞각의 크기는 같다. | 네 각이 모두 직각이다. | 맞각의 크기가 같다. | 네 각이 모두 직각이다. |
| 변의 길이 | 맞변의 길이가 같다. | 맞변의 길이가 같다. | 네 변의 길이는 모두 같다. | 네 변의 길이는 모두 같다. |
| 평행인 변 | 평행인 변이 두 쌍이다. | 평행인 변이 두 쌍이다. | 평행인 변이 두 쌍이다. | 평행인 변이 두 쌍이다. |
| 한 개의 대각선에 의한 분할 | 두 개의 합동인 삼각형으로 분할된다. | 두 개의 합동인 삼각형으로 분할된다. | 두 개의 합동인 삼각형으로 분할된다. | 두 개의 합동인 이등변 삼각형으로 분할된다. |

| | 평행사변형 | 직사각형 | 마름모꼴 | 정사각형 |
|---|---|---|---|---|
| 대각선끼리의 관계 | 서로 이등분한다. | • 서로 이등분한다.<br>• 두 대각선의 길이가 같다. | • 서로 이등분한다.<br>• 두 대각선은 수직이다. | • 서로 이등분한다.<br>• 두 대각선의 길이가 같다.<br>• 두 대각선은 수직이다. |
| 점대칭 | 도형의 중심에 관한 대칭인 도형이다. | 도형의 중심에 관한 대칭인 도형이다. | 도형의 중심에 관한 대칭인 도형이다. | 도형의 중심에 관한 대칭인 도형이다. |
| 선대칭 | | 대칭축이 2개인 선대칭 도형이다. | 대칭축이 2개인 선대칭 도형이다. | 대칭축이 4개인 선대칭 도형이다. |

## 1.5.2. 사각형의 지도

### 1) 지도 방향

사각형의 특징을 '수직'과 '평행'이라는 관점에서 살펴보는 활동을 통하여, 사다리꼴, 평행사변형, 마름모, 직사각형과 정사각형에서 성립되는 성질을 알아내게 하며, 사각형에 대한 이해가 심화되게 한다. 사각형과 다각형 단원의 차시별 지도 방법은 매우 유사하며, 그 중 마름모의 지도 방법을 예로 들면 다음과 같다.

### 2) 마름모의 지도 방법

마름모는 다음과 같은 과정으로 지도한다.

① 마름모의 정의

생활 속 마름모의 모습을 사진으로 제시하고 이전 차시의 평행사변형 모양을 마름모의 모습으로 변형시켜 보게 하는 활동 과정에서 아동들의 생각을 다양하게 수용하고 이를 비교·검토하는 활동을 통해 4개의 변이 모두 같은 사각형을 '마름모'라고 한다는 것을 정의하도록 안내한다.

② 실생활에서 마름모 활용 사례 찾기

마름모를 생활에서 활용한 사례를 찾아보도록 하여 도형에 관한 지식이 실생활에 도움이 된다는 사실을 알도록 한다.

③ 교구를 활용한 마름모(사각형)의 지도

- 색종이로 마름모를 접어보기
- 모눈종이와 점판에 마름모 그려보기
- 지오보드판에 다양한 크기와 모양의 마름모를 만들어보기

등을 통하여 마름모를 작도하거나 제작하고, 주어진 도형이 마름모인지를 확인하게 하는 등의 활동을 통해 마름모의 성질에 대한 이해가 심화되게 한다.

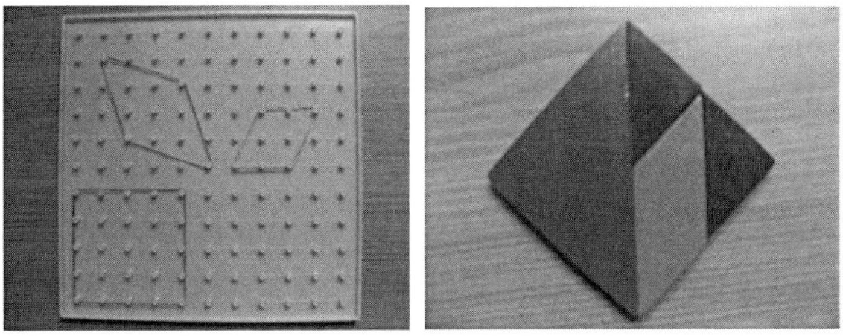

• 자석 블록, 아일렛 펀치(심), 할핀 등을 이용하여 사각형을 만들면 네 변의 움직임이 변화 가능하므로 사각형의 변환 과정을 통하여 귀납적으로 사각형의 특성을 알도록 지도한다.

[주의] 위와 같은 교구를 움직여 보이면서, 직사각형이나 정사각형도 평행사변형임을 지도한다.

## 1.6. 다각형

변이 여러 개인 선분으로 둘러싸인 도형을 다각형이라 하고, 볼록 다각형과 오목 다각형으로 나누어진다. 볼록 다각형이란 삼각형이나 사각형과 같이 움푹 패인 곳이 없는 다각형을 뜻하며, 그렇지 않은 다각형을 오목 다각형이라고 부른다.

### 1.6.1. 정다각형

정삼각형이나 정사각형과 같이 모든 변의 길이가 똑같은 다각형을 정다각형이라고 부른다.

• 정다각형의 내각

| 다각형 | 변 또는 내각의 개수 | 내각의 합 | 한 내각의 크기 |
|---|---|---|---|
| 정 삼각형 | 3 | 180° | 60° |
| 정 4각형 | 4 | 360° | 90° |
| 정 5각형 | 5 | 540° | 108° |
| 정 6각형 | 6 | 720° | 120° |
| 정 7각형 | 7 | 900° | $128\frac{4}{7}°$ |
| 정 8각형 | 8 | 1080° | 135° |
| 정 9각형 | 9 | 1260° | 140° |
| 정 10각형 | 10 | 1440° | 144° |
| 정 12각형 | 12 | 1800° | 150° |
| 정 15각형 | 15 | 2340° | 156° |
| 정 18각형 | 18 | 2880° | 160° |
| 정 20각형 | 20 | 3240° | 162° |
| 정 24각형 | 24 | 3960° | 165° |
| 정 42각형 | 42 | 7200° | $171\frac{3}{7}°$ |
| $n$각형 | $n$ | $(n-2)\times 180°$ | $\frac{(n-2)\times 180°}{n}$ |

## 1.7. 원

### 1.7.1. 원 개념의 발생

고대인들은 하늘에 있는 별들이 둥그렇게 움직이는 형상을 보면서 원의 관념이 생기기 시작하였다. 또한 우주의 모든 것은 정확하게 기하학적인 대상으로 생각하여서 우주를 만든 '신은 기하학자'라고 표현하였다. 고대의 수학자이자 철학자에게 원은 1이라는 수를 상징했다. 그들은 원이 그 다음에 나오는 모든 모양의 원천, 즉 모든 기하학적 패턴의 발달해 나오는 모태라고 믿었다.

### 1.7.2. 원의 정의와 작도법

아동에게 원을 그리는 방법을 지도하는 문헌에 나타나는 최초의 내용은 자연주의 철학자 루소의 교육용 소설인 '에밀'에 나타난다.

'마당에서 엄마가 줄을 붙잡고 서서 에밀이 그 줄을 잡고 엄마의 주위를 한 바퀴 돌도록' 하는 내용이다.

또한 아래의 그림에서 알 수 있듯이, 우주를 창조하는 신의 손에 컴퍼스가 쥐어져 있다. 즉, 우주의 모든 별들은 컴퍼스로 만든 길 즉, 원을 따라 움직이도록 신이 만든 것이라고 믿었다. 따라서 원의 정의는 다음과 같이 하는 것이 옳다.

〈신은 기하학자이다〉

• 원의 정의(약속)

원은 컴퍼스의 움직이는 다리가 고정된 다리의 둘레로 도는 동안 그려지는 자국

• 원의 중심, 원주, 반지름, 지름

원을 그린 컴퍼스의 고정된 다리의 위치를 원의 중심, 원의 둘레를 원주, 중심에서 원주를 잇는 선분(컴퍼스의 두 다리를 이은 선분)을 원의 반지름, 중심을 지나 양쪽으로 원주를 이은 선분을 지름이라고 부른다.

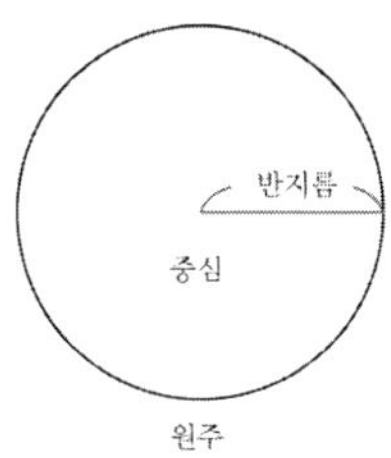


### 1.7.3. 중심각, 원주각

원주 위의 두 점 사이의 원의 일부분을 <u>호</u>라고 하며, 원둘레 위의 두 점을 이은 선분을 <u>현</u>이라 한다. 또한 아래 그림에서 중심과 원둘레 위의 두 점으로 이루어진 각(x)을 중심각

이라고 부르며, 원둘레 위의 점을 이은 현만으로 이루어진 각(y)을 원주각이라고 부른다.

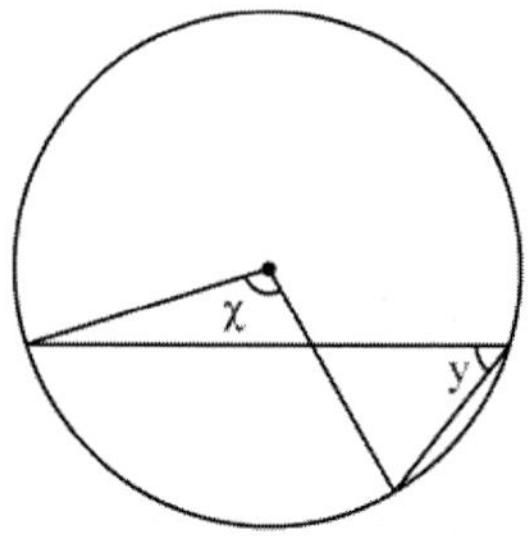


### 1.7.4. 부채꼴, 현

아래 그림의 색칠된 부분과 같이, 두 개의 반지름과 반지름사이의 호로 이루어진 도형을 '부채꼴', x를 부채꼴의 중심각, 선분 a를 '현'이라고 부른다.

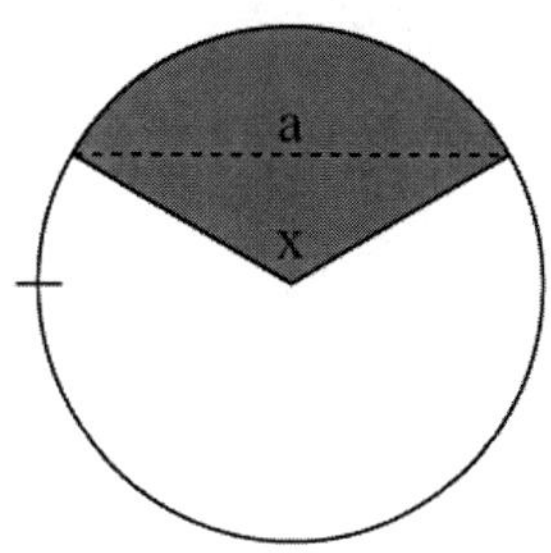


### 1.7.5. 원주율

원주의 길이나 원의 넓이를 구하기 위해서 꼭 필요한 지식이 원주율이다.

**1) 원주율의 정의**

모든 원의 원주의 길이와 지름의 비는 일정하다. 따라서 모든 원에서 원주의 길이를 지름으로 나눈 값이 같으며, 그 값을 원주율이라고 하며, 기호 $\pi$(파이)로 마타낸다.

• 원주율 = ( 원주 ) ÷ ( 지름)

**참고**

원주와 지름은 도형이므로, 원주율 = ( 원주의 길이 ) ÷ ( 지름의 길이 )가 옳은 표현이지만, 보통 원주율 = ( 원주 ) ÷ ( 지름 )이라고 하기로 한다.

## 2) 원주율의 발견

아동의 주변에서 있는 여러 가지 원모양을 본떠 위에서 언급한 원의 중심 또는 원의 지름을 찾는 방법을 이용하여 원주와 지름의 비를 알아보도록 한다. 원주율을 정확하게 계산하면 3.1415926535…와 같이 끝없이 소수로 나타내어지므로, 필요한 정확도에 따라서 3 또는 3.14 또는 3.1415 등, 소수점 몇 자리까지 사용할 것인지를 결정하면 된다.

## 3) $\pi$의 역사

원주율은 고대 바빌론의 점토판에서 원이나 구 등의 넓이 부피 계산과정에서 3 으로 계산하였다. 그 후 B.C. 3세기에 아르키메데스는 $\pi$는 대략 $3\frac{1}{7}$임을 알아냈다. 아르키메데스의 아이디어는 반지름이 1인 원의 넓이가 원주율 $\pi$와 같다는 사실을 알고, 다음과 같은 과정으로 반지름이 1인 원의 넓이를 계산하여 $\pi$의 값을 계산하였다.

① 원에 직사각형을 내접시킨 다음, 원의 지름에 대한 직사각형의 둘레의 길이의 비를 계산하였다. 내접한 육각형을 이용하여 $\pi$가 약 3이라는 것을 보였고, 아래 그림과 같이 내접 정 12각형, 정 24각형, …, 정 96각형까지 계산하여 아르키메데스는 $3\frac{10}{71}<\pi<3\frac{10}{70}$임을 밝혔다.

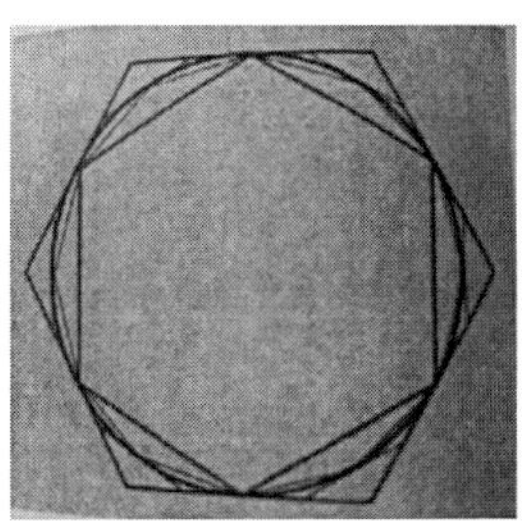

② 아르키메데스와 같은 방법으로 네덜란드의 수학자 Van Ceulen(1610)는 $\pi$ 를 소수 20번째 자리 수까지 계산하기 위해 정 32,212,254,720각형을 사용하였고, 1세기 후에 영국의 수학자 John Machin은 계산기를 이용하여 $\pi$ 를 100자리 수까지 계산하였다.

③ 1949년에는 최초의 컴퓨터인 ENIAC을 이용하여 70시간에 걸쳐 $\pi$를 소수 2037번째 자리까지 계산하였고, 슈퍼컴퓨터를 사용하여 2002년에 도쿄 대학의 컴퓨터 센터의 Yasumasa Kanada는 1초에 2조 번의 계산 능력을 가진 슈퍼컴퓨터로 약 400시간에 걸쳐서 $\pi$를 1.2411 조자리까지 계산하였다.

④ 오일러의 방법

오일러가 밝힌 등식 $\frac{\pi}{4}=1-\frac{1}{3}+\frac{1}{5}-\frac{1}{7}+\cdots$ 을 이용하면 원하는 만큼 정확하게 $\pi$값을 구할 수 있다. 원의 지름 $d$에 대한 원의 둘레 $C$의 비율을 $\pi$이므로,

$$\frac{C}{d}=\pi \quad \text{따라서} \quad C=\pi\times d.$$

⑤ 원의 반지름을 $r$이라 하면 $C=2\times\pi\times r$.

⑥ 1761년에 John Lambert는 $\pi$가 무리수라는 사실을 밝혔으며, 따라서 $\pi$를 분수나 유한소수 또는 순환소수로 정확하게 나타낼 수 없다.

### 1.7.6. 원의 중심 찾기

원주율 차시의 도입부분에서 주어진 원에서 지름과 원주를 구하는 문제가 발생한다. 둥근 캔이나 원 모양의 밭을 예로 든 경우에, 밭과 캔의 중심을 찾아야 지름을 구할 수 있다. 따라서 위에서 설명한, 일반적으로 주어진 원의 중심 또는 지름을 찾는 방법을 아동이 알도록 지도한다. 이제 아래에 있는 원들의 중심을 찾는 방법을 알아보기로 한다.

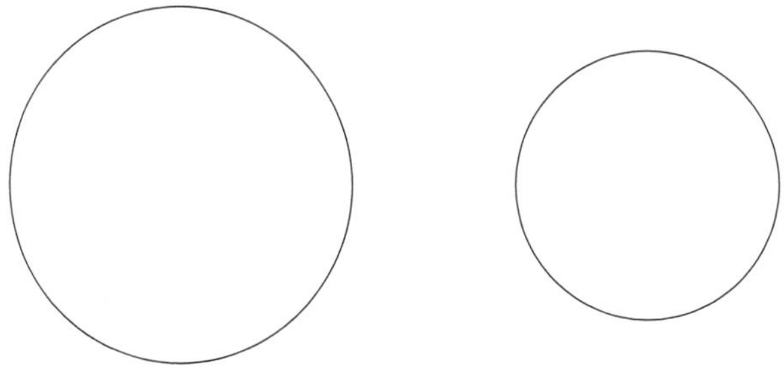

**(방법** 1) 원을 반으로 접으면 지름이 생기고, 다시 반으로 접으면 중심이 나타난다.

**(방법** 2) ① 원에 두 개의 현을 그린다.
② 두 현의 수직이등분선을 그린다.
③ 두 수직이등분선의 교점이 원의 중심이다.

**(방법** 3) 2.7.3절에서 알아 본, 탈레스의 정리를 이용한다.
① 원주각이 직각이 되는 현을 그으면 그 현은 원의 지름이다.
② 지름의 중점(이등분 점)이 원의 중심이다.

### 원 이야기

고대 수학자와 철학자들은 원이 수 1을 상징하고 모든 모양의 원천이라고 생각하였기 때문에 원을 씨앗 또는 공간을 만드는 불변의 진리로 생각하였다. 원의 넓이를 처음으로 구하기 시작한 사람들은 메소포타미아인이었다. 그들은 삼각형, 사각형, 오각형, 육각형의 넓이와 둘레 길이의 비를 구한 다음 변의 개수를 점점 더 늘려 가면서 넓이와 둘레 길이의 비를 구한 결과로 원주율을 $3\frac{1}{8}$로 정하여 사용하였다. 그 후 고대 그리스의 수학자 히포크라테스는 원의 넓이를 구하기 위하여 노력하였는데 초승달의 넓이를 정사각형으로 만드는 데는 성공하였지만 원의 넓이를 구하는 데는 실패하였다. 같은 시대에 그리스 수학자 안티폰은 처음으로 원의 안쪽으로 그린 다각형과 바깥쪽으로 그린 다각형의 넓이를 통해 원주율($\pi$) 값의 범위를 구하였다. 같은 방법으로 아르키메데스는 원주율($\pi$)은 $3\frac{10}{71}$ 보다 크고 $3\frac{1}{7}$보다 작다는 사실을 발견하였는데 이 값은 현대의 원주율의 값과 거의 비슷하고, 이를 이용하여 원의 넓이를 구하였다. 또한 아르키메데스는 구의 부피와 겉넓이를 구하였고, 구의 겉넓이는 구를 둘러싼 원기둥의 옆넓이와 같다는 사실을 발견하였다. 이 업적을 기념하기 위하여 아르키메데스의 묘에 다음과 같은 그림을 담고 있는 비석을 세웠다.

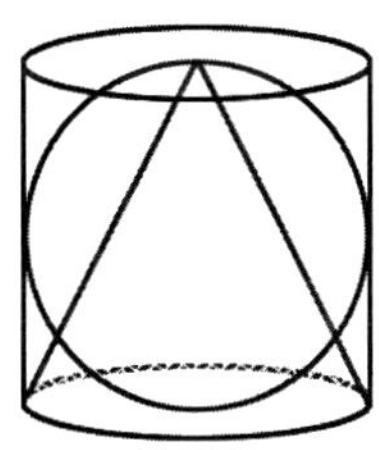

## 1.8. 평면도형의 이동

초등학교에서 3학년과 5학년에는 '평면도형의 이동'에 대하여 아동들이 공부하는 기회를 갖는다. '평면도형의 이동'이 교육과정에 들어가게 된 이유를 살펴보면 크게 두 가지로 나눌 수 있다. 하나는 '공간감각 기르기'이고 다른 하나는 '강체운동의 기초 및 논리'이다.

### 1.8.1. 강체운동(평면도형의 이동)

강체란 힘을 주었을 때, 위치는 변하지만 모양이 변하지 않는 물체를 말한다. 이러한 강체를 밀거나 돌리거나 뒤집는 활동을 강체운동이라고 한다. 이 개념은 19세기말에 수학교육 개혁을 선도했던 독일의 수학자 클라인(F. Klein, 1849-1925)이 정다각형을 강체운동만으로 분류하기 위하여 고안한 개념이다. 예를 들면, 전통적으로 정삼각형과 정사각형은 변의 개수, 꼭짓점의 개수, 강의 개수 등으로 구별하고 있다. 그러나 클라인은 다음과 같은 방법으로 두 도형을 분류하자고 한 것이다.

| | 기존의 정의 | 강체운동에 근거한 정의 |
|---|---|---|
| 정삼각형 | 길이가 같은 세 변과 크기가 같은 세 각으로 이뤄져 있는 도형 | 도형의 중심점을 회전점으로 잡고, 120°회전시켰을 때, 완전히 겹쳐지는 도형 |
| 정사각형 | 길이가 같은 네 변과 크기가 같은 네 각으로 이뤄져 있는 도형 | 도형의 중심점을 회전점으로 잡고, 90°회전시켰을 때, 완전히 겹쳐지는 도형 |
| ⋮ | ⋮ | ⋮ |

### 1.8.2. 네 가지 기본적인 강체운동

강체운동[2]은 크게 평행이동, 회전, 반사등을 일컫는다.

1) **평행이동**(Translations)

비형식적 수준에서는 '밀기(Slide)'라는 용어를 사용한다. 이것은 같은 방향, 같은 거리로 평면의 모든 점이 움직이는 강체운동이다.

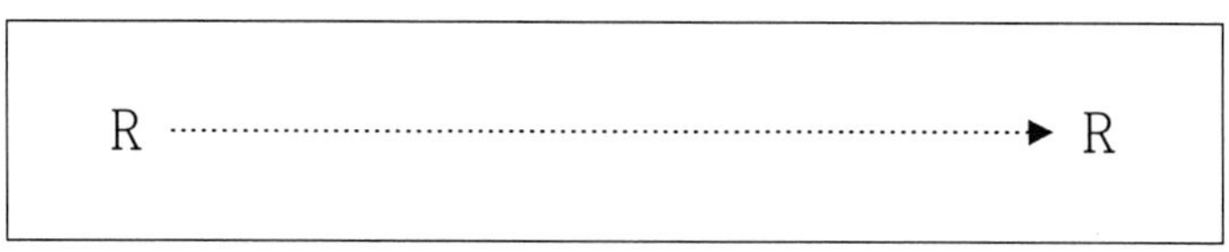


위 그림에서 왼쪽의 'R'에서 오른쪽의 'R'까지 표시된 화살은 밀기를 하기 위해 요구되는 두 가지의 정보인 방향과 거리를 알려주고 있다. 밀기의 방향은 화살의 방향이며, 움직인 거리는 화살의 길이이다.

---

2) 강체운동은 평행이동, 회전이동, 반사, 미끄럼반사로 크게 4가지로 분류하지만 이 중 미끄럼반사는 초등학교에서는 다루기 어렵다. 필요에 따라서 영재교육 등에서는 다룰 수도 있다.

2) **회전**(Rotations)

돌리기라고도 불린다.

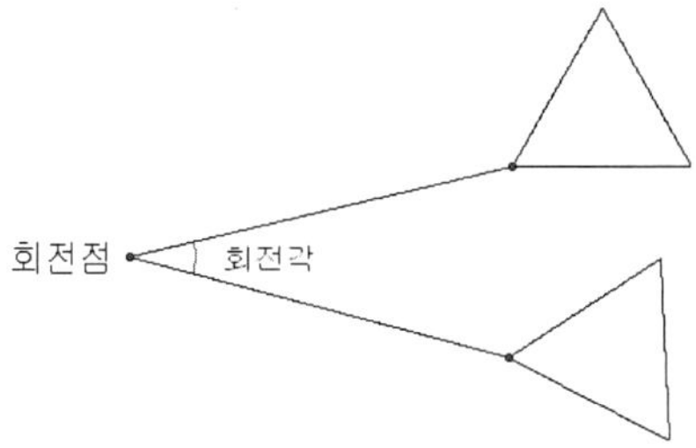


〈회전〉

그림과 같이 평면의 한 점은 고정된다. 이점을 회전점이라고 하며, 남아있는 점은 회전점을 축으로 같은 각도(반시계 방향)만큼 돌려준다. 회전은 주어진 회전점과 회전각에 의해 결정된다. 시계 방향 회전을 음(-)각, 반시계 방향의 회전 각도를 양(+)각으로 약속한다. 이런 식으로 -120° 회전은 같은 중심에서 240°에 해당한다.

3) **반사**

세 번째 기본적인 강체운동은 뒤집기, 거울 반사 등으로 불리는 반사이다.

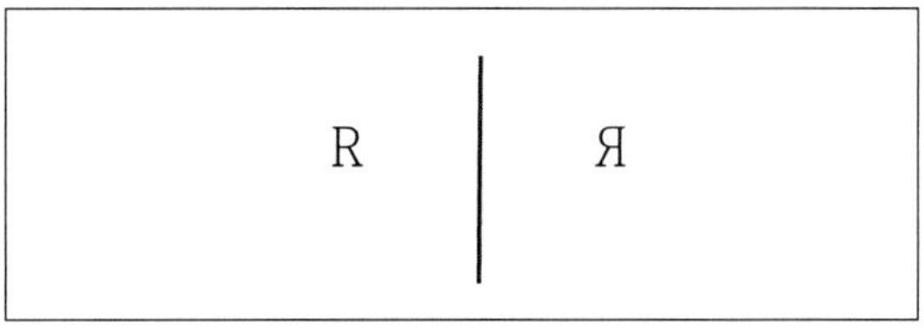


반사는 평면위에서 반사 축 혹은 대칭축(거울 축)이라는 선에 의해서 결정된다. 평면의 각 점 P는 거울 축 m의 반대쪽 점 P"으로 이동하고 m으로부터 같은 거리만큼 이동한다. 두 점 P와 P"을 잇는 선과 거울 축 m과의 교점을 P'이라하면, 거울 축 m은 두 점 P와 P"을 수직 이등분한다. 따라서 점 P'은 선분 PP"의 수직이등분 점이 된다.

• 뒤집기 활동 1

뒤집기는 투명지를 사용하여 투사와 뒤집기 과정을 통해서 설명할 수 있다. 첫째, 반사 축과 기준점을 포함하여 원래 그림의 자취를 그린다. 그 후 투명지를 뒤집고 뒤집기의 축을 지나는 점은 원래의 위치 위에 위치시킨다. 기준점의 정렬은 반사 축 상에서 어떤 미끄러짐도 없음을 의미한다.

• 뒤집기 활동 2

뒤집기는 또한 종이 접기를 통해서 실행될 수 있다. 이 때 접는 선은 거울 축 역할을 한다. 예를 들어, 잉크로 종이의 절반에 그림을 그린다.(혹은 잉크나 포스터 칼라의 큰 얼룩점을 떨어뜨린다.) 그리고 잉크나 페인트가 마르기 전에 다른 한 쪽이 그림을 덮도록 접는다. 만약 투사지나 패티 페이퍼가 사용 가능하다면 접어진 종이의 한쪽면의 바깥쪽에 상을 그린다. 그 후 접어진 종이를 위아래로 돌리고 두개의 접어진 막을 통해 보이는 그림의 자취를 남긴다.

#### 4) 미끄럼 반사

마지막 네 번째 기본적인 강체운동은 미끄럼 반사이다. 이는 미끄럼 반사는 미끄러짐과 뒤집기가 결합된 변환형태이다. 가장 쉽게 상기되는 예는 왼발자국에서 오른발자국으로 옮겨가는 동작이다. 미끄러짐 반사라 불리는 반사의 축은 미끄러짐의 방향과 평행해야 한다. 미끄러짐은 뒤집기의 앞에 실시된다. 하지만 뒤집기가 미끄러짐보다 먼저 시행되어도 결과는 같다. 미끄러짐 뒤집기에서 왼발자국의 상은 오른발자국이다.

| 이름(다른 이름)과 그림 | 필요한 정보 | 설명 | 방향 속성 |
|---|---|---|---|
| 평행이동(밀기) | 옮기는 방향, 거리와 방향을 명시 | 평면상의 모든점은 같은 거리와 방향으로 이동한다. | 방향이 유지됨 |
| 회전(돌리기) | 회전점과 회전각 | 평면상의 모든 점이 회전점에 대해 지시받은 각의 크기만큼 회전한다. | 방향이 유지됨 |
| 반사(뒤집기) | 반사축 | 반사축 위를 제외한 평면상의 모든점은 반사축의 반대편의 상으로 이동한다. 반사축위의 점은 고정된다. | 방향이 뒤집힘 |
| 미끄럼 반사 | 미끄러지는 방향과 그 방향과 평행한 반사축 | 평면상의 모든점은 평행이동을 하고, 미끄러진 방향과 평행하는 축을 중심으로 반사된다. | 방향이 뒤집힘 |

### 1.8.3. 강체운동의 지도법

#### 1) 밀기의 지도

(활동1) 학생이 앞에 나와 상하좌우로 몇 걸음씩 걷게 한다. 이때 변한 것과 변하지 않은 것이 무엇인지 알아본다.

(활동2) 다음의 도형이 그려진 모눈종이를 배부하고 투명한 OHP필름에 도형을 본뜨게 한 다음 상하좌우로 몇 칸씩 옮기기를 한 도형을 그린다. 변한 것과 변하지 않은 것이 무엇인지 알아본다.

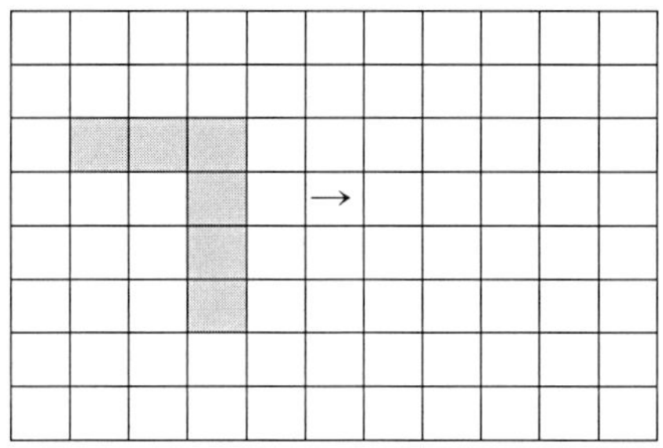


(활동3) 밀기 활동을 통하여 모눈종이에 도형을 규칙성 있게 배열한다.

### 2) 돌리기의 지도

(활동1) 놀이용 돌리기판으로 간단한 게임을 하면서 바늘이 회전한 다음의 모습이 처음에 비해 같은 점과 다른 점이 무엇인지 알아본다.

(활동2) 아래와 같이 도형이 그려진 모눈종이를 배부하고 투명한 OHP필름에 도형을 본을 뜬다. 그리고 회전점을 연필로 고정하여 반시계 방향으로 직각만큼 회전시킨다. 이때에도 변한 것과 변하지 않은 것을 알아본다.

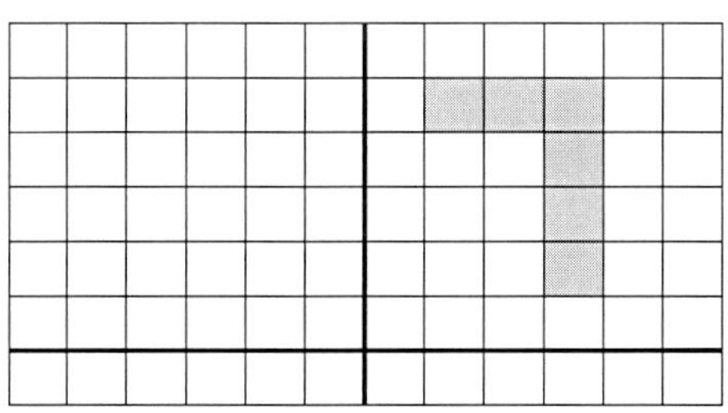

오른쪽 도형을 OHP필름에 본 뜬 다음 점을 중심으로 왼쪽으로 직각만큼 돌리기 한 도형을 그려보고 처음 도형과 비교해 봅시다.

(활동3) 모눈종이에 주어진 도형을 OHP필름에 본을 뜬 다음 회전점을 중심으로 반시계 방향으로 직각, 2직각, 3직각, 4직각 회전한 모양을 모눈종이에 그린다. 상하좌우에 OHP필름을 사용하지 않고도 돌리기를 할 수 있는 학생은 그 장면을 생각하여 그려본다.

### 3) 뒤집기의 지도

(활동1) 거울을 보면서 손으로 왼쪽 눈이나 귀를 가리키는 활동을 하면서 실제 자기가

하는 행동과 거울 속의 모습을 비교한다. 이때 변한 것과 변하지 않은 것이 무엇인지 알아본다.

(활동2) 아래와 같이 도형이 그려진 모눈종이를 배부하고 투명한 OHP필름에 도형을 본뜨게 한 다음 뒤집어 본다. 또 반사축에 거울을 대고 실제 도형과 거울 속의 도형 모습을 비교하게 한다. 이때에도 변한 것과 변하지 않은 것이 무엇인지 알아본다.

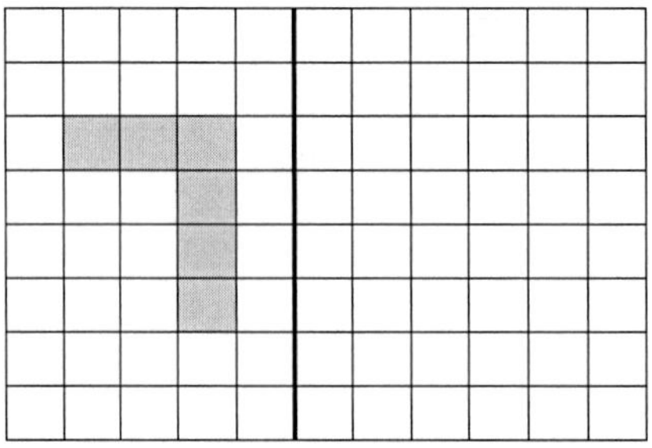

왼쪽 도형을 반사축에 거울을 대고 거울에 반사된 도형을 그려보고 처음 도형과 비교해 봅시다.

(활동3) 주어진 도형을 상하좌우에 대칭축을 그리고 뒤집은 모양을 그린다. 거울을 사용하지 않고도 뒤집기를 할 수 있는 학생은 거울이나 OHP필름을 사용하지 않도록 한다.

(활동4) 도형 뒤집기 방법을 사용하여 모눈종이에 도형을 규칙성 있게 배열하도록 지도한다.

### 1.8.4. 강체운동의 합성

어떤 도형을 두 번 이상 연속해서 강체운동을 행하는 것을 강체운동의 합성이라고 한다.

1) 밀기(평행이동)를 계속한 결과는 밀기가 된다.

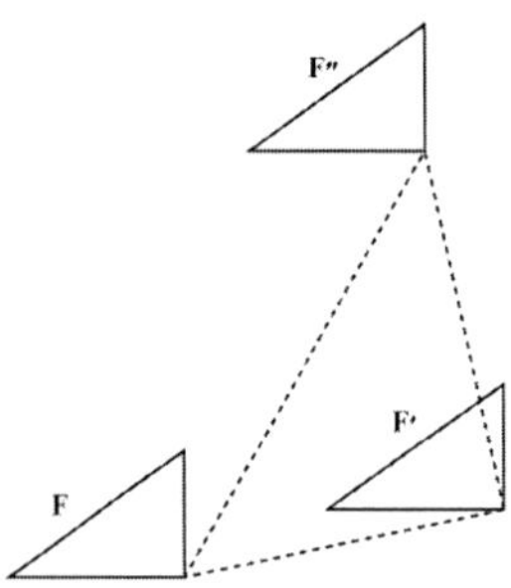


2) 돌리기를 계속한 결과는 돌리기가 된다.

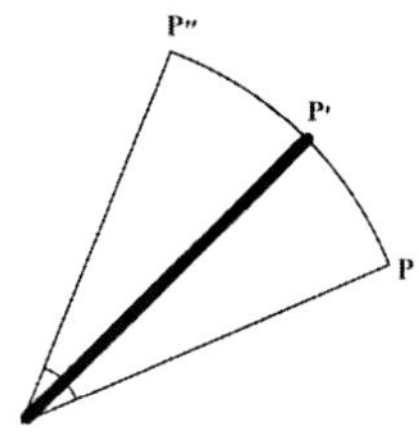


3) 밀기를 한 다음 돌리기를 한 결과는 돌리기가 된다.

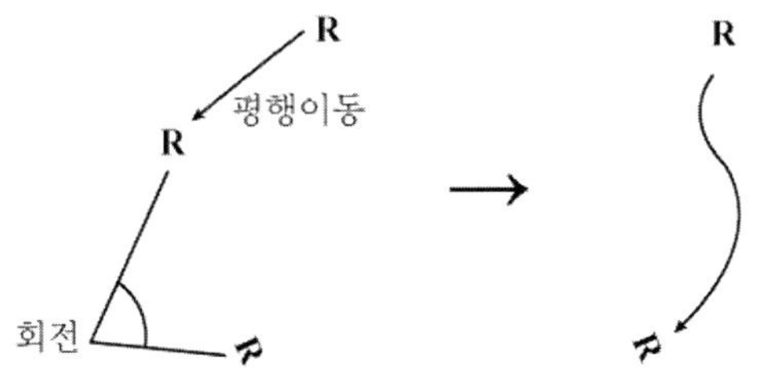


4) 뒤집기를 계속 두 번 한 결과는 밀기가 되거나 돌리기가 된다.

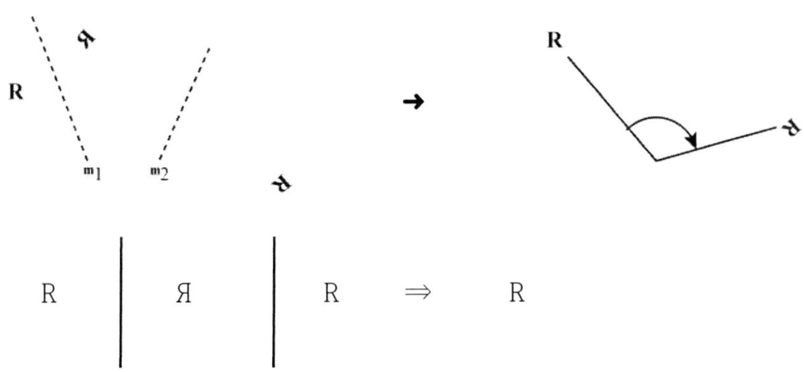


5) 강체운동을 합성한 결과를 알아보는 방법은 다음과 같다.

수학적 사실(행렬의 성질)에 의해서 강체운동을 다음과 같이 약속한다.

**(약속)** 밀기 = +1, 돌리기 = +1, 뒤집기 = -1.

강체운동을 계속하면 위의 약속에 따라 +1 또는 -1을 곱한 다음과 같은 결과가 된다.

• 밀기 다음 밀기 = (+1)×(+1) = +1

⇒ 밀기를 연속 두 번한 결과는 밀기가 된다.

• 밀기 다음 돌리기 = (+1)×(+1) = +1

⇒ 밀기를 한 다음 돌리기를 한 결과는 밀기 또는 돌리기가 된다.

• 돌리기 다음 돌리기 = (+1)×(+1) = +1

⇒ 돌리기를 연속 두 번한 결과는 돌리기가 된다.

• 밀기 다음 뒤집기 = (+1)×(-1) = -1

⇒ 밀기를 한 다음 뒤집기를 한 결과는 뒤집기가 된다.

• 뒤집기 다음 뒤집기 = (-1)×(-1) = +1

⇒ 뒤집기를 연속 두 번한 결과는 밀기 또는 돌리기가 된다.

### 1.8.5. 강체운동의 합성의 지도법

1) 놀이를 통한 지도

① 도형 움직이기를 이용한 놀이를 한다.

- 교사는 모양카드 본래의 모양을 보여주고 학생이 움직이는 방법을 모르게 한다.
- 모양카드를 움직인 후 어떤 방법으로 이동한 것인지 탐구하도록 한다.
- 정답을 말하는 아동에게는 스티커를 붙여주고 상대방이 모양카드를 제시하도록 한다. 이와 같은 방법으로 한 번씩 번갈아 가며 놀이를 하도록 하여 가역적 사고를 기르도록 한다.

② OHP필름을 이용한 지도

- 도형이 그려진 모눈종이를 배부하고 OHP필름에 도형을 본을 뜬 후에 같은 이동을 합성한 복합적인 경우를 생각한다.
- 먼저 옮기기를 2회하기(예를 들면 오른쪽으로 3칸, 위로 2칸 등), 뒤집기를 2회(예를 들면 오른쪽으로 뒤집고 다시 또 오른쪽으로 뒤집기), 돌리기를 2회(예를 들면 왼쪽으로 2직각만큼 돌리고 다시 또 오른쪽으로 직각만큼 돌리기) 등 같은 종류의 이동을 합성하는 경우이다.
- 다른 종류의 이동을 합성 하는 경우는 아주 쉽게 결과를 기대할 수 있는 경우를 학습한다.

③ 모눈종이를 이용한 지도

- 다음 모눈종이의 도형을 왼쪽으로 6칸 옮기기를 한 도형과 오른쪽으로 10칸 옮기기를 한 도형을 그리시오.

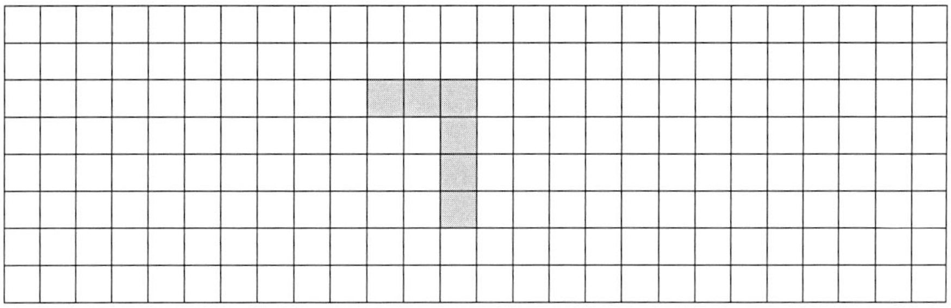

• 다음 모눈종이의 도형을 뒤집기한 도형을 그리시오.

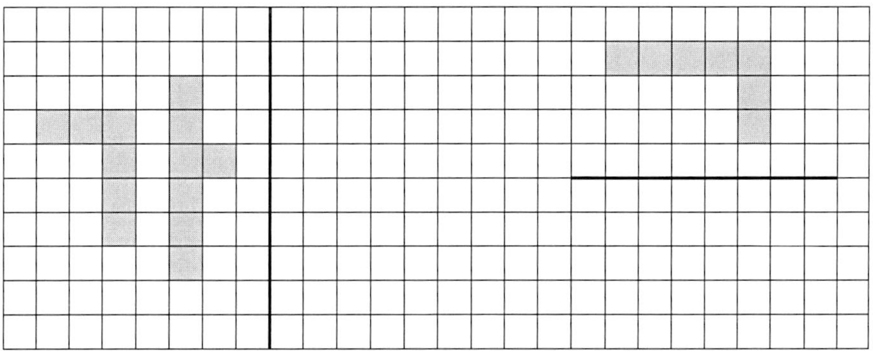

• 아래 모눈종이의 도형을 시계 반대 방향으로 1회, 2회, 3회 돌리기한 도형을 그리고, 컴퓨터를 이용하여 확인하시오.

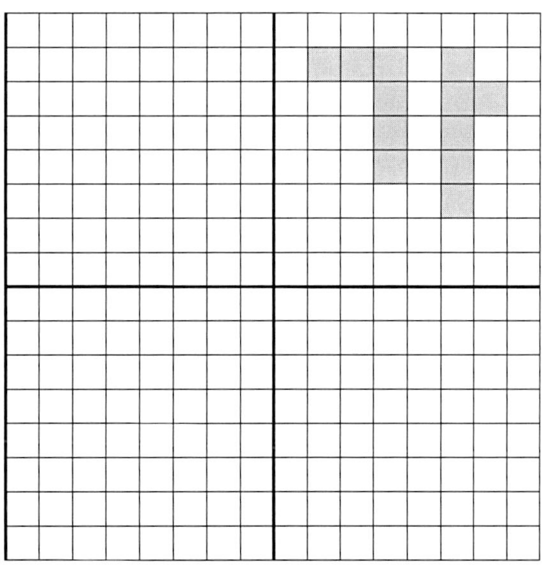

## 1.9. 테셀레이션

강체운동을 이용하여 벽지, 포장지, 보도블럭 등을 아름답게 구성하는 방법을 설명하기로 한다.

### 1.9.1. 바닥 깔기와 에셔(M. C. Escher)의 디자인

이 절에서는 어떤 모양(장식)이 체계적이고 반복적으로 구성된 평면의 패턴(규칙)을 알아보기로 한다. 바닥 깔기와 장식 패턴 미술은 인류의 문명의 역사만큼 오래 되었다. 모든 고대 문화에서는, 구조적이거나 기능적인 요구에 의한 미적 충동에 의해서 예술가는 강렬한 색감과 형태를 선택하였으며, 공상적이고 복잡한 패턴은 바구니, 도자기, 건축물, 외벽, 무기 등에 장식되었다. 이러한 전통이 최근에 와서 수학의 한 분야인 바닥 깔기와 패턴이 되었으며, 그 내용으로 인하여 야금학자와 결정학 학자에게는 규칙적인 정렬에 어떻게 원자 스스로 그렇게 되는지를, 건축가들에게는 간단한 구성 요소가 어떻게 조직적으로 결합되어 큰 건물과 같은 복합체가 만들어지는지를, 컴퓨터 기술자들에게는 간단한 회로 패턴이 신경 통신망이라고 불리는 강력한 처리장치로 통합되는지를 알도록 도와주고 있다. 바닥 깔기의 대표적인 인물은 네덜란드 미술가인 에셔(M. C. Escher, 1898-1972)이다.

1) **바닥 깔기**

타일과 바닥 깔기란 다음과 같다.

• 바닥 깔기(tessellation 또는 tiling)란 어떤 평면을 빈틈없이, 겹치지 않도록 평면도형으로 꽉 채우는 것을 말한다.

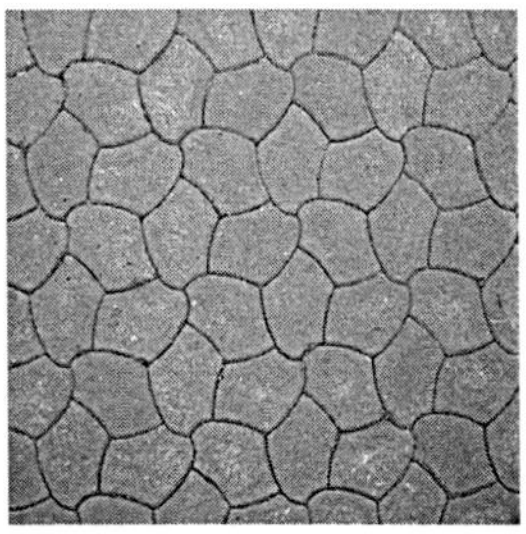

도로포장

벌집

천사와 악마

• 평면에서 규칙적인 바닥 깔기

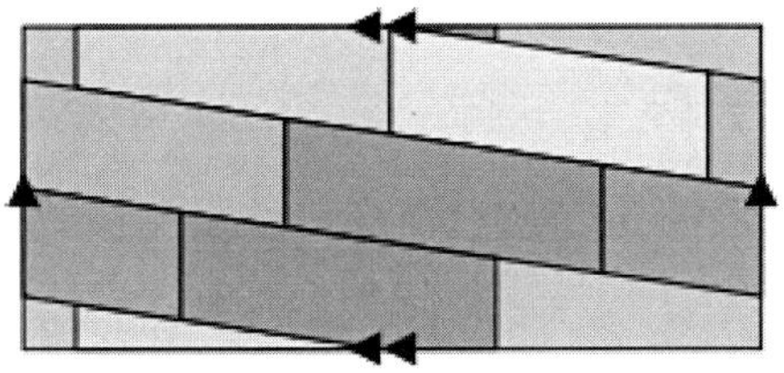

평행사변형 깔기

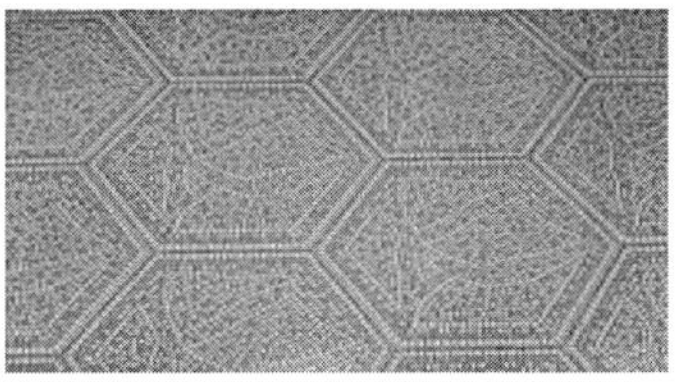

정육각형 깔기

• 에셔(Maurits Cornelis Escher, 1898-1972)

네덜란드 미술가인 에셔는 많은 양의 예술적인 바닥 깔기를 만들었다. 그의 디자인은 일반 대중에서 깊은 감명을 주었고, 전문적인 기하학자들의 흥미도 사로잡았다. 에셔(Escher) 시대의 그림은 주로 변형된 다각형과 수학자들도 놀랄만한 대칭 원리에 기본을 두고 있다. 에셔의 새 그림은 평행사변형에 기초한 격자무늬로 시작하고 있으며, 평행사변형의 꼭짓점은 이웃하는 새의 날개 끝들과 만나도록 구성되어 있다. 에셔의 작품을 몇 가지 소개한다.

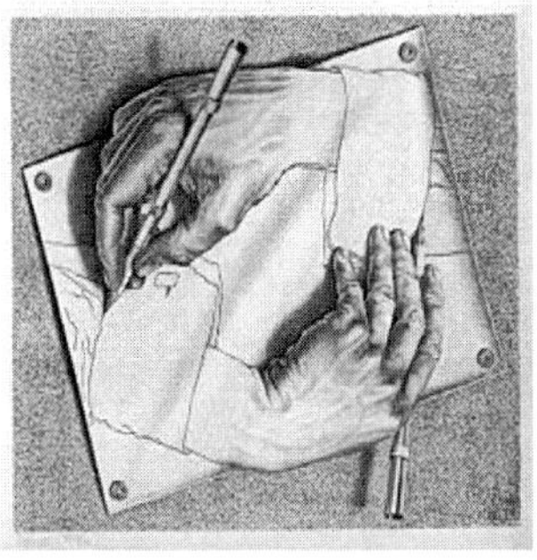

그림 그리는 손(1948)

상대성(1953)

원의극한III(1959)

### 2) 바닥 깔기 지도 방안

#### ① 모눈종이에서 보물찾기

• 준비물 : 모눈종이, 색종이, 유성펜, OHP필름, 가위, 연필, 풀, 기본도형

• 밀기 규칙

a는 오른쪽 2칸, b는 아래로 1칸, c는 왼쪽으로 3칸 밀기

• 기본 도형을 주어진 움직임에 따라 옮기기 - 결합법칙 발견

• 순서 바꿔 옮기기 - 교환법칙 발견

- 잃어버린 동전 찾기 : 집에 오다 떨어뜨린 동전 찾으러 갔다 집으로 돌아오기 - 역원 발견

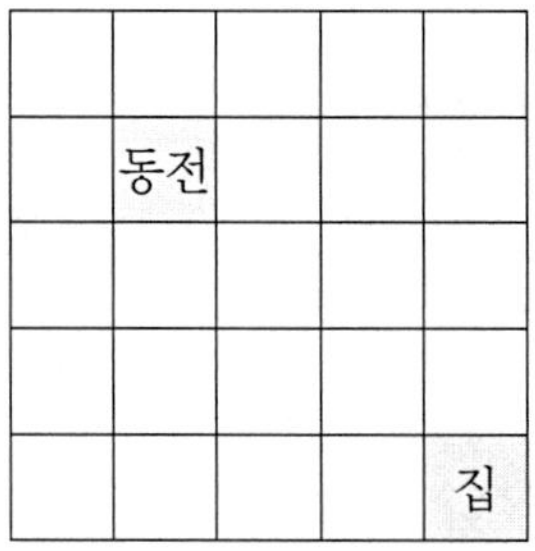


〈그림 1〉

② 옮기기로 바닥 덮기

- 도형(색종이로 만든 여러 가지 도형 이용)의 좌우상하 옮기기를 통해 옮기기의 특징을 찾고 바닥(8절 도화지)을 덮을 수 있는 도형 찾기 - 닫힘성 발견
- 단위 도형(정사각형, 정삼각형 등)을 변형하여 단위 타일을 만들어 바닥(8절 도화지)덮기

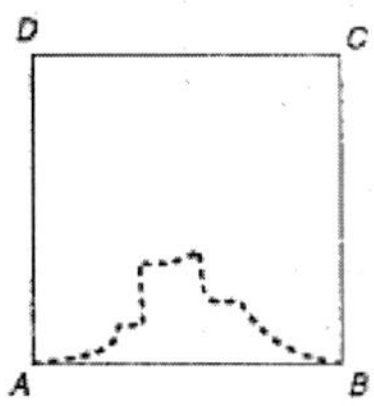


(1) 정사각형에서 시작하여 점 $A$와 $B$를 곡선으로 연결한다. (곡선은 마음대로 그릴 수 있다.)

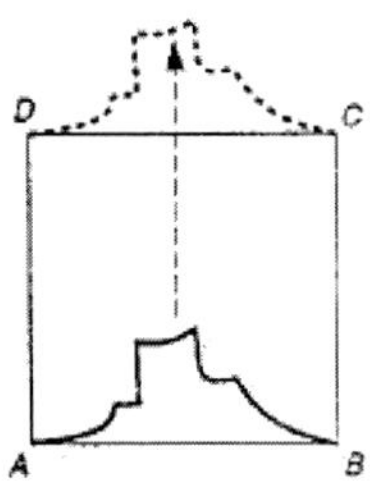


(2) 기름종이나 투명한 플라스틱을 곡선 $AB$위에 놓아 펜으로 본을 뜬 다음 곡선 $AB$의 끝점이 변 $CD$와 일치하도록 투명한 용지를 옮긴 후 그 위에 곡선을 옮겨 그린다(평행이동이 이루어진다).

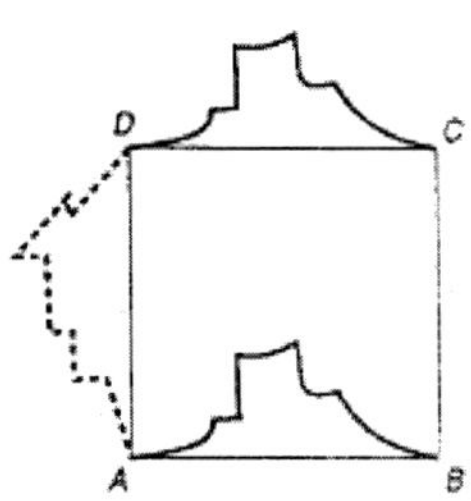


(3) 곡선 $AD$를 원하는 모양으로 그린다.

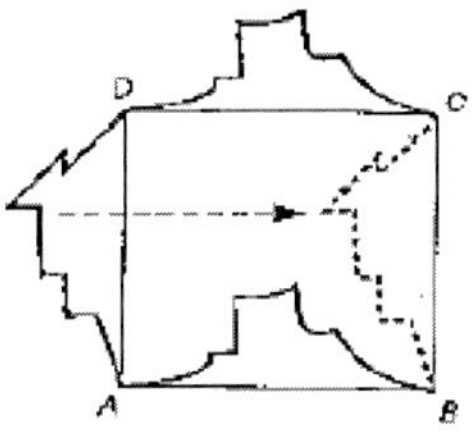


(4) (2)와 같은 방법으로 곡선 $AD$를 반대쪽 변 $BC$위에 옮긴다.

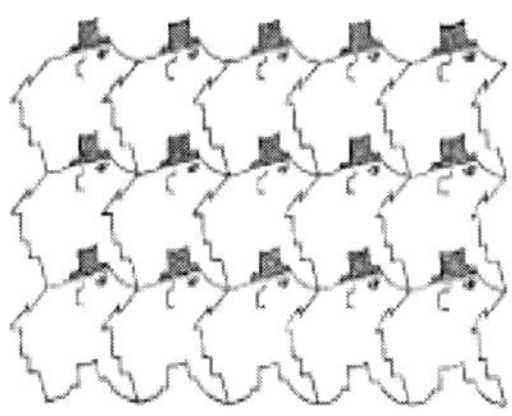

(5) 전 단계에서 완성된 모양을 본 뜬 후 다른 정사각형에 옮겨 그린다. 모양의 내부를 색연필로 색칠하여 평행이동 테셀레이션을 완성한다.

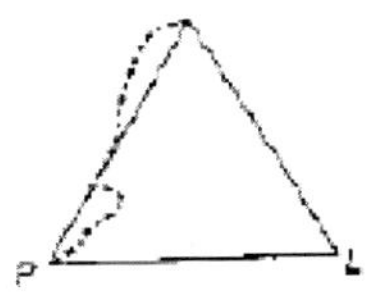


(1)선분 $PE$의 끝점끼리 연결시켜 곡선 $PE$을 만든다.

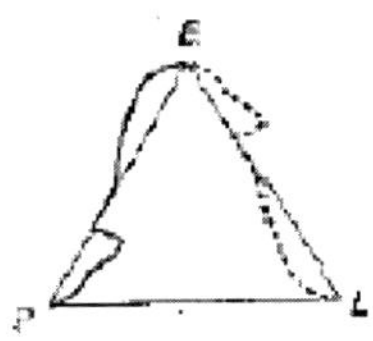


(2)곡선 $PE$을 밑변 $PL$을 대칭축으로 하여 반사(뒤집기)시킨 후 선분 $LE$위로 평행이동 시킨다(미끄러짐 반사).

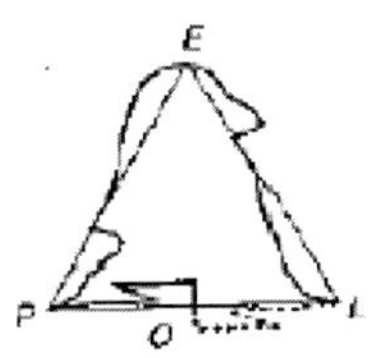


(3)점 $P$에서 선분 $PL$의 중점 $O$까지의 새로운 곡선을 만들어 점 $O$를 중심으로 180도 회전시킨다.

(4)전 단계의 변형된 도형을 펭귄 모양으로 꾸민다.

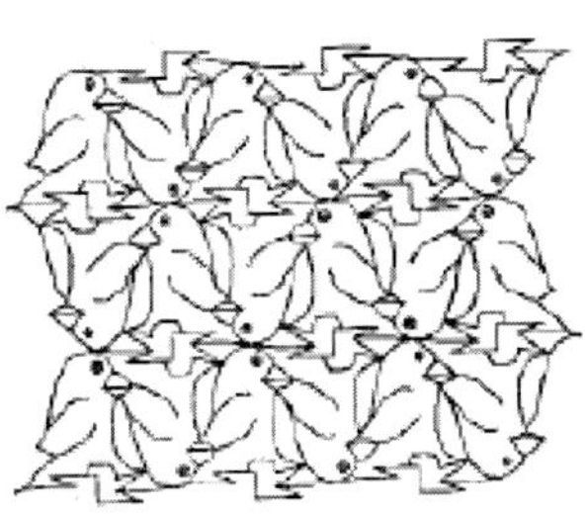

(5)전 단계의 펭귄 모양을 미끄러짐 반사시켜 평면 전체로 확장시키고 각 펭귄을 예쁘게 꾸민다.

### 3) 바닥 깔기 기법의 종류

수학자들이 발견하고 증명한 17가지의 바닥 깔기 기법을 다음과 같은 순서를 따라 알아보기로 한다.

① 한 평면에서 정다각형의 가장 작은, 한 내각의 크기는 정삼각형의 $60^o$이고, 삼각형의 한 내각이 $180^o$일 수 없으므로 한 꼭지점에는 3개 이상의 정다각형이 모일 수 있으며, 6개보다 더 많은 정다각형이 모일 수 없다. 따라서 한 꼭지점에 모일 수 있는 것은 3,4,5,6 정다각형뿐이다.

② 그런데 $n$정다각형의 한각의 크기는 $\frac{(n-2)180^o}{n}$이다.

- 만일 평면의 한 꼭짓점에 세 개의 $n_1$, $n_2$, $n_3$정다각형이 모여 있다면

  $(\frac{n_1-2}{n_1}+\frac{n_2-2}{n_2}+\frac{n_3-2}{n_3})180^o=360^o$이므로

  $\frac{1}{n_1}+\frac{1}{n_2}+\frac{1}{n_3}=\frac{1}{2}$이다.

- 만일 평면의 한 꼭지점에 네 개의 $n_1$, $n_2$, $n_3$,$n_4$정다각형이 모여 있다면

  $\frac{1}{n_1}+\frac{1}{n_2}+\frac{1}{n_3}+\frac{1}{n_4}=1$이고

- 한 꼭지점에 5 개의 $n_1$, $n_2$, $n_3$,$n_4$,$n_5$정다각형이 모여 있다면

  $\frac{1}{n_1}+\frac{1}{n_2}+\frac{1}{n_3}+\frac{1}{n_4}+\frac{1}{n_5}=\frac{3}{2}$이고

- 한 꼭지점에 6 개의 $n_1$, $n_2$, $n_3$,$n_4$,$n_5$,$n_6$정다각형이 모여 있다면

  $\frac{1}{n_1}+\frac{1}{n_2}+\frac{1}{n_3}+\frac{1}{n_4}+\frac{1}{n_5}+\frac{1}{n_6}=2$이다.

위의 네 개의 방정식을 차례로 풀면 다음과 같이 17가지의 경우를 얻는다.

| 번호 | $n_1$ | $n_2$ | $n_3$ | $n_4$ | $n_5$ | $n_6$ |
|---|---|---|---|---|---|---|
| 1 | 3 | 7 | 42 | | | |
| 2 | 3 | 8 | 24 | | | |
| 3 | 3 | 9 | 18 | | | |
| 4 | 3 | 10 | 15 | | | |
| 5 | 3 | 12 | 12 | | | |

| | | | | | | |
|---|---|---|---|---|---|---|
| 6 | 4 | 5 | 20 | | | |
| 7 | 4 | 6 | 12 | | | |
| 8 | 4 | 8 | 8 | | | |
| 9 | 5 | 5 | 10 | | | |
| 10 | 6 | 6 | 6 | | | |
| 11 | 3 | 3 | 4 | 12 | | |
| 12 | 3 | 3 | 6 | 6 | | |
| 13 | 3 | 4 | 4 | 6 | | |
| 14 | 4 | 4 | 4 | 4 | | |
| 15 | 3 | 3 | 3 | 4 | 4 | |
| 16 | 3 | 3 | 3 | 3 | 6 | |
| 17 | 3 | 3 | 3 | 3 | 3 | 3 |

• 정다각형의 내각

| 다각형 | 변, 각의 개수 | 내각의 합 | 한 내각의 크기 |
|---|---|---|---|
| 정 삼각형 | 3 | 180° | 60° |
| 정 4각형 | 4 | 360° | 90° |
| 정 5각형 | 5 | 540° | 108° |
| 정 6각형 | 6 | 720° | 120° |
| 정 7각형 | 7 | 900° | $128\frac{4}{7}°$ |
| 정 8각형 | 8 | 1080° | 135° |
| 정 9각형 | 9 | 1260° | 140° |
| 정 10각형 | 10 | 1440° | 144° |
| 정 12각형 | 12 | 1800° | 150° |
| 정 15각형 | 15 | 2340° | 156° |
| 정 18각형 | 18 | 2880° | 160° |
| 정 20각형 | 20 | 3240° | 162° |
| 정 24각형 | 24 | 3960° | 165° |
| 정 42각형 | 42 | 7200° | $171\frac{3}{7}°$ |
| $n$각형 | $n$ | $(n-2)\times 180°$ | $\frac{(n-2)\times 180°}{n}$ |

## 1.10. 대칭

우주는 대칭적으로 구성되어있다. 무지개의 둥근 호와 얼음 결정의 6각형 모양의 대칭과 같이 우주의 많은 자연법칙 과정에서 대칭성은 관찰된다. 또한 생물학적 대칭의 아주 멋진 예는 조개껍데기와 공작의 부채모양의 꼬리이다. 선사시대를 포함한 세계의 모든 문명은 대칭의 기초적인 개념을 직관적이며 매우 유용하게 이해하고 발전시켰다. 도자기, 벽, 기구, 무기, 악기, 옷 등에 있는 장식은 대체로 대칭성을 이룬다. 건물과 사원, 무덤 등 여러 건축물들은 보통 대칭과 균형의 관점에서 설계된 것이다. 음악, 시, 춤 역시 근본적인 짜임새가 대칭성을 이루고 있다. 인류는 오랫동안 대칭에 대한 관념을 비형식적으로 이해해 오다가, 현대수학의 영향으로 대칭에 대한 보다 깊은 이해를 하게 되었다.

### 1.10.1. 평면도형의 대칭

**1) 대칭의 정의**

대칭(symmetry)이란 균형 또는 '반복적 자기 닮음'을 말한다. 도형에서는 도형의 모든 점들이 대칭축을 가로질러서 서로 반사되는 성질을 말한다.

**2) 평면도형의 대칭**

① 종교 문양, 탑, 단지

② 카펫트

③ 건반, 자수품

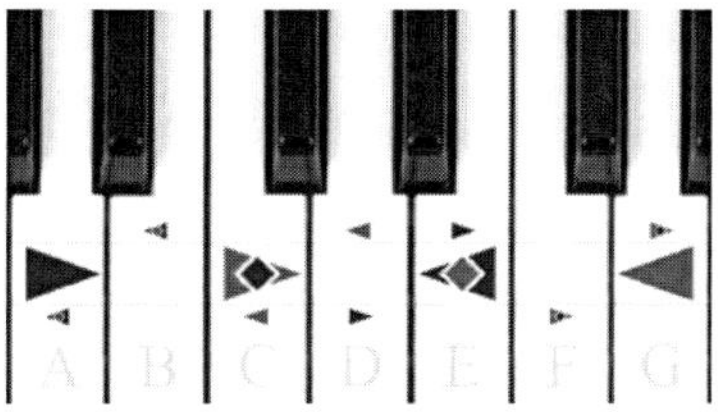

## 1.10.2. 대칭의 종류

### 1) 반사(선) 대칭

① 한 도형이 어떤 선이 반사축이 되는 경우, 그 도형은 반사 대칭 또는 선대칭이라고 한다. 반사축은 도형의 대칭축이라고 불린다.

② 대칭축의 한쪽에 있는 도형의 각 점 P는 대칭축의 반대쪽에 있는 도형의 점P'와 대응된다. 반사대칭은 선대칭 또는 좌우대칭으로 불린다.

③ 직선 ㄱㄴ을 따라 접었을 때, 완전히 겹치는 두 도형을 직선 ㄱㄴ에 대하여 선대칭의 위치에 있다고 하고, 두 도형을 선대칭의 위치에 있는 도형이라고 한다. 이때 직선 ㄱㄴ을 대칭축이라고 한다.

④ 대칭인 도형 찾기

도형 자체에 대칭축을 가지는 도형을 찾는 일로서 대칭감각을 기르는 중요한 요소이다.

### 2) 회전대칭

① 도형이 0°도 와 360° 사이의 어떤 각만큼 돌려서 본래 도형과 완전히 겹쳐질 때, 그 도형이 회전대칭을 이룬다고 한다. 돌리기의 중심을 회전점이라고 한다.

② 90° 회전대칭을 이루는 도형은 자동적으로 180°와 270° 회전대칭을 이룬다. 회전대칭을 이루는 회전각은 가장 작은 양의 각도를 말한다. 따라서 그 각도의 배수를 이루는 각 역시 대칭을 이룬다.

③ 회전대칭의 각도 찾기

- 정육각형의 가장 작은 회전각은 60°이다. 따라서 60°, 120°, 180°, 240°, 300°로 회전시켜도 회전대칭이 된다.

• 정9각형의 회전대칭을 이루는 회전각은 $\frac{360°}{9} = 40°$이다. 따라서 40°의 배수를 이루는 각은 모두 회전대칭이 된다.

3) **점대칭**

① 두 도형 사이의 한 점을 중심으로, 한 도형을 180° 돌렸을 때 나머지 도형과 완전히 겹쳐지는 일을 말한다.

② 점 ㄱ을 중심으로 180° 돌렸을 때, 완전히 겹치는 두 도형은 점대칭의 위치에 있다고 하고, 두 도형을 점대칭의 위치에 있는 도형이라고 한다. 이때 점 ㄱ을 대칭의 중심이라고 한다.

③ 어떤 점 O에 대하여 180°회전대칭을 이루고 있다면 그 도형은 점대칭을 이룬다고 한다.

## 1.10.3. 대칭의 지도

초등학교 아동들은 종이접기와, 거울 대보기, 패턴 블록, 지오보드, 고무도장 등을 이용하여 대칭 패턴을 만들고 조사할 수 있다.

1) **준비물**

깨끗한 OHP용 필름, OHP용 펜, 티슈, 거울(가능하면 플라스틱이나, 철로 된 사각형 모양의 손거울)

2) **반사(선)대칭 지도**

반사 대칭은 '투사하고 뒤집기'시험을 통해 확인할 수 있다. 투명필름 위에 도형과 대칭축을 본뜬다. 그리고 필름에 생성된 대칭축을 중심으로 뒤집어본다. 그리고 도형의 원래 모습과 본뜬 모습의 지점을 확인한다. 반사대칭은 도형의 대칭선 위에 거울을 놓는 방법으로도 확인할 수 있다. 대신에 대칭축 위에 위치된 거울을 볼 때는 도형의 모든 모습이 나타날 수 있도록 해야 한다.

① 주어진 도형과 대칭축(접은 선)을 정한다.

② 투명필름에 본을 뜬다.

③ 대칭선을 중심으로 뒤집는다.

④ 도형이 겹치는지 확인한다.

### 3) 회전대칭 지도

① 본뜨고 돌리기 활동을 통하여 도형들이 회전대칭인지를 알아보고, 회전의 중심점과 회전된 각을 알아본다.

② 주어진 도형의 모든 대칭선을 그리고, 회전대칭인지 아닌지를 알아본다.

③ 점대칭 도형은 대칭점을 회전점으로 하는 $180^o$ 회전임을 알도록 지도한다.

④ 점대칭의 검증은 다음과 같은 과정으로 지도한다.

- 투명한 OHP필름에 유성펜으로 주어진 도형을 그리고 대칭축을 중심으로 뒤집기를 해 보고, 그 다음에 대응점을 이은 선분이 대칭축과 수직으로 만나는지, 대응점에서 대칭축까지의 거리가 같은지를 확인하도록 한다.
- 기하판에서 고무줄을 거는 조작으로 강체운동 표현하기를 충분히 연습한 다음에 그 사실을 모눈종이에 옮기게 한다.
- 점대칭의 위치에 있는 도형 그리기에서 점A의 대응점 A'을 찾을 때 반직선OA에서 선분OA의 길이와 선분OA'의 길이가 같아지는 A'을 찾도록 한다. 이때 기하판에서는 대응점을 이은 선분의 기울기를 생각하여 대응점을 찾아야 한다.

**NCTM 규준**

학생은 퍼즐을 풀 때, 조각을 돌릴 때, 조각을 뒤집고 새로운 배열로 나열해 볼 때 얻은 직관적인 물리적 경험을 통하여 자연스럽게 옮기기, 돌리기, 뒤집기와 같은 변환에 적응하게 한다. 또한 도형에 대해 대화형 컴퓨터 프로그램을 사용하면서 학생들에게 강체운동을 자각할 수 있게 하고, 변화된 도형의 크기, 위치, 방향을 예측할 수 있도록 장려한다. 교사는 학생들에게 도구를 통해 만든 제작물의 대칭적인 특성을 비형식적으로 인식시키고, 그 내용을 서술하고 증명할 수 있도록 안내해야 한다. 학생들은 종이를 자르기, 종이 접기, 거울에 나타난 대칭선을 통해 디자인을 만들 수 있고, 패턴블럭 등을 사용할 수 있다.

# 2 입체도형

평면에 그린 평면도형과는 다르게, 공간에 존재하는 모든 도형을 공간도형이라고 한다.

## 2.1. 다면체

### 2.1.1. 다면체의 정의와 종류

**1) 다면체의 정의**

다면체(polyhedron)는 다각형들을 면으로 가지는 입체 도형이다. polyhedron은 '많은'을 뜻하는 poly와 입체를 구성하는 '면'을 뜻하는 hedron에서 유래한 합성어이다. 기하학에서의 다면체는 보통 틈이 없이 다각형의 변을 붙인 여러 개의 다각형을 조합한 3차원 입체를 말한다.

**2) 다면체의 종류**

다면체는 볼록다면체와 오목다면체로 분류한다. 다면체의 어느 면을 연장해도 그 평면이 다면체의 내부를 자르지 않는 다면체를 '볼록다면체'라고 하며, 각뿔과 정육면체가 여기에 속한다. 오목다면체는 어느 면을 연장할 경우 그 평면이 다면체의 내부를 자르게 된다. 초등수학에서는 특별한 경우 이외에는 볼록다면체만을 다루고 있다.

### 2.1.2. 정다면체

볼록다면체 중에서 특히 정다면체의 대칭성은 매우 아름다워서 옛날부터 많은 수학자들이 정다면체에 매료되어있다. 피타고라스는 정4면체, 정6면체, 정12면체를 발견했으며, 정8면체와 정20면체는 플라톤과 동시대의 사람인 테아이테토스(Theaetetus)가 발견한 후에 5개의 정다면체를 수학적으로 설명하였으며, 그 외의 다른 정다면체는 없다는 사실을 최초로 증명한 사람이라고 알려져 있다. 또한 정다면체는 플라톤의 철학에서 중요한 역할을 했기 때문에 '플라톤의 다면체'라고도 부른다. 아래에서 설명하는 다면체에 관한 유명한 내용인 스위스 수학자 오일러(Leonhard Euler 1707-1783)의 정리와 정다면체 정리는 중요하기 때문에 참고로 그의 정리의 증명과정을 설명하기로 한다.

**1) 오일러의 다면체정리**

다면체의 면, 꼭짓점, 모서리의 수를 각각 $f$, $v$, $e$라 하면 $f+v-e=2$ 이다.

**(설명)** $f$개의 면이 한 변을 공유하도록(그림 ①) 차례로 변를 붙여서 $\alpha_1$, $\alpha_2$, $\cdots$, $\alpha_f$ 라고 하자.

①

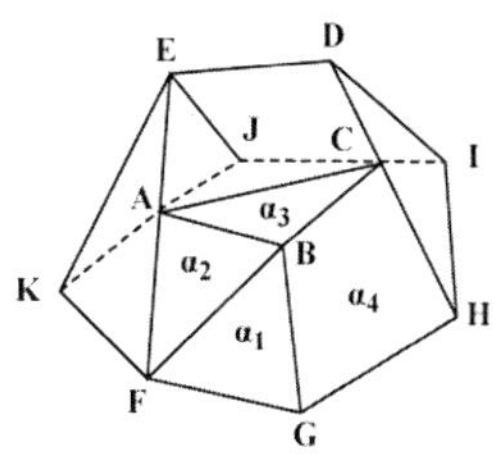


②

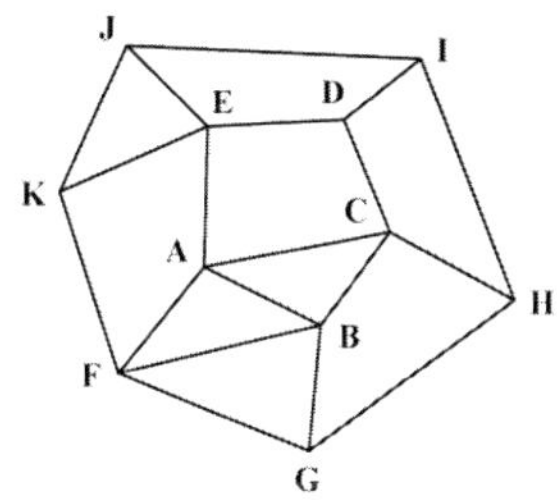


$\alpha_1$면의 다각형의 꼭지점과 변의 수를 각각 $v_1$, $e_1$이라 하고, $\alpha_2$면의 다각형의 꼭짓점과 변의 수에서 $\alpha_1$과 공통인 것을 제외한 수를 각각 $v_2$, $e_2$라 한다. 다음에 $\alpha_3$면의 다각형의 꼭짓점과 변의 수에서 $\alpha_1$, $\alpha_2$와 공통인 것을 제외한 수를 각각 $v_2$, $e_3$라 하고, 같은 방법을 차례로 계속하면 $\alpha_f$면에서 꼭짓점과 변은 모두 다른 면과 공통이므로

$$v_1=e_1,\ v_2=e_2-1,\ v_1=e_1-1,\ \cdots,\ v_{f-1}=e_{f-1}-1,\ v_f=e_f=0$$

인 $f$개의 관계식을 얻고, 이를 변끼리 더하면

$$v_1+v_2+\cdots+v_{f-1}=e_1+e_2+\cdots+e_{f-1}-(f-2)$$

그런데 $v_1+v_2+\cdots+v_{f-1}=v$, $e_1+e_2+\cdots+e_{f-1}=e$ 이다. 따라서

$$f+v-e=2 \text{ 이다.}$$

• 초등학교 교육과정에서는 $f+v-e=2$ 가 오일러 공식이며, 여러 가지 볼록다면체를 예를 들어 오일러 공식이 성립함을 알 수 있도록 지도하면 된다.

### 2) 볼록 정다면체의 정리

볼록 다면체에서 정다면체는 정사면체, 정육면체, 정팔면체, 정십이면체, 정이십면체의 5종류뿐이다.

**(설명)** 정다면체의 면, 꼭짓점, 모서리의 수를 각각 $f$, $v$, $e$라 하며, 각 면이 정 $m$각형이고, 또 각 꼭짓점에 모이는 면의 수를 $n$이라고 하면

$$m\times f=2\times e,\quad n\times v=2\times e$$

이다. 따라서 $f=\dfrac{2}{m}\times e$, $v=\dfrac{2}{n}\times e$ 이고, 이 식을 오일러의 공식에 대입하면

$$e\left(\frac{2}{m}+\frac{2}{n}-1\right)=2 \quad \text{이므로} \quad \frac{2}{m}+\frac{2}{n}>1.$$

그런데 $m \geq 3$, $n \geq 3$이므로

$$\frac{2}{m}>1-\frac{2}{n}\geq 1-\frac{2}{3}=\frac{1}{3}$$

따라서 $3 \leq m < 6$이고, $3 \leq n < 6$ 이다. 즉, $m$과 $n$은 3,4,5 중의 하나이다.

따라서 $m=3$(정삼각형)인 경우에는 $3 \leq n < 6$,

$m=4$(정사각형)이면 $3 \leq n < 4$

$m=5$(정오각형)이면 $3 \leq n < \dfrac{3}{10}$이고

또한 $e=\dfrac{2mn}{2(m+n)-mn}$ 이므로, 이들로부터 가능한 모든 경우는 다음 표의 5종류뿐이다.

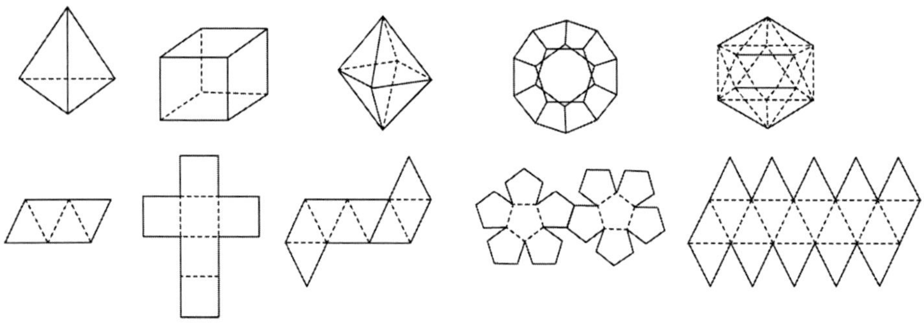

| $m$ | $n$ | $e$ | $v$ | $f$ | 다면체 |
|---|---|---|---|---|---|
| 3 | 3 | 6 | 4 | 4 | 정사면체 |
| 3 | 4 | 12 | 6 | 8 | 정팔면체 |
| 3 | 5 | 30 | 12 | 20 | 정이십면체 |
| 4 | 3 | 12 | 8 | 6 | 정육면체 |
| 5 | 3 | 30 | 20 | 12 | 정십이면체 |

- 초등학교 교육과정에서는 정다면체는 5종류뿐이며, 정다면체의 모양과 전개도만을 지도하면 된다.

## 2.1.3. 준 정다면체

고대 그리스 수학자 헤론(Heron of Alexandria, 10-70 AD 경)에 의하면 아르키메데스가 13종류의 준정다면체를 발견하였으며, 그것을 '아르키메데스의 입체'라고 부른다. 그러나 그러한 다면체에 관한 아르키메데스의 자료가 사라져 '아르키메데스의 입체'는 그 구체적인 모양을 알 수 없다. 르네상스 시대를 거치면서 여러 예술가들이 점차 이들 입체를 복원하였는데 마침내 그 구체적인 모습은 케플러에 의해 1619년에 재발견 되었다.

### 1) 아르키메데스의 입체

아르키메데스의 입체의 특징은 다음과 같다.

- 볼록하다.
- 2개 이상의 정다각형으로 구성되었다.
- 각 꼭짓점에서 모인 다각형의 순서가 동일하다.

2가지 종류 이상의 정다각형으로 구성되었다는 점만 제외하면, 정다면체 즉 플라톤의 다면체와 유사하기 때문에 준정다면체(Semi-Regular Polyhedra)라고 부른다. 준정다면체는 정다면체를 변형시켜 만드는 방법으로 분류하면 다음과 같이 편의상 네 종류로 나눌 수 있습니다.

① 깎은 정다면체 (1)

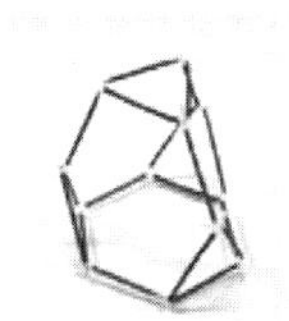

깎은정사면체

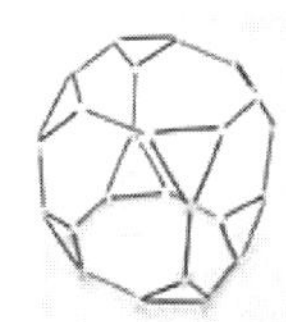

깎은정육면체

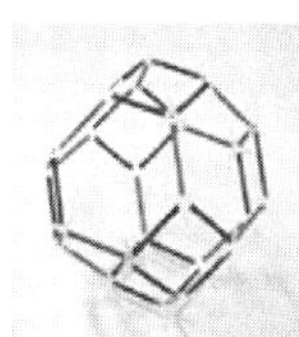

깎은정팔면체

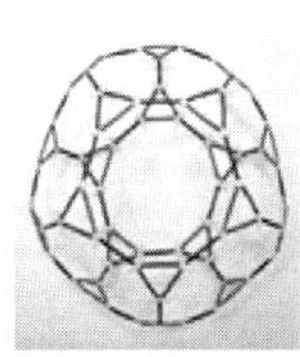

깎은정십이면체

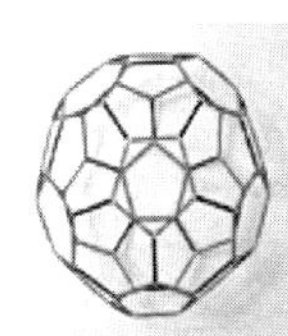

깎은정이십면체

② 깎은 정다면체 (2)

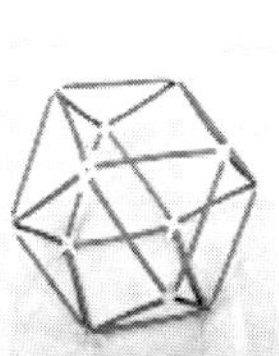

육팔면체

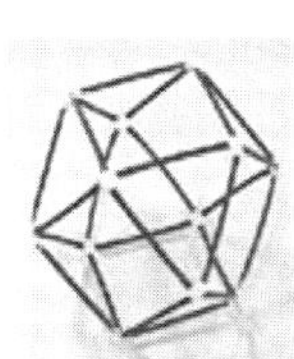

육팔면체

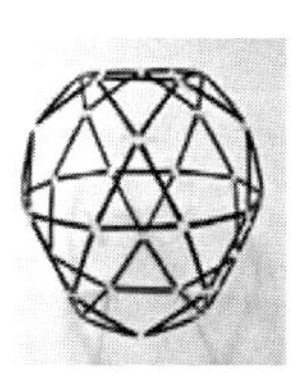

십이이십면체

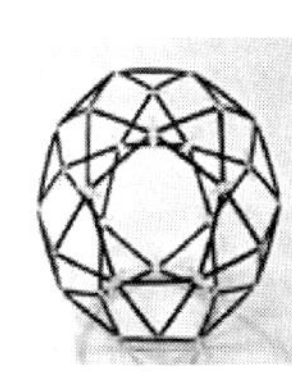

십이이십면체

③ 이중 절단된 준정다면체

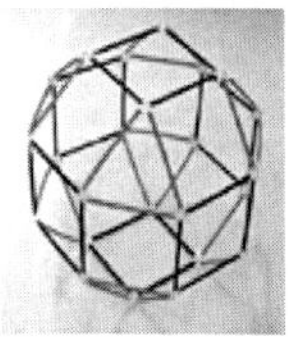
부풀린 정육면체

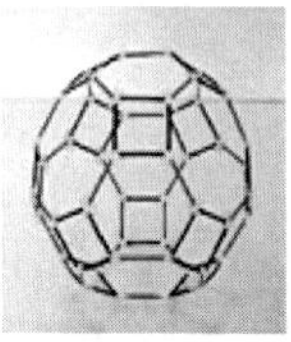
깎은 육팔면체

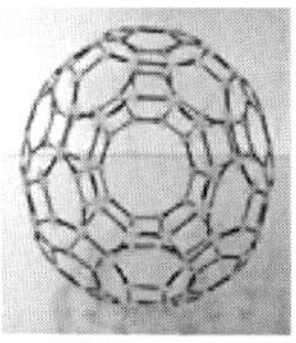
깎은 십이이십면체

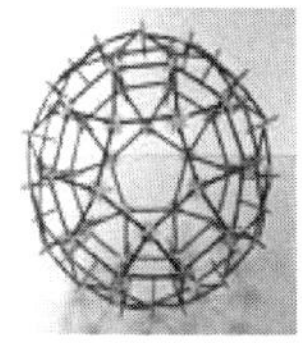
부풀린 정십이면체

④ 부풀려서 회전한 준정다면체

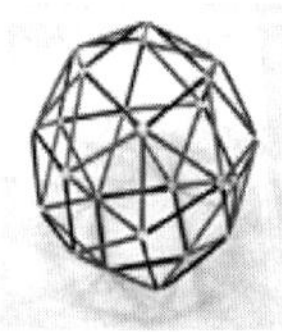
부풀려 회전한 정육면체

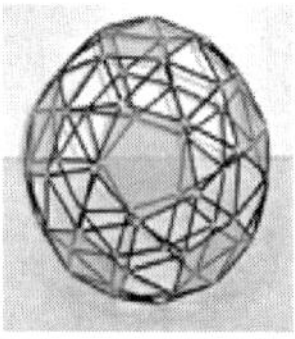
부풀려 회전한 정십이면체

| 면의 모양 | 정삼각형 | 정사각형 | 정오각형 | 정육각형 | 정팔각형 | 정십이각형 |
|---|---|---|---|---|---|---|
| 깎은 정사면체 | 4 | | | 4 | | |
| 깎은 정육면체 | 8 | | | | 6 | |
| 깎은 정팔면체 | | 6 | | | 8 | |
| 깎은 정이십면체 | | | 12 | 20 | | |
| 깎은 정십이면체 | | | 20 | 12 | | |
| 육팔면체 | 6 | 6 | | | | |
| 십이이십면체 | 20 | | 12 | | | |
| 부풀린 정육면체 | 8 | 20 | | | | |
| 깎은 육팔면체 | | 14 | | 6 | 6 | |
| 깎은 십이이십면체 | 30 | | | 20 | | 12 |
| 부풀린 정십이면체 | 20 | 30 | 12 | | | |
| 부풀린 회전한 정육면체 | 30 | 6 | | | | |
| 부풀려 회전한 정십이면체 | | | | | | |

## 2.1.4. 기둥

### 1) 각기둥

밑면이 다각형인 기둥 모양의 입체. 밑면이 삼각형이면 삼각기둥, 밑면이 사각형이면 사각기둥이라고 한다.

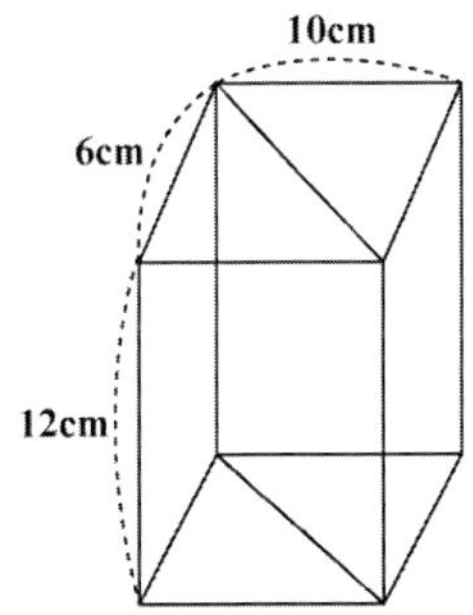


### 2) 원기둥

하나의 직선이 그와 나란한 직선의 둘레를 한 바퀴 돌아서 생긴 곡면으로 둘러싸인 입체

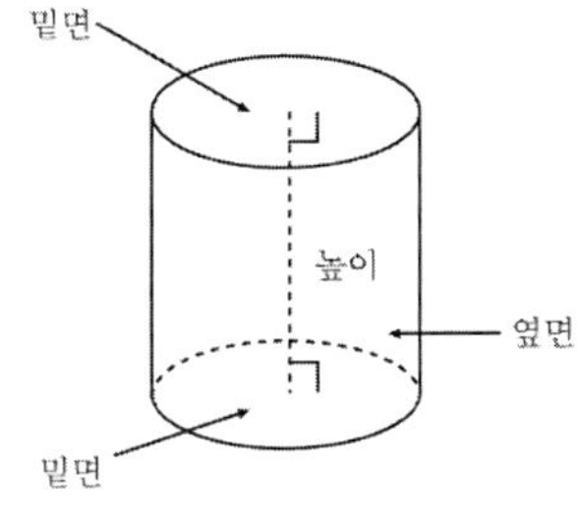


## 2.1.5. 각뿔

각뿔은 고대 이집트의 피라밋을 도형으로 나타낸 것이다.

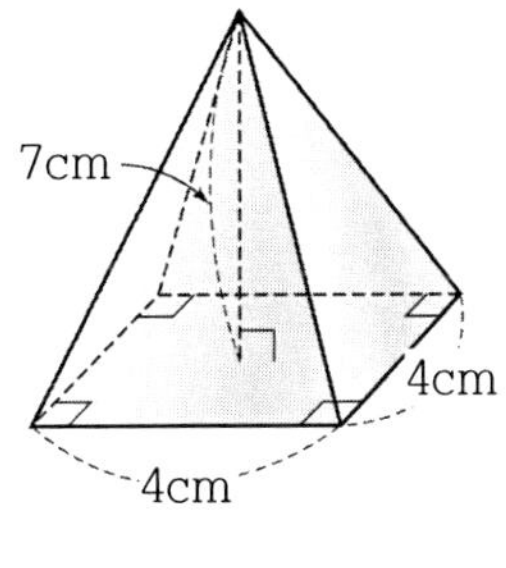

1) **다각뿔**

다각형의 각 변을 밑변으로 하고, 다각형의 평면 밖의 한 점을 공통의 꼭짓점으로 하는 여러 개의 삼각형으로 둘러싸인 다면체이다. 밑면이 삼각형이면 삼각뿔, 밑면이 사각형이면 사각뿔, … 이라고 부른다.

2) **원뿔**

원의 평면 밖의 한 점(꼭짓점)과 원주 위의 모든 점을 연결하여 생긴 면으로 둘러싸인 입체이다. 즉, 원뿔은 원 밖의 한 점에서 원의 모든 점을 이어서 만든 입체도형이다. 즉, 아래 그림과 같이 밑면이 원으로 된 뿔을 원뿔(cone)이라고 하면, 꼭짓점에서 밑면인 원에 수직으로 이은 선을 모선이라고 한다.

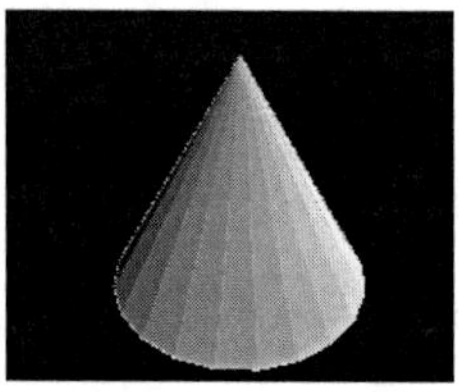

**참고**

우리들이 좋아하는 아이스크림을 담는 용기가 원뿔 모양이기 때문에, 아래와 같은 것을 'ㅇㅇ콘'이라고 부른다.

3) **각뿔대**

고대 이집트인들이 피라밋을 건축하는 도중에 피라밋의 모습을 멀리 산위에서 내려다 보았더니 다음과 같은 모양이었다.

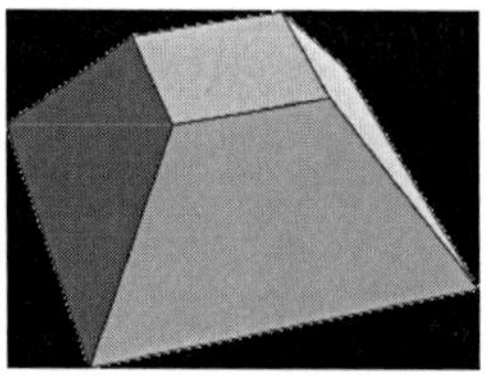

그 후, 사람들은 이 모양을 각뿔대라고 부르게 되었다.

이와 비슷하게 원뿔모양을 바닥에서부터 쌓다 보면 다음과 같은 입체가 만들어진다.

**4) 원뿔대**

원뿔이 밑면에 평행인 평면으로 잘려진, 밑면을 포함하는 입체를 원뿔대라고 한다.

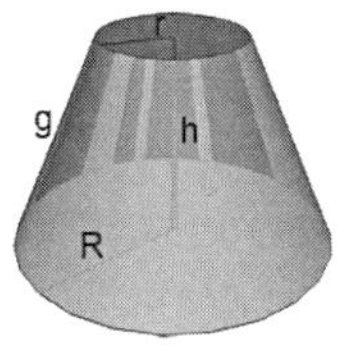


이때, r 은 윗면의 반지름, R 은 아래면의 반지름, g 는 모선, h 는 높이라고 한다.

## 2.1.6. 회전체

**1) 회전체의 정의**

평면도형을 한 직선을 축으로 하여 한 번 돌려 얻는 입체도형을 회전체라고 하며, 이때 축으로 사용한 직선을 회전축이라고 한다. 또한 입체도형을 평면으로 자를 때 생기는 도형의 면을 단면이라고 한다.

**2) 회전체의 종류**

① 구

반원의 지름을 회전축으로 하여 한 번 돌려 얻는 회전체를 구라고 합니다. 이때 반원의 중심은 구의 중심이 되고, 반원의 반지름은 구의 반지름이 된다.

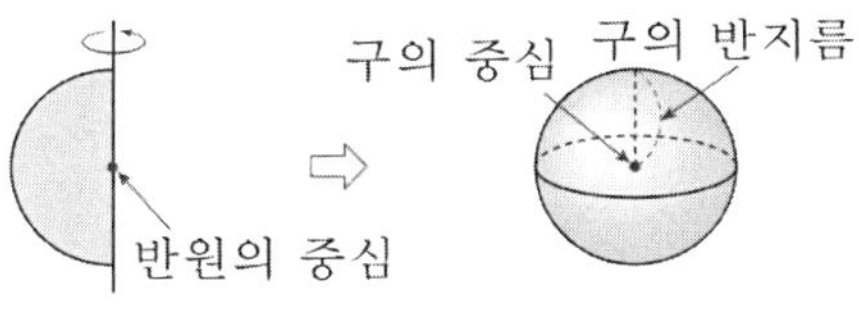


즉, 구(球, sphere)는 한 점과의 거리가 같은 점들로 이루어진 3차원의 도형이다. '구'라는 이름은 공이란 의미의 한자에서 왔지만, 수학에서의 구는 속이 비어 있는 '구면'을, 공은 속이 차 있는 '구체'를 가리키는 말이다.

② 원기둥, 원뿔

직사각형의 한 변을 회전축으로 하여 한 번 돌려 얻는 회전체는 원기둥이 되며, 직각

삼각형의 직각을 낀 변을 회전축으로 하여 한 번 돌려 얻는 회전체는 원뿔이 된다.

즉, 원뿔은 밑면이 원이고, 옆면이 곡면인 뿔 모양의 입체도형으로 원뿔은 직각삼각형을 빗변이 아닌 변을 회전축으로 하여 1회전 시킨 회전체이다. 원뿔에서 뾰족한 점을 '원뿔의 꼭짓점', 원뿔의 꼭짓점에서 밑면까지 수직인 선분의 길이를 '높이', 원뿔의 꼭짓점과 밑면인 원 둘레의 한 점을 이은 선분을 '모선'이라고 한다. 또 밑에 있는 면을 '밑면', 옆으로 둘러싸인 곡면을 '옆면'이라고 한다.

### 2.1.7. 쌓기나무

쌓기나무는 아동의 공간감각을 기르는 데에 중요한 요소이다. 이 절에서는 쌓기나무 지도에 사용되는 소마큐브를 이용한 공간감각 신장 방안을 알아보기로 한다.

쌓기나무는 공간감각과 밀접한 영역이므로 아동들에게는 소마큐브 등의 교구를 쌓아가면서 앞면, 측면, 밑면을 관찰한 그림을 그려보도록 해야 하며, 거꾸로 앞면, 측면, 밑면의 그림을 보면서 큐브를 쌓는 활동을 다양하게 경험하도록 지도해야 한다.

### 2.1.8. 소마큐브

#### 1) 소마큐브의 종류

소마큐브(soma cube)는 모양이 다른 7개의 소마 조각으로 이루어진 입체퍼즐이다. 이들 조각을 조합하면 새로운 입체 도형을 만들 수 있는데, 조합관계를 탐구하고 숨겨진 규칙들을 직접 찾아봄으로써 공간 감각을 한층 더 높일 수 있습니다. 제시된 답에 구애받지 않고 자신의 창의적인 모양을 제작하고 입체에 담긴 규칙을 찾아보는 활동은 창의력 향상 뿐 아니라 소마큐브와 수학을 공부하는 즐거움을 느낄 수 있다.

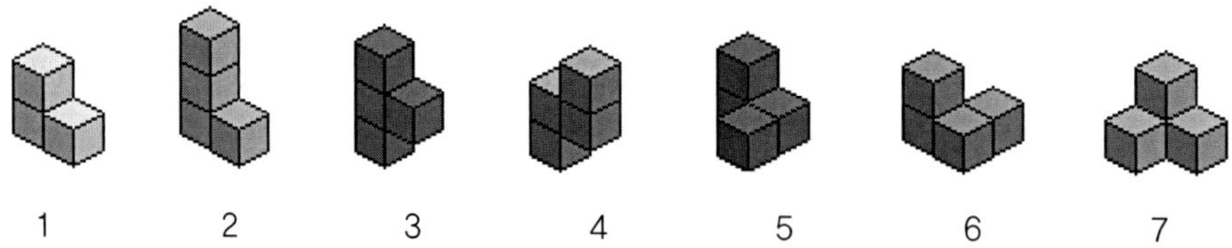


#### 2) 소마큐브의 활용방법

각각의 소마큐브를 앞에서 본 모습, 옆에서 본 모습, 위에서 본 모습을 색칠하고, 쌓인 블록의 번호를 써 넣는 활동을 통하여 입체에 관한 공간감각을 기르도록 지도한다.

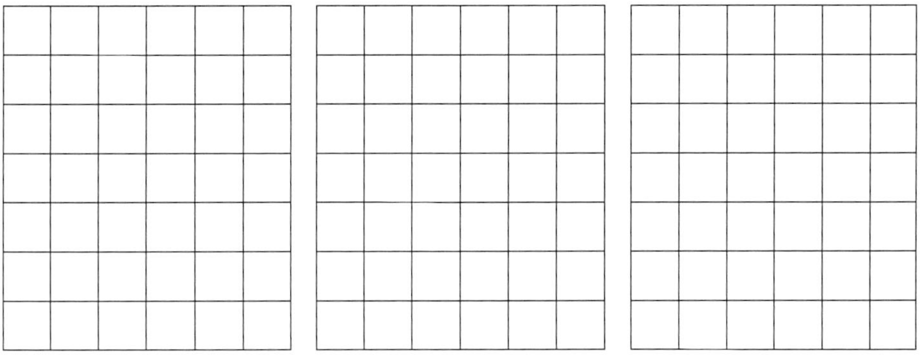

앞에서 본 모습　　　옆에서 본 모습　　　위에서 본 모습

## 2.1.9. 소마큐브의 조립

### 2.2. 입체도형의 전개도

**1) 전개도의 정의**

각기둥 또는 각뿔의 모서리를 잘라서 펼쳐 놓은 그림을 각기둥 또는 각뿔의 전개도라고 하며, 원기둥 또는 원뿔의 원과 옆면을 밑면에 수직으로 잘라서 펼쳐놓은 그림을 원기둥 또는 원뿔의 전개도라고 한다.

**2) 정육면체의 전개도**

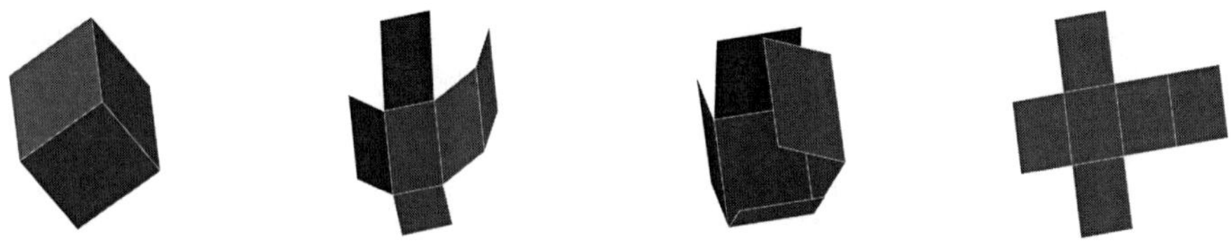

**3) 원기둥의 전개도**

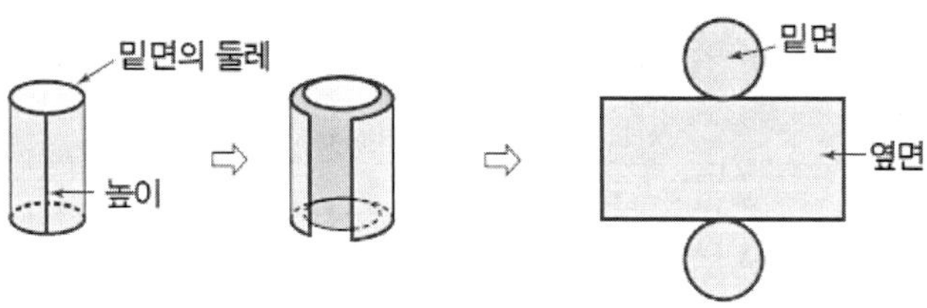


## 3 한 붓 그리기

### 3.1. 한붓그리기

한붓그리기(traverse)란 연필을 떼지 않고, 같은 길을 두 번 지나지 않고 도형을 완성하는 것을 말한다.

**1) 쾨니히스베르크 다리 문제**

오일러는 잠시 동안 쾨니히스베르크의 동쪽 프로이센 도시인 지금은 러시아 연합국의 칼리닌그라드라는 곳에 살았다. 프레겔 강이 이 도시를 흐르고, 두 개의 섬으로 이뤄져 있다. 오일러가 사는 동안, 강의 한쪽 섬에서 다른 쪽 섬을 연결하는 7개의 다리가 있었다. 그 곳의 주민들은 일요일마다 쾨니히스베르크를 지나는 일이 빈번했기 때문에 2번

건너는 것 없이 7개의 모든 다리를 건너가는 것이 가능한지 궁금해 하였다. 오일러는 지금은 '쾨니히스베르크 다리 문제'로 알려진 문제를 풀었고, 그 문제를 해결한 아이디어를 "위치의 기하학"이라 불렀으며, 오늘날은 위상 기하학(topology)이라고 한다.

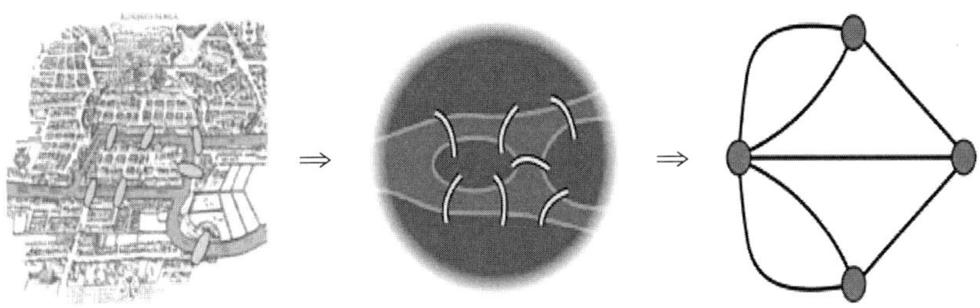

※ 점 사이의 거리와 곡선으로 연결된 모양은 중요하지 않으며, 각 지점들의 순서만이 중요하다.

### 2) 회로망

회로망(network)은 다음의 두 가지 성분으로 이루어진 것이다.

- 평면 위의 점인 꼭짓점
- 두 꼭짓점을 잇는 선분 또는 곡선인 모서리

### 3) 차수, 짝수와 홀수 꼭짓점

- 꼭짓점의 차수는 꼭짓점으로부터 나오는 모서리의 개수이다.
- 홀수차수인 꼭짓점을 홀수점
- 짝수차수인 꼭짓점을 짝수점이라고 한다.

### 4) 오일러 경로와 한붓그리기

오일러는 꼭짓점을 통해 두 모서리를 이용하여 경로를 한 번에 통과하는 방법을 다음과 같이 알아냈다.

- 각 꼭짓점을 통과할 때마다 두 개의 경로가 생긴다.
- 꼭짓점이 시작(출발)점이거나 도착(끝)점이면 홀수점이 된다.
- 한붓그리기가 가능하려면 시작(출발)점이거나 도착(끝)점을 제외한 모든 꼭짓점은 짝수 점이어야 하고, 홀수점이 2개보다 많으면 한붓그리기가 불가능하다.
- 따라서 홀수점이 없거나 2개일 때만 한붓그리기가 가능하다.
- 만약 2개의 홀수점이 있다면 그 점은 한붓그리기의 출발점이거나 도착점이 된다.

### 5) 오일러의 연결성 이론

홀수점이 없는 도형은 어느 지점에서 출발하여도 한붓그리기가 가능하며, 홀수점이 두 개있는 도형은 반드시 홀수점에서 출발해야 한붓그리기를 할 수 있다.

※ 쾨니히스베르크 다리 회로망은 4개의 홀수점이 있으므로 한붓그리기를 할 수 없다.

# 제 3 부

# 측정 영역

제 I 장

# 측정영역의 지도 방법

## 1 길이

측정의 시작은 길이를 재는 일이다. 고대 이집트의 나일강가에서는 밧줄에 매듭을 만들어 길이를 측정한 것은, 길이를 재는 방법일 뿐만 아니라 수를 세는 역할도 하였다.

### 1.1. 길이의 역사발생

#### 1.1.1. 큐빗(cubit)

문헌에 나타나는 최초의 길이의 단위는 큐빗이다. 이집트에서는 기원전 약 3000년 전 '큐빗'단위를 사용하였는데, 성인 남자의 팔꿈치에서 가운데 손가락까지의 길이로서 약 45cm이다. 이집트 왕족들이 화강암으로 만든 '큐빗'길이의 막대기로 물건의 길이를 측정하면서 통일된 측정법이 자리 잡게 되었다. 이집트의 피라미드의 가로변은 500큐빗 정도라고 한다. 큐빗이라는 단위는 이집트부터 바빌로니아에 걸쳐 널리 쓰여 졌으나 이것을 체계화한 것은 수메르인이다.

〈그림 61〉

#### 1.1.2. 미터(meter)

프랑스 과학원에서 1미터를 북극점에서 적도까지의 거리의 1,000만분의 1로 정하였다가, 1793년에는 적도길이의 4,000만분의 1로써 정의되었다. 1889년 미터는 백금-이리듐 막대의 두 지점사이의 거리로써 고정되었다. 그러나 과학자는 이와 같은 정의가 백만분의1보다 더 정확할 수 없기 때문에 만족하지 못했다. 1983년 미터는 또 다시 시간과 길이와 연관시키는 방법으로 재정의 되었다. 즉, 공간에서 빛이 1초 동안 진행한 거리의

299,792,458분의 1로 미터를 정의하였다. 또한 미터보다 더 크고 작은 단위를 미터를 기준으로 하여 십진법으로 정하였다. 즉, 백분의 1 미터를 센티미터(centimeter), 1,000 분의 1 미터를 밀리미터(millimeter), 100 미터를 헥토미터(hectometer, hm), 1,000 미터를 킬로미터(kilometer) 등으로 표기하도록 하였다.

▸ 장애 1

미터법의 크고 작은 단위를 10진법으로 채택한 이유는?

▸ 이해 1

미터법 제정 당시에는 분수와 60진법을 사용하고 있었다. 그러나 60진법의 계산이 쉽지 않았으며, 계산속도가 세계에서 가장 빠른 인도-아라비아 숫자(Hindu-Arabic numeral) 체계 0,1,2,3,4,5,6,7,8,9 가 10진법이었기 때문에 십진법을 택하게 된 것이다.

■ 미터법

| 단위 | 약어 | 1 미터와의 관계 |
|---|---|---|
| 1 킬로미터 | 1 km | 1000 m |
| 1 헥토미터 | 1 hm | 100 m |
| 1 데카미터 | 1dam | 10 m |
| 1 미터 | 1 m | 1 m |
| 1 데시미터 | 1dm | 0.1 m |
| 1센티미터 | 1 cm | 0.01 m |
| 1밀리미터 | 1 mm | 0.001m |
| 1 마이크로미터 | 1 $\mu$m | 0.000001m |

■ 기타

| 단위 | cm | m | in | ft | yd | mile |
|---|---|---|---|---|---|---|
| 1 cm | 1 | 0.01 | 0.3937 | 0.0328 | 0.0109 | - |
| 1 m | 100 | 1 | 39.37 | 3.2808 | 1.0936 | 0.0006 |
| 1 in | 2.54 | 0.0254 | 1 | 0.0833 | 0.0278 | - |
| 1 ft | 30.48 | 0.3048 | 12 | 1 | 0.3333 | 0.00019 |
| 1 yd | 91.438 | 0.9144 | 36 | 3 | 1 | 0.0006 |
| 1 mile | 160930 | 1609.3 | 63360 | 5280 | 1760 | 1 |

## 1.2. 길이의 경험

길이는 손바닥, 뼘, 아름, 걸음 등으로 재어 보는 직접측정 또는 신체의 부분 또는 도구와 같은 대체물과 비교하거나 평행이동이나 대칭을 이용하여 길이를 비교하는 등의 간접측정으로 경험할 수 있다.

### 1.2.1. 기하학적으로 합동사상인 이동, 구부림, 절단-복원 변환에 의해서 불변인, 길이를 갖는 물체의 함수이다.

절단-복원 변환은 길이에 대한 가법의 특성을 가진다. 거리는 길이를 갖는 물체 또는 정신적인 대상의 길이로서 드러난다. 길이는 직선으로 측정되고, 곡선은 직선으로 귀착시켜서 측정한다. 거리는 조감도에 의해서 이해된다. 절단된 길의 거리는 부분의 합으로 결정하고, 곡선은 절단된 길 또는 곧게 펴서 측정한다. 직선의 측정도구는 자 또는 곧은 줄로 잰다. 아동의 무의식적인 측정활동은 도구를 사용하지 않고 이루어진다. 그러나 걸음을 직선적으로 걷는다거나 뼘을 직선적으로 옮기는 행동이 의식적이든지 반 의식적이든지 어쨌든 직진성이 부분적인 역할을 하였다. 즉, 측정활동에서 직선은 도구적인 존재가 아니라 정신적인 존재이다. 측정을 신체의 부분 또는 도구를 이용하여 여러 번의 반복 측정하는 경우에는 측정심상의 직진성은 시각선상의 목표지점이나 중복이라는 직진의 확장에 의해서 보장된다. 우회는 더 멀다. 거리는 가장 짧은 선으로 측정한다.

### 1.2.2. 두 점 사이에 장애물이 있는 경우

두 점 사이에 장애물이 있는 경우에는 같은 거리를 갖는 평행선을 찾으면 된다. 그 과정에 숨어있는 기하학적인 통찰은 평행이동에 의해서 길이가 보존된다는 것이다. 이 상황에서의 기하학적인 통찰은 평행이동, 평행사변형, 직사각형과 같은 심적 조작 또는 심상에 관한 지식을 의미하며, 그 지식은 기하학적 연역이나 이러한 심상의 개념성을 뜻하는 것이 아니고 더욱이 관용적인 명칭을 아는 것을 뜻하는 것은 아니라, 평행성과 대변의 상등을 시각적 또는 지각적으로 암시하는 것이다. 방향이 같지 않은 두 선분의 길이의 상등을 확인하는 가장 원시적인 방법은 대칭이다. 여러 가지 대칭인 사물에 대해서 정신조작으로서의 대칭은 어린 나이에 의식된다. 그리고 대칭은 대칭도형의 가장 중요한 성질이다. 평행이동이나 대칭을 이용하여 길이를 비교하는 일은 선분 뿐만 아니라 곡선에도 같은 방법으로 적용된다. 모든 방향에서 길이가 같은 선분을 만들어 내는 도형은 원이다. 탈레스가 해변에서 멀리 떨어져있는 배까지의 거리, 피라밋의 높이 등과 같이 통상적으로 접근 불가능한 거리를 기하논법으로 측정하는 방법을 언급하였다. 이 때문에 닮은 삼각형에 관련된 정리를 탈레스의 정리라고 부른다. 이 용어는 역사적으로는 적절하지 못하고 탈레스의 방법은 '한 변과 두각' 이라는 합동정리라고 해야 옳다.

- 해안에서 배까지의 거리를 도형의 합동을 이용하여 접근 가능한 육지의 거리로 바꿔 놓은 것이다.

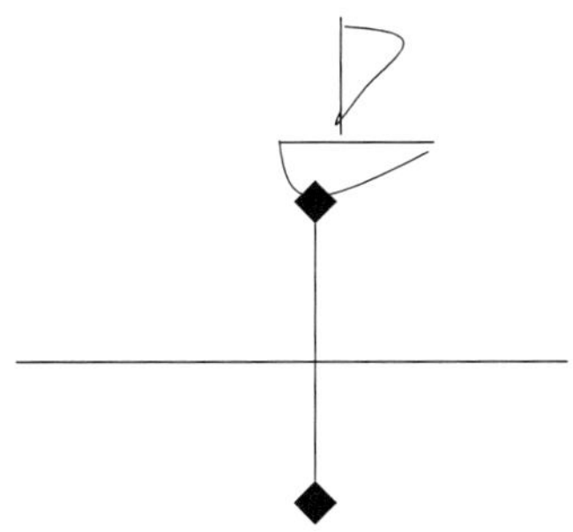

- 피라밋의 높이는 해뜬 날에 막대를 수직으로 세워서 막대의 길이와 그림자의 길이가 같아지는 순간에 피라밋의 그림자를 측정하는 것이어서 물체와 그림자간의 1:1 대응을 시킨 것이다.

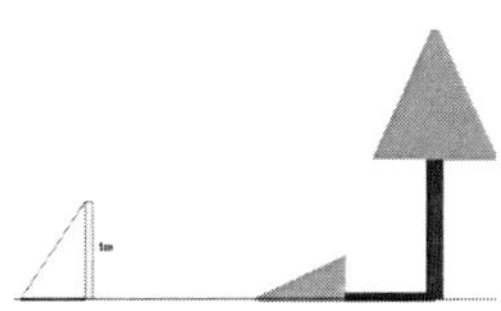

## 1.2.3. 합동의 성질은 거리 측정 실제에서는 닮음과 관련될 때만 의미가 있다.

삼각형의 세 가지 합동조건인 '대응변의 길이가 같다, 두 대응변의 길이와 그 끼인각의 크기가 같다. 한 변의 길이와 그 양 끝 각이 같다'를 이용하여 어려서부터 접근 불가능한 거리에 관한 문제에 답할 수 있다. 특히, 직사각형에 관련된 문제는 피다고라스 정리를 적용하여 해결할 수 있다.

## 1.3. 구간의 길이

- 네 구간 [0, 1], (0, 1], [0, 1), (0, 1)의 길이는 모두 1이다.
- 구간 [0, 1]내에 유한개 또는 가부번개의 불연속점이 있는 경우에도 그 구간의 길이는 1이다.

## 1.4. 길이 측정 단위의 지도법

현대의 학교수학에서 측정단위는 미터법으로 지도한다. 따라서 이 절에서는 미터법인 $cm, m, km$의 도입 지도에 관하여 설명하기로 한다.

### 1.4.1. 미터법의 도입 지도

미터법은 위에서 설명한 바와 같이 $m$를 먼저 정하였으나 아동들의 연령을 고려하여 우리나라 수학과 교육과정에서는 $cm, m, mm, km$ 순서로 길이의 측정 단위가 도입되고 있다.

**( i ) 1 $cm$ 의 도입**

초등학교의 측정영역에서 주로 다루는 양의 개념은 연속량이다. 이 양의 비교·측정에서는 직접비교, 간접비교, 임의단위로의 측정, 표준단위로의 측정, 간접측정이라는 단계를 순서대로 경험하도록 지도한다.

**가. 직접비교**

길이가 현저하게 다른 물건 2개 가운데서 길이가 긴(짧은) 것을 가려내게 하고, 이때 나타나는 반응을 바탕으로 '길다', '짧다'라는 말이 사용되는 경우나 그 의미를 되새겨 보게 하여, 길이가 비슷한 2개의 물건 중에서 길이가 긴 것을 가려내도록 한 다음, 귀납 또는 일반화하여 길이의 비교 결과를 '길다', '짧다'로 표현할 수 있도록 한다.

**나. 간접비교**

비교 대상이 고정되어 있거나 거리가 멀거나 무거워서, 직접 맞대어 볼 수 없는 두 대상을 제시하여 긴(짧은) 것을 가려내는 방법을 찾아내도록 한 후, 그 방법을 귀납 또는 일반화하여 길이의 비교 결과를 '길다', '짧다'로 표현할 수 있도록 한다.

### 다. 임의단위에 의한 측정

직접비교나 간접비교가 쉽지 않은 상황에서 두 대상의 길이를 비교할 때 나타난 반응을 비교·검토하는 활동을 통하여, 길이를 비교하려는 대상에 따라 적당한 단위를 임의로 정하여, 단위 길이의 수를 세어서, 즉 길이를 수치화하여, 어느 쪽이 얼마나 길다(짧다)는 것을 알 수 있도록 지도한다.

▸ 갈등

여기까지의 과정에서 가장 중요한 맥락은, 직접비교, 간접비교, 임의단위로 측정할 때의 불편함을 아동들이 인식하도록 한 다음, 표준단위를 도입한다.

### 라. 표준단위에 의한 측정

생활에서 사용하고 있는 자를 사용하지 할 수 없는 상황에서, 아동들이 측정 대상을 정하여 그 길이를 나름대로의 방법(직접비교, 간접비교, 임의단위로 측정)으로 측정할 때 야기되는 문제점 또는 불편함을 인식하도록 한 후, 측정 대상을 모든 아동들이 동일한 단위 길이로 잴 필요성을 도출하고, 우리의 선조들도 똑 같은 고민을 하였으며 그러한 불편함을 해소하기 위해서, 모든 물건의 길이를 잴 때, 이만큼의 길이($1cm$)를 기준(단위)으로 삼아 잴 것을 약속하였으며 그 길이를 '$1cm$'라고 표기하고 '일 센티미터'라고 읽는다는 것을 지도한다.

### 마. 어림하기 전략

자가 없는 상황에서 길이를 알 수 있는 방법의 필요성을 아동들이 경험하도록 한 후, '어림하기'라는 방법을 지도하고, '약 몇 $cm$'라고 말하고 적도록 지도한다. 이러한 어림을 효과적으로 하기 위한 여러 가지 전략은 다음과 같다.

- 기준과 비교하기

  만일 자신의 한 뼘이 약 $10cm$라는 것을 알고 있다면, 이와 비슷한 물건의 길이를 어림할 수 있을 것이다. 또 만일 $20cm$ 길이의 끈을 선택해야 한다면, 그 크기를 어느 정도 생각할 수 있을 것이다.

- 덩어리 짓기(chunking)

  대상을 여러 개의 부분으로 나누고 각각을 어림한다.

• 결합하기(unitizing)

먼저 전체의 일부분의 길이를 어림하고 전체가 몇 개의 부분으로 구성되어 있는지를 알아서 전체의 길이를 어림한다. 예를 들면, 얽혀있는 철사의 길이를 재려고 할 때, 약 10$cm$ 의 철사를 잘라서 무게를 잰 후에 전체 무게를 재어 철사 전체의 길이를 어림하도록 한다.

### (ii) 1 $mm$ 의 도입

**▸ 갈등**

아동들이 이미 보편단위와 표준단위의 필요성을 알고 있으므로, 발에 꼭 맞는 운동화의 크기, 연필의 길이 등을 재면서 $cm$보다 작은 길이 단위의 필요성을 토론하도록 한다. 또한 $cm$보다 작은 길이 단위를 어떤 방법으로 정하는 것이 좋을지를 토론하도록 한다. 즉, 1$cm$를 5등분? 20등분? 또는 더 많게? 더 적게? 등분하여 작은 눈금을 만들 것인지를 정해보도록 한다.

■ 1$cm$를 10 등분하여, 작은 눈금 한 칸의 길이를 1$mm$라고 쓰고 일 밀리미터라고 읽도록 지도한다.

※ 10진법으로 만든 인도-아라비아 숫자체계가 계산속도가 제일 빠르기 때문에, 미터법의 크고 작은 단위를 모두 10진법으로 만들게 된 배경을 설명한다.

### (iii) 1 $m$ 의 도입

**▸ 갈등**

아동들의 주변에 있는 물건이나 소지품의 길이를 잴 때에는 $cm$와 $mm$만 필요했으나, 건물의 높이, 사람의 키, 운동장의 길이 등을 재기 위해서는 더 큰 단위가 필요하다는 사실을 토론하도록 한다.

■ 1$cm$의 100배 되는 길이를 1$m$라고 쓰고 일 미터라고 읽도록 지도한다.

■ 지구본을 보면서, 프랑스과학원에서 1미터($m$)는 1973년에는 적도길이의 4000만분의 1로써 정하였으며, 아동들은 1$cm$를 먼저 배웠으나 실제로는 1미터를 먼저 정한 다음, 1미터를 100등분 하여 1$cm$를 정하였다는 사실을 설명한다.

※ 10진법으로 만든 인도-아라비아 숫자체계가 계산속도가 제일 빠르기 때문에, 미터법의 크고 작은 단위를 모두 10진법으로 만들게 된 배경을 설명한다.

### (iv) 1 $km$ 의 도입

▸ **갈등**

지구의 지름, 지구에서 태양까지, 지구에서 달까지 등의 거리를 잴 때와 같이, 1m 보다 훨씬 더 큰 물건이나 먼 거리를 재는 거리 단위의 필요성을 토론하도록 한다.

- $1m$의 1000배 되는 길이를 $1km$라고 쓰고 일 킬로미터라고 읽도록 지도한다.
- 킬로(kilo)는 1000이라는 사실을 알게 한다.

※ 10진법으로 만든 인도-아라비아 숫자체계가 계산속도가 제일 빠르기 때문에, 미터법의 크고 작은 단위를 모두 10진법으로 만들게 된 배경을 설명한다.

### 1.4.2. 길이의 측정 지도

■ **간접 측정**

임의 길이의 크기의 막대로 전체의 길이를 덮은 횟수를 세는 일.

■ **직접 측정**

단위길이인 $1cm, 1m, 1mm, 1km$를 사용하여 만든 자를 사용하여 길이를 재는 일.

## 1.5. 길이의 덧셈, 뺄셈

■ **양의 덧셈, 뺄셈**

길이의 덧셈, 뺄셈을 지도할 때에는 두 길이를 겹치거나 비스듬하게 놓으면 안 되며, 같은 단위로 고쳐서 연산을 수행하도록 지도한다. 즉, 덧셈, 뺄셈은 같은 단위끼리만 시행하도록 한다.

■ **양의 유한 가법성**

양의 가법성에 의하면 서로 겹치지 않는 두 양의 측도는 각각의 양의 측도의 합이다. 따라서 두 개의 물방울을 합치면 한 개의 물방울이 되므로 1+1=1 이라는 논리는 성립하지 않는다.

# 2 각도

## 2.1. 각의 측정의 역사

각의 측정은 주로 천체 연구를 위해서 연구되었다. 고대에서도 추와 직각 개념은 중요했으며, 직각은 다른 각을 비교하거나 예각과 둔각을 정의할 수 있는 기준이 된다. 각을 회전으로 생각한 초기 천문학의 기록에서는 각의 단위로 직각을 사용하였으나, 천체 연구에서는 별이 한 바퀴 도는데 오랜 시간이 걸리므로 작은 각을 재는 단위가 필요하게 되었다.

### ■ 각도의 발생

고대 바빌로니아에서는 종교 행사와 곡물의 수확 패턴 등을 알기 위해 천문학에 관심을 가졌다. 그들은 관찰 자료를 모으고, 계산을 하고 예측을 하는데 천문학을 사용했다. 그들은 60진법을 개발하여 사용했고, 그것으로 자연수와 분수가 표현되었다. 또한 그들은 일 년을 360일로 계산하여 원주를 360등분하여 일년력으로 사용했던 것이 원주를 360°로 사용하게 되었다고 알려지고 있다.

이집트와 바빌로니아 문명에서 삼각형의 길이와 관련된 계산과 표를 만들기는 했지만, 그들은 현대적 의미의 각의 측정을 소개하지는 않았다. 이 결과는 각의 측면에서보다는 기하학적 도형에서 길이의 비의 개념에서 온 것이었다.

그리스에서는 천체 데이터를 체계적으로 연구하기 시작하였고, 각 사이의 관계, 각에 대응하는 호와 그에 대응하는 현의 길이와의 관계를 연구하기 시작하였다. 초기에는 그 결과를 직각이나 직각의 4분의 1과 분수로 표현하였다.

Hipparchus는 원을 360으로 나누어서 그것을 기초로 일련의 각을 사용하여 한 각의 현과 호의 길이에 대한 표를 처음 만들었다. 그는 황도대의 원을 360으로 나눈 첫 번째 천문학자인 Hypsicles의 영향을 받았다. 황도를 십이궁과 서른여섯 개의 십분각으로 나누는 360도라는 값은 천문학에서 이루어졌다고 생각할 수 있으며, 약 360일인 한해의 주기는 각 궁을 서른 개의 부분으로 십분각을 다시 열 개의 부분으로 잘게 나눔으로써 황도 십이궁계와 십분각의 체계에 쉽게 대응시킬 수 있다. 따라서 각도 체계는 이 대응 관계에서 유래한 것으로 볼 수 있다(Boyer, 1991/2000).

• 라디안

호의 길이를 이용한 각의 단위로서 Muir와 Thomsom이 1873년에, 한 원에서 반지름과 길이가 같은 호의 중심각을 실수인 1 라디안(radian)으로 정의하였으며, 라디안의 도입으로 삼각함수의 미적분 이론이 급속도로 발전하게 되었다.

■ **삼각형의 세 내각의 합은** $180^o$

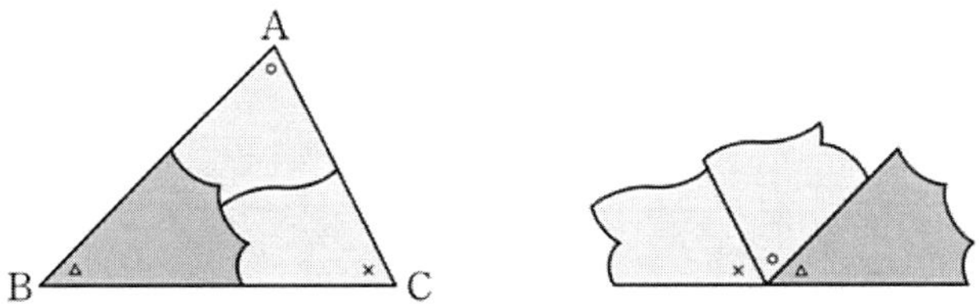


## 3 들이

이 절에서는 초등학교에서부터 시작되는 부피와 들이의 측정 지도법에 관하여 알아보기로 한다. 부피와 들이의 개념은 매우 유사하면서, 서로 다른 개념이므로 지도할 때 세심한 주의를 요한다. 먼저 들이의 지도부터 알아보기로 한다.

### 3.1. 들이의 개념

측정에서의 들이는 '들이다'에서 온 개념으로 '(용기의 안으로) 들여진 정도'를 의미하며, 기름 등과 같이 유동성이 있기 때문에 용기에 담아서 잴 수밖에 없는 물체의 부피를 용기의 내부 공간에 담을 수 있는 양을 의미한다. 들이(capacity)는 라틴어 capax에서 온 것으로 '양을 많이 차지할 수 있다'는 의미이다. 이처럼 들이는 용기를 전제로 한 개념이므로 들이는 보통 용기에 들어가는 용량의 부피로서 측정된다. 액체를 크기가 같은 컵이나 비커 등을 이용하여 등분하거나, 또는 역으로 컵이나 비커의 액체를 한 용기에 부어서 그들의 양이 불변임을 인식시키는 지도는 양의 조작의 가역성을 알게 하는 것으로서 중요한 의미를 갖는다. 그러나 부피는 물체의 분할, 변형에 대하여 양의 보존성이 유지되지만, 들이는 용기자체의 내부공간의 모양에 크게 의존하기 때문에 부피와는 구별하여 지도한다.

## 3.2. 들이의 비교지도

들이의 개념을 지도에서는 용기를 사용한다. 예를 들면 컵, 물통, 그릇, 병 등의 내부 공간에 담을 수 있는 양의 크기를 비교하게 한다.

■ **직접비교**

① 한 그릇에 물을 가득 채운 후 다른 그릇에 부어본다.

② 두 그릇에 물을 가득 채운 후, 수조에 차례로 부어 높이를 알아본다.

■ **간접비교**

들이는 그의 내부공간에 담을 수 있는 양이므로 외형만으로는 크기를 정확하게 비교할 수 없으므로, 용기의 모양이나 크기가 다른 경우에는 직접 비교할 수 없게 되어 간접 비교를 하게 한다. 즉 들이를 비교할, 두 용기가 비어 있는 경우에는, 물을 부어 가득 찰 때까지의 각각의 시간을 재거나 또는 같은 양의 물을 두 용기에 부어서 남은 양으로 비교할 수 있다. 또는 컵이나 비커 등을 이용하여 물의 양을 등분할 하면서 들이를 비교한다. 이와 같이 물의 양을 등분할하거나 여러 용기의 물의 양을 큰 용기에 합치는 실험을 통하여, 아동들은 들이의 보존성을 이해하게 된다. 컵이나 비커에 의한 물의 양 등분할 활동은 임의 단위에 의한 측정이므로 한 컵, 두 컵, 세 컵, --- 등으로 셀 수 있다.

■ **들이의 특성**

① 들이는 모양과는 관계가 없다.(들이의 불변성)

② 들이는 가법성을 갖는다.(들이의 가법성)

③ 두 들이의 중간에 해당되는 부피를 갖는 들이가 항상 존재한다.(들이의 연속성분)

임의 단위에 의한 들이 측정은 꼭 맞아떨어지는 경우가 거의 없고 대부분 약간의 양이 남게 된다. 이때에는 어림값으로 '약간 더 된다' 또는 '약간 더 될 된다' 또는 '약 얼마이다'로 표현하면서, 자연스럽게 보편단위의 필요성을 이해한다.

▸ 갈등

각 나라마다 사용하는 들이의 단위가 달라서 교역할 때마다 복잡한 환산을 해야 하는 번거로움을 해결하고 싶다.

▸ 이해

유럽에서 무역할 때의 불편함을 해소하기 위해서 1793년에 정한 길이의 단위인 1cm

를 이용하여 다음과 같이 들이의 보편단위(미터법)를 정하여 지금은 우리나라를 포함한 세계의 거의 모든 나라에서 사용하고 있다.

## 3.3. 들이의 보편 단위의 도입

■ 1L의 개념

1795년 프랑스과학원에서는 한 변의 길이가 10cm인 정육면체의 부피를 1 liter로 정하고 1$l$로 표기하였으나, 1979년부터는 1L로 표기하였으며 1L의 $\frac{1}{1000}$을 1mL(milli liter)로 표기하였다.

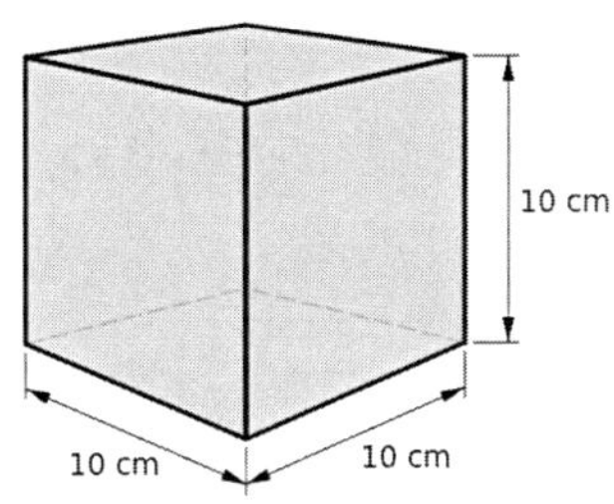


■ 1L의 개념 지도

수학교구인 천 모형만큼의 부피를 1L, 일 모형(낱개)만큼의 부피를 1mL로 지도한다. 천모형은 일모형(낱개)이 1000개가 모여서 이루진다는 사실은 알지만, 머릿속에서 형상화시키기 어려워하는 아동에게 '일 모형(낱개) 10개를 붙여서 십 모형을 만들고, 십 모형을 10개 붙여서 백 모형을, 백 모형을 10개 붙여서 천 모형을 만드는 과정'을 설명하고, 실제 수모형으로 보여준다. 이러한 활동은 아동들의 양감을 기르는데 도움이 된다.

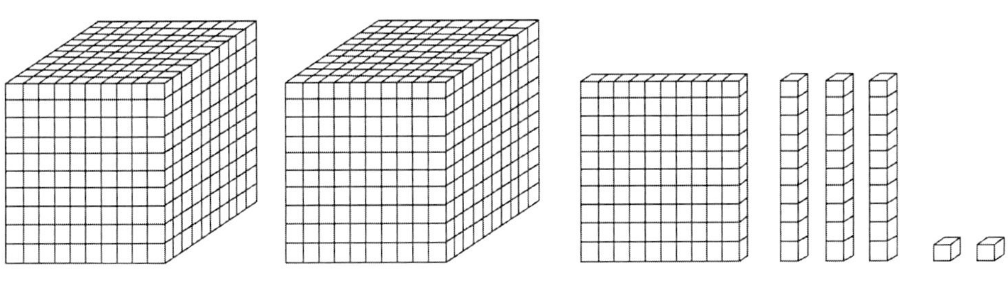

용기의 들이를 측정하는 방법으로는 1L 용기, 1dL, 1mL 용기를 이용하여 측정한다. 그러나 1dL 보다 적은 양에 대해서는 이들로서는 측정하기 어렵다. 이때에는 적은 양이므로 계기의 표면에 외부에서 쉽게 관찰 할 수 있도록 용량을 눈금으로 나타내어 사용한다. 들이의 단위를 이해한 다음에는 들이의 양을 더하거나 빼는 계산을 한다. 이를 위하여 1L=10dL=1000mL 의 관계를 이용하여 단명수와 복명수의 관계를 이해한다. 예를 들면 28dL=2L 8dL임을 실험을 통하여 확인한다. 계산 방법의 지도는 실제적인 조작과 더불어 시행하여야 효과적이다.

## 3.4. 어림하여 들이 측정하기의 지도

어림하기는 측정 도구를 사용하지 않고 측정에 이르는 지적 과정이다. 측정 발달에서 어림을 강조하는 몇 가지 이유는, 우선 단위의 크기와 단위 간의 관계를 강화하는 데 도움을 줄 수 있으며, 일상생활에서 특정한 용기에 얼마나 담을 수 있는지를 대략적으로 알아야 하는 들이에 대한 양감을 줄 수 있기 때문이다. 어림하기에는 크게 두 가지 유형이 있다.

- 첫째는 가장 전형적인 유형으로 '이 병의 들이는 얼마인가?'와 같이 대상과 속성은 주어지고 측정값은 알려지지 않는 경우이다.
- 둘째는 '들이가 1L쯤 되는 물건을 찾아보시오.'와 같이 측정값을 알고 대상을 선택해야 하는 경우이다.

아동들은 대체로 첫째 유형에는 익숙해져 있지만, 상대적으로 두 번째 유형에 익숙해져 있지 않은 경향이 있다. 따라서 교사는 위의 두 종류의 어림의 중요성을 감안하여 어림 활동을 확장시킬 수 있는 다음과 같은 전략을 사용할 수 있다.

- 기준 척도와 비교

  자신이 가지고 있는 병의 들이가 500mL임을 안다면 이보다 조금 더 큰 병의 들이는 600mL라고 어림할 수 있다.

- 덩어리 짓기(chunking)

  대상을 여러 가지 부분으로 나누고 각 부분을 어림하여 전체 측정값을 구하는 것이다. 예를 들어, 어떤 병의 들이를 어림할 때, 병을 적절히 부분으로 나눠서 각각을 어림해 봤더니, 200mL, 100mL, 50mL라면 전체 들이는 약 350mL로 어림할 수 있다.

• 단위화하기(unitizing)

대상의 한 부분(unit)을 어림하고 전체에 이 부분이 몇 번 들어가는지를 생각해 보는 것이다. 예를 들어, 어떤 용기의 들이를 어림할 때, 100mL를 어림하고 이것이 전체 용기에 몇 번 들어가는지를 생각해서 전체 들이를 어림하는 경우이다.

## 3.5. 들이에 관련된 학생들의 오개념

학생들이 가지고 있는 오개념을 교사가 미리 안다면, 가르칠 때 이러한 오개념이 형성되지 않도록 주의할 수 있고, 수업 중에 오개념이 드러난 경우 이에 능숙하게 대처할 수 있을 것이다.

■ **L가 mL보다 큰 단위이므로 L앞에 더 큰 수가 와야 하는 것이 아닐까?**

아동들은 종종 L가 mL보다 큰 단위이므로, L앞에 mL보다 더 큰 수가 와야 한다고 생각하여 1000L=1mL라고 쓰기도 한다. 단위의 수와 단위의 크기 사이에는 역관계가 있다는 사실을 알지 못하므로 이런 오개념을 범하는 학생들에게 1 L= 1000mL라고 약속한다는 사실을 강요하는 것은 효과가 없다.

이때는 아동의 사전 지식과 등호의 개념을 이용하여 L가 mL보다 큰 단위인데(학생의 생각 인정), 등호는 양쪽이 같다는 것을 뜻하므로 양변이 같아지기 위해서는 큰 L단위 앞에는 작은 수가 와야 하고, 작은 mL단위 앞에는 큰 수가 와야 한다는 점을 이해시키는 것이 효과적이었다.

또는 각설탕 등과 같은(수모형 낱개) 약 1mL를 나타낼 수 있는 물건을 제시하면서, 1L의 용기는 각설탕을 1000개 넣어야 채울 수 있다는 점을 아동이 감각적으로 알도록 하면서 1000mL가 1L와 같다는 것을 지도할 수도 있다.

■ **1L=1000mL 의 지도상의 유의점**

피아제의 인지발달 이론에 의해서, 부피관념은 6학년에서 지도하도록 되어있다. 따라서 3학년 아동들은 기둥의 부피를 알지 못하기 때문에, 1L가 한 변의 길이가 10cm인 정육면체의 부피 즉, 천 모형만큼의 크기이므로, 낱개가 1000개 모인 것이라는 사실을 이해하기 힘들다. 따라서 귀납적으로 백 모형은 낱개가 100개 있으며 천 모형은 백 모형이 10개이므로, 천 모형은 낱개 1000개가 모인 것이라고 설명하면 좋다.

# 4 무게

무게는 길이나 부피와 같은 연속량이지만 눈으로 볼 수 없는 양으로 무거운 정도를 나타내는 양이다. 수학에서의 무게의 개념은 중력 가속도를 고려하지 않는 질량(mass)을, 물리학에서는 중력 가속도를 감안한 질량(weight)을 의미한다. 같은 물체의 경우 형태가 변하거나 작게 나누어도 원래의 무게는 변하지 않지만 부피가 같더라도 그 재질(밀도)에 따라 다를 수 있다. 따라서 무게의 직접 비교는 대상을 들어보고 근육의 이완정도에 의해서 판단할 수밖에 없다.

## 4.1. 무게의 비교

부피와 마찬가지로 무게 역시 직접비교와 간접비교를 할 수 있다.

### 4.1.1. 직접비교

무게를 비교하는 가장 간단한 방법의 하나는 두 물체를 양손으로 들어 보는 것으로, 필통과 책, 지우개와 연필 등, 두 물체의 무게가 차이 날 경우에는 무게를 비교할 수 있다. 아동들은 이 과정에서 모든 물체는 무게를 지니고 있으며, 무게는 모양이나 부피만으로 판단할 수 없으며, 가법적인 양임을 알도록 지도하고 '더 무겁다 또는 '더 가볍다'로 표현하도록 한다.

### 4.1.2. 간접비교

손으로 들 수 없는 무거운 물체이거나 두 물체의 무게가 비슷할 때, 또는 너무 가벼운 물체의 경우에는 무게의 비교가 어렵다. 이러한 불편을 극복하기 위하여 무게를 시각적인 양으로 표현되어야 한다. 특히 물체의 크기가 작거나, 수학책과 수학 익힘책과 같이 두 물체의 무게가 비슷할 때에는 양팔 저울(천칭)을 이용하여 비교할 수 있다. 양팔 저울을 이용하면 무거운 물건이 있는 쪽이 '아래로 내려가는' 사실을 통하여, 아동들은 두 물체의 무게가 다를 때에는, 그 사이에 존재하는 무게(연속량)가 있으며, 무게에도 순서가 있음(무게의 순서성)을 알게 된다.

■ 무게의 임의 단위

천칭에 의한 무게 비교는 '어느 편이 더 무거운가?'는 알 수 있으나 '얼마나 더 무거운가?'는 알 수 없으므로, 매개물을 이용한 임의 단위로서 바둑돌, 구슬, 성냥개비, 건전지 등의 구체물을 이용하여 '그들 무게의 몇 개분인가?'를 측정한다. 무게는 외연량 중에서 가장 가법성이 강한 양이고 더하는 방법과도 무관하다. 따라서 무게에 관한 실험은 아이들로 하여금 다양한 활동을 가능하게 한다. 예를 들면 물체를 분할, 합성하거나 또는 가루로 만들어 분리하거나 혼합하여 측정하더라도 그 무게는 불변이다.

■ 무게의 특성

① 무게는 그 부피와는 관계가 없다.(무게의 불변성, 솜과 쇠붙이)
② 무게는 그 모양과 관계가 없다.(무게의 불변성, 찰흙의 조작)
③ 무게는 가법성을 갖는다.(무게의 가법성, 찰흙의 조작)
④ 두 물체의 무게의 중간에 해당되는 무게를 갖는 물체가 항상 존재한다.(무게의 연속성, 찰흙의 일부분)

## 4.2. 무게의 보편단위

무게는 길이, 넓이, 부피와 같은 시각적인 양이 아니기 때문에 이를 단위로부터 유도할 수 없다. 그러나 동일한 재질의 물체의 무게는 그의 부피에 비례하기 때문에 무게는 부피와 밀접한 관련이 있다. 그런데 천칭에 의한 무게의 비교에는 한계가 있다. 즉, 상대적인 무게는 알 수 있으나, 절대적인 무게를 알 수 없기 때문에 임의단위를 사용할 때 불편한 점을 아동들에게 인식하도록 지도한다.

▸ 갈등

각 나라마다 무게를 재는 방법이 다르면 그 많은 물건들을 어떻게 사고팔까?

보편단위를 도입하기 위하여 저울을 사용한다. 저울에는 접시저울, 용수철저울, 대저울, 천칭 등이 있다. 이러한 저울을 통하여 무게는 선분으로 시각화되고, 실수에 대응시킬 수 있다.

▸ 이해

무게의 보편단위를 정하면 된다.

### 4.2.1. 1kg과 1g의 개념 지도

■ 1g, 1kg의 도입

1795년 생물학자들에 의해 물의 비중이 3.98$C^o$일 때 가장 밀도가 큰 사실을 발견한 후, 1799년 12월 10일에 프랑스과학원에서 3.98$C^o$(약 4$C^o$)일 때 순수한 물 1cc(cubic centimeter, $cm^3$)의 무게를 1g으로 유럽의 공통척관법으로 정하였다. 또한 1g의 1000배를 1kg으로, $\frac{1}{1000}$을 1mg 등으로 표기하였는데, 그 이유는 10진법으로 구성된 인도-아라비아 숫자(Hindu-Arabic numeral)인 0, 1, 2, 3, 4, 5, 6, 7, 8, 9로 표현된 수의 계산 속도가 세계에서 가장 빠르기 때문이다.

■ 1kg의 지도

무게의 지도는 1kg부터 지도한 후에 1g을 지도한다. 교실수업시간에 아동들에게 들이를 지도할 때, 수학교구인 천 모형만큼의 들이를 1L, 일 모형(낱개)만큼의 들이를 1mL로 정하였다. 따라서 천 모형만큼의 물의 무게를 1kg으로 약속하여 아동들에게 양감을 갖도록 한다.

- 과학실에서 1L 들이의 그릇을 저울 위에 올려놓고 그릇에 물을 완전히 채우면 저울의 눈금이 1kg 움직이는 과정을 아동들이 관찰하도록 한다.

[유의점]

- 물건이 놓이지 않은 상태에서 저울의 바늘이 눈금 0에 놓여 있는지를 확인한다.
- 저울의 눈금을 읽기 전에 저울의 모양과 눈금의 구성 원리를 지도한다. 저울의 눈금 읽기는 모든 계기의 눈금 읽기의 기초가 되기 때문이다.

■ 1g의 지도

저울 위에 올려놓은 물건의 무게가 눈금 사이에 있게 되거나, 연필 등과 같이 작은 물건의 무게를 잴 때에는 1kg보다 더 작은 눈금이 필요하게 되는 상황을 경험하도록 한 후에, 새로운 단위인 1g을 일 모형(낱개)만큼의 물의 무게로 약속하여 아동이 양감을 갖도록 한다.

- 물 1$cm^3$인 무게를 1g으로 약속한다.
- 이 관계를 이용하여 물체의 무게를 복명수로 나타내게 한다.

5kg 250g의 무게는 5250g으로 환산하고 무게의 합과 차를 병행하여 구체적 실험을 통하여 확인한다. 이를 통하여 양의 보존성을 이해한다.

- 1000g=1kg임을 지도한다.
- 무게의 단위로는 kg, g 외에 큰 무게를 재기 위하여 톤(t)을 도입하고 1t=1000kg 임을 이해하도록 지도한다.

### ■ 무게의 어림 지도

눈금이 예민한 저울 위에서는 동일한 물건의 무게를 잴 때 또는 눈금을 바라보는 각도에 따라서 측정값이 조금씩 달라질 수 있다.

- 물건의 길이를 잴 때와 마찬가지로, 어림하여 근사값으로 측정하는 방법을 지도한다.

### ■ 무게의 단위 비교

| 단위 | g | kg | ton | 그레인 | 온스 | lb |
|---|---|---|---|---|---|---|
| 1 g | 1 | 0.001 | 0.000001 | 15.432 | 0.03527 | 0.0022 |
| 1 kg | 1000 | 1 | 0.001 | 15432 | 33.273 | 2.20459 |
| 1 ton | 1000000 | 1000 | 1 | - | 35273 | 2204.59 |
| 1 그레인 | 0.06479 | 0.00006 | - | 1 | 0.00228 | 0.00014 |
| 1 온스 | 28.3495 | 0.02835 | 0.000028 | 437.4 | 1 | 0.06525 |
| 1 lb | 453.592 | 0.45359 | 0.00045 | 7000 | 16 | 1 |

### ■ 들이, 부피, 무게의 관계

| 입방체 | 부 피 | 무게(물) |
|---|---|---|
| $1m^3$ | 1kL | 1 ton |
| $1dm^3$ | 1L | 1Kg |
| $1cm^3$ | 1mL | 1g |

참고

1dm = 10cm.

## 5 온도

• **섭씨**

섭씨온도(Celsius, 攝氏溫度, °C)는 스웨덴 천문학자인 Anderson Celsius (1701-1744)의 이름을 한자로 표현한 것으로 원래는 백 단계(centigrade)이었다. 즉, 1744년에서부터 1954년까지는 0 °C를 물이 어는점, 100 °C를 물이 끓는점으로 정하여 사용하였다.

• **절대 온도**

Vienna Standard Mean Ocean Water (VSMOW) 의 물(소금이나 다른 물질을 포함하지 않는 순수한 물)을 기준으로 삼았으며, 모든 물질의 활동이 정지(zero entropy) 되는 온도를 기준으로 만든 Kelvin 온도(K)를 사용하게 되었다. 즉, 0 K = −273.15 °C, 0 °C = 273.15 K 이고 섭씨와 K의 온도 간격은 같다.

• **화씨**

화씨온도는 독일의 다니엘 가브리엘 파렌하이트(Daniel Gabriel Fahrenheit, 1686-1736)의 이름을 딴 온도 단위이며, 기호로는 °F를 쓴다. 화씨(華氏)란 이름은 독일인명인 파렌하이트(Fahrenheit)의 중국 음역어 '화륜해(華倫海)'에서 유래한다.

화씨온도에서는 물이 어는점은 32 °F, 끓는점은, 212 °F이고, 그 사이의 온도를 180등분하여 눈금은 화씨 $1^o$ = 섭씨 $(\frac{5}{9})^o$ 이다. 따라서 절대 0점은 −459.67 °F가 된다.

• **섭씨, 절대온도, 화씨온도의 관계**

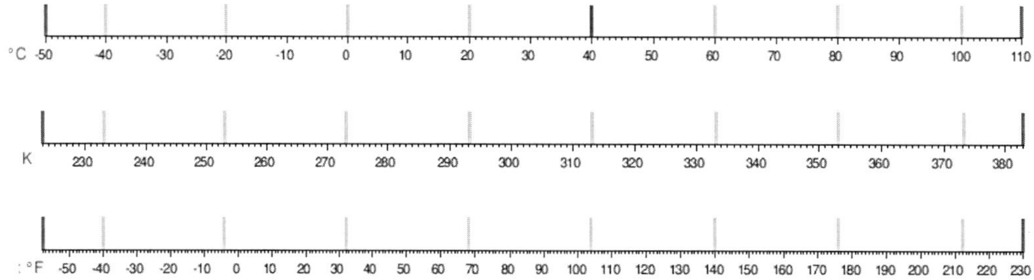

# 6 넓이(면적)

도형의 면적을 재는 일은 단위면적으로 완전히 덮는 단위면적의 개수를 세는 일이라고 하였다. 따라서 먼저 단위면적의 도입 지도 방법을 설명한 다음, 직사각형 면적, 정사각형의 면적, 다각형의 면적, 원의 넓이의 측정 순서로 지도방법을 알아보기로 한다.

## 6.1. 면적의 역사발생

고대이집트에서 국민들에게서 징수할 세금을 정하기 위해서 개인이 소유하고 있는 땅의 면적을 잴 필요가 발생하였으며, 파라밋 축조에 필요한 돌의 개수를 예측하기 위하여 피라밋의 겉넓이 등을 계산하였다, 고대의 문헌에 나타난 땅의 넓이의 측정 방법은 도형의 부분들의 길이를 큐빗으로 측정하여 면적을 구하였다. 그 후, 국가별로 고안한 면적의 단위를 사용하여 땅의 면적을 측정하였는데, 그의 대부분이 발의 길이, 손가락의 길이 등과 같이 신체의 일부분과 관계있는 단위 면적을 사용하였다.

### 6.1.1. 현재 사용되는 넓이의 단위

- 미터법 : $m^2, cm^2, mm^2, km^2$
- 기타 : a(아르), ft², yd², acre(에이커) 등
- 면적단위 간의 관계

| 단위 | ㎡ | a(아르) | ft² | yd² | acre |
|---|---|---|---|---|---|
| 1 ㎡ | 1 | 0.01 | 10.764 | 1.1958 | 0.00024 |
| 1 a | 100 | 1 | 1076.4 | 119.58 | 0.02471 |
| 1 ft² | 0.092903 | 0.000929 | 1 | 0.1111 | 0.000022 |
| 1 yd² | 0.83613 | 0.00836 | 9 | 1 | 0.000207 |
| 1 acre | 4046.8 | 40.468 | 43560 | 4840 | 1 |

▸ $1m^2$ 와 $1km^2$의 간격이 너무 커서 사용하기 불편하기 때문에 a와 ha를 사용하였다.

## 6.1.2. 넓이 단위의 지도법

넓이의 단위는 길이의 단위와 마찬가지로 임의단위 ⇒ 보편단위 ⇒ 표준단위의 순서로 도입한다.

▸ 장애

아동들이 각자의 손바닥 6개만큼의 액자를 만들었더니 각각의 액자의 크기가 같지 않게 되었다.

이와 같이 넓이를 임의 단위로 측정할 때의 불편함을 해소하기 위해서 표준단위를 도입하게 된다.

• 단위넓이가 모두 달라서 불편함

→ 단위넓이도 단위길이처럼 단위를 정하자→우리가 알고 있는 cm 단위 길이를 이용하자 →회의를 통해 단위넓이 정하기

■ **1 $cm^2$의 도입**

가로, 세로가 각각 1cm인 정사각형의 넓이를 1 $cm^2$라고 쓰고 일 제곱센티미터라고 읽는다.

※ 10진법으로 만든 인도-아라비아 숫자체계가 계산속도가 제일 빠르기 때문에, 미터법의 크고 작은 단위를 모두 10진법으로 만들게 된 배경을 설명한다.

▸ 장애

운동장과 같이 큰 땅의 넓이를 1 $cm^2$ 단위로 표현하기가 힘들다.

■ **1 $m^2$의 도입**

가로, 세로가 각각 1m인 정사각형의 넓이를 1 $m^2$라고 쓰고 일 제곱미터라고 읽는다.

※ 10진법으로 만든 인도-아라비아 숫자체계가 계산속도가 제일 빠르기 때문에, 미터법의 크고 작은 단위를 모두 10진법으로 만들게 된 배경을 설명한다.

• 왕궁에 있는 1㎡되는 창문에 1㎠인 타일로 모자이크를 하려면 1㎠인 타일이 몇 장 필요할까요? → 1㎡ 단위 넓이 속에는 1㎠ 가 몇 번 들어갑니까?

■ **1 $cm^2$와 1 $m^2$의 관계**

$10000cm^2=1\ m^2$ 이다.

## 6.2. 직사각형의 면적

기하학에서는 직사각형의 면적 공리가 있다는 사실을 위에서 언급하였다. 이 장에서는 학교수학에서 아동이 실제로 습득해야 하는 내용을 다루기로 한다.

### 6.2.1. 가로와 세로의 비가 유리수인 경우

만일 공통척도만으로(공통척도의 조각이 필요 없이) 직사각형이 완전히 덮어진다면 가로가 가로에 포함된 횟수와 세로에 포함된 횟수를 곱하면 된다.

- 가로가 5cm, 세로가 4cm 인 직사각형의 면적 : 공통단위를 $1\text{cm}^2$ 라고 하면 $5\times4$ 개의 공통단위로 완전히 덮어진다. 따라서 면적은 $20\ \text{cm}^2$ 이다. 결국 이 관념은 $5\times4=5+5+5+5$ 로 인식해서 얻은 결과이다. 다시 말해서 $\times4$를 '4번 더한다'라고 인식하는 경우이다. 또한 가로가 $\frac{3}{5}$cm, 세로가 $\frac{2}{7}$cm인 직사각형의 면적은, 공통단위를 $\frac{1}{35}\text{cm}^2$ 라고 하면 $3\times2$개의 공통단위로 완전히 덮어진다. 따라서 면적은 $\frac{6}{35}\text{cm}^2$ 이다. 즉 $\frac{3}{5}\times\frac{2}{7}(\text{cm}^2)$이다.

### 6.2.2. 가로와 세로의 비가 유리수가 아닌 경우(무리수)인 경우

피타고라스학파가 정사각형의 한 변의 길이와 대각선의 길이의 비는 유리수가 되지 않는다는 통약불가능)는 사실을 알았으나, 이 사실을 숨기고 발설하지 못하도록 하였다고 한다. 즉, 직사각형의 면적이 $5\sqrt{3}$과 같은 경우를 말한다. 이 때 " $\times\sqrt{3}$" 을 위와 같이 '몇 번 더 한다' 라고 해석할 수 없게 되었기 때문이다. 그 수는 '무한' 개념과 맞물려서 고대 그리스 수학자들 간에 커다란 논쟁거리가 되었다. 아르키메데스는 무한 계산법으로 통약불가능한 경우의 직사각형의 면적을 구하려고 노력하였으나, 기하학적 과정을 극한으로 가는 길이라고 잘못 생각하여 실패하게 된다. 그 후 카발리에리(Bonaventura Cavalieri, 1598-1647)는 직사각형의 면적을 그 면적을 완전히 덮는 공통척도의 개수를 센다는 과정을 극복하기 위해서 더 이상 쪼갤 수 없는 '불가분양(indivisibles)' 의 방법을 도입하게 된다. 즉, 선은 불가분양인 점들로 이루어지고, 면은 불가분양인 선으로 이루어진다는 관념이다. 이 방법이 직관적으로 타당해 보이지만 다음과 같은 모순이 생긴다.

높이가 같고 밑변이 다른 두 삼각형을 생각하자. 불가분양을 높이에 평행하도록 선택하여 보자. $\triangle ADH$의 임의의 선분을 $BK$라 하자. 그러면 $\triangle GDH$에 $BK$와 길이가 같은 선분 $B'K'$이 단 하나 있게 된다. 그러므로 $\triangle ADH$와 $\triangle GDH$는 면적이 같게 된다.

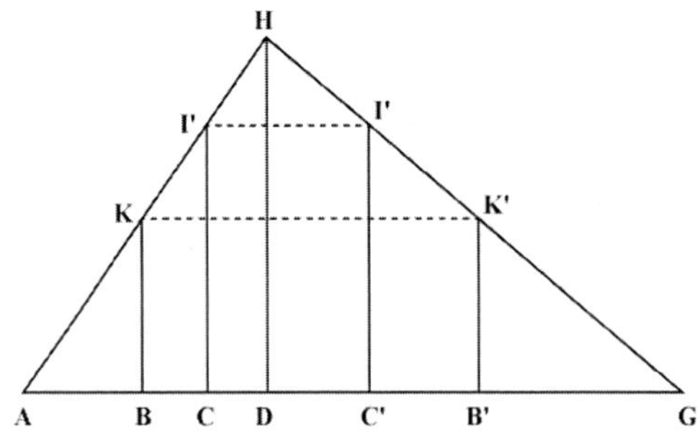


여기에서 기하학의 문제를 산술화 시킬 필요성을 느끼게 한다. 즉, 면적은 선분의 불가분양의 집합이 아니라 수의 합이라는 관념을 가져야 된다. 이 때 필요한 개념이 극한이다. 즉, 가로가 5이고 높이가 $\sqrt{3}$인 직사각형의 면적 $5\times\sqrt{3}$ 극한과정을 통하여 얻게 되는 $\int_0^5 \sqrt{3}\,dx = 5\times\sqrt{3}$ 의 결과이다.

### 6.2.3. 단위가 있는 두 양의 곱셈과 나눗셈

위의 V장 2.1 절에서, e, f를 각각 두 양의 집합 M, N의 측정단위라고 하면 두 실수 $\alpha,\beta$가 존재하여 a=$\alpha$e, b=$\beta$f이라면, a$\otimes$b=($\alpha$e)$\otimes$($\beta$f)=($\alpha\beta$)(e$\otimes$f) 이다. 따라서 e$\otimes$f를 측정단위로 한 a$\otimes$b의 측도는 $\alpha\beta$이라고 하였다. 이에 따른 두 양의 곱셈과 나눗셈의 예를 들어 보기로 한다.

- 가로, 세로가 $\alpha\ cm$, $\beta\ cm$인 직사각형의 면적은 $\alpha\beta(cm\times cm)$ 즉, $\alpha\beta\ cm^2$
- 자동차로 400 $km$를 4시간에 달렸을 때, 자동차가 달린 시속은 다음과 같다.
400 $Km$ ÷ 4시간($h$) = 400÷4($km\div h$)= 100($km\div h$)= 100($km/h$).

## 6.3. 직사각형 면적에 대한 인식론적 장애와 극복

수학학습심리학을 정립한 Skemp는 그의 저서(Skemp, 1987)에서 다음과 같은 에피소드를 묘사하고 있다. 교사가 "이 공식 $A = B \times L$ 은 직사각형의 넓이를 구하려면, 가로와 세로를 곱한다는 것을 말하는 것이다"라고 설명한 다음, 학생들은 공식에 따라 연습을 하며 옳은 답을 구한다. 그러면서 스켐프는 다음과 같은 질문을 하고 있다. 교사는 학생들은 공식을 이해하였다고 확신한다. 이 때, 학생들이 이해하는 것은 무엇이며, 그들은 제대로 이해하였는지, 그들에게 공식을 어떻게 설명하였는지, 직사각형의 면적에 대한 공식을 이해한다는 것이 어떤 의미인지를 알고 있는가? 스켐프는 이 에피소드를 통하여 학생들이 개념을 진정으로 이해했다는 것이 무엇인가를 설명하려고 한다. 이러한 심리학적, 인식론적 논의는 입체의 부피 지도에도 그대로 적용된다. 스켐프에 의하면 진정한 이해란 그 개념에 관한 '무엇을, 어떻게, 왜'를 모두 아는 관계적 이해라고 했다. 그런데 만일 학생들이 직사각형의 넓이 공식 '면적 = 가로 × 세로'를 관계적으로 이해하지 못한 채, 그 다음 수업에서 아동들은 주어진 $B$와 $L$로 넓이를 계산하였다. 그래서 $A$는 아마 그들에게 하나의 수이었을 것이다. 따라서 아동들이 최소한 면적 공식을 이해하는 조건 하나를 경험하였다고 가정한다. 즉,

▶ 이해 1

수로서 직사각형의 넓이를 이해하는 것이다.

그러나 학생들이 직사각형을 도형으로 생각하였을 때에는 직사각형의 넓이는 수로 인식하지 못하고 다음과 같은 인식론적 장애를 가질 수 있다.

▶ 장애 1

도형에 의해 덮여진 표면으로서 직사각형의 넓이를 이해하는 것이다.

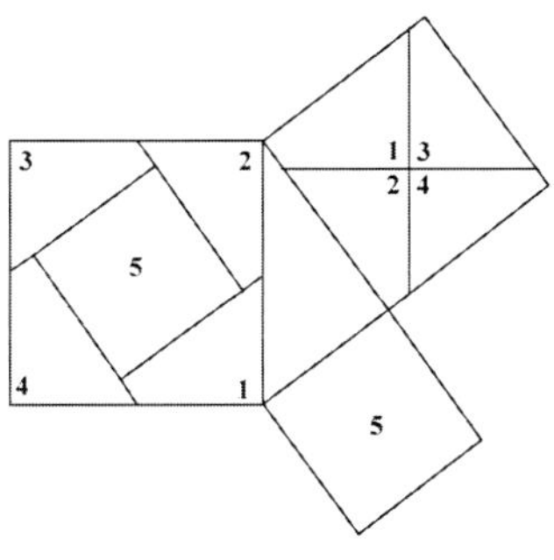

직사각형을 이와 같이 생각할 때에는, 도형을 두 조각으로 분해하게 되면 원래의 도형과 분해된 도형의 넓이가 같게 된다. 예를 들면, 직각삼각형의 빗변을 한 변으로 하는 정사각형(square)의 넓이는 직각을 낀 두 변을 각각 한 변으로 하는 정사각형의 넓이의 합과 같게 된다. 이때, 'square'는 기하적인 도형을 지시하는 것이 아니라 점들의 집합을 의미한다. 이러한 장애는, 길이와 넓이를 선 또는 평면 도형으로부터 분리된 추상적인 수로 표현하지 않은 유클리드 원론에서 찾을 수 있다. 그러나 선분은 수를 나타내는 구체적인 형태이며, 수는 선분으로부터 분리될 수 없다. 또한 유클리드는 '원의 넓이'를 계산하지 않고, 단지 두 원의 넓이의 비 또는 상등만을 정의 하였다. 즉, 유클리드는 직접 정의할 수 없는 새로운 대상(예를 들어 비와 같은)을 그들의 상등(equality)을 통하여 비교량으로 도입했을 뿐, 추상적인 방법으로 대상 그 자체를 정의하지 않았다.

장애 1에서는 $A$는 선분 $B$와 $L$로 만들어진 직사각형으로 해석될 수 있다. 즉, 두 수의 곱은 직사각형이며, 곱한다는 것은 직사각형을 구성한다는 것을 의미한다. 고대에서부터 '$x^2$'은 '$x$ square'라고 읽었다. 플라톤은 그의 저서 'Theitetos'에서 다음과 같이, 수를 'square' 또는 'equilateral' 과 'rectangular'라는 두 종류로 나누고 있다.

> THEITETOS : 우리는 모든 수를 두 종류로 나눕니다. 이들 중 하나는 같은 종류의 양들의 곱셈으로 구성할 수 있는 수인데, 우리는 그 수를 정사각형이라는 도형으로 표현해 왔고 그들을 "square" 또는 "equilateral"이라고 합니다.
>
> SOCRATES : 잘 했다.
>
> THEITETOS : 다른 한 종류는 제곱수 사이에 있는 3과 5와 같이, 작은 수와 큰 수를 곱하거나 또는 큰 수와 작은 수를 곱하는 것은 동일하지 않은 변으로 이루어진 도형에 의해 표현되는 경우인데, 우리는 직사각형이라는 도형으로 그들을 표현하고 'rectangular'이라고 합니다.

공식 $A = B \times L$에 대한 또 다른 장애는 다음과 같다.

▸ 장애 2

주어진 표면을 덮을 수 있는 단위 정사각형의 개수로서 넓이를 이해하는 것이며, 그 수는 정수이다.

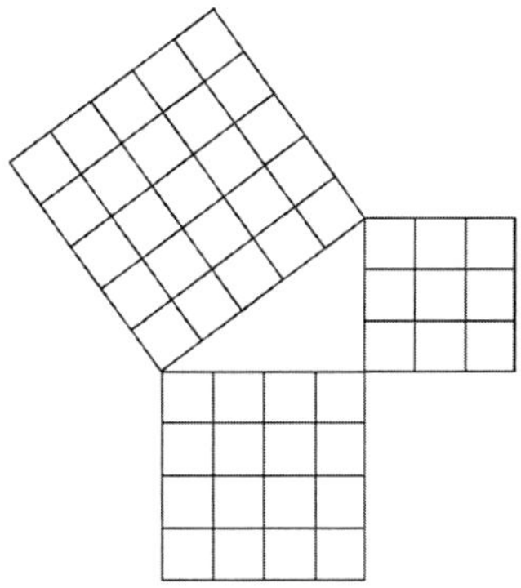

$3^2+4^2=5^2$

이러한 장애의 이면에는 직사각형의 변에 대한 공통 측도(common measure)를 항상 찾을 수 있다는 신념이 있으며, 장애 1과 장애 2가 합해지면 직사각형을 단위 정사각형으로 덮고 그 단위 정사각형들의 개수를 셀 수 있다는 결론은 얻게 된다.

이러한 장애를 극복하기 위해서는 다음과 같은 사고과정이 필요하다.

▸ 이해 2

통약불가능한 선분의 존재를 인식하고, 직사각형의 두 변이 통약불가능하다면 직사각형의 넓이는 무엇인가라는 질문을 한다. 이러한 경우, 아무리 작은 단위 정사각형을 선택하드래도 직사각형을 완전히 덮는 것은 가능하지 않다.

이러한 질문에 대한 답을 찾는 과정에서 또 다른 장애와 마주치게 된다.

▸ 장애 3

점으로 구성된 선, 선으로 구성된 평면도형, 평면 위의 조각(slices)들로 구성된 공간도형과 같이, n-1 차원의 요소로 구성된 것으로서 n 차원의 기하학적인 도형을 이해하는 것이다.

Cavalieri는 이러한 불가분량(indivisibles)의 관념을 사용하여, 한 도형의 모든 불가분량들과 다른 도형의 불가분량들이 1:1 대응이 된다면, 두 도형의 넓이가 같다는 인식론적 장애를 가지고 있었다.

이러한 장애에 의하면, 공식 $A=B\times L$ 은 선분 $B$에 수직으로 세워질 수 있는 모든 선분 $L$로(또는 반대로) 구성된 직사각형을 그리는 것으로서 해석되므로 넓이는 계산될 수 없고 단지 비교될 수 있다.

이러한 장애를 극복하기 위해서는 다음과 같은 사고과정이 필요하다.

▸ 이해 3

불가분량을 적용하는 방법에 본래부터 내재되어 있는 위험, 오류 그리고 부정확성을 정확하게 인식해야 하며, 불가분량에 관한 모든 가능한 '규칙'에 대하여 같은 결과가 도출되어야 한다.

높이는 같지만 밑변이 다른 두 삼각형의 면적은, 그들의 불가분량 요소를 정하는 '규칙'에 따라서 달라질 수 있다. 예를 들어 설명하기로 하자. 먼저, 그림 4에서 $HD$에 평행한 선분을 불가분량으로 선택하는 '규칙'을 $HD$ 라 하자. 이 규칙에 따르면 삼각형 $ADH$의 임의의 선분 $BK$에 대하여, 삼각형 $DHG$에 $BK$와 동일한 선분 $B'K'$가 유일하게 존재한다. 또한 각 $B'K'$에 대하여, 유일하게 결정되는 $BK$가 존재한다. 그러므로 삼각형 $ADH$와 $DHG$는 넓이가 같아야 한다. 그러나 눈으로 보아도 그렇지 않다.

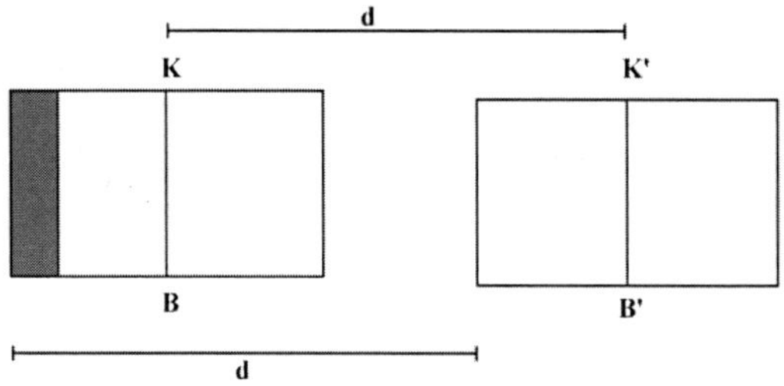


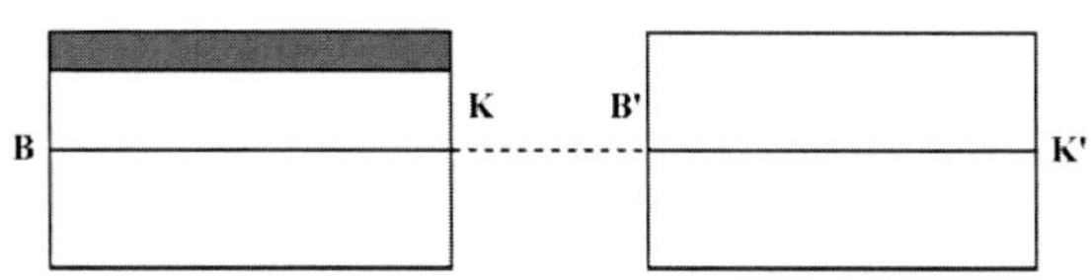


이번에는 '규칙'을 바꾸어, 위 그림에서 $AG$에 평행한 선분을 불가분량으로 선택하는 '규칙'을 $AG$ 라고 정한다면, 삼각형 $DHG$의 각각의 불가분량은 삼각형 $ADH$의 대응하는 불가분량 보다 길게 될 것이다. 따라서 삼각형 $DHG$의 면적은 삼각형 $ADH$의 면적보다 클 것이다. 즉, 불가분량을 선택하는 '규칙'에 따라서 결과가 달라질 수 있는 단점이 있으며, Cavalieri의 방법은 넓이를 비교하기에는 좋을지 모르나, 넓이를 계산하기는 좋지 않다. Cavalieri의 방법에 잠재해 있는 모순을 극복하기 위해서는 또 다른 방법을 찾아야 한다.

▸ 이해 4

기하의 산술화(arithmetization)이다.

즉, 넓이를 비로 이해하는 것이다. 예를 들면, 직사각형 ABCD의 넓이가 5 또는 4.8 또는 $\sqrt{2}$ 라는 의미를, 단위 정사각형의 표면과 직사각형 ABCD의 표면에 대한 비가 각각 1:5 또는 5:24 또는 1: $\sqrt{2}$ 라는 것으로 이해하는 것이다. 그런데 직사각형의 면적을 산술화하여, 직사각형의 면적을 두 수의 곱을 계산하려고 할 때 발생할 수 있는 장애가 있다.

▸ 장애 4

동수누가로서 두 수(정수)의 곱을 이해하는 것이다.

유클리드 원론 제 VII장의 정의 15와 같이 '한 수에 다른 수를 곱하는 것은 승수(곱하는 수)만큼 피승수(곱해지는 수)를 더하는 것' 이라고 이해하는 경우이다. 즉, $5\times3=5+5+5$ 이며, 일반적으로

$$A\times B=\underbrace{A+A+\cdots+A}_{B\text{번}}$$

와 같이 이해하는 경우에, 승수 $B$가 유리수 또는 무리수일 때 발생하는 장애를 극복하는 다음과 같은 사고과정이 필요하게 된다.

▸ 이해 5

예를 들어, $L=5.333\cdots$ 이거나 $B$와 $L$이 무리수인 경우에, $B$에 $L$을 곱한다는 것은 무엇을 의미하는 것인가?

이러한 질문은 공식 $A=B\times L$를 이해하는 데에 매우 중요하며, 이 질문에 대한 답을 찾는다면 다음을 극복하는 것이다.

▸ 장애 5

승수가 자연수가 아닌 경우에는 곱셈의 의미가 없다.

이러한 인식론적 장애는 극한 개념과 관련이 있으며, 이 장애를 극복하기 위해서는 다음과 같은 사고과정이 필요하다.

▶ 이해 6

승수가 유리수인 경우에는 승수를 자연수로 바꿔서 도형의 넓이를 구한다.

예를 들면, 가로, 세로가 5.2, 4.8인 직사각형의 면적은 $5.2\times 4.8$ 이고, $5.2\times 4.8$의 의미는 $5.2\times 4.8=5.2\times 48\div 10$으로 생각하여, $5.2\times 4.8=5.2\times 48\div 10=\underbrace{5.2+5.2\cdots+5.2}_{48\text{번}}\div 10$ 으로 이해한다. 그러나 승수가 무리수인 경우에는 또 다시 장애가 발생하게 된다.

▶ 장애 6

가로, 세로가 실수 $B$, $L$인 직사각형의 넓이 공식 $A=B\times L$를 증명하는 방법은 무엇인가?

이러한 장애를 극복하기 위해 2500년의 세월이 지나서, 다음과 같은 정적분의 개념이 정립되었다.

▶ 이해 7

직사각형의 넓이 공식인 $A=B\times L$은 정적분으로 증명된다.

곡선 $y=f(x)$, $a\leq x\leq b$, 아래의 넓이는 정적분 $\int_a^b f(x)\,dx$ 이므로, 두 변의 길이가 $a$, $b$인 직사각형의 넓이는 $\int_0^a b\,dx=a\cdot b$이다.

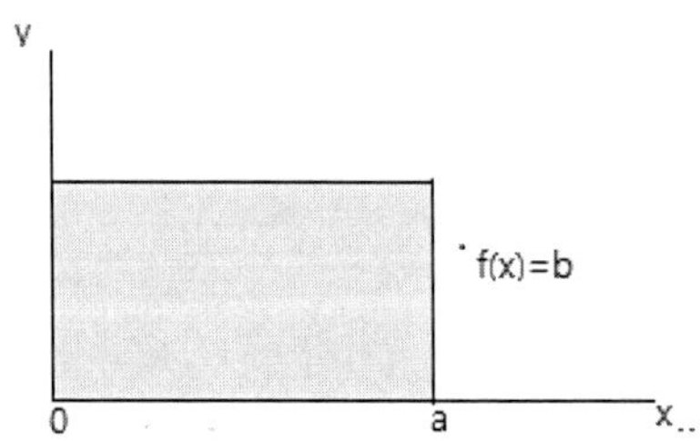

## 6.4. 다각형의 넓이

다각형의 넓이는 그 다각형을 삼각형으로 나누어, 나누어진 삼각형의 넓이의 합으로 구할 수 있다. 이 절에서는 아동들의 넓이에 대한 이해과정을 피아제의 연구를 중심으로 알아보기로 한다.

### 6.4.1. 다각형의 변환

수업시간에 다각형의 넓이를 구할 때, 아동들은 그 다각형을 잘라내기, 옮기기, 반사시키기, 분해하기, 재배열하기, 확대하기, 축소하기 등의 다양한 방법으로 변환하여 넓이를 구하기 쉬운 도형으로 만들어 보도록 한다. 아동들에게 이러한 변환에 의해 다각형의 넓이가 어떻게 될 것인지를 묘사하고, 예측하고, 설명하도록 한다.

■ **단위 정사각형의 존재성**

우리나라 초등학교에서 사용하고 있는 다각형의 넓이를 측정하기 위한 단위넓이는 $cm^2$, $m^2$, $km^2$ 등이 있다.

■ **단위 넓이 과제**

첫 번째 집단의 아동들에게 단위 정사각형으로 덮을 수 있는 세 개의 다각형을 제공하고 각각의 경우에 대해 몇 개의 정사각형이 필요한지 알아내도록 한다. 두 번째 아동의 집단에게는 정사각형 타일의 절반인 삼각형 타일을 충분히 주고 다각형들을 덮는데 얼마나 많은 삼각형이 필요한지 알아내도록 한다.

■ **강체운동(rigid motion) 하에서의 면적의 불변성**

아동들에게 두 개의 합동인 파란색, 녹색인 이등변 직각삼각형과 크기가 그들의 반절인 하얀색 직각삼각형을 제시한다. 아동들에게 파란색 삼각형을 완전히 덮기 위해서는 몇 개의 하얀색 삼각형이 필요한지를 묻는다. 아동들이 답을 발견한 다음에, 녹색 삼각형을 덮기 위해 몇 개의 하얀 삼각형이 필요할지 덮지 말고 추측해 보라고 한다.

■ **넓이의 가법성**

- 아동들에게 넓이는 같으나 모양이 다른 두 개의 다각형을 제시한 후, 두 다각형보다 작은 다각형 조각을 이용하여 두 다각형을 덮도록 한다. 아동들에게 각각의 다각형을 덮은 작은 다각형들을 따로 모아서, 넓이를 비교하도록 한다.
- 다각형들을 분해한 후, 그 조각들을 재배열하여 다른 모양을 만든다. 아동들에게 두

도형의 넓이를 비교하도록 한다.

### 6.4.2. 다각형 넓이의 스키마 학습

- 직사각형의 넓이 = 가로 × 세로
- 삼각형의 넓이 = 직사각형 넓이의 반
- 평행사변형의 넓이 = 직사각형의 넓이
- 사다리꼴의 넓이 = 직사각형 넓이의 반
- 마름모의 넓이 = 직사각형 넓이의 반

## 6.5. 원주율 $\pi$와 원의 넓이

### 6.5.1. 원주율

원주율은 고대 바빌론의 점토판에서 원이나 구 등의 넓이 부피 계산과정에서 3 으로 계산하였다. 그 후 B.C. 3세기에 아르키메데스는 $\pi$는 대략 $3\frac{1}{7}$임을 보였다. 아르키메데스는 원에 직사각형을 내접시킨 다음, 원의 지름에 대한 직사각형의 둘레의 길이의 비를 계산하였다. 내접한 육각형을 이용하여 $\pi$가 약 3이라는 것을 보였고, 내접 정 12각형, 정 24각형, …, 정 96각형까지 계산하여 아르키메데스는 $3\frac{10}{71}<\pi<3\frac{1}{7}$임을 밝혔다.

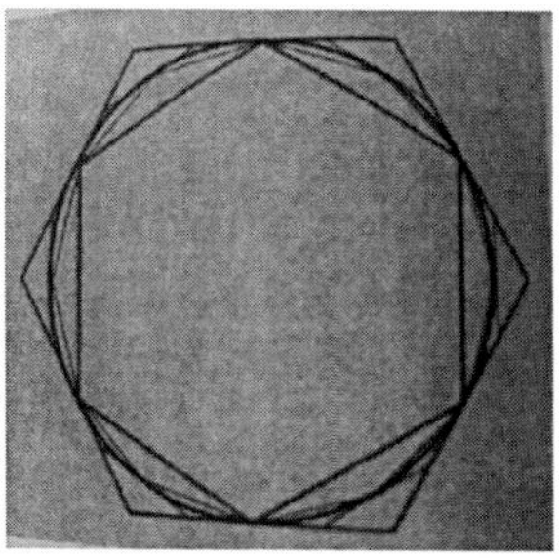

〈아르키메데스의 방법〉

네덜란드의 수학자 Van Ceulen(1610)는 아르키메데스와 같은 방법으로 $\pi$를 소수 20번째 자리 수까지 계산하기 위해 정 32,212,254,720각형을 사용하였고, 1세기 후에 영국의 수학자 John Machin은 계산기를 이용하여 $\pi$ 를 100자리 수까지 계산하였다. 1949년에는 최초의 컴퓨터인 ENIAC을 이용하여 70시간에 걸쳐 $\pi$ 를 소수 2037번째 자리까지 계산하였고, 슈퍼컴퓨터를 사용하여 2002년에 도쿄 대학의 컴퓨터 센터의 Yasumasa Kanada는 1초에 2조 번의 계산 능력을 가진 슈퍼컴퓨터로 약 400시간에 걸쳐서 $\pi$를 1.2411 조자리까지 계산하였다. 오일러가 증명한 등식 $\frac{\pi}{4}=1-\frac{1}{3}+\frac{1}{5}-\frac{1}{7}+\cdots$ 을 이용하면 원하는 만큼 정확하게 $\pi$ 값을 구할 수 있다. 원의 지름에 대한 원의 둘레 $C$의 비율을 $\pi$라고 한다. 따라서

$$\frac{C}{d}=\pi,\ \text{즉}\ C=\pi d\ \text{이다.}$$

원의 반지름이 $r$이라 하면 $C=2\pi r$이 된다. 1761년에 John Lambert는 $\pi$ 가 무리수이며 따라서 $\pi$ 를 분수나 또는 유한소수 또는 순환소수로 정확하게 나타내는 것은 불가능하다고 말했다.

| ( 원주율 ) = ( 원주 ) ÷ ( 지름 ) |
|---|

〈파이 날을 기념하기 위한 파이 조각〉

## 6.5.2. 원주율의 지도

교실에서 원주율의 지도방법 역시 역사발생에 나타난 원주율의 필요성을 먼저 인식하도록 문제 상황을 연출해야 한다.

▸ 장애 1

둥근 원주의 길이를 어떻게 잴까?

▸ 이해 1

아동의 주변에서 원기둥 모양의 물체를 찾아, 굴려보거나 끈으로 묶어서 원주의 길이를 재는 활동을 하도록 한다.

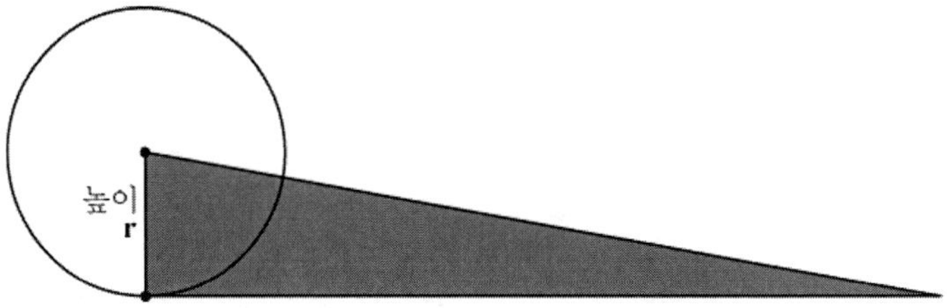


〈원을 한 바퀴 돌려서 생긴 원주의 길이〉

아주 작거나 큰 원 모두의 원주의 길이는 굴리기도 힘들고 끈으로 잴 수도 없다.

▸ 장애 2

원주를 쉽게 재는 방법은 무엇일까?

아동의 주변에서 있는 여러 가지 원모양을 본떠 원의 중심과 지름, 반지름을 찾아보도록 한 후, 원주와 지름의 비를 알아보도록 한다.

▸ 이해 2

원의 크기와 상관없이 원주와 지름의 비가 거의 같다. 그렇다면 원주의 길이는 그 비의 값을 이용하여 구할 수 있다.

그런데 길이를 재서 비의 값을 구하다 보니, 비의 값이 완전하게 같지는 않다.

▸ 장애 3

그 비의 값은 정말 똑같은가? 그렇다면 그 값은 정확하게 얼마인가?

옛날 사람들이 그 비의 값(원주율)을 구한 방법을 알아보기로 하자.

▸ 이해 3

아르키메데스가 구한 원주율은 $3\frac{10}{71}<\pi<3\frac{1}{7}$, 즉 원주율은 약 3.14이다.

■ 원주율을 정확하게 계산하면 3.1415926535…와 같이 끝없이 소수로 나타내지므로, 우리는 필요한 정확도에 따라서 소수점 몇 자리까지 사용할 것인지를 결정하면 된다.

■ **원주율을 이용하여 지름과 반지름 구하기**

위와는 반대로 원주는 구할 수 있지만 지름을 정확하게 구할 수 없는 경우가 있다. 이 경우에는 지름 = 원주÷ 3.14를 계산하면 된다.

이러한 경우를 고려하는 상황은 원래는 주어진 원의 지름 또는 중심을 구하는 방법을 알아보는데 있다.

■ **원의 중심 찾기**

주어진 원의 중심을 찾을 수 있다면 지름을 그을 수 있다. 따라서 원의 중심을 찾게 된다면 지름을 찾을 수 있고, 거꾸로 지름을 찾으면 원주의 길이를 구할 수 있다. 원의 지름 또는 중심을 찾는 방법은 아동들의 선행지식에 따라 다르게 지도해야 한다.

• 방법 1 (초등학교)

- 원을 반으로 접어서, 접힌 부분이 지름이고, 그 것을 다시 반으로 접어서 생기는 꼭지점이 원의 중심이다.
- 원주의 양쪽에 막대를 수평으로 세워서 원과 만나는 두 점을 이으면 지름이고, 그 지름을 반으로 접으면 중점이 만들어진다.

• 방법 1(중학교)

아래의 그림과 같이 원에 임의의 현 AB를 긋고, 현 AB에 수선 AC를 그으면, 현 BC가 지름이고, 현 BC의 중점이 원의 중심이다.

(이유) 반원의 원주각은 $90^{\circ}$이므로, 거꾸로 원주각이 $90^{\circ}$인 호는 반원이기 때문이다.

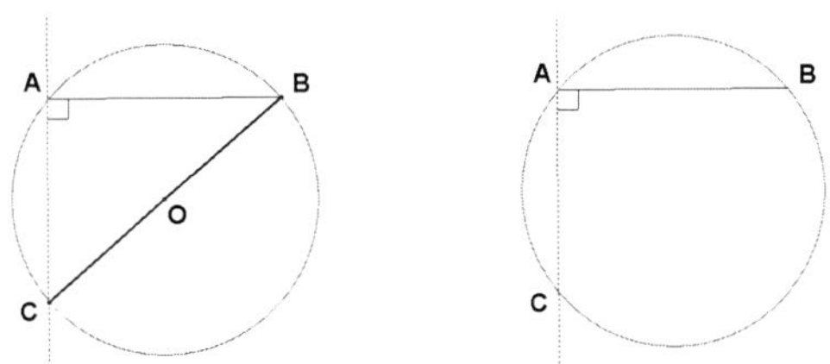


현 BC의 중점은 선분의 중점 작도법으로 찾으면 된다.

## 6.5.3. 원의 넓이 측정의 역사

원의 넓이는 고대 이집트로부터 현재까지 수학의 오랜 역사만큼 다양하게 연구가 이루어져 왔다. 현존하는 문헌 중에서 원주율을 최초로 기록한 것은 고대 이집트의 수학자인 아메스가 기록한 아메스 파피루스(B.C. 1650 경)에서 찾을 수 있다. 아메스는 지름이 9인 원의 넓이는 한 변이 8인 정사각형의 넓이와 같다고 하였다. 즉, 아래의 그림과 같이 아메스는 한 변이 9인 정사각형의 각 변을 3등분하고, 네 귀퉁이에서 한 변이 3이고 넓이가 $4\frac{1}{2}$인 직각 이등변 삼각형을 잘라내어 만든 8각형의 넓이를 원의 넓이로 계산하였다. 즉 8각형의 넓이는, 정사각형의 넓이 $9^2$에서 네 개의 직각이등변 삼각형의 넓이 $4\frac{1}{2} \times 4 = 18$을 뺀 나머지인 63이므로 한 변이 8인 정사각형의 넓이인 $8^2$으로 계산하였다. 따라서 원의 넓이 공식 $\pi r^2$과 비교해 보면 $\pi \times (\frac{9}{2})^2 = 8^2$으로 생각하여 원주율 $\pi$를 $4 \times (\frac{8}{9})^2$으로 사용하였다.

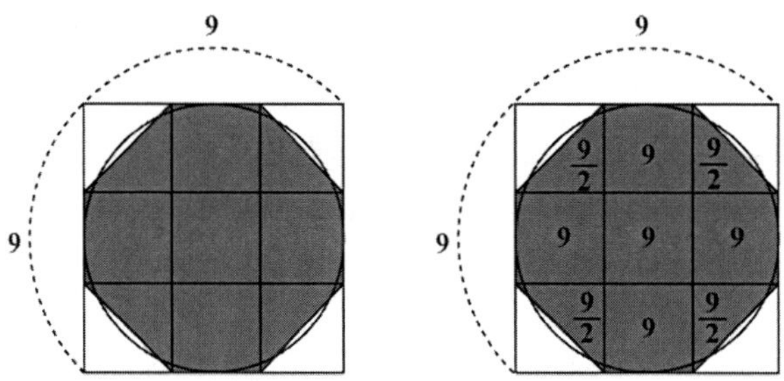


⟨아메스의 원의 넓이 계산⟩

이것은 현대의 원의 넓이 공식 $\pi r^2$과 비교하면 아메스는 원주율을 $3\frac{1}{6}$쯤으로 계산하였던 것이다. 그러나 그들은 도형사이의 관계를 간과하여 원과 넓이가 같은 정사각형을 쉽게 만들 수 있다고 생각하였기 때문에 정확한 원주율을 계산할 수 없는 요인이 되었으며, 모든 도형문제에서 논리적 추론이나 엄밀한 계산을 하지 않았다(Boyer, 1959).

실제로 원의 넓이를 가장 정확하게 계산한 그리스 수학자는 아르키메데스(B.C.287-212)이다(III장 2.4.2절 아르키메데스의 구적법 참조). 아르키메데스의 원래의 의도는 반지름이 1인 원의 넓이가 원주율 $\pi$와 같다는 점에 착안하여, 3.5.3절에서와 같이 $\pi$값을 계산하는 것이었으나, 원의 넓이를 구하는 과정을 후세의 우리에게 알려준 것이다. 아르키메데스는 "원의 넓이는 밑변이 원주이고 높이가 반지름인 직각삼각형의 넓이와 같다"를 다음과 같이 증명하였다.

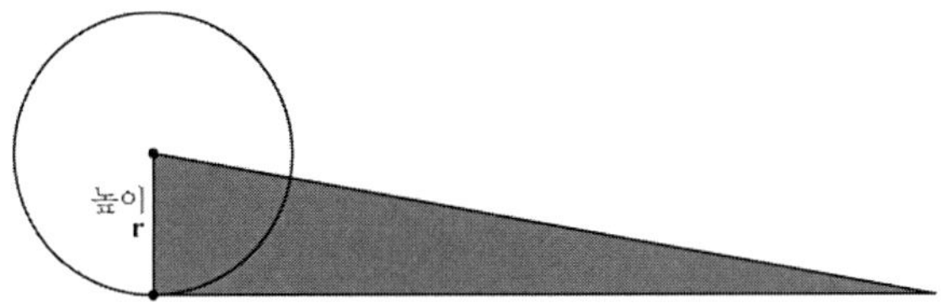


〈아르키메데스의 방법〉

### 6.5.4. 원의 넓이의 지도

원의 넓이는 다각형의 넓이와 매우 다른 방법을 이용하여 구하기 때문에, 학생 스스로 구하는 방법을 생각해내기는 어렵다. 중세에는 원을 무한하게 많은 변을 가진 다각형으로 생각하여 원, 원기둥, 원뿔 등의 넓이와 부피를 측정하려는 시도가 있었지만 이 방법은 극한관념을 이해하는데 장애가 되었다.

▸ 장애 1

원은 변의 개수가 무수히 많은 다각형인가?

직관적으로 이해시키기 위해서 원을 다각형으로 간주하게 되면 직선과 곡선의 특징을 혼돈할 수 있다. 따라서 극한개념을 이해하기 전까지는 원의 넓이는 근사값의 맥락으로 도입되어야 한다.

▸ 이해 1

원의 넓이를 다른 다각형과 비교하여 넓이를 알아보기로 한다.

지름이 10$cm$인 원의 넓이는 한 변이 10$cm$인 정사각형보다 작고, 대각선이 10$cm$인 마름모꼴보다 크기 때문에 $10\times10\div2$ <원의 넓이 $< 10\times10$이다.

▸ 장애 2

원의 넓이를 좀 더 정확하게 하게 재는 방법은?

면적 측정판이나 모눈종이를 이용하여 원에 포함된 모눈의 수를 세어 원의 넓이를 근사적으로 계산하고, 그 넓이가 반지름을 한 변으로 하는 정사각형의 넓이의 몇 배인지를 조사하는 방법을 택하면 된다. 그림과 같이 몬테카를로 법(Monte Carlo method)이 대표적인 방법이다.

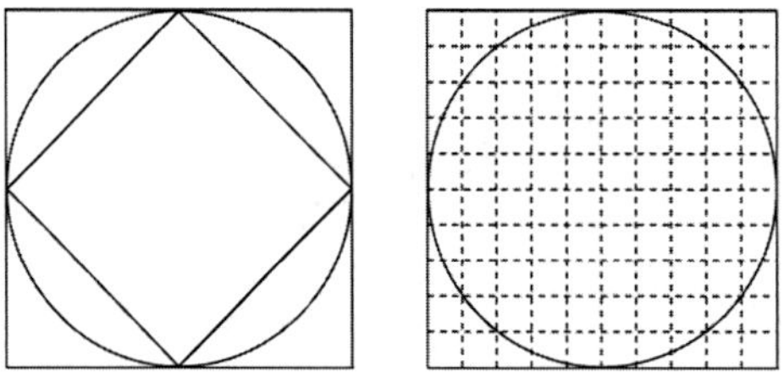

▸ 이해 2

모눈종이위에서 원의 내부에 포함되는 다각형들의 넓이의 합이 원의 넓이이다.

이 방법을 활용하는 과정에서 일부분만이 포함되는 모눈의 넓이 계산이 매우 어렵다. 예를 들면, 그림 6의 색칠된 정사각형의 개수로 원의 넓이를 어림하면, 원의 안쪽에 포함된 정사각형의 개수는 276개이므로 원의 넓이는 $276m^2$보다는 작고, 원의 내부와 원주에 걸쳐서 원을 포함하는 정사각형의 개수는 344개이므로 원의 넓이는 $344m^2$보다는 크다는 사실은 알 수 있지만, 역시 정확한 값은 알 수 없다.

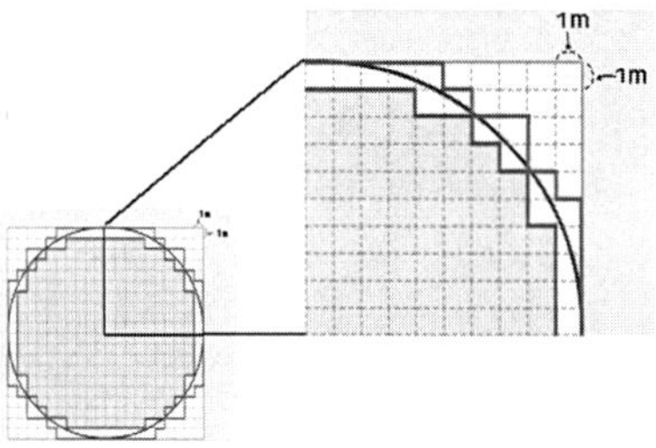


▸ 장애 3

원의 넓이 공식은 없는가?

삼각형을 직사각형으로 등적 변형하여 넓이를 구했듯이, 원의 경우도 직사각형으로 등적 변형한 후, 직사각형의 가로는 원의 어느 부분과 같았는지 또, 직사각형의 세로는 처음 원의 어느 부분과 같았는지 알아보게 한다. 그림과 같이 원을 그리고 지름을 따라 등분한 부채꼴 모양의 조각을 엇갈리게 붙이면 가로 방향의 길이는 원주의 1/2이 되고, 세로 방향의 길이는 반지름의 길이가 된다는 것에 주목하게 해야 한다.

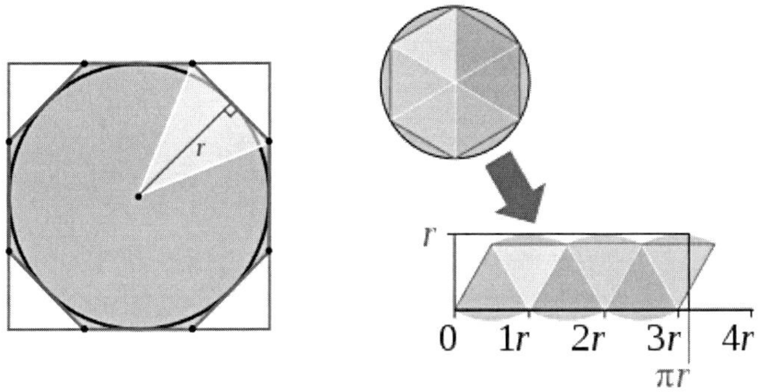


〈등적변형을 이용한 원의 넓이 측정〉

▸ 이해 3

원을 잘게 잘라 붙인 직사각형의 넓이 $\pi r\times r=\pi r2$ 과 같아지게 된다.

이 과정에서 곡선인 원주의 일부분이 갑자기 곧게 되어 선분이 된다는 내용을 이해할 수 없다.

▸ 장애 4

곡선을 아무리 잘게 나누어 이어 붙인다고 해도 직선이 될 수 있는가?

초등학교나 중학교 과정에서는 극한 개념으로 설명할 수는 없으므로, 원을 더 많은 조각으로 등분할수록 등분한 조각을 엇갈리게 붙인 것이 직사각형 모양에 더 가까워진다는 내용을 교사와 아동들이 토론하여 확인하도록 한다. 만일 이 과정에서 의문점을 제기하는 아동에게는, 원의 넓이공식은 일상생활에서 매우 많이 사용되므로 지금은 우선 직관적으로 이 공식을 이해하고, 고등학교에서 이와 관련된 내용을 다시 배우게 된다는 사실을 알도록 한다.

▸ 이해 4

이 문제를 해결하는데 매우 오랜 시간이 필요했다.

매우 잘 알려진 내용이지만 역사적 사실을 이용하여, 아르키메데스가 내접다각형과 외접다각형의 변의 수를 늘려가면서 원의 넓이에 가까운 값을 구한 과정을 아동의 수준에 맞게 변형하여 탐구하도록 유도하는 것도 필요하다.

아르키메데스의 방법에 의하여 그림의 원의 면적을 구하는 방법을 다시 자세하게 설명하기로 한다.

① 반지름이 $r$인 원을 그리고 내접하는 정 6각형을 그린다.
원의 반지름 $r$을 원주위에서 연속적으로 6번 찍은 점을 연결하면 내접 정6각형이 작도 된다.

② 내접 정6각형의 △ABC 면적인 밑변 BC와 변심거리(높이) AH의 반을 곱한 것(아르키메데스와 같은 방법으로 피타고라스 정리를 이용하여 정확한 면적을 구할 수도 있다)을 6배한 것과 같다.
그러면 내접 정6각형의 면적보다 원의 면적이 더 크다.

③ 원의 중심 A에서 내접 정6각형의 각 변의 중점을 잇는 연장선과 원의 호의 교점 6개와 기존의 내접 정6각형의 6개의 꼭짓점을 이으면 정12각형이 만들어진다. 이렇게 만든 내접 정12각형은 원의 중심 A를 꼭짓점으로 하는 12개의 이등변삼각형으로 이루어진다. 따라서 내접 정12각형의 면적은 12개의 이등변삼각형의 면적의 합과 같다. 한 개의 이등변삼각형의 면적(물론 아르키메데스와 같은 방법으로 피타고라스 정리를 이용하여 정확한 면적을 구할 수도 있다)은 밑변×높이÷2이고, 내접 정12각형의 면적은 (밑변×높이÷2)×12 이다.
그러면 내접 정12각형의 면적보다 원의 면적이 더 크지만, 내접 정6각형보다는 훨씬 면적의 차이가 줄어들었다.

④ 같은 방법으로 내접 정12각형의 면적은 (밑변×높이÷2)×24 이고, 연필로 그리면 거의 원과 같아지게 보인다.
이 과정을 계속진행하면,

⑤ 원에 내접하는 정다각형은 변의 수가 많아질수록 점점 원에 가까워짐을 알 수 있다. 그런데 내접 정다각형의 면적은 변 BC와 변심거리 AH의 반을 곱한 것을 다각형의 변의 개수와 곱한 것과 같다. 이 때 다각형의 변의 개수를 무한까지 확장하면 그 넓이, 둘레, 변심거리는 각각 원의 면적, 원주, 반지름과 같아지므로 원의 면적은 (원주)×(반지름 $r$의 반), 즉 $(2\times\pi\times r)\times\frac{r}{2}$ 이므로 원의 넓이는 $\pi\times r^2$이다.

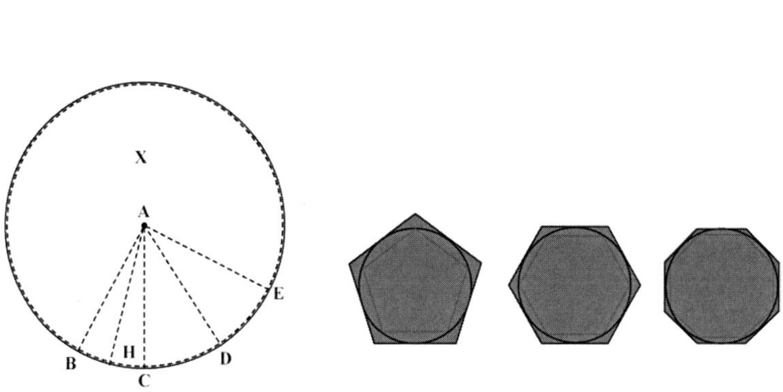


〈원에 내접하는 도형의 극한 값으로서의 원의 넓이〉

이해 4의 내용을 좀 더 자세하게 설명하면 다음과 같다.

▸ 이해 4-1

원의 면적은 반지름을 높이로 하고 원주의 길이를 밑변으로 하는 삼각형의 면적(그림 98)과 같다.

이해 4-1의 내용을 쉽게 말하면, 원을 부채꼴 모양으로 한없이 잘게 잘라 붙이면, 원의 넓이는 직각삼각형의 넓이와 같아진다는 내용으로 이해할 수 있다.

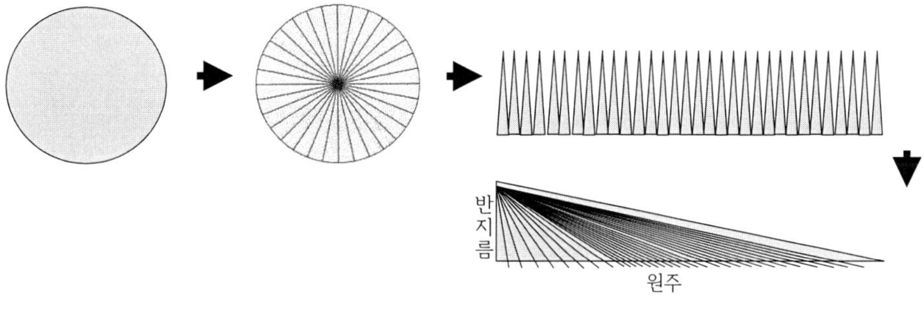


▸ 삼각형은 넓이가 같은 직사각형으로 만들 수 있다. 따라서 원의 넓이는 가로가 $\pi \times r$ 이고 높이가 $r$인 직사각형의 넓이 $\pi \times r^2$와 같다.

이 내용을 컴퓨터 프로그램(예를 들면 GSP)을 활용하여 구현하면 아동들에게 역동적으로 내접 또는 외접 정다각형의 넓이가 원의 넓이와 같아지는 장면을 보여줄 수 있다. 그러나 정256 다각형부터는 거의 완벽하게 정다각형이 원으로 보이기 때문에, 무한 개념을 충분히 파악하지 못한 초, 중, 고학생들에게는 유한 번만 등분해도 직각사각형의 넓이와 같게 만들 수 있다는 오개념을 형성할 수 있다. 아직 극한 개념을 이해하지 못하는 단계에서 이러한 오개념을 가지게 되면 이후의 학습에서 문제가 생길 수 있으므로, 컴퓨터 화면에서 곡선이 직선으로 보인다는 점에 현혹되지 않도록 유의하면서, 다만 내접 또는 외접 정다각형이 원에 달라붙는 과정과 각각의 삼각형의 높이가 원의 반지름으로, 정다각형의 둘레는 원주와 같아진다는 내용을 직관적인 지도해야 한다.

# 7 부피

## 7.1. 부피의 지도법

부피란 입체가 공간 속에서 차지하는 크기이다. 바로 위에서 논의한 들이는 용기 안에 담긴 내용물의 양이므로 들이와 부피는 구별되는 점을 제외하면 양으로서의 들이와 부피의 성질은 동일하다. 따라서 부피의 역사발생에서의 갈등과 갈등의 해결과정은 들이와 유사한 방법으로 지도하면 된다. 특히, 부피는 입체도형과 관련된 양이므로, 부피를 측정하는 방법의 기본이 되고 설명하기 쉬운 직육면체의 부피를 구하는 방법으로 부터 시작한다. 부피에 관한 인식론적 장애와 이해의 과정은 면적의 교수법과 마찬가지로, 부피를 단위 부피로 완전히 덮는 방법으로 시작하여 정적분으로 계산하는 과정을 그대로 반복하면 된다.

■ **부피의 특성**

① 부피는 모양과는 관계가 없다.(부피의 불변성, 찰흙의 조작)
② 부피는 가법성을 갖는다.(부피의 가법성, 찰흙의 조작)
③ 두 물체의 부피의 중간에 해당되는 부피를 갖는 물체가 항상 존재한다.(부피의 연속성, 찰흙의 일부분)

▸ 갈등

들이의 경우와 마찬가지로, 각 나라마다 사용하는 부피의 단위가 달라서 교역할 때마다 복잡한 환산을 해야 하는 번거로움을 해결해야 한다.

▸ 이해

유럽에서 무역할 때의 불편함을 해소하기위해서 1793년에 정한 길이의 단위인 1cm

를 이용하여 다음과 같이 들이의 보편단위(미터법)를 정하여 지금은 우리나라를 포함한 세계의 거의 모든 나라에서 사용하고 있다.

## 7.2. 부피의 보편단위의 도입

■ $1cm^3$, $1m^3$의 개념

부피의 보편단위를 도입하기 위해서는, 크기가 같은 쌓기 나무(블럭)로 어떤 상자 속을 꽉 채울 수 있는 개수나, 직육면체를 만들 때 필요한 쌓기 나무의 개수 등을 생각하게 하여 길이와 넓이의 단위관계로부터 보편단위 $1cm^3$ 를 도입한다. 또한 컨테이너와 같이 커다란 물건의 부피를 측정할 경우에는 측정 단위로 $1cm^3$ (cubic centimeter)를 사용할 때의 불편함을 알도록 한 후 더 큰 단위인, 한 모서리의 길이가 1m 인 정육면체의 부피를 $1m^3$를 도입하고

$$1000000cm^3 = 1m^3$$

가 되는 상황을 생활에서 찾아 이해하도록 지도한다.

또한 들이와 부피 단위 사이의 관계는 다음과 같음을 알도록 한다.

내부의 한 변이 10cm인 정육면체의 그릇에 들어갈 수 있는 단위부피인 $1cm^3$의 개수와 같은 그릇에 1L의 액체를 주입한 경우의 들이를 비교시켜 같은 단위로 통합될 수 있음을 깨닫게 하고, 그들 단위 사이의 관계는 $1L=1000cm^3=1000mL$ 임을 이해시킨다.

## 7.3. 직육면체의 부피 지도

직육면체(각기둥)는 크기가 같은 벽돌을 쌓아 올린 모양과 땅 속에 곡식을 저장하는 창고의 모양에서 인식되었으며, 그 기둥을 축조하는데 필요한 벽돌의 개수와 창고의 크기를 알아내기 위하여 직육면체의 부피를 계산 할 필요가 발생하였다. 이 절에서는 고대인들과 끌레로의 방법을 활용하여 직육면체의 부피를 지도하는 방법을 설명하도록 한다.

▶ 갈등

- 건축가는 크기가 같은 벽돌을 이용하여 직육면체 모양의 신전의 기둥을 쌓으라는 임금님의 명령을 받았다. 기둥을 완성하려면 벽돌이 몇 장이 필요할까?
- 추수한 곡식을 저장하려면 얼마나 큰 창고를 만들어야 할까?

※ 입체도형이 차지하는 공간을 그 입체도형의 부피라고 한다.
아동에게는 직관적으로 '사물의 크기'를 그 사물의 부피라고 지도한다.

■ **직육면체 부피의 직접측정**

단위 정육면체를 정하여 직육면체를 구성하고 있는 단위 정육면체의 개수를 세면된다. 그러나 직육면체의 부피가 클수록 이 방법은 점점 더 힘들어 진다.

■ **직육면체 부피의 간접측정**

- 직육면체의 가로의 길이가 달라지면 부피는 어떻게 변하는지 알아보시오.
- 직육면체의 세로의 길이가 달라지면 부피는 어떻게 변하는지 알아보시오.
- 직육면체의 높이가 달라지면 부피는 어떻게 변하는지 알아보시오.

▸ 이해

벽돌 두개를 옆으로 붙여 놓으면 부피가 2배가 되고, 또한 벽돌을 3층으로 쌓으면 부피가 3배가 되는 사실을 알았다. 즉, 직육면체의 부피는 밑넓이와 높이에 따라서 결정된다.

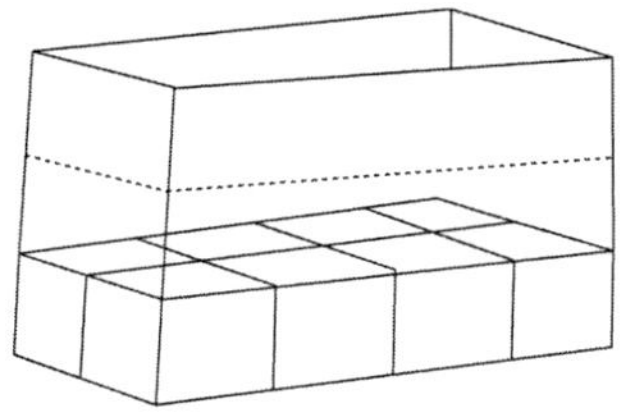

따라서 직육면체의 부피는 다음과 같다.

- 아래와 그림과 같이 가로, 세로, 높이가 각각 a, c, b인 직육면체의 부피는 밑넓이 = a ×c이므로 밑넓이 ×높이 = a ×c× b 이다.

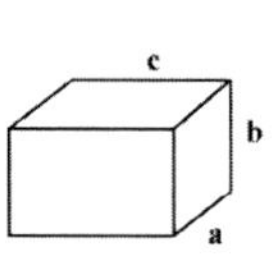


- 따라서 아래 그림과 같이 a=b=c 즉, 세 모서리가 모두 a 인 정육면체의 부피는 a ×a ×a 이다.

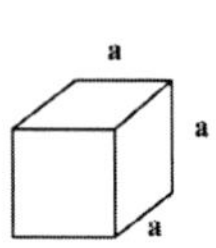

■ 들이와 부피의 단위

| 단위 | ㎤ | ㎥ | ℓ | $in^3$ | $ft^3$ | $yd^3$ | gal(美) |
|---|---|---|---|---|---|---|---|
| 1 ㎤ | 1 | 0.000001 | 0.001 | 0.06102 | 0.00003 | 0.00001 | 0.00026 |
| 1 ㎥ | 1000000 | 1 | 1000 | 61027 | 35.3165 | 1.30820 | 264.186 |
| 1 ℓ | 1000 | 0.001 | 1 | 61.027 | 0.03531 | 0.00130 | 0.26418 |
| 1 $in^3$ | 16.387 | 0.000016 | 0.01638 | 1 | 0.00057 | 0.00002 | 0.00432 |
| 1 $ft^3$ | 28316.8 | 0.02831 | 28.3169 | 1728 | 1 | 0.03703 | 7.48051 |
| 1 $yd^3$ | 764511 | 0.76451 | 764.511 | 46656 | 27 | 1 | 201.974 |
| 1 gal(美) | 3785.43 | 0.00378 | 3.78543 | 231 | 0.16368 | 0.00495 | 1 |

■ 기타 부피의 단위

| 단위 | 약어 | '피트'로 표현 |
|---|---|---|
| 티스푼 | tsp | 1/3 tbl |
| 테이블스푼 | T or tbl | 2 fl. oz |
| 액량 온스 | fl. oz | 1/8 C |
| 컵 | C | 8 fl. oz, 1/4 qt |
| 쿼트 | qt | 4 C, 1/4 gal |
| 갤론 | gal | 4 qt, 231 인치 입방체 |
| 부셸 | bu | 2150.42 인치 입방체 |

## 7.4. 일반적인 기둥의 부피

입체의 부피를 재는 방법은 단위부피로 완전히 덮는 것이다. 단위 부피는 보통 정육면체의 부피이고 정육면체는 정사각기둥이다. 따라서 입체의 부피를 재는 일은 기둥의 부피를 재는 일로부터 시작하게 된다.

### 7.4.1. 고대인들의 기둥의 부피측정

기둥이라는 용어는 유크리트 원론 의 XII장에 나타나지만 현재의 용어는 1600년대부터 사용하기 시작하였다. 직육면체는 고대 이집트와 고대 바빌론 수학에서 다루어 졌지만 직육면체와 관련된 계산문제는 KAHUN 파피루스에서 처음 발견되었다. 런던 박물관에 소장되어 있는 KAHUN 파피루스 문제 55, 4에는 2원 일차 연립 방정식의 해법에 관한 것이다. 즉, 그런데 이 문제에는 직육면체의 곡물창고의 부피에 관한 내용이 수록되어 있다. 즉, 직육면체 모양의 곡물 창고에 90 hinu 들이 바구니 40개 만큼의 곡물을 부었더니 깊이가 $d$만큼 되었다. 창고의 가로, 세로의 길이를 구하는 문제이다. 또한 고대 이집트인들은 피라밋의 부피를 직육면체의 $\frac{1}{3}$로 구하고 있었으며, 피라밋을 쌓기 위해서는 피라밋의 겉넓이를 구하는 방법을 알았으므로 필요한 돌의 개수를 추정할 수 있었으며, 피라밋을 짓는 중간 과정의 모양인 각뿔대의 부피를 귀납적으로 비를 사용하여 구하였던 방법이 모스크마 파피루스(MMP 14)에 수록되어 있다. 또한 모스크바 파피루스(MMP) 문제 10번에는 반원기둥(semicylinder)의 겉넓이를 '$\frac{1}{2}\times\pi\times$지름$\times$높이' 로 구하고 있으며, 이 계산은 그들 고유의 이진법 곱셈 방식으로 수행되었지만 놀랍게도 현대의 공식과 정확하게 일치하고 있다(Gillings, 1972). 그 후, 유크리트는 원론의 XII장에서는 구체적인 수치계산이 아닌 원기둥의 부피의 비를 계산하였으며, 아르키메데스는 '구와 원기둥 제2편'의 Proposition 1에서 길이의 비를 이용하여 원기둥의 부피를 구하였다.

## 7.4.2. 각기둥의 부피

6개의 정사각형으로 둘러싸인 입체를 정육면체라고 하며, 정육면체는 입체의 공통척도이다. 밑면이 합동이고 높이가 두(세, 두 배 반) 배가 되면 두(세, 두 배 반) 번 쌓아올린 결과이므로 체적은 두(세, 두 배 반) 배가 된다. 마찬가지로, 높이가 같고 밑면적이 두(세, 두 배 반) 배가 되면 두(세, 두 배 반) 번 옆으로 붙인 결과이므로 체적은 두(세, 두 배 반) 배가 된다. 귀납적으로 유리수 배를 거쳐서 실수 배까지 확장하여 정리 10을 얻는다. 그 다음 주어진 각 기둥의 밑면의 넓이를 $m^2$ 또는 $cm^2$ 등으로 측정한 다음, 구한 수를 각 기둥의 높이를 $m$또는 $cm$ 등으로 각각 측정한 수로 곱한다. 그들의 곱은 텐서곱의 정의에 의해서 주어진 각기둥에 포함되는 부피가 $1m^3$또는 $1cm^3$인 단위 정육면체의 수(배)이므로, 결국 그 각 기둥의 부피이다. 따라서 각기둥이 단위 정육면체의 밑면적( $m^2$ 또는 $cm^2$)의 m배, 높이($m$또는 $cm$)의 n 배가 되면 각기둥의 체적은 정육면체의 mn 배(즉, mn($m^2\otimes m$) 또는 mn($cm^2\otimes cm$))가 된다. 즉, 입체의 체적은 정육면체를 공통단위로 하여 다음 정리를 얻는다.

- 밑면이 합동인 두 각기둥의 체적은 그 높이에 비례하고, 높이가 같은 두 각기둥의 체적은 그 밑면적에 비례한다. 따라서
- 각기둥의 체적은 밑면적과 높이의 곱이다.

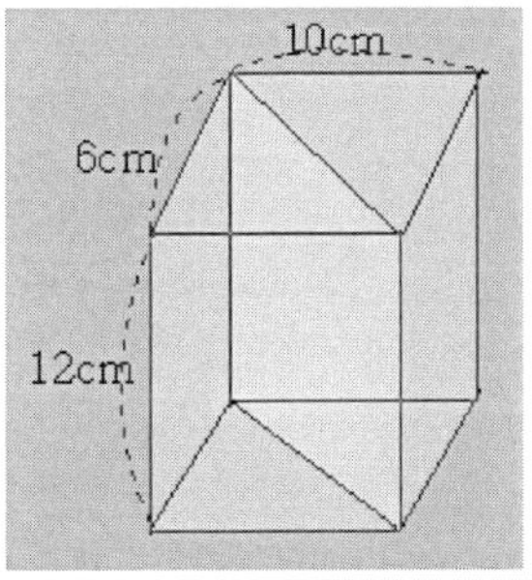


(각기둥의 부피)=(밑넓이)×(부피)

### 7.4.3. 원기둥의 부피

평행으로 마주하는 합동인 원을 두 밑면으로 하고 그 원주둘레로 구부러진 평면으로 둘러싸인 입체를 원기둥이라고 한다.

원기둥은 직원기둥과 빗원기둥이 있다. 각기둥과 같은 방법으로 다음사실을 알게 된다.

- 밑면과 높이가 같은 두 원기둥의 체적은 같다. 따라서
- 원기둥의 체적은 밑면적과 높이의 곱이다.

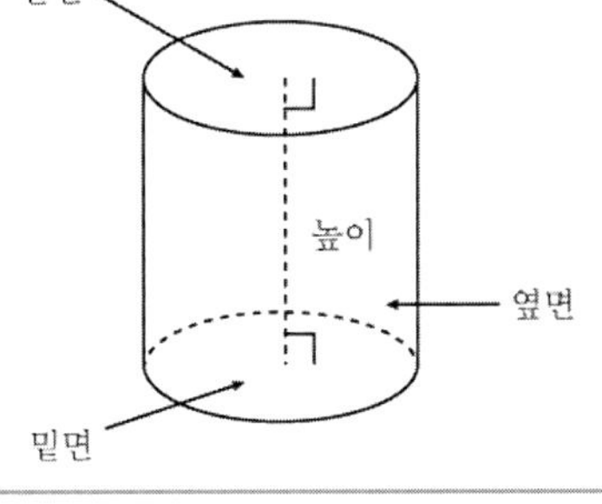


(원기둥의 부피)=(밑넓이)×(부피)

■ 원의 넓이 공식을 이용한 원기둥의 부피 구하기

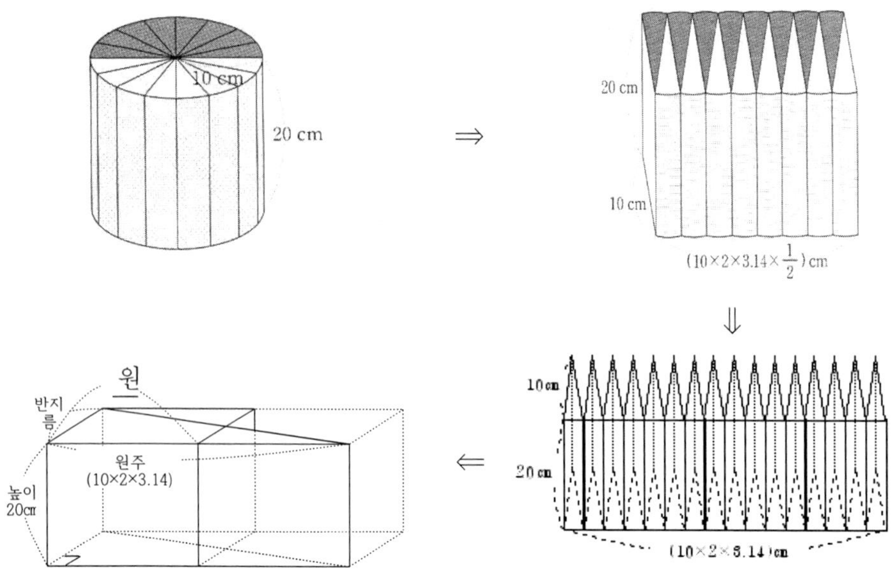


## 7.5. 각뿔과 원뿔의 부피

다각형 밖의 한 점(꼭지점)에서 출발하여 그 다각형의 밑면에서 끝나는 몇 개의 삼각형으로 둘러싸인 입체를 (직)각뿔이라 하며, 원 밖의 한 점(꼭지점)에서 원을 잇는 선분으로 둘러싸인 입체를 (직)원뿔이라 한다. 만일 꼭지점이 밑면에 수직이 아닌 경우에 만들어지는 뿔은 빗각(원)뿔이라고 한다.

### 7.5.1. 각뿔의 부피

■ 카발리에리 원리

- 두 각뿔의 밑면적과 높이가 같으면 체적이 같고, 밑면의 모양은 다르지만 면적이 같고 높이가 같으면 두 각뿔의 체적은 같다.

유크리트는 원론 XII 권에서 원뿔의 체적은 원기둥의 $\frac{1}{3}$ 임을 증명하였으며, 끌레로는 다음과 같이 직관적인 방법으로 각뿔의 부피를 설명하였다.

■ **끌레로의 방법**

주어진 각뿔과 높이가 같은 정사각뿔을 생각하자. 두 각뿔의 높이가 같으면 체적의 비는 밑면적의 비가 되므로 다음이 성립한다.

- 높이가 같은 두 각뿔의 체적은 밑면적에 비례한다.

  (설명) 정사각형의 면적 : 다각형의 면적 = 정사각뿔의 체적 : 각뿔의 체적이다. 예를 들어 이 비를 $a : b$로 놓으면 각뿔의 체적은 정사각뿔의 체적의 $\frac{b}{a}$배이다. 따라서 다음식이 성립한다.

- 각뿔의 체적 = 정사각뿔$\times \frac{b}{a} = \frac{1}{3}\times$높이$\times$정사각형$\times \frac{b}{a} = \frac{1}{3}\times$높이$\times$다각형.

■ **고대 이집트인들의 방법**

피라밋(정사각뿔)의 부피를 구하는, 다음과 같은 두 가지의 방법이 있다.

- 방법 1

  '밑넓이가 B이고 높이가 h인 각기둥이 있다면, 각각의 각뿔의 부피는 $\frac{1}{3}$Bh이다.'

  (설명) 평면에서 대각선은 정사각형을 두 개의 합동인 삼각형으로 잘라낸다. 삼차원 공간에서 정육면체의 한 쪽 코너에서의 대각선은 정육면체를 채우고 있는 세 개의 합동인 사각뿔을 만든다. 그러므로 각각의 사각뿔은 정사각형의 부피의 3분의 1이 된다. 정육면체 대신에 직육면체를 생각하자. 한 쪽 코너에서의 대각선을 이용하여 세 개의 사각뿔로 입체도형을 분할한다. 그 일반적으로 세 개의 사각기둥은 각각 합동이 아니다. 그러나 세 개의 사각기둥의 부피는 모두 같다.

- 방법 2

  '정사각뿔의 체적은 정육면체의 체적의 $\frac{1}{6}$이다.'

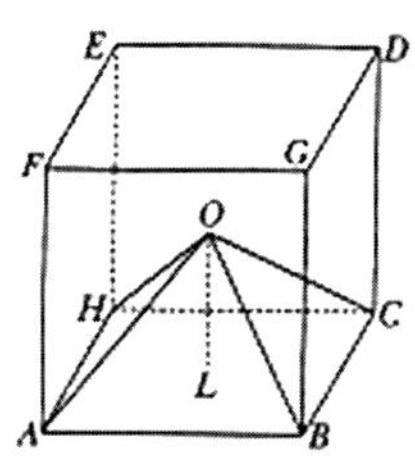

(설명) 위의 정육면체의 4개의 대각선 $AD$, $BE$, $CF$, $HG$은 정육면체를 6등분한다. 따라서 대각선들의 교점인 $O$를 꼭지점으로 하는 피라밋(정사각뿔)의 부피는 각각 정육면체의 $\frac{1}{6}$이다.

■ **각뿔의 부피**

각뿔의 체적은 밑면과 높이가 같은 각기둥의 체적의 $\frac{1}{3}$이다.

### 7.5.2. 원뿔의 부피

고대인들은 원뿔의 부피를 그림 126 과 같이 원기둥에 꼭 맞는 원뿔을 넣고, 원기둥의 남은 공간을 물로 채운 다음, 원뿔을 꺼내면 물이 원기둥의 $\frac{2}{3}$을 채운다는 사실을 알게 되어, 원뿔의 부피가 원기둥 부피의 $\frac{1}{3}$임을 알게 되었다고 한다.

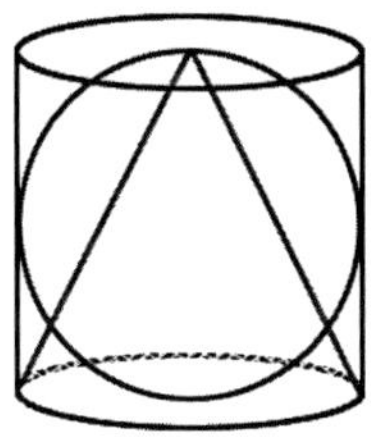

## 7.6. 구의 부피

위와 같은 방법으로, 반지름이 $r$인 구가 높이가 $2r$이며 구를 담고 있는 원기둥 안에 있다고 생각해보자(그림 %). 원기둥의 남은 공간을 물로 채운 다음, 구를 꺼낸다면 물이 원기둥의 $\frac{1}{3}$을 채운다는 것을 알게 된다. 이는 구가 원기둥 부피의 $\frac{2}{3}$를 차지하고 있음을 뜻한다. 원기둥의 부피가 Bh=$2\pi r^3$이므로 실험을 통한 구의 부피는 $\frac{4}{3}\pi r^3$이 된다. 이 공식의 최초의 엄밀한 증명은 아르키메데스에 의해서이다.

■ **구의 부피**

반지름이 $r$인 구의 부피 V는 다음과 같다.

$$V = \frac{4}{3}\pi r^3.$$

## 7.7. 각뿔대의 부피

피라밋을 축조하는 과정에서 만들어지는 입체가 각뿔대이다. 각뿔대란 밑면에 평행인 평면으로 잘려진, 밑면을 포함하는 입체이다. 고대 이집트인들은 피라밋의 부피가 $\frac{1}{3} \times 높이 \times 밑면적 = \frac{1}{3} \times h \times A^2$ 임을 알고 있었던 것으로 추측된다. 물론 그들은 정사각기둥의 부피가 가로×세로×높이 임을 알고 있었다. 각뿔대의 부피는 아래 그림과 같이 전체 피라밋에서 위쪽의 피라밋을 없애면 된다. 이절에서는 고대 이집트인들이 피라밋의 부피를 구한 연역적인 방법을 알아보기로 한다.

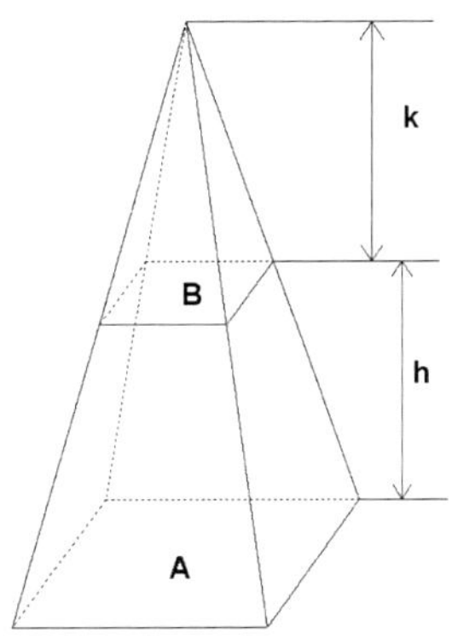


위 그림에서 각뿔대의 부피는 다음과 같음을 알 수 있다.

- $\frac{1}{3} \times A^2 \times (k+h) - \frac{1}{3} \times B^2 \times k$

### 7.7.1. 각뿔대 공식의 변형

모스크바 파피루스에 의하면, 고대 이집트인들은 각뿔대의 부피를 그림 130의 $h, k$에 귀납법을 적용하여 위의 식을 변형해 갔다.

- **식의 변형**

먼저, 각뿔대의 부피 공식을 다음과 같이 변형한다.

- $\frac{1}{3}\times A^2\times(k+h)-\frac{1}{3}\times B^2\times k$
  $=\frac{1}{3}\times[A^2\times(k+h)-B^2\times k]$
  $=\frac{1}{3}\times[A^2\times k+A^2\times h-B^2\times k]$
  $=\frac{1}{3}\times h\times[A^2+(A^2-B^2)].$

## ■ 귀납적인 식의 변형

위에서 변형된 식을 $h, k$에 귀납법을 적용하면서 그들은 귀납적으로 각뿔대의 부피를 계산하였다.

- 먼저 $A=2\times B$인 경우를 생각하기로 한다.
  모스크바 파피루스의 문제에서는 $A=2\times B$이므로 아래그림을 보면

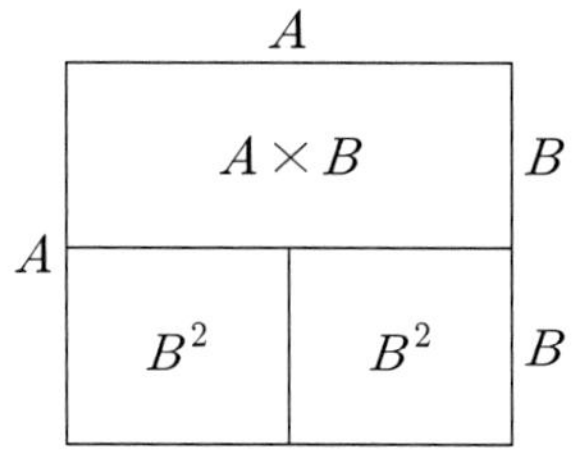


$A^2-B^2=A\times B+B^2$이다. 따라서 정사각뿔의 부피는

$$\frac{1}{3}\times h\times(A^2+A\times B+B^2).$$

- 각뿔대 그림(그림 130)에서 $h=2\times k$이고 $A=3\times B$ 이면 정사각뿔대의 부피는 다음과 같다.

  $\frac{1}{3}\times A^2\times(h+k)-\frac{1}{3}\times B^2\times k$
  $=\frac{1}{3}\times(A^2\times(h+k)-B^2\times k)$
  $=\frac{1}{3}(A^2h+A^2k-B^2k)$
  $=\frac{1}{3}\times h\times\left(A^2+\frac{1}{2}\times A^2-\frac{1}{2}\times B^2\right)$
  $=\frac{1}{3}\times h\times\left(A^2+\frac{1}{2}\times(A^2-B^2)\right)$

• $\frac{1}{2}\times(A^2-B^2)$의 계산

그림에서 $A^2-B^2=2\times(A\times B+B^2)$이다. 그러므로 $\frac{1}{2}\times(A^2-B^2)=\frac{1}{2}\times 2\times(A\times B+B^2)$ 이고 정사각뿔대의 부피는 역시 $\frac{1}{3}\times h\times(A^2+A\times B+B^2)$ 이다.

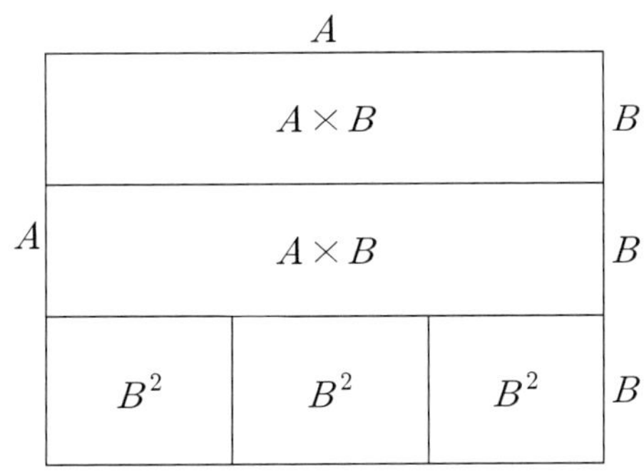


■ 이와 같이 $h, k$에 귀납법을 적용하여, 그들은 모든 자연수 또는 유리수 $h, k$에 대하여 현대의 정사각뿔대의 부피 공식을 구하게 된다.

## 7.8. 회전체의 부피

직선을 축으로 하여 어떤 직선 또는 곡선을 360°회전시킨 도형을 회전체(solid of revolution)라고 부르며 회전축을 회전체의 모선(generatrix)이라고 부른다. 회전체로는 원기둥, 원뿔, 구 등이 대표적이지만, 모선이 일반 곡선인 경우의 부피를 구하는 방법을 몇 가지 예를 들어 알아보기로 하고, 일반적인 방법은 다음 장으로 미루기로 한다.

■ **예** 1.

아래 그림에서 $AP=PC=10cm$, $AD=16cm$이다. 이 도형을 360°회전시킨 입체도형의 부피를 구하시오.

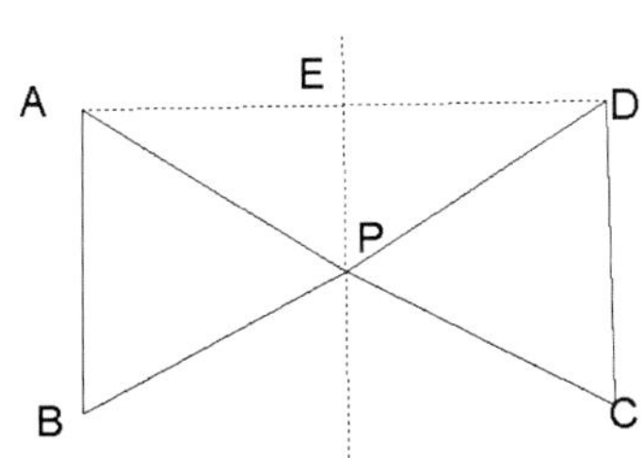

(풀이) ① 입체도형의 부피 = 원기둥의 부피 - (2 × 원뿔의 부피)

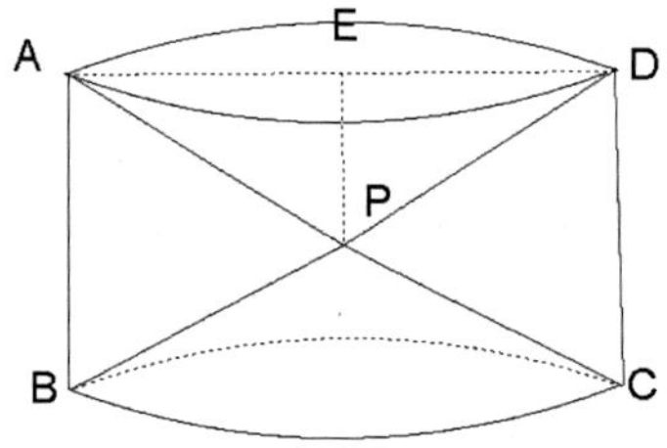


② AD=16이므로 AE=8cm이다.

③ AP=10cm, AE가 8cm이므로 삼중수(피타고라스정리)에 의하여 EP=6cm

④ 따라서 입체도형의 부피는

$$3.14 \times 8^2 \times 12 - 2 \times \frac{1}{3} \times 3.14 \times 8^2 \times 6$$
$$= 2411.52 - 803.84 = 1607.68cm^3$$

■ **예** 2.

아래 도형은 사다리꼴을 직선 가를 회전축으로 360°회전시켜 만든 것이다. 도형의 부피를 구하시오.

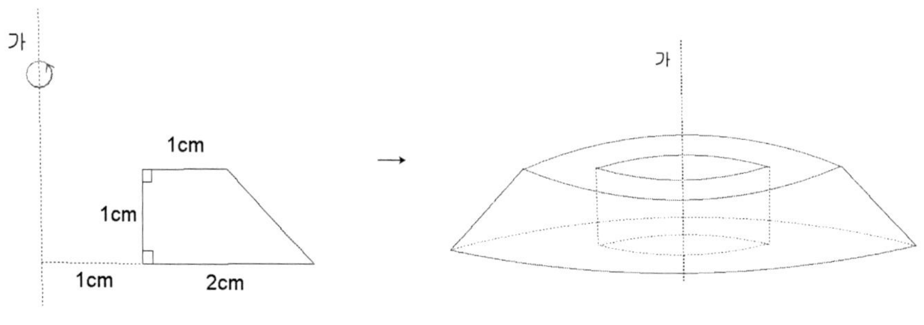


(풀이) ① 입체도형의 부피 = 원뿔대 -원기둥

② 원기둥의 부피 = $3.14 \times 1^2 \times 1 = 3.14cm^3$

③ 원뿔대의 부피 $= \frac{1}{3} \times 3.14 \times (3^2 + 2^2 + 2 \times 3)$

$= \frac{19}{3} \times 3.14(cm^3)$

④ 따라서 입체도형의 부피는 $\frac{19}{3} \times 3.14 - 3.14 = \frac{16}{3} \times 3.14cm^3$

# 8 입체의 겉넓이(표면적)

입체는 부피와 겉넓이를 측정할 필요가 있다. 따라서 이절에서는 각기둥, 원기둥, 구의 겉넓이를 구하는 방법을 알아보기로 한다.

## 8.1. 기둥의 겉넓이

기둥의 표면적은 보통 각기둥의 전개도의 면적으로 구한다. 각기둥의 전개도는 두 개의 합동인 밑면과 각기둥의 측면을 펼친 직사각형으로 이루어진다. 따라서 각기둥이 높이 h이고 밑면의 둘레가 p일 때, 옆넓이는 직사각형의 면적인 hp가 된다. 이와 같은 방법을 원기둥에 적용할 수 있으며, 그때 측면을 펼쳤을 때 직사각형이 된다는 것을 상상할 수 있다. 삼차원의 입체도형의 겉넓이의 총합은 밑넓이×2와 옆넓이의 합이다.

### ■ 각기둥과 원기둥의 겉넓이

직육면체의 겉넓이는 전개도를 이용하여 구하면 편리하다. 예를 들면, 밑면의 가로, 세로가 각각 $3cm$, $2cm$이고 높이가 $5cm$인 직육면체의 부피를 구할 때에는 아래와 같이 전개도를 그려보면, 밑넓이 2개와 옆넓이 1개 로 구성되어있음을 알 수 있다. 따라서 겉넓이는, 밑넓이 $6cm^2\times2$와 옆넓이 $(2+3+2+3)\times5cm^2$의 합이다.

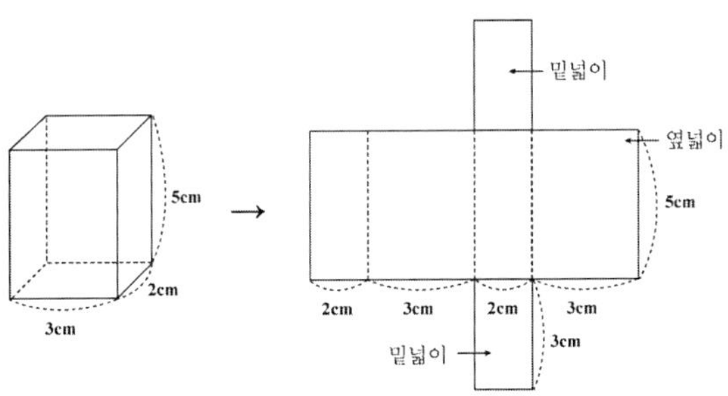


이 사실을 일반화하면, 각기둥과 원기둥의 높이를 h, 밑넓이를 B, 밑면의 둘레를 p라 할 때, 겉넓이 SA는 다음과 같다.

$$SA = 2B + ph$$

( 각기둥과 원기둥의 겉넓이 )
= ( 한 밑면의 넓이 ) × 2 + ( 옆면의 넓이 )

• 다음 원기둥의 겉넓이를 구하시오.

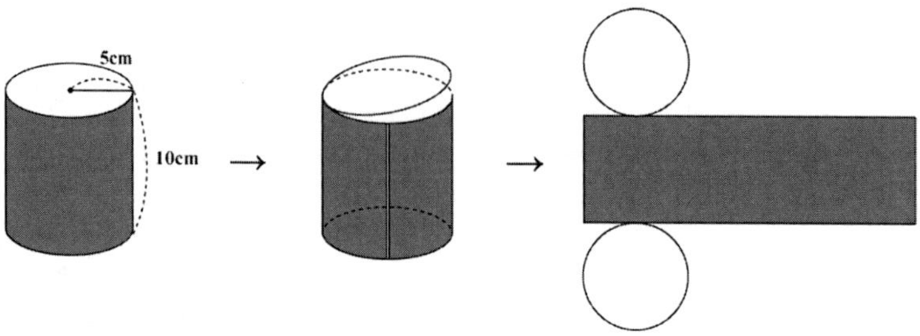


## 8.2. 구의 겉넓이

구의 부피와 겉넓이의 작은 조각을 밑넓이로 하는 원뿔모양의 입체 부피와 연관된다. 우선, 구의 표면적을 n개의 매우 많은 조각으로 나눈다. 이들의 합은 구의 겉넓이 S가 된다. 또한, 각 원뿔의 꼭짓점은 구의 중심이 되어 높이가 $r$이 되므로 그들의 부피는 $\frac{1}{3}B_1r$, $\frac{1}{3}B_2r$, $\frac{1}{3}B_3r$ 등이 된다. 그러므로 $\frac{1}{3}r$ 이 공통 인수이므로 V = $\frac{1}{3}r(B_11+B_2+\cdots+B_n)=\frac{1}{3}rS$이다. V = $\frac{4}{3}\pi r^3$이므로 $\frac{4}{3}\pi r^3=\frac{1}{3}rS$ , 따라서 $S=4\pi r^2$.

■ **구의 겉넓이**

반지름이 r인 구의 겉넓이 S는 다음과 같다.

$$S = 4\pi r^2.$$

이 넓이는 구를 둘러싼 원기둥의 옆넓이와 같다는 사실을 아르키메데스가 밝혔다.

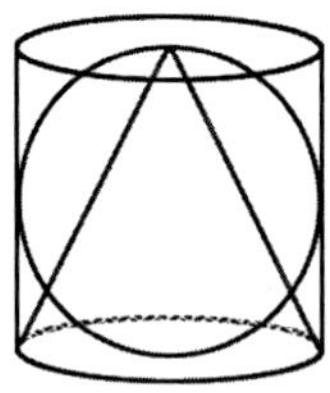

## 8.3. 뿔의 겉넓이

각뿔의 겉넓이는 각뿔의 옆면을 이루는 삼각형들의 넓이의 합에 밑면의 넓이를 더하면 된다. 특별히 각뿔의 개념을 발생시킨 볼록 피라밋(정사각뿔)은 밑면은 정다각형이며 옆면은 합동인 이등변삼각형들로 구성되어 있다. 이등변삼각형의 높이가 s이고 밑변의 길이의 합은 밑면 다각형의 둘레가 p이라면, 모든 삼각형들의 넓이의 합은 $\frac{1}{2}$ps 이다. 밑면의 넓이가 B라면 겉넓이는 SA = B+$\frac{1}{2}$ps이다.

■ **정사각뿔(피라밋)의 겉넓이**

이등변삼각형의 높이가 s이고, 밑넓이가 B, 둘레가 p인 정사각뿔이 있다면, 겉넓이 SA의 공식은 다음과 같다.

$$\mathrm{SA} = \mathrm{B} + \frac{1}{2}\mathrm{ps}.$$

■ **원뿔의 겉넓이**

밑면의 반지름이 $r$, 모선의 길이가 $l$인 원뿔의 표면적은 원뿔의 전개도를 그릴 때 만들어 지는 밑면인 원과 옆면인 부채꼴의 면적의 합이 된다.

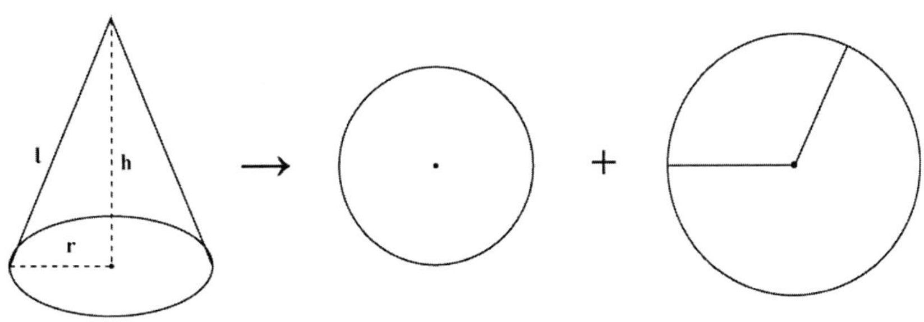


〈그림 129〉

즉, 부채꼴의 반지름은 모선의 길이인 $s$이고 부채꼴의 호의 길이는 밑면 원의 원주와 같으므로, 부채꼴의 면적은 $\pi l^2 \times \frac{2\pi r}{2\pi l}=2\pi rl$이다. 따라서 원뿔의 겉넓이 SA는 다음과 같다.

$$\mathrm{SA}=\pi r^2 + \ 2\pi rl.$$

[유의점] Antiphon은 충분히 많은 변을 가진 정다각형은 원과 같다고 생각하여 원기둥, 원뿔, 원뿔대의 부피를 각기둥, 각뿔, 각뿔대의 부피와 같이 구하였다. 그러나 이 방법은 직관적인 지도 방법이 될 수는 있으나 극한을 제대로 이해하지 못하는 학생들에게는 가급적 언급하지 말아야 하겠다.

# 제 4 부

# 규칙성과 문제해결 영역

제 I 장

# 규칙성

수학을 패턴의 과학이라고 말할 수도 있다. 따라서 패턴의 과학인 수학을 이해하고 수학적 활동을 위해서 수학적 패턴의 탐구는 매우 중요하다. 우리나라 교육과정에서는 '규칙성과 문제해결' 영역에서는 패턴을 규칙 또는 규칙성이라고 표현한다.

## 1 규칙성의 발생

고대 바빌론수학과 이집트수학은 실용수학이었기 때문에, 그들은 구체적인 계산을 하는 것으로 만족하였다. 그러나 그들의 계산과정을 정리하면 현대의 수의 규칙성과 도형의 측정공식을 일목요연하게 알려주고 있다. 예를 들면 바빌론의 삼중수는 그대로 피타고라스의 정리를 이끌었으며, 특정한 도형에서의 황금비의 규칙성을 발견했다. 또한 이집트에서는 분수의 발명으로 거대한 피라밋의 동서남북의 기울기를 똑 같게 하였으며, 물물교환을 할 때에 모두가 공정한 거래가 이루어지도록 분수의 계산규칙을 마련하였다. 그 후 기원전 500년경의 피타고라스에서 기원 후 300년경의 디오판투스까지의 고대 그리스 수학자들은 초등수론, 비례이론과 기하학의 규칙성을 막대의 길이와 넓이를 이용하여 일반화하였다. 16세기 후반에는 비에트는 수학의 기호화에 공헌한 사람으로서 그때까지 언어로 표현된 수학의 문장을 간결한 식으로 표현하였고, 오일러는 수학 분야의 많은 기호를 만들었다. 그들의 덕분으로 뉴턴과 라이프니츠가 각기 독립적으로 미적분학을 창안한 후 수학은 수, 형태, 운동, 변화 그리고 공간에 대한 학문이 되었으며, 19세기 말의 수학은 수, 형태, 운동, 변화, 공간의 연구에 사용되는 수학적 도구들에 대한 연구로 확장되었다. 19세기 말에 클라인은 함수는 수학의 심장이고 영혼이라고 주장하였다. 이러한 함수개념의 출발점이 패턴 즉, 규칙성이다.

## 2 NCTM 규준

1989년의 '학교수학의 교육과정과 평가의 규준'에서는 K-6, 5-8학년과 9-12학년에서 문제해결, 추론, 의사소통 등을 혼합하여 평가하도록 하였다. 특히 5-8학년에서의 함수 영역에서의 규칙성은, 저학년에서의 규칙성 학습을 위한 활동내용을 통하여 수론, 유리수, 측정, 도형, 확률과 함수의 이해를 심화하도록 한다. 또한 아동으로 하여금 규칙성을 이용하여 문제를 탐구, 분석, 조사하도록 하고 그 규칙성의 이해, 일반화, 확장, 연결 하는 방안을 모색하도록 한다.

## 3 수학교육과 규칙성

- 수학교육에서 규칙성의 중요성은 다음과 같다.
  - 수학은 규칙성의 과학이다.
  - 수학에서의 문제해결은 규칙성 찾기와 많은 관계가 있다.
  - 규칙성을 통하여 수학적 의사소통이 강화될 수 있다.
  - 규칙성을 인식하고 기호화하는 과정을 통하여 수학적 추론, 특히 귀납적 추론능력을 향상시킬 수 있다.
  - 규칙성은 수학 영역간의 연결성과 수학내용과 타 교과 또는 실생활과의 연결을 가능하게 한다.

### 3.1. 수학적 규칙성

#### 1) 일정한 관계를 갖는 수의 규칙성

배열되는 대상끼리 규칙적인 관계를 갖는 대상을 말한다. 예를 들면, 규칙성을 갖는 수열이 그것이다.

**① 가우스 공식**

$$1+2+3+\cdots+100=\frac{100\times(100+1)}{2}=5050.$$

이 문제를 어린 가우스는 다음과 같은 계단을 보면서 해결했다고 전해진다.

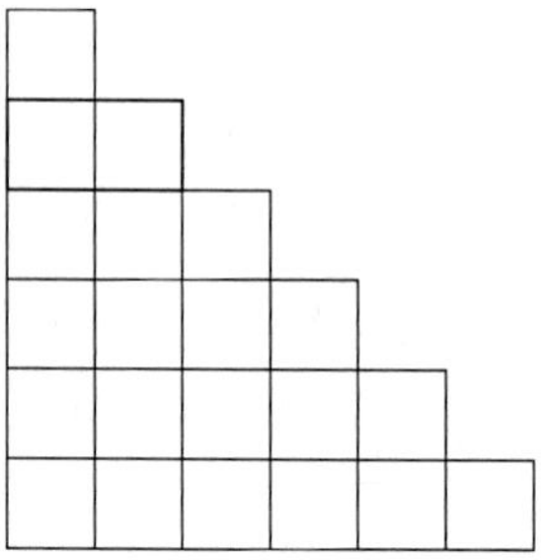

- 이 사실은 다음과 같이 지도할 수도 있다.

1+2+3+4+5 의 합은 다음과 같이 늘어놓은 점(또는 바둑알)의 전체 수와 같다.

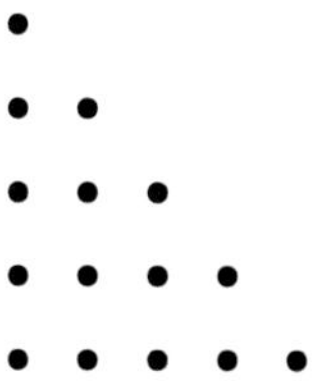

이 모양을 뒤집어서 붙이면 언제나 직사각형 모양이 된다. 즉,

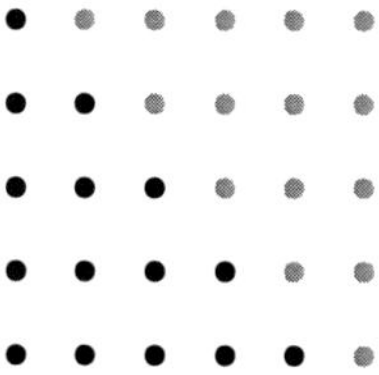

원래의 개수는 위의 직사각형에 있는 점의 개수의 반이므로 $\frac{(5+1)\times 5}{2}=15$ 이다.

즉 $\frac{(\text{초항}+\text{끝항})\times \text{항의 수}}{2}$이다.

이것을 등차수열의 합에 대한 가우스 공식이라고 한다.

### ② 파스칼 삼각형

1
1 1
1 2 1
1 3 3 1
1 4 6 4 1
1 5 10 10 5 1
1 … 1

(질문 1) 어떤 게임을 할 때에 파스칼삼각형과 같은 수의 배열이 나타나는가?
동전 던지기와 같이 한번 시행으로 일어날 수 있는 가능성이 두 개인 게임

(질문 2) 파스칼삼각형에서 대각선 위에 있는 수의 규칙과 다각형을 이루는 점의 개수의 규칙성과의 관계를 알아보자.

• 삼각수

$1,\ 3,\ 6,\ 10,\ \cdots,\ \dfrac{n(n+1)}{2},\ \cdots$

• 직사각형수

$2,\ 6,\ 12,\ 20,\ 30,\ 42,\ 56,\ 72,\ 90,\ 110,\ 132,\ \cdots,\ n(n+1)$. 즉, 삼각수의 2배

• 사각수

$1,\ 4,\ 9,\ 16,\ 25,\ \cdots,\ n^2,\cdots$

• 오각수

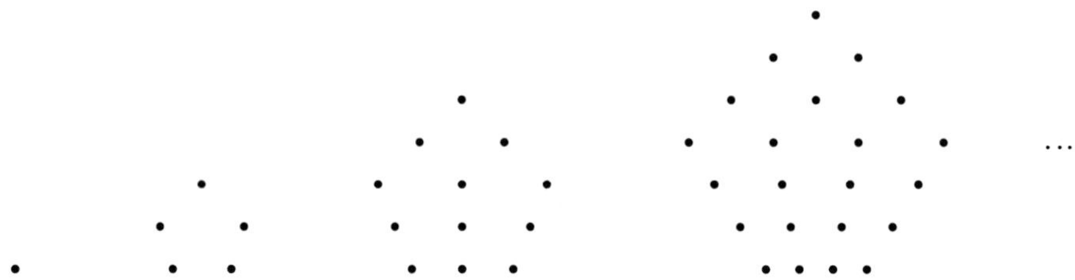

1, 5, 12, 22, 35, 51, 70, 92, 117, 145, …

규칙 : 1+4+7+…+(3n-2)=$\frac{n(n+1)}{2}+n(n-1)=\frac{n(3n-1)}{2}$ 씩 증가하는 수열

### ③ 생활 속의 반복적인 규칙

• 시계, 달력 등에는 반복적인 수의 규칙이 있다.

시계는 12시간을 반복적으로 나타낸다.

달력에는 1년은 12달, 한 달은 28 또는 29 또는 30 또는 31일이 반복되며, 한주는 7일씩 반복되고 있다

| 일 | 월 | 화 | 수 | 목 | 금 | 토 |
|---|---|---|---|---|---|---|
| | | | | | | 1 |
| 2 | 3 | 4 | 5 | 6 | 7 | 8 |
| 9 | 10 | 11 | 12 | 13 | 14 | 15 |
| 16 | 17 | 18 | 19 | 20 | 21 | 22 |
| 23 | 24 | 25 | 26 | 27 | 28 | 29 |
| 30 | | | | | | |

## 2) 기하학적 규칙성

도형의 모양이나 성질과 등의 기하학적인 속성을 기초로 하는 규칙성을 말한다. 예를 들면, ㅁ△○ㅁ△○ㅁ△○… 과 같이 사각형, 삼각형, 원이 차례로 하나씩 규칙적으로 배열되어 있는 것 등을 말한다.

## 3.2. 물리적 규칙성

방향, 크기, 색 등과 같은 물리적인 속성을 기초로 하는 패턴이 있다. 벌집 모양 등의 자연현상과 인위적으로 배열하는 규칙성이 있다.

## 3.3. 프랙탈, 기타

① 프랙탈(fractal)이란 자연현상에서 나타나는, 자기닮음의 성질을 가지고 유클리드 도형이 아닌, 반복적인 규칙성을 가진 기하학적인 도형을 말한다. 프랙탈의 관념은 17세기부터 시작하여, 18세기에는 집합론을 창시한 칸토르 등에 의하여 프랙탈은 함수 연구의 목적으로 하는 엄밀한 수학적 대상이 되었다. 그 예로는 아래와 같은 만델브로 집합, 코흐 눈송이, 쥴리아 집합 등이 유명하다.

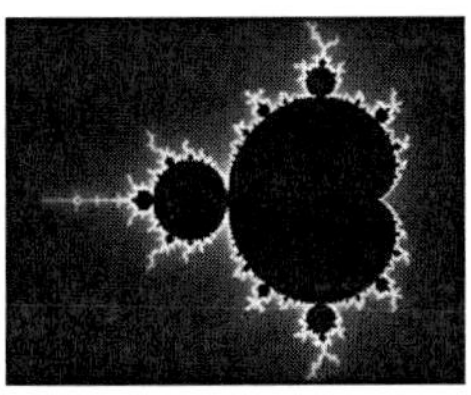

만델브로 집합

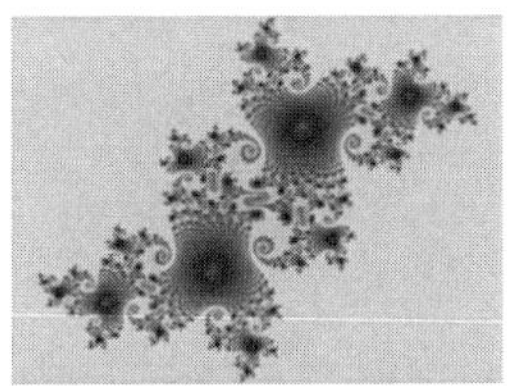

쥬리아 집합

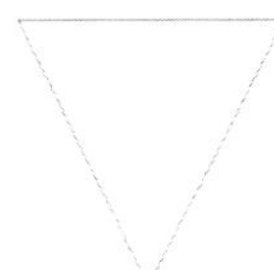

코흐 눈송이

② 반복적인 규칙성

수나 도형이 반복적으로 배열되는 규칙성이다.

③ 대칭, 테셀레이션

④ 복합적인 규칙성

위의 모든 유형이 복합적으로 적용된 규칙성을 말한다.

제 Ⅱ 장

# 문제해결

문제해결이란 수학의 이론을 바탕으로 주어진 문제를 풀어가는 것을 말한다. 그를 위해서는 문제가 무엇인가를 알아본 다음, 그 문제를 풀어갈 방법을 찾아보기로 한다.

## 1 문제의 뜻과 형태

### 1.1. 문제의 뜻

문제란 주어진 현재의 상태와 원하는 상태, 표준상태와의 간극의 인식상태를 말하고, 대부분의 문제는 그 간극을 채워 주는 여러 가지 해법이 존재하지만, 그 해법을 즉각적으로 동원할 수 없는 상태를 말한다. 그리스어인 'problēma'는 '앞에 내던져진 것'을 의미한다. 제기된 문제는 해결하게 되고 그 해결은 다시 새로운 문제를 계속 던지게 되므로 사람들은 스스로가 해결할 수 있는 것만을 문제로 제기한다고 한다. N.하르트만은 아리스토텔레스의 학문적 사고방식에서 해결할 방도가 없는 난해한 문제(aporia)를 발견하는 철학으로서 문제학을 제기하였다. J.듀이는 불명확한 정황을 일정한 방향으로 변형시키려 할 때 문제가 발생하고 이 문제적 정황에서 해결된 사태로의 이행에 '탐구의 논리'가 성립된다고 하였다. 따라서 문제에는 목표와 장애 요인, 해결자의 의식이 있어야한다. 목표는 문제가 의도한 상태가 무엇인지에 대한 진술이다. 장애요인이란 그 목표에 즉각적으로 도달할 수 없게 만드는 요인이다. 따라서 어떤 상황이 개인에 따라 문제가 되거나 되지 않을 수 있고 중대한 문제나 사소한 문제가 될 수 있다.

### 1.2. 문제의 형태

수학적 문제해결에서는 문제가 수식이 아닌 문장으로 만들어지는 경우가 대부분이다. 이러한 문장제는 문장으로 나타낸 수학문제로 교과서의 문장제는 광범위한 일상생활에서 일어나는 현상에 의문을 가지고 그것을 수학문제로 해결하려는 적극적인 어린이의 육성을 목표로 하고 있다. 문장제는 이와 같은 문제의 모델을 생각하고 실제지도에서 어린이들을 둘러싸고 있는 실제의 살아 있는 문제를 지도하는 것이 바람직하다. 따라서 문장제의 지도 목표는 문제해결의 기능뿐만 아니라 그 배후에 잠재해 있는 원리와 아이디어를 통찰할 수 있는 능력을 기르려는 것이다. 문제는 일상적인 문제와 비일상적인 문제, 명확한 문제와 모호한 문제 등으로 나눌 수 있다.

**① 일상적인 문제**

"589 × 45 = ___"는 보통 성인들에게는 쉬운 문제이다. 이와 같이 문제를 해결하는 방법은 이미 알고 있으면서 실행에 옮기는 일만 남은 것을 일상적인 문제라고 한다.

**② 비일상적인 문제**

문제에 직면한 당사자가 아예 그 문제를 해결할 방법을 모르는 상태를 말한다. 수학교육에서 말하는 문제란 그러한 비일상적인 문제이다.

**③ 명확한 문제**

주어진 문제의 상황, 목표, 활용 가능한 방법이 명확하게 주어진 문제를 말한다. 예를 들면, 다음과 같은 물병문제이다.

- 21L, 127L, 3L짜리 세 개의 빈 물병이 있다. 물은 무한량이 있다. 세 물병을 이용하여 100L를 담아보시오.

**④ 모호한 문제**

주어진 상황, 목표, 활용 가능한 방법이 명확하지 않은 문제를 말한다.

- 사진 한 장을 주면서 "이 사람을 찾아오시오"

## 1.3. NCTM의 문제해결

2000년에 발간된 NCTM의 '학교수학의 원리와 규준'에서 모든 아동은 주어지는 양적인 문제를 상상력, 통찰력을 동원하여 사고하고 해결하는 방법을 배우도록 권장하고 있다. 1992년 우리나라의 6차 수학과 교육과정에서부터 문제해결력의 육성을 강조하고 있다. 최근에 문제해결지도가 강화되고 있는 것은 고도정보화사회에 대응하려는 수학교육의 요구에 따른다. 문제해결이란 목표 상태와 현재상태간의 차이를 줄이는 일련의 사고와 행동을 말하고, 그러한 일련의 사고와 행동을 발견하는 것이 문제를 해결한 것이므로 문제해결이란 목표지향적인 행동 또는 조절의 한 요소이다. 문제의 대상, 속성, 상태공간, 연산, 선택준거 등으로 문제를 다양한 성분으로 분해하는 것이 효율적인 문제해결 방안이 된다. 이와 같이 문제의 영역을 분석하고 표현하는 방법을 바꾸면 문제해결은 더욱 쉬워지게 된다. 문제해결 전략에는 다음의 내용이 포함되어야 한다.

1) **추상화**

실제의 문제에 적용하기에 앞서, 모델을 설정하여 문제를 해결해 본다.

2) **유추**

유사한 문제를 해결한 방법을 사용한다.

3) **브레인스토밍**(brainstorming)

특히 아동집단이 큰 경우에는 아동 각자의 해결책이나 아이디어를 결합, 발전시켜서 최적의 해법을 찾게 한다. 브레인스토밍은 만들어 내는 아이디어가 많을수록 주어진 문제에 대한 적합한 해답을 찾을 가능성이 커진다는 전제하에서 실행되며, 다음의 세 단계로 이루어진다.

• 아이디어의 창출
• 그 아이디어를 분석
• 행동계획수립

또한 브레인스토밍의 장점은 다음과 같다.

• 짧은 시간 내에 많은 아이디어를 창출한다.
• 창의적이고 자발적인 사고를 가능케 한다.
• 타인의 아이디어에 편승하거나 확장하게 한다.

브레인스토밍은 다음과 같은 순서로 진행한다.

1 단계 : 주어진 문제를 '무엇을, 어디에서, 언제, 얼마나'의 형태의 문제로 바꾼다.
2 단계 : 집단이 10명을 초과하면 소집단으로 나눈다.
3 단계 : 각 집단의 기록자를 정한다.
4 단계 : 브레인스토밍의 다음과 같은 목적과 규칙을 설명한다.

○ 가능한 한 많은 아이디어를 만들어라. 아이디어가 많을수록 이길 가능성이 높아진다.
○ 남의 의견을 비평하거나 평가하지 말고 판단을 유보한다.
○ 당돌한 방법으로도 생각한다. 당돌한 생각은 또 다른 당돌한 생각을 낳는다. 새로운 아이디어를 생각해내는 것보다 당돌한 아이디어를 잘 다듬는 것이 더 쉽다.

○ 아이디어들을 연합, 확장, 대입, 삭제, 역, 유추한다.

5 단계 : 기록자는 모든 아이디어를 기록한다.

6 단계 : 각 집단 내에서 익숙하지 않은 항목이나 아이디어를 토론하여 명확하게 한다.

7 단계 : 각 집단에서는 가장 적합한 아이디어를 선택하는 규준을 만들고 그 규준에 따라 각 아이디어를 평가한다.

8 단계 : 선택된 아이디어를 실행할 단계를 정한다.

4) **문제의 분해**

크고 복잡한 문제를 자고 해결 가능한 문제로 나누어 본다.

5) **가설검정**

문제에 대한 가능한 모든 해법을 추측하고 그 추측을 증명하거나 반박해 본다.

6) **중간분석**

목표에 접근해가는 각 단계를 설정하고, 각 단계에서의 해법을 탐구한다.

7) **해법을 알고 있는 다른 문제로 변형한다.**

8) **시행착오**

정답을 찾을 때까지 가능한 해법을 시험한다.

## 1.4. NCTM의 문제해결(2000)의 문제해결 규준

유치원부터 고3까지 다음과 같은 프로그램을 적용한다.

1) 문제해결을 통한 수학적 지식을 쌓는다.
2) 수학과 다른 교과에서 발생하는 문제를 해결한다.
3) 문제해결의 다양한 방법을 적용하게 한다.
4) 수학적 문제해결 과정을 모니터하고 반성하게 한다.

또한 문제해결 전략에는 다음 사항을 포함하도록 하였다.

- 수학은 추리와 증명이 기초임을 인식한다.
- 수학문제의 답을 어림하면서 조사한다.
- 수학문제에 대한 토론과 증명 능력을 발전시키고 평가한다.

• 다양한 타입의 추론과 증명의 도구를 선택하여 사용한다.

문제해결은 학교수학의 초석이므로, 아동에게 좋은 문제를 제공하여 수학의 중요한 아이디어를 탐구하고 다양한 전략과 수학적 성질과 그들의 관계를 이해하고 적용하도록 지도해야 한다.

## 2 폴리아의 문제해결

폴리아(G. Polya, 1887-1985)는 헝가리 출신의 저명한 수학자로서, 1924년에 무늬를 무시하면 테셀레이션의 방법이 17가지뿐임을 증명한 것으로도 유명하다. 폴리아의 수학교육관은 다음과 같다.

• 가르친다는 것은 과학이 아니라 예술이다. 만일에 그것이 과학이라면 가르치는 최선의 방법이 있을 것이고, 모든 교사가 그 방법으로 가르쳐야 할 것이다. 그러나 그것은 과학이 아니기 때문에 교수법의 개인차가 매우 크다. 교수법에서 가장 중요한 것은 활동성, 즉 활동적 학습이고, 특히 수학교수법에서 중요한 것은 문제해결전략을 개발하는 것이다.

### 2.1. 폴리아의 문제해결 원리

폴리아는 그의 저서 '어떻게 문제를 풀 것인가?'에서 문제를 해결하기 위한 기본적인 전략과 네 가지 원리를 제시 했다. 또한 학생들이 문제를 해결하는데 도움이 되는 질문 내용과 학생이 자기 자신에게 질문할 내용을 광범위하게 설명하였다. 우선 폴리아의 문제해결의 네 가지 원리를 나열하기로 한다.

#### 1) 문제의 이해

교사는 학생들에게 다음과 같은 질문을 해야 한다.

• 문제에서 진술되고 사용되어진 모든 단어들을 이해할 수 있는가? 그렇지 않다면, 목차나, 사전 혹은 그것들을 발견할 수 있는 소재를 찾아보아라.
• 구하고자 하는 것이 무엇인가?
• 자신의 언어로 문제를 재진술 할 수 있는가?

- 문제를 진술하는 다른 방법이 있는가?
- 핵심어의 진정한 의미는 무엇인가? 그것의 정의는 무엇인가?
- 문제를 명확하게 설명할 수 있는 예제를 제시할 수 있는가?
- 문제를 이해하는데 도움을 주는 그림이나 표를 생각할 수 있는가?
- 답을 찾을 수 있을 만큼 충분한 정보가 있는가?
- 관계없는 정보가 있는가? 그것이 문제가 되는가?
- 문제해결을 위해서 알아야하는 지식이 무엇인가?

### 2) 계획 수립

문제해결을 위한 계획을 수립한 후에는 계획을 실천하기 위한 실질적인 노력이 수반되어야 한다. 구체적인 실천목록은 다음과 같다.

- 대수적 사실을 이용
- 예상과 확인
- 표 만들기
- 부분적으로 해결된 문제 회상하기
- 유사 문제를 해결하기
- 대칭 이용
- 특수한 경우를 해결하기
- 직접적인 증명
- 방정식을 이용하여 풀기
- 비둘기집 원리 이용
- 규칙성 찾기
- 그림 그리기
- 이미 해결된 비슷한 문제 생각하기
- 교구활용
- 거꾸로 풀기
- 공식 이용
- 자신만의 방법으로 해결하기

### 3) 계획 실행

수립한 계획을 자신의 모든 지식을 활용하여 식을 세우고 정확하게 계산한다. 수학에서의 문제해결 과정은 그 문제해결을 위한 하위개념들을 회상하여 조직하는 것이 가장 중요하다. 그러한 방법을 분석법이라 부른다.

### 4) 반성

실행에서 얻은 답이 옳은지를 확인하고, 해결과정에서의 자신의 생각을 분석해보고 문제를 해결하는 핵심을 확인하는 반성과정은 자신의 이해 정도와 해결능력의 수준을 점검하는 데에 중요하다. 반성과정은 학생이 접해본 적이 없는 문제를 해결하는 데에 영감을 떠올리는 능력(수학적 힘)을 얻는 방법이다. 이에 대하여 프랑스 수학자이자 철학자인 앙리 푸앵카레(Henri Poincare, 1854-1912)는 다음과 같이 말하였다.

유사한 문제의 해결방법을 예측할 수 없었거나 확실성이 부족해서, 시행착오의 복잡한 계산과정을 거쳐 결과를 얻을 때까지에 겪은 고난은 가장 값진 것이다.

푸앵카레는 만약 수학적 힘을 증가시키는 안목과 경험을 얻지 못한다면, 단지 문제만 해결하는 것은 근본적으로 의미 없는 것이라 느꼈다. 문제해결과정에서 얻은 무언가가 있다면, 문제를 완벽하게 해결한 후 자신에게 다음과 같은 질문을 해본다.

- 무엇이 이 문제를 해결하기위한 효과적인 계획을 고안하게 한 핵심 요소인가?
- 이 문제를 해결하기 위한 더 단순한 전략을 생각 할 수 있는가?
- 이 문제를 해결하기 위해 좀 더 효과적이고 강력한 전략을 생각할 수 있는가?
- 이 문제를 해결하기 위해 어떤 다른 전략을 생각할 수 있는가?
- 효과적인 공격의 계획에 적용할만한 다른 전략을 찾을 수 있는가?

## 2.2. 폴리아의 문제해결전략

이 절에서는 계획수립 단계에서 설정한 전략 중에서 몇 가지를 선택하여 구체적인 예를 통하여 설명하기로 한다. 나머지의 전략은 폴리아(Polya, 1995)에 자세하게 안내되어 있다.

### 1) 예상과 확인

문제에서 주어진 조건을 만족하는 어떤 사실을 예상하고 확인하는 방법이다. 만일 그 사실이 문제를 만족하지 못하면 다른 사실을 예상하고 확인한다.

[문제] 왼편의 수의 규칙과 같도록 오른편의 □를 채우시오.

| | ⑧ | | | | ⑯ | |
|---|---|---|---|---|---|---|
| 2 | | 6 | | □ | | □ |
| ⑭ | 12 | ⑱ | | ⑪ | □ | ⑮ |

**① 문제의 이해**

왼편의 원안의 수는 바로 근처의 두수의 합이다. 따라서 오른편의 □안의 수를 a,b,c 라고 하면 a+b=16, a+c=11, b+c=15 이어야 한다.

**② 계획 수립**

우선 둘째 줄의 수들의 합이 16이 되도록 한 다음에 나머지 수들을 확인한다.

**③ 계획의 실행**

추측과 검토의 전략으로 해결하기 위해서, 우선 a=10, b=6 이라고 추측해 보자. 즉,

⑯

10 6

⑪ □ ⑮

이 추측이 맞는가를 확인해 보자. 그런데 6+9=15이므로 □=9로 놓으면 10+9는 11이 아니다. 다시 추측해본다. 이번에는 6과 10을 바꾸어 적는다. 즉,

⑯

6 10

⑪ □ ⑮

이 추측이 맞는가를 확인해 보자. 10+5=15이므로 □=5로 놓으면 6+9=11이다.

**④ 반성하기**

왼편 수들의 규칙을 알아본다. 8+14+18=40, 2+6+12=20 이다.

오른편 수들의 규칙을 알아본다. 16+11+15=42, 6+10+5=21이다.

즉 40÷2=20, 42÷2=21이다. 따라서 □안의 세 수의 합은 원안의 세 수의 합의 절반이다. 즉 a+b+c=21이고 a+b=16이므로 c=5이다. 같은 방법으로 나머지 두 수를 구한다.

> 위의 규칙에 맞도록 다음의 빈칸을 채우시오.
>
> ㉒
>
> □ □
>
> ⑬ □ ⑰

## 2) 표 만들기

다양한 가능성이 있는 문제는 수표를 만들어 빠뜨리는 경우가 생기지 않도록 하는 방법이다.

[문제] 1g , 5g, 10g짜리 추가 100개씩 있다. 이 추들을 이용하여 11g을 달 수 있는 방법은 몇인가?

### ① 문제의 이해

예를 들면 11g을 달기 위해서는 1g+10g 도 되고, 1g짜리를 11개 놓아도 되고, 1g+5g+5g도 되고, …

### ② 계획 수립

여러 가지 방법이 있으므로 빠뜨리지 않고 모든 방법을 찾으려면 표를 그리면 되겠구나.

### ③ 계획의 실행

달아야 할 각 무게와 추의 무게를 표로 만들자.

| 1g 의 개수 | 5g 의 개수 | 10g 의 개수 | 합 |
|---|---|---|---|
| 11 | 0 | 0 | 11g |
| 6 | 1 | 0 | 11g |
| 1 | 2 | 0 | 11g |
| 1 | 0 | 1 | 11g |

### ④ 반성하기

빠뜨린 경우는 없는가?

21g 과 30g을 달 수 있는 방법은 몇인가?

## 3) 그림그리기

문제의 자료에 나타나는 사물의 모양이나 도형을 가급적이면 정확하게 그려 놓고 해결하는 방법이다.

[문제] 5명의 자동차경주 결과가 다음과 같았다. 순서를 정하여라.

(a) F가 C보다 7초 빨랐다.

(b) P는 B보다  6초 늦었다.

(c) D는 B보다 8초 늦었다.

(d) C가 P보다 2초 빨랐다.

① **문제의 이해**

5명이 서로 비교된 내용을 어떻게 순서를 정하는데 이용할 수 있을까?

② **계획 수립**

5대의 차를 도착한 순서대로 일렬로 정렬시켜보기로 하자. 그러려면 수직선을 이용하자.

③ **계획의 실행**

한 칸을 1초로해서 (a)의 F부터 C, P, B, D를 문제에 맞도록 줄을 세워본다.

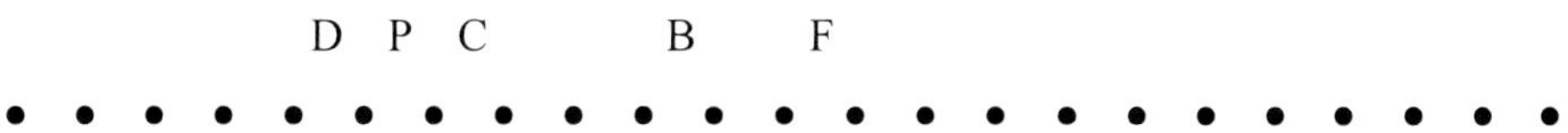


④ **반성하기**

비슷한 문제를 만들어서 해결해 보자.

## 4) 수와 도형의 합성

① 수학자 가우스가 열 살 때에 다음과 같은 계산을 하였다.

$$1+2+3+\cdots+100=\frac{100\times(100+1)}{2}=5050$$

이 문제를 어린 가우스는 다음과 같은 계단을 보면서 해결했다고 전해진다.

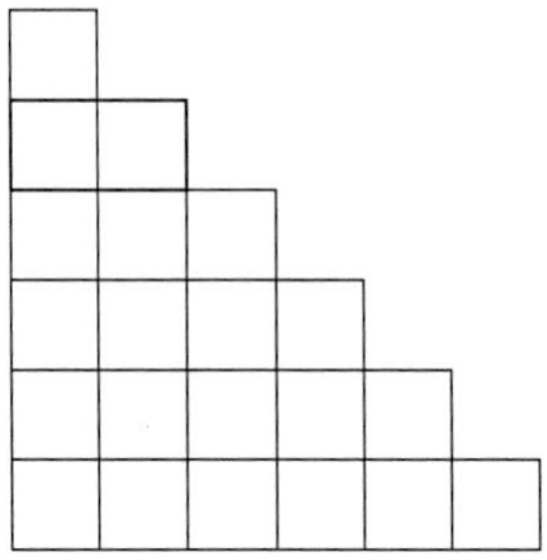

• 이 사실은 다음과 같이 지도할 수도 있다.

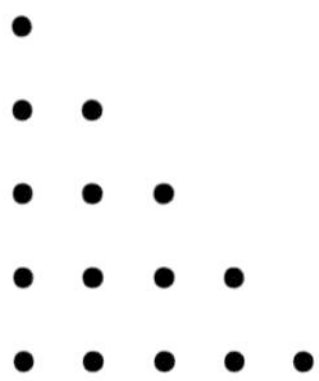

이 모양을 뒤집어서 붙이면 언제나 직사각형 모양이 된다. 즉,

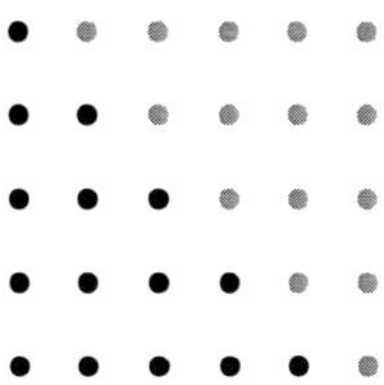

원래의 개수는 위의 직사각형에 있는 점의 개수의 반이므로

$\frac{(5+1)\times 5}{2}=15$ 이다. 즉, $\frac{(\text{초항}+\text{끝항})\times \text{항의 수}}{2}$ 이다.

이것을 등차수열의 합에 대한 가우스 공식이라고 한다.

### 5) 수열의 패턴 찾기(규칙성 찾기)

문제에 기술된 특정한 예로 주어진 정렬된 수열에서 일반적인 상황을 도출한 다음, 문제의 열쇠가 되는 규칙성을 찾아라. 대개는 수열, 도형, 계산, 목록 등이 이 있다.

| [문제] 1,4,7,10,13, …의 규칙성을 찾으시오. |
|---|

① **문제의 이해**

1,4,7,10,13, ⋯ 과 같이 5개의 수열을 잘 관찰하여 수들 간의 규칙을 찾는 문제이다.

② **계획 수립**

규칙을 찾기 어려울 때는 그 다음에 나올 수를 몇 개 더 적어본다.

즉, 16,19,21,⋯

③ **계획의 실행**

수열의 규칙은 앞의 수에 3을 더한 것이다. 이 사실을 문자로 표현할 수 있도록 한다.

즉, $1=1$, $4=1+3$, $7=1+4=1+3+3=1+3\times2$, $10=1+9=1+3+3+3=1+3\times3$, ⋯.

따라서 일반항은 $1+3\times(n-1)$이다.

④ **반성하기**

- 100번째 항은 무엇인가?
- 다른 규칙을 갖는 수열의 규칙성을 찾아본다.

**참고** **수열의 패턴 찾기, 수와 도형의 합성**

1,3,6,10,⋯ 의 수를 점으로 표현하면 그림과 같아진다.

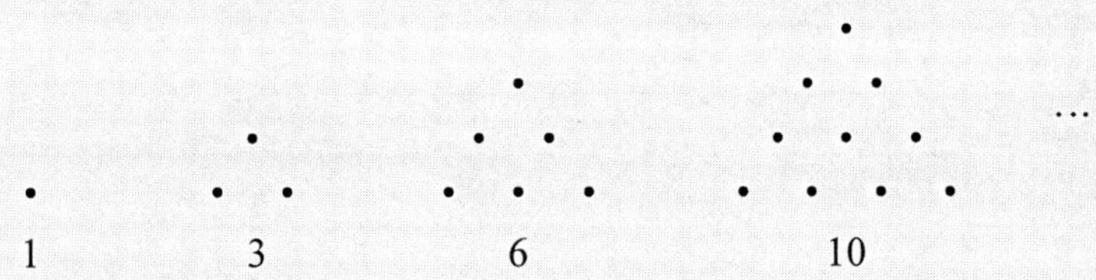


따라서 10 다음의 수는 그 다음 정삼각형에 있는 점의 개수이므로 14이다. 같은 방법으로 수 대신 도형을 그려가면서 답을 구한다.

## 6) 변수 사용하기

문제의 수들을 문자를 사용하여 표현하고, 그 문자를 활용하여 문제의 조건의 알맞은 등식을 세운다.

[문제] 다음과 같이 수열에 대응된 점 도형을 보면서 수열의 규칙성을 찾아보시오.

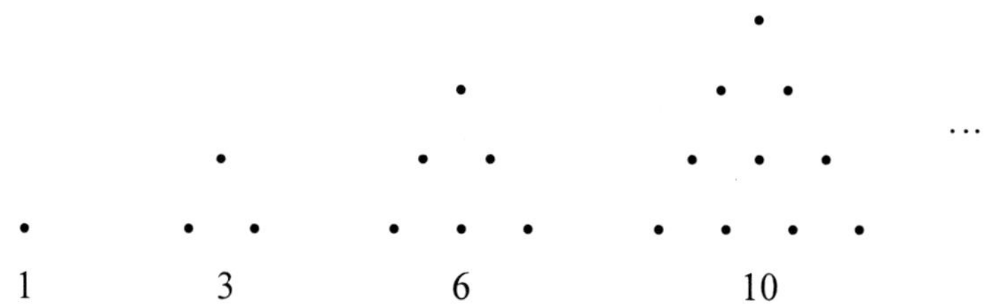


### ① 문제의 이해

1,3,6,10,⋯ 의 수를 점으로 표현하면 그림과 같이 삼각형모양이 되므로 이러한 수열을 삼각수(triangular numbers)라고 부른다. 따라서 계속되는 정삼각형을 이루는 수의 개수를 찾는 문제이다. 따라서 $n$번째의 수를 $t_n$이라고 적기로 한다.

### ② 계획 수립

앞의 도형과 뒤의 도형은 어떤 관계가 있는가? 그 도형에 대응되어 있는 수끼리는 어떤 관계가 있는가? 그 다음에 올 도형과 대응하는 수는 무엇인가?

### ③ 계획의 실행

도형에 있는 점들의 개수가 변하는 모습을 표로 나타내어 본다.

| 삼각형의 순서 | 점의 개수 |
|---|---|
| 1 | $t_1 = 1$ |
| 2 | $t_2 = 1+2 = 3$ |
| 3 | $t_3 = 1+2+3 = 6$ |
| 4 | $t_4 = 1+2+3+4 = 10$ |
| 5 | $t_5 = 1+2+3+4+5 = 15$ |

따라서 $t_n = 1+2+3+4+5+\cdots+n$이다. 따라서 가우스 공식에 의해서

$t_n = \dfrac{n\times(n+1)}{2}$이다.

### ④ 반성하기

• 가우스공식을 이용하여 1+4+7+10+⋯의 합을 구하시오.

### 7) 문자를 사용한 등식 이용하기

[문제 1] 영이의 시험점수는 59, 77, 48, 67이다. 그의 5번 시험을 본 후 평균점수가 70점이 되려면 다음 시험에서 몇 점을 맞아야 하는가?

**① 문제의 이해**

평균이란 자료의 모든 값을 합하여 자료의 개수로 나눈 것이다. 그런데 5번째 점수를 모른다.

**② 계획 수립**

모르는 그 점수를 문자 s라고 하자. 그러면 앞의 네 개의 점수와 s를 더하여 5로 나누면 70이 되어야 한다.

**③ 계획의 실행**

s의 범위는 0에서부터 100사이이다. 그러면 영이의 5번 시험본 평균 값은 $\frac{59+77+48+67+s}{5}$이다. 그런데 최소점수 s를 포함하여 평균이 70점이 되어야 하므로 다음 식이 성립한다. $\frac{59+77+48+67+s}{5}=70$. 즉, 251+s = 350이므로 s = 350-251 =99. 영이는 마지막 시험에서 99점을 맞아야 한다.

**④ 반성하기**

검산은 59, 77, 48, 67, 99의 평균을 구하면 쉽게 확인할 수 있다.

[문제 2] 비율 문제

2년 전에 철수는 담장을 칠하는데 8시간 걸렸다. 작년에 민수는 6시간 걸렸다. 올해 철수와 민수가 함께 일하기로 결정하고 오후 남은 시간은 메기 낚시를 하기로 했다. 두 소년이 함께 일을 하는데 걸리는 시간은?

**① 문제의 이해**

철수와 민수가 함께 담장을 칠하는데 필요한 시간이 다르고, 둘이 담장을 전부 칠하는데 걸리는 시간을 모른다.

**② 계획 수립**

철수와 민수가 함께 담장을 칠하는데 필요한 시간을 미지수 T라고 한다. 또한 철수가 칠한 부분과 민수가 칠한 부분의 합은 전체, 즉 1이다.

**③ 계획의 실행**

철수는 8시간에 담장을 칠할 수 있으므로 1시간에 담장의 $\frac{1}{8}$을 칠할 수 있다. 따라서 T시간에 철수는 $\frac{1}{8}\times T$만큼 담장을 칠할 수 있다. 또한 민수는 1시간에 담장의 $\frac{1}{6}$을 칠할 수 있으며 T시간에는 $\frac{1}{6}\times T$를 칠할 수 있다. 따라서 두사람이 칠한 넓이를 더하면 1이 되어야 한다. 즉, $\frac{1}{6}\times T+\frac{1}{8}\times T=1$. 양변에 48을 곱하면 6T + 8T = 48. 즉, 14T = 48이므로 T= $3\frac{3}{7}$(시간)이다.

**④ 반성하기**

함께 일한다면 철수와 민수는 3시간 반 미만으로 담장을 칠할 것이고 오후에 고기잡이를 즐길 수 있다. 비슷한 문제를 만들어서 같은 방법으로 그 문제를 해결하여 보자.

## 8) 거꾸로 풀기

구하고자 하는 결과에서 시작하여 문제의 처음 조건에 도달할 때까지 한 단계씩 거꾸로 해결해간다.

> [문제] 영이와 철수가 다음과 같은 게임을 한다.
>
> (a) 책상 위에 15개의 동전을 놓는다.
>
> (b) 영이와 철수가 번갈아 가며, 자기 차례에 책상 위로부터 1 또는 2또는 3개를 가져올 수 있다.
>
> (c) 마지막 동전을 가져오는 사람이 이긴다.

게임을 이기는 방법을 알아보자.

**① 문제의 이해**

동전 15개로 시작한다는 점, 각 차례에서 1, 2, 3개를 옮길 수 있다는 점, 마지막 남은 것을 가져오는 사람이 이긴다는 점들 중에서 무엇이 중요할까?

② **계획 수립**

처음 사람이 몇 개를 가져가고, 몇 회까지 계속될 지가 명백하지 않기 때문에 맨 마지막 동전을 가져오려면 동전이 몇 개가 남아야 하는가? 하는 상황을 한 단계씩 거꾸로 만들어본다.

③ **계획 수행**

최종적으로 문제의 해답을 구하기 위해 자신과의 가상 대화를 한 다음, 세운 계획을 실행해 보자.

문) 마지막 사람이 이기는 바로 전의 상황은 무엇이어야 되는가?

답) 책상 위에 1, 2, 3개가 있어야 한다.

문) 이 같은 배열을 상대방에게 남기지 않으려면 어떻게 해야 하나?

답) 최종 활동 바로 전에 책상 위에는 4개가 남아야 한다. 정확히 4개를 남긴다면 상대방은 1,2,3개를 취할 것이고, 3,2,1개가 남을 것이므로 이길 수 있다.

문) 최종 활동 바로 전에 정확히 4개를 남기는 가장 확실한 방법은?

답) 그 전 활동에서 5,6,7개를 남긴다면 상대는 4개를 나에게 남길 것이고 그(그녀)가 이길 수 있다. 그러므로 그 전 활동에서 8개를 상대에게 남겨야 한다.

문) 그 전 활동에서 8개를 상대방에게 남길 수 있는 방법은?

답) 9, 10, 11개를 그 전 활동에서 남긴다면 상대는 필연적으로 1, 2, 3개를 가져가 8개를 나에게 남긴다. 그렇게 되면 상대가 확실히 이기게 된다. 그러므로 여기서 12개를 책상에 남겨야 한다.

문) 이렇게 하는 것(12를 남기는 것)을 확신할 수 있나?

답) 그럴 수 있는 유일한 방법은 내가 먼저 해서 3개를 가져와야만 한다. 그렇지 않다면, 상대가 실수를 해서 내 차례에 12, 8, 4개를 남길 수 있도록 운을 바랄 수밖에 없다. 다음은 처음 시작할 때의 진행 과정이다.

→ 3개를 취하고 12개를 남긴다.

→ 상대는 1, 2, 3개를 취하고 11, 10, 9개를 남긴다.

→ 8개를 확실하게 남기기 위해 3, 2, 1개를 취한다.

→ 상대는 1, 2, 3개를 취하고 7, 6, 5개를 남긴다.

→ 4개를 확실하게 남기기 위해 3, 2, 1개를 취한다.

→ 상대는 1, 2, 3개를 취하고 3, 2, 1개를 남긴다.

→ 남은 것을 모두 취해 이긴다.

**④ 반성하기**

- 이 문제를 해결하는 핵심 내용은 무엇인가?
- 동전의 개수를 바꾸어도 위이 전략을 사용할 수 있나?
- 한 번에 5개까지 가져올 수 있는 게임의 전략을 알아보자.
- 거꾸로 풀기 전략은 패턴 찾기와 다소 비슷하고, 모든 문제해결에 필수적인 강력한 전략이다.

**참고** **거꾸로 풀기(분석법)**

복잡한 상황을 시행착오로 해결하지 않고, 위와 같이 구하고자 하는 결과에서 시작하여 문제의 처음 조건에 도달할 때까지 한 단계씩 거꾸로 해결해간다.
눈금이 없는 9L와 4L물통으로 6L를 긷는 방법은, 6L를 길을려면 먼저 몇 L를 만들면 될까?를 생각한다. 이 과정을 표를 만들어 생각하면 더욱 쉽다.

### 9) 가능성 줄여가기

주어진 문제에 답이 될 만한 모든 가능성을 확보한 다음, 한 개씩 지워가는 방법이다. 이 방법대로해서 모두 지우고 하나만 남았다면 그 가능성이 해이다.

[문제] 철이, 효식이, 창팔이는 같은 농구팀 소속이다. 그들의 위치는 포드, 센터, 가드이다. 다음의 정보에서 각각의 위치를 알아내시오.
(a) 철이와 가드는 창팔이를 위해 밀크쉐이크를 샀다.
(b) 철이는 포드가 아니다.

**① 문제의 이해**

주어진 정보 (a)와 (b)를 실마리 삼아 세 사람의 위치를 결정해야 한다.

**② 계획 수립**

세 사람에 관한 정보를 바탕으로 표를 만들어보자.

### ③ 계획 실행

(a)로부터 철이와 창팔이는 가드가 아닌 걸 알 수 있다. 이를 나타내기 위해 표에 X를 표시한다. 그러면 효식이가 가드임이 명백하다.

| | 철이 | 효식이 | 창팔이 |
|---|---|---|---|
| 포드 | X | X | 0 |
| 센터 | | | |
| 가드 | X | 0 | X |

(b)로부터 창팔이가 포드임을 안다. 따라서 철이는 센터이다.

### ④ 검산하기(반성하기)

우선 모든 가능성을 포함하는 표가 잘 만들어졌는가를 확인하고, 서로 모순이나 중복이 되지 않았는지를 살핀다.

## 10) 비둘기 집 원리

만약 100개의 방을 가진 호텔에 101명의 손님이 머문다면 최소한 한 개의 방에는 최소 2명의 손님이 머문다. 이런 추론이 기본적이고 명백하지만 놀라울 만큼 강력하다. 이 사실을 일반화하면 다음과 같다.

m>n, n개의 비둘기 집에 m마리의 비둘기가 들어있다면, 비둘기 집 하나에 최소한 2마리의 비둘기가 있어야 한다.

[문제] 12개의 동요 CD와 12개의 클래식 CD가 담긴 상자가 깜깜한 방에 놓여 있기 때문에 어떤 CD인지를 구별할 수 없다. 그 상자에서 최소한 같은 종류의 CD를 확실히 고르기 위해서는 몇 개의 CD를 집어내야 할까?

### ① 문제의 이해

박스 안에는 12개의 동요 CD와 12개의 클래식 CD가 들어 있다. 그 상자 안에 들어 있는 CD를 구별할 수는 없지만 처음 시도에서 같은 종류의 CD를 최소 2개를 확실히 고르기를 원한다.

### ② 계획 수립

같은 종류의 CD를 최소 2개를 확실히 골라야 하기 때문에 처음 시도에서 몇 개의

CD를 선택할 지를 결정해야 한다. 가능성을 생각해보고 표로 만들어 보자.

### ③ 계획 실행

학생이 두 개의 CD를 고른다면 다음 중에 하나의 경우일 것이다.

- 두 개의 동요 CD와 클래식 CD 0개
- 한 개의 동요 CD와 클래식 CD 1개
- 0 개의 동요 CD와 클래식 CD 2개

따라서 두 개의 CD를 꺼낼 때는 각 종류의 CD를 하나를 꺼낼 수도 있다. 한 개의 CD를 더 꺼내면, 세 개의 동요 CD, 두 개의 동요 CD와 1개의 클래식 CD, 3개의 클래식 CD중의 하나가 될 것이다. 어떤 경우라도, 같은 종류의 2개의 CD를 가지게 된다. 그러므로 상자에서 3개의 CD를 꺼내면 된다.

### ④ 반성하기

더 쉬운 방법이 있을까? 두 종류의 CD를 고르는 것은 두 개의 비둘기 집에 비둘기를 넣는 것과 같다. 그러므로 세 개의 CD를 고른다면, 비둘기 집 원리에 의해 최소한 두 개는 같은 종류여야 한다.

**참고** **비둘기집(Pigeon hole) 원리**

비둘기는 잠을 잘 때에는 한 집에 한 마라씩만 들어간다는 특성을 이용하는 방법이다. 즉, 인간의 머리카락의 개수가 15만 정도이라면 100만 명이 모이게 되면 비둘기의 집이 15만 개인데 100만 마리의 비둘기가 밤에 잘 때 벌어지는 상황을 생각하면 된다. 비둘기는 적어도 한 짐에 2마리 이상이 자야한다는 것이므로 머리카락의 개수가 같은 사람이 반드시 있다는 결론을 얻게 된다.

## 11) 귀납적 추론

귀납적 추론이란 특별한 몇 가지 예로부터 얻는 규칙에 근거하여 결론을 이끌어내는 것이다. 이렇게 도출한 결론을 일반화라고 한다. 귀납적 사고는 정보를 만들어내고 조직화하는 데 강력한 방법으로서 다음과 같은 과정을 거친다.

• 여러 가지 예에서 성립하는 공통성질을 알아낸다.

- 그 성질이 다른 예에도 적용되는가를 확인한다. 특히, 그 성질이 성립되지 않는 예(반례)를 찾아본다.
- 모든 예들에서 그 성질이 성립한다면 일반적으로 참일 것으로 추정되는 그 성질을 일반화하고 검증해본다.

※ 참인 것처럼 보이지만 아직 증명되지 않는 결론을 추론(conjecture)라고 하고, 그 추론이 증명이 되면 정리 또는 이론(theorem)이라고 부른다.

[문제] 다음 수열(피라밋 합)의 공통성질을 알아내시오.

1=1

1+2+1=4

1+2+3+2+1=9

1+2+3+4+3+2+1=16

- 귀납적 추론에 의하여 n번째 피라미드 합은 제곱 수 $n^2$과 같다는 추론을 도출하게 된다.
- 모든 자연수에 대하여 위의 성질이 성립하는지를 확인 해보자.
  1+2+3+4+5+4+3+2+1=25, 등등.
- 1+2+3+⋯+(n-1)+n+(n-1)+⋯+3+2+1
  = (1+2+3+⋯+(n-1)+n)+((n-1)+⋯+3+2+1)
  $= \frac{n\times(n+1)}{2}+\frac{(n-1)\times n}{2}=\frac{n^2+n+n^2-n}{2}=n^2$이다. 이 사실을 점 도형으로 확인해 보자.

## 12) 연역적 추론

참인 여러 개의 명제를 이용하여 다른 명제 또한 참이라고 밝히는 추론 방법을 연역법이라고 한다. 즉, (xi)절에서 어떤 수가 0과 자연수의 제곱수라면 그 수는 4의 배수이거나 4의 배수보다 1 큰 수라는 사실을 증명할 때, 이미 참이라고 알고 있는 몇 가지 명제를 사용하였다. 이와 같이 이미 참이라고 알려진 명제들을 가정(hypothesis)이라 하고, 새로 얻게 될 참인 명제를 결론(conclusion)이라고 한다. “만약 여러분이 훌륭한 초등학교 교사가 되기를 원한다면 여러분은 수학적 사고를 잘 해야 한다." 는 명제가 참임을 증명하려면 다음과 같이 가정과 결론부분을 나누어서 생각한다.

- 가정 : 여러분은 훌륭한 초등학교 수학 교사가 되기를 원한다.
- 결론 : 여러분은 수학적 추론 잘 해야 한다.

만약 "여러분은 훌륭한 초등학교 교사가 되기를 원한다."는 명제를 p라고 하고, "여러분은 수학적 사고를 잘 해야 한다."는 명제를 q라고 하면 다음과 같은 결론에 이른다.
"p→q가 참인 경우에"

- 가정 : p는 참이다.
- 결론 : 그러므로 q는 참이다.

이러한 추론 방법을 직접 추론이라고 하고 다음과 같은 과정을 거친다.

- 명제 q가 참임을 보이기 위해서는 p→q를 참이게 하는 명제 p를 찾아라. 만약 p가 참이면 직접 추리에 의해 q 또한 참이라는 결론을 내릴 수 있다.

[문제] 이등변삼각형의 두 밑각의 크기는 같다.
(증명) 연역적 추론 :
이등변 삼각형의 꼭지 점에서 밑변에 수선을 긋는다. 그러면 직각 삼각형의 합동조건에 의해서 나누어진 두 삼각형은 합동이다. 따라서 대응각인 두 밑각의 크기는 같다.

### 13) 귀류법

'p→q가 참인 경우에' q가 거짓이라면 p는 반드시 거짓이라고 증명하는 방법을 간접 추론 또는 귀류법이라 하고 다음과 같은 과정을 거친다.

- 명제 p가 거짓임을 보이기 위해서는 q가 거짓인 상황에서 p→q임을 보여라. 즉, 가정 p가 모순으로 된다는 것을 보이면 된다. 그러면 간접 추리에 p는 거짓이다.

※ 간적 추론(귀류법)은 가장 강력한 증명 방법으로서, 직접 추론이 어려운 경우와 자명해 보이는 명제를 증명할 때에 가장 많이 쓰인다.

[문제] 이등변삼각형의 두 밑각의 크기는 같다.

(증명) 귀류법 :

결론을 부정하여 "삼각형의 세 각의 모두 다르다."라고 하면 삼각형의 내각과 그의 대변의 성질에 의해서 세 변의 길이가 모두 다르게 된다. 따라서 이등변 삼각형이 아니 결과가 된다. 따라서 원래의 명제인 "이등변 삼각형의 두 밑각의 크기는 같다."는 참이다.

## 14) 인식론적 장애의 극복

여러 가지 공식이나 수의 성질 또는 도형의 성질에 관한 인식론적 장애를 극복하는 과정을 찾아 문제를 해결한다.

# 제 5 부

# 자료와 가능성 영역

제 I 장

# 가능성(확률)

## 1 경우의 수

### 1.1. 경우의 수

#### 1) 경우의 수의 뜻

어떤 일이 일어날 수 있는 경우의 가짓수 또는 방법의 수를 경우의 수라고 하며, 확률 계산에는 경우의 수를 알아보는 일이 매우 중요하다. 따라서 먼저 경우의 수를 계산하는 방법을 알아보기로 한다.

#### 2) 사건, 표본공간

아래와 같은 동전을 4회 던지면 다음과 같은 경우가 생긴다.

| 앞면의 수 | 던진 결과 | 경우의 수 |
|---|---|---|
| 0 | 0 0 0 0 | 1 |
| 1 | 0 0 0 1<br>0 0 1 0<br>0 1 0 0<br>1 0 0 0 | 4 |
| 2 | 0 0 1 1<br>0 1 0 1<br>1 0 0 1<br>0 1 1 0<br>1 0 1 0<br>1 1 0 0 | 6 |

| | | |
|---|---|---|
| 3 | 0 1 1 1<br>1 0 1 1<br>1 1 0 1<br>1 1 1 0 | 4 |
| 4 | 1 1 1 1 | 1 |

이와 같이 어떤 행위(실험)를 했을 때, 일어날 수 있는 모든 가능성을 모아놓은 것(집합)을 '표본공간'이라고 하며, 그 중에서 특정한 일이 발생하는 가짓수가 모두 $m$일 때, 그 일이 일어나는 '경우의 수'는 $m$이라고 한다. 이때 확률과 통계에서는 실행을 '시행', 시행에 의해서 발생하는 일을 '사건'이라고 부르고 있다. 경우의 수를 세는 방법은 덧셈의 법칙과 곱셈의 법칙 두 종류가 있다.

### 3) 수 세기에 관한 덧셈 법칙

1～30까지의 수가 적힌 30장의 카드가 있다. 이 카드들 중에서 짝수 또는 3의 배수가 적힌 카드는 몇 장일까? 라는 문제에서 표본공간과 경우의 수를 구하면 다음과 같다.

- 표본공간

  1～30까지의 수가 적힌 30장의 카드. 이것을 간단하게 표시하면 {1,2,3,⋯,30}.

- 경우의 수

  1～30까지의 짝수의 모임 : 2,4,6,⋯,30 즉, 15개.

  1～30까지의 3의 배수의 모임 : 3,6,9,⋯,30 즉, 10개.

  1～30까지의 짝수이면서 동시에 3의 배수의 모임 : 6,12,18,24,30 즉, 5개.

따라서 1～30까지의 수가 적힌 30장의 카드 중에서, 짝수 또는 3의 배수가 적힌 카드는 15+10-5=20장이다.

즉, 경우의 수를 세는 문제에 '또는'이 있으면 다음과 같은 덧셈법칙을 적용한다. 이와 같은 사실을 정리하면 다음과 같다.

① 덧셈 법칙

(사건 $A$ 또는 사건 $B$가 일어나는 경우의 수)

=(사건 $A$가 일어나는 경우의 수)+(사건 $B$가 일어나는 경우의 수)−(사건 $A$와 사건 $B$가 겹치는(동시에 일어나는) 경우의 수).

위의 식을 앞으로는 간단하게 다음과 같이 나타내기로 한다.

• ($A$ 또는 $B$)
=($A$)+($B$)−($A$와 $B$).

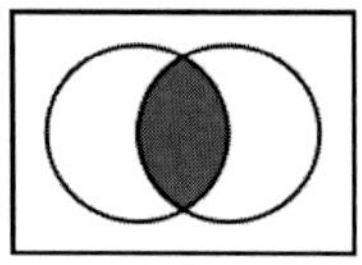

즉, 위의 그림의 두 원에서 빨간 부분이 두 번 겹쳐지므로, 그 부분을 한번 빼내는 것이다.

그런데 두 사건 $A$와 $B$가 겹치지 않는 경우도 있다. 이때에는 두 사건 $A$와 $B$ '배타적'이라고 한다. 그것은 빨간 부분이 없는 경우이다.

• 두 사건 $A$와 $B$가 배타적인 경우
($A$또는 $B$)
=($A$)+($B$).

### 4) 수 세기에 관한 덧셈 법칙

아래 그림에서 P에서 출발하여 반드시 Q를 지나고, R에 도착하는 경우의 수를 생각해보자.

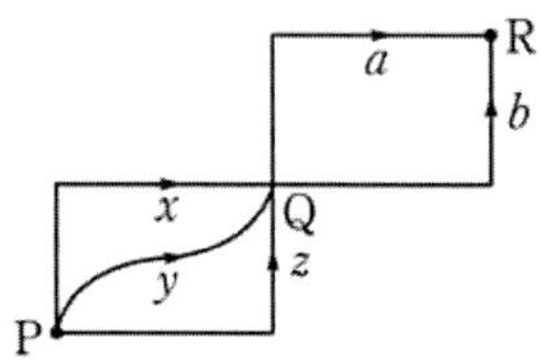


P에서 Q에 가는 길이 3개, Q에서 R에 가는 길이 2개 있다. 그러면 P에서 Q를 거쳐 R로 가는 길은 다음과 같다.

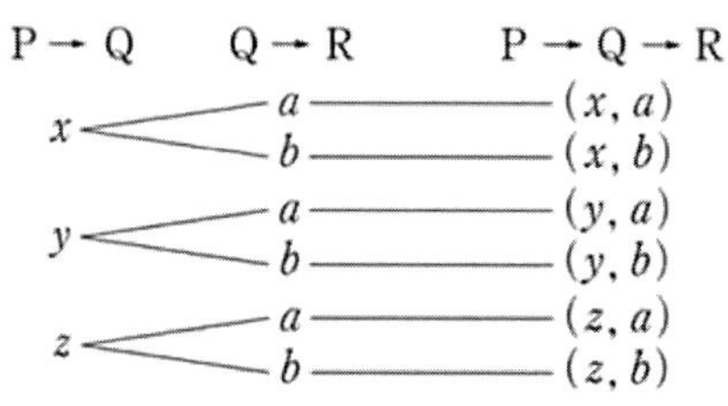

따라서 $3 \times 2 = 6$가지 방법이 있다.

즉, 경우의 수를 세는 문제에 '그리고'가 있으면 다음과 같은 곱셈법칙을 적용한다. 이와 같은 사실을 정리하면 다음과 같다.

② 곱셈 법칙

(사건 $A$ 그리고 사건 $B$가 일어나는 경우의 수)

=(사건 $A$가 일어나는 경우의 수)×(사건 $A$가 일어난다는 가정 하에서, 사건 $B$가 일어나는 경우의 수).

위의 식을 앞으로는 간단하게 다음과 같이 나타내기로 한다.

- $(A$ 그리고 $B)$
  $=(A)\times(B \mid A)$.

그런데, 위의 예와 같이 P에서 Q를 가는 방법과 Q에서 R에 가는 방법은 아무런 상관이 없다. 즉, P에서 Q에 어떤 길로 가든지 관계없이 Q에 도착하여 마음대로 R에 갈 수 있다. 이와 같이 두 사건 $A$와 $B$가 아무런 상관이 없는 경우도 있다. 이때에는 두 사건 $A$와 $B$ '독립적'이라고 한다.

- 두 사건 $A$와 $B$가 독립적인 경우
  $(A$ 그리고 $B)$
  $=(A)\times(B)$.

**5) '순서와 관계있는' 경우의 수, '순서와 관계없는' 경우의 수**

어떤 사건의 경우의 수를 셀 때, 매우 중요한 방법을 아래와 같은 예를 들어서 알아보기로 한다.

**① 세 명의 친구 A, B, C를 한 줄로 세우는 경우의 수**

이 경우에는 ABC로 줄을 서는 경우와 BAC로 줄을 서는 경우는 다른 경우이다. 즉, 세 친구가 서 있는 '순서에 따라' 경우가 달라지는 것이다.

이때는 맨 앞 '그리고' 둘째 '그리고' 마지막에 세 사람을 세우는 경우이므로, 곱셈법칙을 사용해야 한다.

따라서 $3\times2\times1=6$ 가지 경우가 생긴다.

② 세 명의 친구 A, B, C에서 대표 2명을 뽑는 경우의 수

이 경우에는 대표로 A를 먼저 뽑은 다음에 B를 뽑는 것과 B를 먼저 뽑은 다음에 A를 뽑는 것은 같다. 즉, 두 사람을 뽑는 순서와 관계없는 경우이다. A, B, C에서 대표 두 명을 뽑는 경우는 (A, B) (A, C) (B, A), (B, C), (C, A), (C, B) 모두 3×2=6가지이지만, (A, B)와 (B, A), (A, C)와 (C, A), (B, C)와 (C, B)는 각각 같은 경우가 된다. 따라서 경우의 수는 3이다.

이 경우 역시 곱셈법칙을 사용해야 되며, 위의 과정을 잘 살펴보면 6가지 중에서 같은 경우가 2개씩 있으므로 $\frac{3\times 2}{2}=3$가지가 된 것이다.

따라서 경우의 수를 셀 때, 순서와 관계가 있는지 또는 없는지를 잘 살펴보아야 한다.

* 경우의 수를 셀 때에는 문장이 '또는' 이나 '따로따로'로 연결되어 있으면, 덧셈법칙을 적용하고 문장이 '그리고'나 '동시에'로 연결되어 있으면 곱셈법칙을 적용한다.

## 2 가능성(확률)

### 2.1. 확률의 발생

확률론은 예측 불가능한 현상을 분석하는 수학의 한 분야이다. 즉, 확률이란 우연성, 가능성, 불확실성 등과 유사한 것이다. 확률론은 통계학의 수학적 기초의 학문으로서, 일부분의 정보를 이용하여 큰 집단의 양적인 문제를 분석하는데 유용하게 쓰이고 있다. 확률의 관념은 동전던지기, 주사위 던지지 게임 등의 도박에서 시작되었다. 확률이론은 파스칼이 친구인 메레(chevalier de Méré, 1607- 1684)에게 질문한 다음의 문제에서 출발하였다. "실력이 대등하여 이기고 질 가능성이 반반인 두 사람 A, B가 3회전의 도박에서 2번 먼저 이긴 사람이 상금을 갖기로 하였다. 그러나 1회전에서 A가 이기고 난 후 사정에 의해 도박이 중단되었다면 상금을 어떻게 나누어야 할까?" 도박이 갖는 우연성에 합리적이고 보편적인 해석으로 1653년 파스칼과 페르마의 두 사람에 의해서 확률론이 탄생하게 되었다. 그 후 스위스의 수학자 베르누이(Jocob Bernoulli, 1645～1705)는 확률이론의 발전에 큰 공헌을 하였다. 그는 "일정한 확률을 갖는 독립시행의 횟수를 충분히 크게 하면 그 사건의 상대도수와 그 확률과의 차는 얼마든지 작게 할 수 있다."

는 "큰수의 법칙"을 창안하였다. 1812년에 라플라스(Pierre Simon Laplace, 1749-1827)는 '해석학적 확률론(Analytic Theory of Probability)'을 집대성하여 이때부터 확률론은 도박을 벗어나 우리생활의 여러 분야에 이용할 수 있는 과학으로 발전하였고 이것이 통계에 활용되면서 통계학의 발달에 큰 영향을 미치게 되었다. 최근 확률론의 선구자는 소련의 수학자로 '확률론의 기초개념'이라는 책을 지은 콜모고로프(A. Kolmogorov, 1903～1987)가 있다. 오늘날 확률론은 보험에서는 인간의 수명이나 교통사고율을 통한 보험료 산정에, 생물학자는 세균의 배양실험에서 박테리아의 분열에, 경제학자는 미래의 경제 현상을 예측에, 천문학자는 서로 다른 은하계에 존재하는 별들의 분포에 대하여 널리 응용되고 활용되고 있다. 그 밖에도 확률은 교육, 통계, 정치학 등의 많은 부분에서 사용되고 있고 그 내용은 심화되어 과학의 하나로 발전하고 있다.

## 2.2. 메레의 문제

메레의 문제를 알기 쉽게 말하면 다음과 같다. 철수와 영이가 2만원을 상금으로 걸고 가위, 바위, 보의 게임으로 내기를 하였다. 규칙은 먼저 5번을 이기는 사람이 상금을 모두 가지기로 하였다. 그런데 철수와 영이가 4:3인 상태에서 어쩔 수 없이 게임을 중단하게 되어 상금을 나눠 가지기로 하였다. 얼마씩 나눠가져야 공평하겠는가?

① 답 : 철수와 영이가 (3:1)로 가져가야 한다.

즉 철수는 20,000원의 $\frac{3}{4}$인 15,000원을 가져가야 하며, 영이는 20,000원의 $\frac{1}{4}$인 5000원을 가져가야 한다.

② 이유 :

| | 8번째 경기 | 9번째 경기 | 최종승자 |
|---|---|---|---|
| 다음 경기에서 이긴 사람 | 철수 | 철수 | 철수 |
| | 철수 | 영이 | 철수 |
| | 영이 | 철수 | 철수 |
| | 영이 | 영이 | 영이 |

## 2.3. 실험적 확률

확률에 대한 첫번째 관점은 미래의 실험에서 일어날 결과의 가능성을 예측하는 것으로서 이는 과거에 반복적으로 행해졌던 많은 횟수의 실험의 결과에 기초로 하고 있다. 예를 들면 과거에 동전을 10번 던지는 실험에서 앞면이 7번 나왔다면, 동전 던지기를 100번 반복할 경우 앞면이 70번 나올 것으로 예측하게 될 것이다. 실험적 확률은 경험적 확률(empirical probability)라고도 불린다.

### ① 실험적 확률

똑같은 실험을 $n$번 반복할 때, 특정한 결과 E가 $r$번 나왔다고 가정하자. 이때 실험적 확률(혹은 경험적 확률)은

$$\frac{r}{n} \text{ 이다.}$$

### ② 큰수의 법칙

만약 똑같은 실험을 반복적으로 시행할 때 시행 횟수가 많을수록 실험적 확률은 어떤 특정한 값에 가까워진다.

• 실험적 확률의 예

책을 무작위로 펼쳐서 오른쪽 페이지의 숫자를 기록하자. 이 시행을 20번 반복하고 오른쪽 페이지의 숫자가 3의 배수일 경험적 확률을 구하라.

(결과) 모든 3번째가 되는 오른쪽 페이지의 숫자는 3의 배수이기 때문에 실험적 확률이 1/3정도일 것이라 예측할 수 있다. 아래에 무작위로 얻은 20개의 페이지가 있다.

| | | | | |
|---|---|---|---|---|
| 349 | 69 | 267 | 407 | 133 |
| 395 | 369 | 123 | 331 | 373 |
| 155 | 235 | 187 | 273 | 401 |
| 297 | 83 | 852 | 263 | 303 |

3의 배수는 각 자리의 합이 3의 배수이므로 이들 중에서 7개가 3의 배수임을 쉽게 알 수 있다. 그러므로 실험적 확률은 7/20 = 0.35이다. 이 값은 1/3에 매우 근접한 것을 알 수 있다.

• 통계에서의 실험적 확률

[문제 1] 다음은 5학년 학생 28명의 기말고사 성적이다. 학급에서 무작위로 선별된 학생이 70점대의 학생일 실험적 확률을 구하라.

| | | | | | | |
|---|---|---|---|---|---|---|
| 67 | 56 | 76 | 84 | 36 | 50 | 84 |
| 47 | 59 | 54 | 79 | 100 | 48 | 80 |
| 60 | 100 | 100 | 68 | 79 | 95 | 81 |
| 98 | 76 | 33 | 73 | 83 | 77 | 67 |

(답) 28명의 학생 중에서 6명의 학생이 70대를 받았기에 무작위로 선별된 학생 중 70점대의 학생들의 실험적 확률은 6/28 = 0.21 이다.

[문제 2] 철수는 5개의 동전을 바닥에 던졌을 때 앞면이 최대 1개가 얼마나 자주 나올 것인지 궁금했다. 해답을 알기 위해 그녀는 5개의 페니를 반복적으로 던졌고 앞면이 나온 숫자를 세었다. 50번의 실험을 한 뒤 그녀는 다음과 같은 빈도표를 얻었다

| 앞면의 수 | 0 | 1 | 2 | 3 | 4 | 5 |
|---|---|---|---|---|---|---|
| 횟수 | 1 | 7 | 13 | 16 | 11 | 2 |

철수의 자료에 의하면, 5개의 동전을 던졌을 때 앞면이 최대 1개 나올 실험적 확률이 얼마인가?

(답) 자료는 앞면이 1번 나온 경우가 7번이고 앞면이 하나도 나오지 않는 경우(즉, 전부 뒷면)가 한 번 있음을 보여주고 있다. 이것은 앞면이 최대 한번 나오는 경우가 50번 중에 1+7 = 8 번이며, 실험적 확률은 = 8/50 = 0.16 이다.

## 2.4. 이유 불충분의 원리

수학적 확률 또는 이론적 확률을 정의한 프랑스 수학자 라플라스(Pierre-Simon, marquis de Laplace, 1749-1827)는 동전을 던질 때 앞면이 나올 확률을 $\frac{1}{2}$이라고 발표했을 때, 당시의 학자들이 실제로 동전을 던지면 앞면이 나올 확률을 $\frac{1}{2}$이 아닌 경우가 더 많아진다고 불평할 때에, 라플라스는 “충분한 이유가 없이 나의 이론을 반박하지 말라.”는 유명한 일화가 수학적 확률의 의미를 설명해 주고 있다. 즉, 동전을 던져서 앞면

이 나올 확률을 실제로 실행한 결과를 적용하여 $\frac{1}{3}, \frac{1}{4}, \frac{1}{5}$ 심지어 0 등으로 정의할 수도 있다면, 과연 어느 것이 옳은가?

## 2.5. 수학(이론)적 확률

확률에 대한 또 다른 관점은 앞으로 일어날 어떤 사건을 합리적으로 분석하여서 실험 이전에 그 사건이 일어날 확률을 결정하는 하는 것이다. 예를 들면 완벽한 6면체이며 무게가 균등하여 여섯 대칭면이 똑같이 나오는 주사위가 있다. 이런 경우 주사위를 굴려 5가 나올 확률이 1/6이라 생각하는 것이 합리적이다. 사실 각각 6개의 나올 수 있는 결과(1,2,3,4,5 그리고 6)는 완전히 똑같이 일어날 수 있기에 각각의 결과가 나올 확률은 $\frac{1}{6}$이다. 이 개념은 이론적, 수학적 확률이라 하거나 단순히 확률이라 한다. 이론적 확률은 실험이전에 결정되는 것이므로 선험적 확률이라고도 한다.

• 수학적 확률(이론적 확률, Laplace)

일어날 수 있는 모든 경우(표본공간)의 수가 $n$가지 있고, 그들의 어느 두 경우도 동시에 일어나지 않고, 어떤 경우도 일어나는 일이 같은 정도로 기대된다고 하자. 이 $n$가지 중에서 어떤 조건 $A$(사건)가 일어나는 경우의 수가 $a$가지이면 $A$가 일어나는 확률은 $\frac{a}{n}$이다.

기호로는 확률(Probability)의 P를 사용하여 다음과 같이 나타낸다.

$$P(A) = \frac{a}{n}.$$

• 예

상자 속에 흰 구슬 4개와 검정 구슬이 5개가 들어 있다. 이 상자 속에서 3개를 꺼낼 때, 흰 구슬 2개, 검정 구슬이 1개일 확률을 구하여라.

답 : $\frac{5}{14}$

### 7) 벤다이어그램

주사위를 두 개 굴려 전체 눈의 합이 결과인 실험이 있다. 그러면 표본공간 S는 직사각형이고, 사건들은 직사각형 안에 있는 동그라미이다.

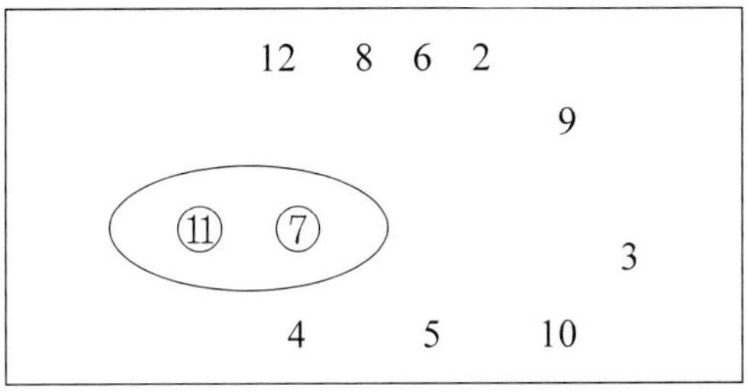


즉, 표본공간 S ={2,3,4,5,6,7,8,9,10,11,12}이고, 사건 "7이 나온 경우", "11이 나온 경우", "7 또는 11이 나온 경우"를 나타내고 있다.

### 8) 배반사건의 확률

두 사건 A와 B가 배반 사건이면 A 또는 B가 일어날 확률은 $P(A)+P(B)$이다.

### 9) 독립사건

한 개의 동전과 한 개의 주사위를 던지는 경우에, 동전의 앞면 또는 뒷면이 나오는 것과 주사위의 어떤 눈이 나오는 것끼리는 아무런 영향을 미치지 않는다.

#### ① 독립사건

사건A가 일어나건 일어나지 않건 사건 B가 일어날 확률에 아무런 영향을 주지 않고, 사건B가 일어나건 일어나지 않건 사건 A가 일어날 확률에 아무런 영향을 주지 않는 경우에 사건 A와 B를 독립사건이라고 한다.

#### ② 독립사건의 확률

사건 A와 사건 B가 독립사건일 경우에, 두 사건이 동시에 일어날 확률은

$$P(A)\times P(B) \text{ 이다.}$$

• 예

빨간 주사위와 녹색 주사위가 굴려졌다. 빨간 주사위가 짝수가 나오고 파란 주사위가 3의 배수가 나올 확률은 어떻게 되는가?

(답) 빨간 주사위와 녹색 주사위에서 필요한 값은 각각 R= (2,4,6), G = (3,6) 이므로 P(R)=3/6, P(G) = 2/6 이다. 그런데 R 과 G는 독립사건이므로 구하고자 하는 확률은

P(R그리고G) = P(R) × P(G) = $\frac{3}{6}\times\frac{2}{6}=\frac{6}{36}=\frac{1}{6}$ 이다.

### 10) 조건부 확률

아래는 어느 유치원에 다니는 3살 또는 4살인 24명의 아동의 표이다. 물음에 답하시오.

| | 3살 | 4살 |
|---|---|---|
| 남자아이 | 8 | 3 |
| 여자아이 | 6 | 7 |

① 아동이 3살일 확률은 얼마인가?

② 선택한 아동이 남자였을 때 그 아동이 3살일 확률은 얼마인가?

(답) B를 남자 아동을 선택하는 사건, T를 3살인 아동을 선택하는 사건, S를 전제 아동의 집합이라고 하자. 그러면,

① P(T) = $\frac{n(T)}{n(S)} = \frac{14}{24} = \frac{7}{12}$

② 남자 아동이 골라졌다는 것을 알기 때문에 표본공간은 전체학생 S가 아니라 교실에 있는 남자아이 B가 된다. 그리고 문제의 사건은, 남자 아동이면서 3살인 경우이므로 T∩B 가 되는 것이다. 따라서 구하려는 확률은 $\frac{P(T \cap B)}{P(B)} = \frac{8}{11}$.

위 문제의 ②는 남자 아동이라는 전제하에서(문제 ②의 표본공간) 3살인 아동일 확률을 계산하는 문제이다. 이러한 확률을 '조건부확률'이라고 한다.

### 11) 여사건의 확률

만약 A와 Ā가 A∪Ā = S 이고 A ∩ Ā =$\phi$ 이라면 A와 Ā 는 여사건이다. 그런데 여사건은 서로 배반사건이므로 n(A) + n(Ā) = n(S)이다. 따라서 P(S)=P(A∪Ā)=P(A)+P(Ā) 이므로 P(A)+P(Ā)=1 이다. 즉, P(A) = 1 - P(Ā)이다.

#### ① 여사건의 확률

A와 Ā를 여사건이라 하자. 즉 A∪Ā = S 그리고 A ∩ Ā =$\phi$ 일 때,

P(A) = 1 - P(Ā).

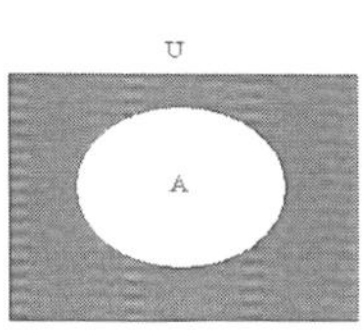

② 예

두 개의 주사위를 동시에 던질 때, 두 눈의 수의 합이 4 이상일 확률을 구하시오.

(풀이) 두 눈의 합이 4또는 5 또는 6또는 …또는 12인 경우이다. 따라서 여사건은 두 눈의 합이 2또는 3인 경우이다. 표본공간 S의 원소의 개수는 36이므로 여사건은 (1, 1), (1,2), (2,1)의 3가지 경우이다. 따라서 여사건의 확률은 $\frac{3}{36}=\frac{1}{12}$이고 구하고자 하는 확률은 $1-\frac{1}{12}=\frac{11}{12}$이다.

## 3 기댓값

주사위 한 개를 던져서 나온 눈의 1000배의 상금을 받는 게임이 있다. 주사위를 한번 던져서 얼마의 상금을 탈 수 있을 거라고 기대하는가? 운이 좋으면 주사위를 던질 때마다 6000원을 받을 수도 있을 것이다. 그러나 큰수의 법칙 때문에 여러분은 6이 한 번 굴릴 때 1/6로 나온다는 것을 기대할 수 있다. 이러한 사실은 주사위의 모든 숫자에 해당하기 때문에 여러분이 기대할 수 있는 상금의 평균은 한 번에

$$\frac{1}{6}\times 1000+\frac{1}{6}\times 2000+\frac{1}{6}\times 3000+\frac{1}{6}\times 4000+\frac{1}{6}\times 5000+\frac{1}{6}\times 6000$$

$$=\frac{1}{6}\times(1000+2000+3000+4000+5000+6000)=\frac{1}{6}\times 21000=3500\text{원}$$ 이다.

만일 한 게임당 4000원씩 한다면, 게임을 할 때마다 평균 500원씩 잃을 것이다.

이 게임에서 주사위를 한번 던져 얻을 것으로 기대되는 3500원을 이 게임의 기댓값이라고 한다.

### 3.1. 기댓값

어떤 실험에서의 얻을 수 있는 값이 $v_1, v_2, \cdots, v_n$ 이고, 값을 얻을 수 있는 확률이 각각 $p_1, p_2, \cdots, p_n$ 일 때, 그 실험의 기댓값(Expected value) E는

$$E=v_1\times p_1+v_2\times p_2+\cdots+v_n\times p_n$$ 이다.

위의 예에서는 우리가 이기는 것보다는 질 확률이 높다. 따라서 그런 게임은 하지 않

는 것이 좋다.

### 1) 기하학적 확률과 기댓값

아래에 있는 정사각형 위에 찍기를 할 때, A 구역에 찍힐 확률은 $\frac{1}{4}$일 것이다. 그 이유는 정사각형 중 A 구역이 $\frac{1}{4}$을 차지하지 때문이다.

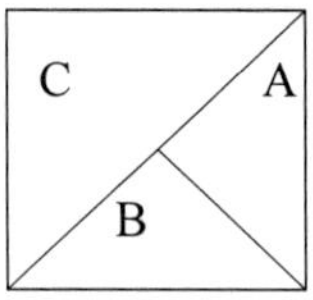

① 기하학적 확률

도형 D위의 일부분인 A가 선택될 확률은

$$\frac{A\text{의 측도}}{D\text{의 측도}} \text{ 이다.}$$

※ 도형 D는 선분, 평면, 공간일 수 있다.

② 예

크기가 같은 정사각형이 격자무늬로 그려져 있는 커다란 테이블이 있다. 이 격자무늬 위에 500원 짜리 동전을 던져서 격자인 사각형 안에 500원 짜리 동전을 완전히 넣는다면 500원 짜리 동전 2개를 얻게 되고, 격자 선에 동전이 닿으면 동전을 잃게 된다. 만일 동전의 직경이 2.5cm이고 각 사각형의 변이 6cm이라면 이게임을 하면 이익을 볼 수 있는가?

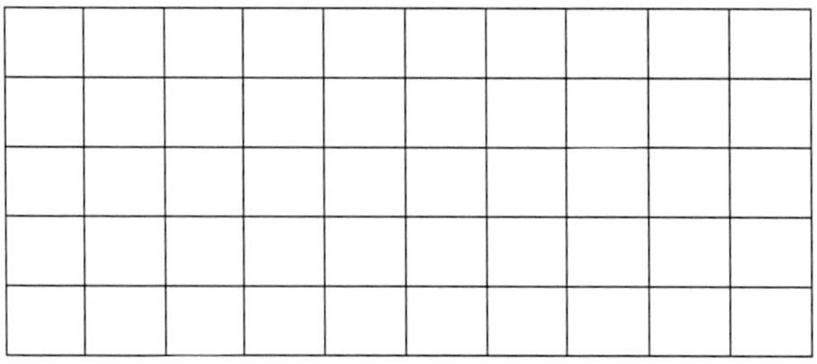

(풀이) 표본공간 S한 개의 정사각형이므로 $6 \times 6cm^2$이다. 이기기 위해서는 동전의 중심이 사각형의 한 변에서 적어도 1.25cm 떨어진 곳에 놓여야 한다. 즉, 이길 수 있는

구역 W는 그림에 나타난 큰 사각형 안쪽의, 넓이가 $3.5 \times 3.5cm^2$인 작은 정사각형의 내부이다. 따라서 이 게임을 이길 확률은

$$P(W) = 작은\ 사각형\ 넓이 \div 큰\ 사각형\ 넓이 = \frac{3.5^2}{6^2} ≒ 0.34$$

따라서 이 게임의 기댓값은 $E=0.34 \times 500 + 0.66 \times (-500) = -160$ 이다. 따라서 한 게임당 160원씩 참가자는 잃고 주최자는 얻는다는 것을 예상할 수 있다.

제 Ⅱ 장

# 자료(통계)

## ① 통계의 발생

옛날 이집트 사람들은 피라미드를 세우기 위해 좋은 땅을 조사하였으며 중국에서는 인구가 얼마인지 알아보기 위하여 통계 조사를 실시하였다. 또한 그리스에서는 세금을 걷기 위하여 시민의 재산을 기록한 여러 가지 자료를 찾을 수 있다. 400년 전 영국에서는 미래의 인구를 예상하기 위하여 한 해에 태어난 갓난아이의 수를 정부에서 조사하기 시작하였다. 나라가 발전하고 국가의 큰 위기에 효과적으로 대처하기 위해서는 통계를 잘 활용해야 한다. 우리는 일상생활에서 불확실하게 전개되는 사회 속에서 많은 자료들의 홍수 속에 살고 있다. 이러한 사회에서 발생한 많은 자료를 대상으로 과거와 현재의 상황을 분석하여 앞으로 전개될 사회에 대비하는 것은 매우 중요하다. 이때 보다 합리적이고 현명한 의사결정에 도움을 주는 대표적 과학적 방법의 체계가 통계학이다. 통계학은 영어로 statistics인데 이것은 국가를 뜻하는 라틴어 status 또는 정치인을 뜻하는 이탈리아어 statista에서 유래되었다고 전해진다. 특히 17세기경 유럽에서 유행하던 확률게임은 확률이론을 발전시키는 계기가 되었으며, 통계에 확률개념을 도입한 확률이론은 통계학의 발전에 크게 공헌하였다.

## ② 통계의 목적

- 집단의 상황을 쉽게 알아볼 수 있도록 집단에서 얻은 자료를 정리하고 자료의 평균과 표준편차를 구한다.
- 모집단의 성질을 파악하기 위하여 표본을 추출하여 표본의 평균과 표준편차를 이용하여 모집단의 상황을 알아내거나 미래를 예측한다.

## 3 자료의 정리

### 1) 도수 분포표

통계는 자료를 바탕으로 연구하는 학문이다. 따라서 그 자료는 크기에 관계없이 자료의 분포 상태와 특성을 쉽게 찾을 수 있도록 간단명료하게 정리되어야 있다. 자료를 정리하는 대표적인 방법의 하나가 도수분포표의 작성이다. 도수분포표는 일반적으로 계급과 도수의 두 가지 요소로 이루어진다. 즉 자료를 계급으로 분류하여 각 계급에 속하는 대상의 수, 곧 도수를 집계하는 것이 편리하다.

① 계급

주어진 자료를 간단히 하기 위해 자료별로 정해진 기준에 따라 구분한 단일 변량의 구간을 말한다.

② 계급값

계급을 대표하는 값으로서 각 계급의 상한과 하한의 평균값이다.

이 때 계급값은 계급에 속하는 관찰 값과 일치하지 않아 자료의 값을 계급값으로 할 때는 오차를 수반한다. 이 오차를 분류오차라고 하며 분류오차의 한계는 계급 폭의 반과 같다.

③ 도수

각 계급에 속하는 자료의 개수를 말하며 빈도수(또는 계급도수)라 하며 기호는 $f_i$로 나타낸다.

④ 계급의 폭(또는 계급의 나비)

구간으로 표시되는 계급의 상한과 하한의 차를 말한다.

⑤ 도수분포표

계급으로 분류하여 각 계급과 도수의 대응관계를 도수분포라 하며 이것을 표로 정리한 것을 '도수분포표'라 한다.

⑥ 도수분포표 작성 단계

• 계급의 수는 자료의 최대값과 최소값의 차이인 범위로 정한다.

계급의 수는 5～20개 정도가 적당하고 계급의 폭은 모든 계급이 같게 하며 보통

…, 0.01, 0.05, 0.1, 0.5, 1, 5, 10, …등과 같이 정한다. 계급은 하한과 상한으로 표시하는데 하한은 이상, 상한은 미만의 형식을 취하며 마지막 계급의 상한은 이하가 되도록 한다.

- 계급의 도수를 구한다.

  각 계급에 속하는 자료를 획선법(tallying)이나, 카드법을 사용하여 분류 집계하여 도수를 구한다.

- 계급과 도수를 정리하여 도수분포표를 작성한다.

### 2) 상대도수분포

각 계급의 도수를 총 도수로 나눈 몫을 상대 도수라고 하며, 일반적으로 백분율로 나타내고, 도수분포에서 각 도수를 상대도수로 바꿔 넣은 것을 '상대도수분포'라고 한다.

### 3) 누적도수분포

각 계급의 상계보다 작은 모든 값의 총 도수를 누적도수라고 하며, 누적도수를 나타내는 표를 '누적도수분포'라고 한다.

### 4) 예

어느 회사에서 100명에 대한 키를 조사하여 작성한 도수분포표가 아래와 같이 나타났다.

대학생의 키

| 신장(cm) | 학생수 |
|---|---|
| 160～163 | 2 |
| 163～166 | 4 |
| 166～169 | 6 |
| 169～172 | 13 |
| 172～175 | 35 |
| 175～178 | 25 |
| 178～181 | 12 |
| 181～184 | 3 |
| 계 | |

키의 도수분포표

| 계급 | 도수 |
|---|---|
| 160～163 | 2 |
| 163～166 | 4 |
| 166～169 | 6 |
| 169～172 | 13 |
| 172～175 | 35 |
| 175～178 | 25 |
| 178～181 | 12 |
| 181～184 | 3 |
| 계 | |

계급의 수는 8, 계급의 폭은 4, 160～163의 계급값은 161.5, 163～166의 계급값은 164.5, …, 계급 160～163의 도수는 2, … 이다. 누적도수분포표는 다음과 같다.

| 계급 | 계급값 | 도수 | 누적도수 | 상대도수 | 누적상대도수 |
|---|---|---|---|---|---|
| 160～163 | 161.5 | 2 | 2 | 0.02 | 0.02 |
| 163～166 | 164.5 | 4 | 6 | 0.04 | 0.06 |
| 166～169 | 167.5 | 6 | 12 | 0.06 | 0.12 |
| 169～172 | 171.5 | 13 | 25 | 0.13 | 0.25 |
| 172～175 | 174.5 | 35 | 60 | 0.35 | 0.60 |
| 175～178 | 177.5 | 25 | 85 | 0.25 | 0.85 |
| 178～181 | 180.5 | 12 | 97 | 0.12 | 0.97 |
| 181～184 | 183.5 | 3 | 100 | 0.03 | 1.00 |
| 계 | | 100 | | 1.00 | |

## 4 그래프

도수분포표는 자료의 특성이나 분포형태를 분석하는데 목적이 있다. 한 자료의 분포 상태나 여러 자료를 비교할 때 도수분포를 그림으로 나타낸 것을 도수분포도라 한다. 도수분포도는 도표나 그래프(graph)로 나타낸다.

### 1) 점그래프

수직선위에 자료의 개수를 점으로 찍은 그래프

### 2) 줄기와 잎 그래프

점그래프와 유사하며 비슷한 두 집단 자료를 비교하는 데에 특히 유용하다. 줄기-잎 그림은 주어진 자료의 값 자체를 확인할 수 있고 기둥그림표보다 더 많은 정보를 포함하고 있다. 모든 값이 크기 순서로 나열되어 있어 특정자료의 상대적인 위치를 쉽게 알 수 있다. 그러나 자료의 개수가 많은 경우에는 제한적인 공간에 모든 자료를 표시할 수 없다는 단점이 있다. 어느 초등학교학생 45명의 수학성적이 아래와 같을 때 이 성적에 대한 줄기-잎 그림을 그려보면 다음과 같다.

95 60 62 80 62 45 80 54 78 46 69 62 84 85 78
93 65 67 78 42 54 77 46 98 63 88 86 84 86 87
92 58 72 68 68 56 72 82 55 78 76 96 62 84 65

| | |
|---|---|
| 4 | 2 5 6 6 |
| 5 | 4 4 5 6 8 |
| 6 | 0 2 2 2 2 3 5 5 7 8 8 9 |
| 7 | 2 2 6 7 8 8 8 8 |
| 8 | 0 0 2 4 4 4 5 6 6 7 8 |
| 9 | 2 3 5 6 8 |

### 3) 히스토그램

직교좌표위에 가로 축에는 자료 값이나 자료 값의 범위를, 세로축에는 도수를 나타내고, 각 구간위에 그 구간에 대응하는 도수를 직사각형의 높이로 표현하는 그래프이다. 즉, 도수 분포를 도시(圖示)할 때, 계급을 밑변으로 하고, 직사각형의 면적이 그 계급의 도수에 비례하도록 그린 기둥 모양의 그래프이다. 히스토그램은 사람들의 키와 같은 연속적인 자료의 특징을 시각적으로 보여주는 장점이 있으나 각각의 자료 값의 정확한 위치를 알려주지 못하는 단점이 있다.

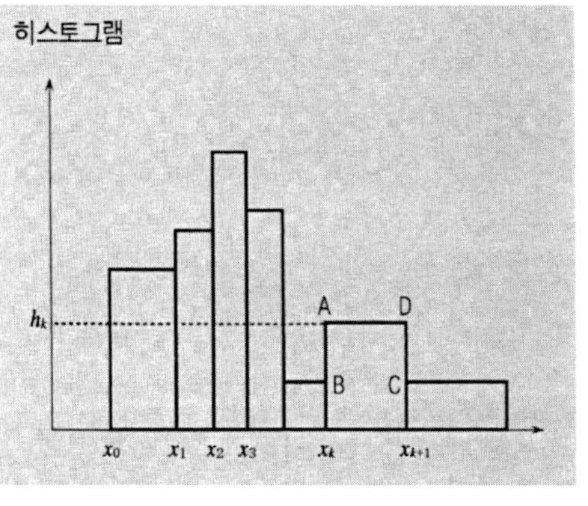


### 4) 꺾은선 그래프

히스토그램에서 각 직사각형의 맨 위의 선분의 중점을 선분으로 이어서 만든 그래프이며, 도수다각형이라도 한다. 꺾은선그래프나 도수다각형은 경사진 선분 조각에 의해 강력하게 표현되는 다양함 때문에 연속적으로 바뀌는 자료를 나타내는데 특히 적절하며, 주어지지 않은 자료 값을 측정할 수도 있다.

(예) 다음은 어느 도시의 관광객 수를 반올림하여 백의 자리까지 나타낸 꺾은선그래프이다.

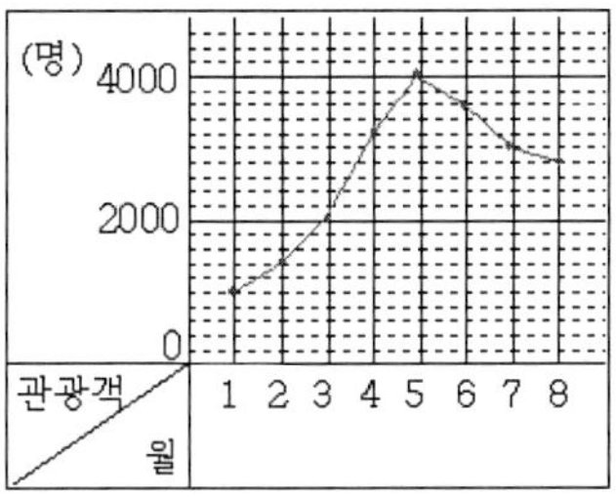


5) **원그래프**

정보 전달을 위한 다른 그림으로 나타내는 도구는 원 그래프이다. 원그래프는 전체에 대한 부분의 양을 일목요연하게 나타내는데 사용된다.

(예) 다음 원그래프는 지연이네 학교 6학년 학생 200명이 존경하는 위인을 조사하여 나타낸 것이다.

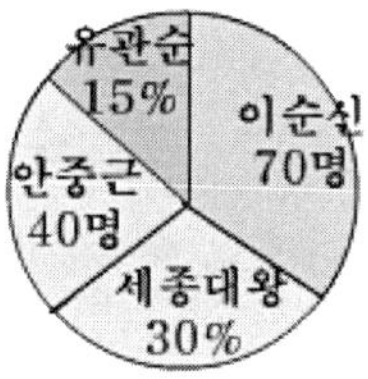


6) **그림그래프**

그림그래프는 그림이나 아이콘으로 나타내는 것으로서, 아이콘은 대개 자료와 관련된 그림으로 나타내고 수량은 그림의 크기로 낸다.

(예) 다음은 전국의 쌀 생산량을 그림그래프로 나타낸 것이다.

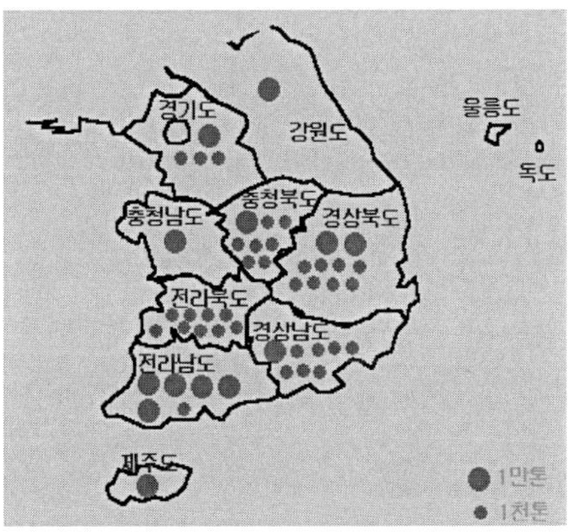

## 5 통계에 대한 NCTM 원리와 규준

중, 저학년의 아동은 자료를 모으고, 조직하고, 도식화하는 경험을 가져야한다. 그들은 주어진 자료의 표현적 도구인 도수분포표, 점그래프, 막대그래프, 꺾은선그래프 등과 대푯값과 분포를 측정하는 중앙값, 최빈값, 범위 등을 이해하고, 능숙하게 처리할 수 있어야 한다.

## 6 대푯값

어느 집단의 특성을 하나의 값으로 나타낼 수 있다면 그 집단을 파악하는데 도움을 준다. 집단의 전체를 대표하는 값을 대푯값이라 한다. 대푯값은 자료에 대한 분포의 집중경향을 나타내고, 집중위치는 대체로 중심이다. 대푯값에는 평균, 중앙값, 최빈값이 있는데 평균은 산술평균과 기하평균 그리고 조화평균으로 구분한다. 또 산술평균은 단순평균과 가중평균으로 구분할 수 있으나 이들은 각기 자료와 목적에 따라 장단점이 있다. 대푯값 중에서 가장 많이 사용하는 것은 평균이다.

### 1) 평균

평균은 자료의 대상에 따라 다음과 같은 종류가 있다.

① 산술평균

자료의 총합을 자료의 개수로 나눈 것을 평균(mean)이라 하는데 이때의 평균을 산술평균이라 한다.

② 모평균(population mean)

어떤 성질이나 특징을 조사하려는 대상전체의 집합을 모집단이라 하고, 모집단의평균을 모평균이라 하며, 기호로는 $\mu$로 나타낸다.

③ 표본평균

모집단에서 추출한 표본의 평균을 표본평균(sample mean)이라 하며, 기호는 $\overline{x}$로 나타낸다.

### 2) 평균값 구하기

평균값의 개념은 그릇 안에 제멋대로 담겨져 있는 모래를, 그릇을 잘 흔들어서 평평하게 만드는 작업과 같다.

#### ① 산술 평균

모든 자료의 값을 합하여 자료의 개수로 나눈 값이다.

자료의 수가 $n$개이고 자료의 값이 $x_1, x_2, \cdots, x_n$일 때, 평균값 $M$은

$$M = \frac{x_1 + x_2 + \cdots + x_n}{n} \text{ 이다.}$$

| 처　　방 | 코드번호:4030 |
|---|---|

**평균**

평균값이란 모아 놓은 자료의 모든 값을 더해서 자료의 개수로 나눈 값이다. 즉, 자료의 수가 $n$개이고 자료의 값이 $x_1, x_2, \cdots, x_n$일 때, 평균값 $M$은

$$M = \frac{x_1 + x_2 + \cdots + x_n}{n} \text{ 이다.}$$

#### ② 도수분포표를 이용한 평균값 구하기

그런데 자료를 정리하여 도수분포표를 작성한 경우에는 자료의 구체적인 값을 알 수가 없기 때문에, 도수분포표를 이용하여 평균을 구하는 방법은 다음과 같다.

계급값이 $\overline{x}_1$인 두수가 $f_1$, 계급값이 $\overline{x}_2$인 도수가 $f_2$, $\cdots$, 계급값이 $\overline{x}_k$인 도수가$f_k$일 때의 산술평균 $\overline{x}$는 다음과 같다.

$$\overline{x} = \frac{f_1\overline{x}_1 + f_2\overline{x}_2 + \cdots + f_k\overline{x}_k}{f_1 + f_2 + \cdots + f_k}$$

#### ③ 도수분포표를 이용하여 평균의 특징

- 변량 $x_i$와 산술평균 $\overline{x}$와의 편차의 모든 합은 0이다.
- 변량 $x_i$와 임의의 수 $a$와의 편차의 제곱의 합은 $a = \overline{x}$일 때 최소가 된다.
- $x_0$를 가평균(assumed mean), $a$를 상수라고 할 때, $x_i = au_i + x_0$라고 놓으면 각각 다음과 같은 식이 된다.

$$\overline{x} = a\overline{u} + x_0 \quad 단, \ \overline{u} = \frac{1}{n}\sum_{i=1}^{n} u_i$$

$$\overline{x} = a\overline{u} + x_0 \quad 단, \ \overline{u} = \frac{1}{n}\sum_{i=1}^{k} f_i u_i, \ n = \sum_{i=1}^{k} f_i$$

- 도수분포표로부터 산술평균을 구하려고 할 때, $x_0$를 계급값 중에서 산술평균에 가까운 값으로 잡고 $a$를 계급간격과 같게 잡으면 간단히 계산할 수 있다.

3) **중앙값**

자료를 크기 순서대로 나열했을 때 가운데에 위치하는 값을 중앙값(median)이라고 하고 $M_e$로 나타낸대. 자료의 개수가 홀수$n$일 때는 $\frac{n+1}{2}$번째의 자료 값을, 자료의 개수가 짝수일 때는 중앙에 위치하는 수가 2개이므로 이들의 평균값을 사용한다.

- 아래의 자료에서의 중앙값은 ?

  1.2 1.4 1.6 1.9 21

  (답) 자료가 5개이므로 $\frac{5+1}{2}$=3번째 자료의 값인 1.6이 중앙값이다.

- 아래의 자료에서의 중앙값은 ?

  3 5 7 9 10 13

  (답) 자료가 6개이므로 3번째와 4번째의 자료 값의 평균을 구한다. 즉, $\frac{7+9}{2}$=8.

그러나 중앙값은 가운데 값 외에는 순서 정보만 이용하고 구체적인 값에 대한 정보를 무시하게 되어, 모든 자료를 다 이용하는 평균에 비해 정보의 손실이 많습니다. 반대로 평균은 정보의 손실이 적은 반면 이상값에 매우 민감한 약점이 있습니다.

4) **최빈값**

자료의 분포에서 빈도수가 가장 많은 도수를 가지는 변량의 값을 최빈수(mode 또는 유행값)라 하며, $M_0$로 나타낸다. 최빈값은 범주자료와 수량자료 모두에서 사용된다. 도수분포표에서 최빈값은 도수가 최대인 계급을 최빈계급이라 한다. 이 때 최빈계급의 계급값이 최빈값이 된다.

5) **예**

① 다음 도수분포에서 평균을 구하여라.

| $x_i$ | $u_i$ | $f_i$ | $f_iu_i$ |
|---:|---:|---:|---:|
| 165 | $-2$ | 5 | $-10$ |
| 170 | $-1$ | 18 | $-18$ |
| $x_0 \rightarrow 175$ | 0 | 42 | 0 |
| 180 | 1 | 27 | 27 |
| 185 | 2 | 8 | 16 |
| | | $n=100$ | $\sum f_iu_i=15$ |

(풀이) $\overline{x}=a\overline{u}+x_0=a\left(\frac{\sum f_iu_i}{n}\right)+x_0$

$$=5\cdot\frac{15}{100}+175=175.75.$$

② 다음 11개의 자료에서 중앙값을 구하여라.

10 15 6 7 16 9 6 11 9 4 7

(풀이) 자료를 순서로 나열하면$M_e$

4 6 6 7 7 9 9 10 11 15 16

$n$=11이므로 중앙값은 $\frac{n+1}{2}$=6번째의 값이다.

$\therefore\ M_e=9.$

## 7 산포도

A반과 B반이 똑같은 수학시험을 보았다. A반의 평균과 B반의 평균 모두 50점이었다. 그런데 A반의 반절은 100점이며 나머지 반절은 0점이고, B반은 모두 50점을 받았다. 이 중에서 어느 반이 좋은 집단인가? 이러한 질문에 답하기 위해서는 점수가 어떻게 분포되었는가를 고려해야한다. 따라서 지금부터는 자료의 분포상태를 설명하는 몇 가지 방법을 설명하기로 한다.

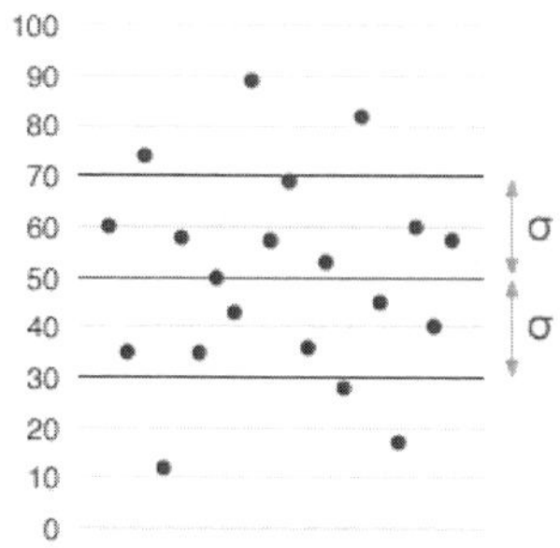


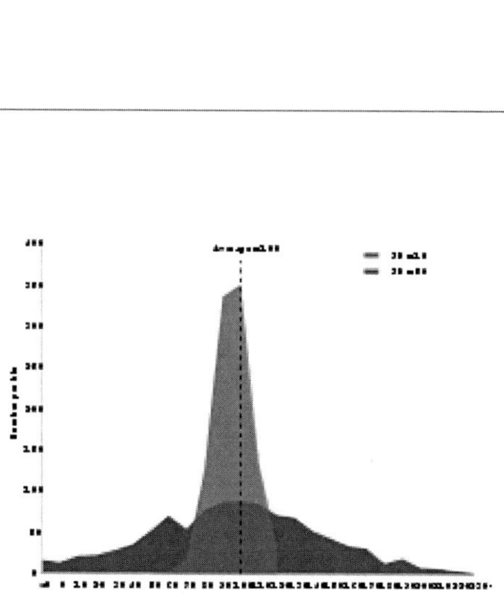

### 1) 4분위 수

통계 자료들의 관측 값을 작은 쪽으로부터 크기순으로 배열했을 때 전체 관측 값을 4등분하는 위치에 오는 값을 말한다. 4분위 수는 맨 처음을 하4분위수라고 하며 기호로는 $Q_L$이라고 쓰고, 두 번째 4분위 수는 중앙값이고, 맨 끝의 4분위 수를 상4분위수라고 하며 기호로는 $Q_U$라고 쓴다.

#### ① 4분위 수 구하기

먼저 중앙값을 구한 다음 하4분위수와 상4분위수를 구하면 된다. 즉, 자료값의 약 25%는 $Q_L$이하이고, $Q_L$과 중앙값사이에 약 25%가 있고, 중앙값과 $Q_U$사이에 약 25%가 있고, 약 25%는 $Q_U$이상이다. 그러므로 $Q_L$과 $Q_U$의 사이가 자료집합에서의 대략 절반의 값이므로 자료의 분포를 나타내는 좋은 척도이다.

### 2) 분산

자료의 분포상태를 나타내는 가장 좋은 방법은 자료들이 평균과 얼마나 가깝게 분포되어 있는지를 알아보는 것이다.

#### ① 좋은 집단

통계에서 좋은 자료란 모든 자료 값이 평균값과 가깝게 분포된 것을 말한다. 위의 예에서 A반은 100이 많고 B반은 100점이 없으므로 A반이 좋은 집단으로 생각할 수도 있으나 통계에서는 B반이 좋은 집단으로 간주한다.

#### ② 편차

편차 = 평균 - 자료 값

③ 분산

분산은 각 수치들에서 평균을 빼고, 다시 그 값들을 각각 제곱한 값들의 평균을 말한다.

예) 얻은 자료가 1, 2, 3, 4, 5 이라고 하자.

평균=3,

편차 : 1-3=-2, 2-3=-1, 3-3=0, 4-3=1, 5-3=2.

편차의 제곱 : 4, 1, 0, 1, 4.

편차의 제곱의 평균 = $\frac{4+1+0+1+4}{5}=2.$

따라서 분산은 2이다. 이 사실을 일반화하여 다음 공식을 얻는다.

• 분산

$n$ 개의 자료 값을 $x_1, x_2, \cdots, x_n$, 이들의 평균값을 $\overline{x}$이라고 할 때, 이 자료의 분산은

$\frac{(x_1-\overline{x})^2+(x_2-\overline{x})^2+\cdots+(x_n-\overline{x})^2}{n}$ 이다.

3) **표준편차**

분산의 제곱근을 표준편차라고 한다.

• 예

다음 자료의 표준편차를 구하시오

2, 4, 4, 4, 5, 5, 7, 9

(풀이) 평균 : $\frac{2+4+4+4+5+5+7+9}{8}=5$

편차의 제곱 : $(2-5)^2=(-3)^2=9$ $(5-5)^2=0^2=0$
$(4-5)^2=(-1)^2=1$ $(5-5)^2=0^2=0$
$(4-5)^2=(-1)^2=1$ $(7-5)^2=2^2=4$
$(4-5)^2=(-1)^2=1$ $(9-5)^2=4^2=16$

표준편차 : $\sqrt{\frac{9+1+1+1+0+0+4+16}{8}}=2$

## 8 통계적 추론

통계적 추론은 초등학교 교육과정의 내용이 아니므로, 이 절에서는 모집단과 표본의 정의만을 소개하기로 한다.

### 1) 모집단

통계학에서 정보 알기를 원하는 어떤 집단 전체집합을 말한다. 예를 들면, 만일 대한민국의 모든 성인의 연평균수입을 구하고 싶다면, 모집단은 대한민국의 모든 성인의 집합이다.

### 2) 표본

모집단의 성질을 정확하게 알기 위한 표본의 수는 보통 30개이다. 표본을 추출할 때는 무작위성이 전제되어야 한다. 무작위 표본이란 선택의 기회가 동일한 모집단의 부분집합을 말한다.

### 3) 통계적 추론

모집단의 성질을 알아보기 위해서 적당한 수의 표본을 무작위로 추출하여 표본의 평균과 표준편차를 이용하여 모집단의 평균과 표준편차를 추측하고, 모종의 가설을 세워, 그 가설의 타당성을 검증하는 일이다.

[질문] 그래프에서 세로 단위를 변화해보면 어떤 것을 알 수 있을까요?

[답] 그래프 중에서 가장 흔한 것은 선을 이용한 선 그래프이다. 선 그래프는 그리기가 쉬울 뿐 아니라 많은 숫자 속에 숨어 있는 경향을 잘 나타내 주기 때문에 데이터의 분석이나 예측에 가장 많이 쓰인다. 그러나, 데이터의 왜곡이 가장 많은 그래프도 선 그래프이다.

가) 아래의 그림은 같은 자료를 가지고 세로 눈금을 변화시켜 그린 꺾은선그래프이다. 두 그래프에서 알 수 있는 사실들을 이야기해 보시오.

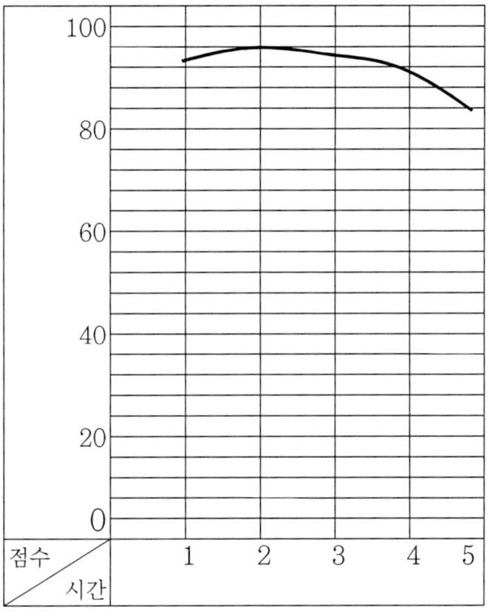


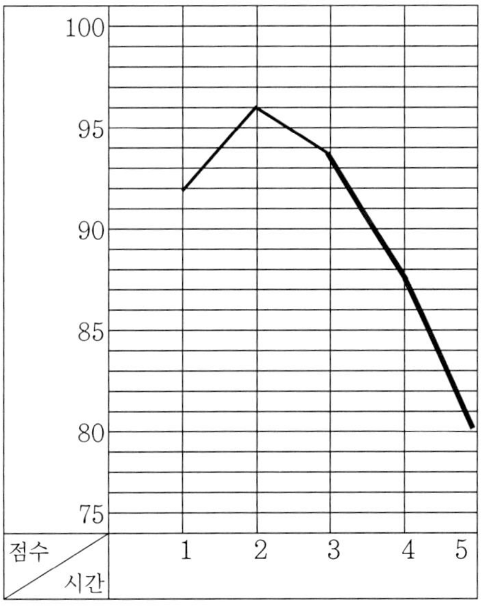


세로의 구간을 변경함으로써 증가가 둔감하게 되었는지, 또는 급격하게 되었는지 시각적으로 조작할 수 있다.

# 참고문헌

교육학용어사전(1995). 서울대학교 교육연구소 편. 서울: 하우동설.

김남희(1997), *변수개념의 교수학적 분석 및 학습-지도 방향 탐색*, 서울대학교 박사학위논문.

김용태 (2013), 세계 수학교육 사상사 입문. 교우사. 349-350.

김은경 (1999), 수와 연산 영역의 학습 지도. 제 23회 초등수학과 교육 세미나.

박교식(1992), *함수 개념 지도의 교수현상학적 접근*, 서울대학교 박사학위 논문.

박선화(1998), *수학적 극한 개념의 이해에 관한 연구*, 서울대학교 박사학위 논문.

박영배 (1999), 일본의 초등학교 새수학교육과정의 방향과 내용. 제 23회 초등수학과 교육 세미나.

서울대학교 교육연구소, *교육학대사전*, 하우동설, 1998.

소연이(2000), 수 감각 발달을 위한 효과적 지도 방안에 관한 연구. 서울교육대학원.

이승길 (2004), 수 감각 학습 프로그램의 구안 및 적용에 관한 연구. 석사학위 논문. 경인교육대학교 대학교육원

이윤미, 김애화(2008), 수감각 발달을 위한 조기 수학 교수가 수학 학습장애 위험학생의 수개념과 연산능력에 미치는 효과 연구. 한국초등교육학회.

장혜원 역, *끌레로기하학*, 경문사, 2006.

전윤희 (2007), 수학 학습장애와 학습부진의 개념 이해. 수학교육학논총, 32,269-289.

최애리 (2010), 저학년 수학학습부진아의 초기 수개념 분석 연구. 경인교육대학교 교육대학원

Bachelard, G.(2002), *The Formation of the Scientific Mind.* Manchester: Clinamen Press.

Biographical Dictionary of Twentieth-Century Philosophers. London(1996): Routledge. pp. 41-42

Boyer, Carl B.(1968). *A History of Mathematics*, John Wiley & Sons, Inc.

____________(1959) *The History of the Calculus and its Conceptual Development*, Dover Publications, Inc., N.Y.

Bruner, J.S.(1960), *The process of education*, Harvard University Press,이 홍우 역(1973), *브루너 교육의 과정*, 서울 배영사, p.68.

__________, *The process of education* Reconsidered, Harvard University Press,

1971, 이홍우 역, 브루너 교육의 과정, 서울 배영사.

Boyer, B.(1968). A History of Mathematics, John Wiley & Sons, Inc.

Brousseau, G.(1997), *Theory of Didactical Situations in Mathematics*, Kluwer Academic Pub.

Burton David M.(2007), *The History of Mathematics, An Introduction*, MacGraw-Hill Co., NY.

Cajori, F.(1952), *A history of mathematical notations*, vol.2, The Open Court Publishing Co., Chicago.

Compayr G., *Pestalozzi and Elementary Education*, Trans lated by Jago, R.P.(1923), Thomas Y. Crowell&Co. Publishers, N.Y.

Cucker, F., Smale, S.(2001), *On the Mathematical Foundations of Learning*, Bull. of AMS, vol.39, no.1, pp.1-49.

Ewald William B.(1950), *From Kant to Hilbert,* A source book in the foundation of mathematics, Clarendon Press·Oxford, 1996 . Bourbaki, The architecture of mathematics, translated by Arnold Dresden.

Fischbein, E.(1987), *Intuition in Science and mathematics*, D. Reidel Publishing Co.

Freudenthal, H.(1973), *Mathematics as an educational task*, D. Reidel Publishing Co., Dordrecht.

______________(1983), *Didactical phenomenology of mathematical structures,* D. Reidel Publishing Co., Dordrecht.

Gillings, R. J.(1972). *Mathematics in the times of the Pharaohs:* Dover Publications, Inc., NY.

Gulberg J.(1997), *Mathematics ; From the birth of numbers,* W.W. Norton&Company, New York, NY.

Gwinn R. P.(1990), *The Works of Archimedes including The Method, Measurement of a circle,* Encyclopaedia Britanica Inc.

__________(1990), *The Works of Archimedes including The Method, On conoid and spheroids,* Encyclopaedia Britanica Inc.

__________(1990), *The Works of Archimedes including The Method, Quadrature of the Parabola,* Encyclopaedia Britanica Inc.

Heath, T. L.(1990), *The thirteen books of Euclid's Elements*, Encyclopaedia Britannica, Inc., Chicago Univ. Press.

__________(1990), *The works of Archimedes including the Method*, Encyclopaedia Britannica, Inc., Chicago Univ. Press.

Hogg, R.V., Tanis, E.A.(1993), *Probability and Statistical Inference*, 4th Ed., Macmillan Publishing Co., 심정욱 외 역(1996), *수리통계학*, 자유아카데미.

Katz J.(1993), *A History of Mathematics.* Harper Collins College Publishers. Kline, M.(1980), *Mathematics and loss of certainty*, Oxford, Oxford University Press.

________(1990), *Mathematical Thought from Ancient to Modern Times, vol. 3*, Oxford University Press, N.Y., Oxford.

Long, C. T., Detemple, D. W., Millman, R. S.(2009), *Mathematical Reasoning for Elementary Teachers*, Pearson Education Inc.

NCTM(1989), *Curriculum and Evaluation Standards for the School Mathematics.* Reston, VA : NCTM, Inc.

_______(2000), *Principles and Standards for School Mathematics,* Reston, VA : NCTM, Inc.

Polya, G.(1957), *How to solve it*, 우정호 역(1995), *어떻게 문제를 풀것인가?*, 천재교육.

Polya, G.(1962), *Mathematical Discovery*, John Willy & Sons Inc.

Polya, G.(1973), *Induction and Analogy in Mathematics*, Princeton University Press, NJ.

Piaget, J.(1971), *Genetic Epistemology*, Translated by E. Duckworth, The Norton Library, W·W·Norton&Company·Inc., N.Y.

Poincare` , Henri(1946), *Foundations of Scienc*e, Science Press, 448–485.

Rucker, Rudy(1982), *Infinity and the mind*, Bantam Books, pp289–317.

Seymour, D., Britton, J.((1989), *Introduction to Tessellations*, Dale Seymour Publications.

Sierpinska, A, *The diachronic dimension in research on understanding in mathematics – usefulness and limitations of the concept of epistemological obstacle*, in H.N. Jahnke, N. Knoche, M. Otte (Eds), History of Mathematics and Education:Ideas and Experiences, G ttingen: Vandenhoek & Ruprecht, pp. 289–318, 1996.

Skemp, R. R. (1987). *The psychology of Learning mathematics*, Lawrence Erlbaum Associates Publishers.

Struik, D. J.(1987), *A Concise History of Mathematics.* New York: Dover Publication, Inc.

Sue Johnson-Wilder, John Mason(2005), *Developing Thinking in Geometry*, SAGE Publications Inc.

Szabo A., *The beginnings of Greek Mathematics*, Dordrecht, Reidel, 1978.

Tall, D.(1977), *The foundation of mathematics*, Oxford University Press.

Thom, R.(1971), *Modern Mathematics"; An Educational and Philosophic Errors?*, American Scientist, 59, pp. 695-699.

_________(1973), *Modern mathematics : Does it exists?*, in Howson, A.G. (Ed) Developments in mathematical Education, Cambridge, Cambridge University Press, pp. 194-209.

Toeplitz, O.(1963) *The Calculus-A Genetic Approach*, The University of Chicago Press.

Welchman-Tischler, R.(1992). *Start with manipulatives*: Cuisenaire Co. of America, Inc., White Plains, N.Y.

Whitehead, A.N.(1948), *An Introduction to Mathematics*, Oxford University Press.

## 찾아보기

**저자소개**

## 김 용 태

고려대학교 이학박사
서울대학교 수학교육과 교육학 석사
서울대학교 수학교육과 박사과정 수료
광주교육대학교 교수

## 양 후 기

광주교육대학교 수학교육과 교육학 석사
EBB study 연구소장

교사와 학부모를 위한
유치원과 초등학교 수학지도법 신서

**초판발행** 2019년 8월 20일

**지은이** 김용태 · 양후기
**펴낸이** 오판근
**펴낸곳** (주) 교우
**주 소** 서울시 동대문구 약령시로 8 교우빌딩 2층 (주)교우
**전 화** 02-925-2861 / **팩 스** 02-925-2860. **편집부** 02-925-2825
**홈페이지&북스토어 www.kyowoo.co.kr / 이메일 kyowoo@kyowoo.co.kr**

**등 록** 1994년 3월 24일 제1994-000013호
**ISBN** 979-11-251-0296-0 (93410)



**값 23,000원**

**교우미디어는 (주) 교우의 Imprint 사입니다.**
**수학정원·과학정원은 (주) 교우의 새로운 브랜드명입니다.**